当代地理科学译丛·学术专著系列

# 乡村地理学

## 乡村重构的过程、反应和经验

〔英〕迈克尔·伍兹　著

王鹏飞　鲁　奇　译

商務印書館
创于1897　The Commercial Press

Michael Woods

*RURAL GEOGRAPHY:*

**Processes, Responses and Experiences in Rural Restructuring**

© Michael Woods 2005

All Rights Reserved

Authorised translation from the English language edition published by Sage.

# "当代地理科学译丛"
# 序　言

　　对国外学术名著的移译无疑是中国现代学术的源泉之一,说此事是为学的一种基本途径当不为过。地理学界也不例外,中国现代地理学直接就是通过译介西方地理学著作而发轫的,其发展也离不开国外地理学不断涌现的思想财富和学术营养。感谢商务印书馆,她有全国唯一的地理学专门编辑室,义不容辞地担当着这一重要任务,翻译出版的国外地理学名著已蔚为大观,并将继续弘扬这一光荣传统。但鉴于已往译本多以单行本印行,或纳入"汉译世界学术名著丛书"之类,难以自成体系,地理学界同仁呼吁建立一套相对独立的丛书,以便相得益彰,集其大成,利于全面、完整地研读查考;而商务印书馆也早就希望搭建一个这样的平台,双方一拍即合,这就成为这套丛书的缘起。

　　为什么定位在"当代"呢? 可以说出很多理由,例如,当代著作与我们现在面临的问题关联最紧,当代地理学思想和实践既传承历史又日新月异,中国地理学者最需要了解国外最新学术动态,如此等等。至于如何界定"当代",我们则无意陷入史学断代的严格考证中,只是想尽量介绍"新颖"、"重要"者而已。编委会很郑重地讨论过这套丛书的宗旨和侧重点,当然不可避免见仁见智,主要有以下基本想法:兼顾人文地理学和自然地理学,优先介绍最重要的学科和流派,理论和应用皆得而兼,借助此丛书为搭建和完善中国地理学的理论体系助一臂之力。比较认同的宗旨是:选取有代表性的、高层次的、理论性强的学术著作,兼顾各分支学科的最新学术进展和实践应用,组成"学术专著系列";同时,推出若干在国外大学地理教学中影响较大、经久不衰且不断更新的教材,组成"大学教材系列",以为国内地理学界提供参考。

　　由于诸多限制,本译丛当然不可能把符合上述宗旨的国外地理学名著包揽无遗,也难于把已翻译出版者再版纳入。所以,真要做到"集其大成"、"自成体系",还必须触类旁通,与已有的中文版本和将有的其他译本联系起来。对此,这里很难有一个完整的清单,姑且择其大端聊作"引得"(index)。商务印书馆已出版的哈特向著《地理学性质的透视》、哈维著《地理学中的解释》、詹姆斯著《地理学思想史》、哈特向著《地理学的性质》、阿努钦著《地理学的理论问题》、邦奇著《理论地理学》、约翰斯顿著《地理学与地理学家》和《哲学与人文地理学》、威尔逊著《地理学与环境》、伊萨钦柯著《今日地理学》、索恰瓦著《地理系统学说导论》、阿尔曼德著《景观科学》、丽丝著《自然资源:分配、经济学与政策》、萨乌什金著《经济地理学》、约翰斯顿主编的《人文地理学辞典》等,都可算"当代地理学"名著;国内其他出版社在这方面也颇有贡献,特别值得一提的是学苑出版社出版的《重新发现地理学:与科学和社会的新关联》。

　　当然,此类译著也会良莠不齐,还需读者判断。更重要的是国情不同,区域性最强的地理学最忌食洋不化,把龙种搞成跳蚤,学界同仁当知需"去粗取精,去伪存真,由此及彼,由表及里"。

　　说到这里,作为一套丛书的序言可以打住了,但还有些相关的话无处可说又不得不说,不妨借机一吐。

　　时下浮躁之风如瘟疫蔓延,学界亦概不能免。其表现之一是夜郎自大,"国际领先"、"世界一流"、"首先发现"、"独特创造"、"重大突破"之类的溢美之词过多,往往言过其实;如有一个参照系,此类评价当可以客观一些,适度一些,本译丛或许就提供了医治这种自闭症和自恋狂的一个参照。表现之二是狐假虎威,捡得一星半点儿洋货,自诩国际大师真传,于是"言必称希腊",以致经常搞出一些不中不洋、不伦不类的概念来,正所谓"创新不够,新词来凑";大家识别这种把戏的最好办法之一,也是此种食洋不化症患者自治的最好药方之一,就是多读国外名著,尤其是新著,本译丛无疑为此提供了方便。

　　时下搞翻译是一件苦差事,需要语言和专业的学养自不待言,那实在是要面寒

窗坐冷板凳才行的。而且,既然浮躁风行,急功近利者众,凡稍微有点儿地位的学
术机构,都不看重译事,既不看做科研成果,也不视为教学成果。译者的收获,看得
见的大概只有一点儿稿费了,但以实惠的观点看,挣这种钱实在是捡了芝麻丢了西
瓜。然而,依然有真学者愿付出这种牺牲,一个很简单的想法是:戒除浮躁之风,从
我做起。为此,我们向参与本丛书的所有译者致敬。

蔡运龙

2003 年 8 月 27 日

于北大蓝旗营寓所

# 内 容 提 要

# 目　　录

## 第一部分　乡村地理学导论

# 第二部分　乡村重构的过程

# 第三部分　乡村重构的反应

# 前　言

尽管地理学史上,时常论及也很重视可能被视为是"农村"的区域、土地或社区,但作为地理学探索的乡村地理学专业仅在过去的 30 年左右才出现,大概在 20 世纪 80 年代才兴起。在这相对较短的时间内,人们已对与乡村性和农村地区实际有关的变化本质进行了大量的汇集和思考,而且为对农村领域的认识带来更广泛的理论框架和真知灼见进行了重要的尝试。此类尝试,无论是自信的,还是游移摇摆的,都在我们对农村的认识中强化了对空间、社会、政治、经济、文化与自然(及这些的混合)的重视,而非仅是展示人们已积累起的一系列插曲性的范式转换,也非鹦鹉学舌式的理论探索美化。

我们许多人认为,现在是评估这些方法及其成果的好时机。我们所知道的乡村性是一种主观愿望,一个过程的重心、社会的建构。那么,我们应该怎样去理解乡村重构与重组的不同方式?乡村地理学在何种程度上可满足自身建构,以及把它所关心的事物作为一种合理的探究范畴?乡村地理学者又能在多大程度上对农村现象预设了重要意义?乡村地理学还在被田园牧歌般的乡村性的浪漫和怀旧情调的诉求所欺骗?或者,为了揭示农村聚落的社会边缘化、贫困和无家可归等更多难题,它已成功地揭开了田园牧歌的文化面纱吗?

迈克·伍兹(Mike Woods, Mike 是 Michael 的简称——译者注)的著作是对这些必要的巡礼过程所做出的及时而出色的贡献。根据支持农村变革过程和实践以及农村变革多方面的政治经济和社会文化的反应,他清晰、生动、翔实、深入地阐述了乡村重构。迈克本人是一位长期从事农村政治与治理研究的重要学者,因此,他很好地总结了乡村地理学的最新状况。

除此之外,对于未来可能使农村成为竞争更为激烈地区的各种问题,他也给予了特别的关注。食物生产的传统活动也融入了围绕食物、健康和景观的政治和伦理问题。随着口蹄疫的爆发，死亡、毁灭和空虚的悲观想象刺破了田园诗歌般的农村。现在，城市消费者坚持对食物、农业、景观以及传统农村习俗如狩猎伦理有更大的发言权。看来，以城市为基础的政府坚持对作为住房和经济增长的资源丰富地的农村外貌和地点拥有话语权。布鲁塞尔（欧盟所在地——译者注）的决策继续着欧共体愚昧的共同农村经济的政策。相形之下，农村本身政治正在做出日益喧闹和显而易见的贡献，让这些辩论充满了全国人民公认的团结一致的观点。

　　毫无疑问，"农村"和"乡村"将会继续作为日常生活中独特的推论领域，但同样清楚的是，世上存在着许多不同的乡村和许多不同的农村地理单元。迈克·伍兹的著作提供了一个学术框架，从中你可以了解到如何重构乡村性。他的挑战是，这些理解应该具有政治意识和相关性，但也应该具有对变化的敏感性与开放性。我希望，读者批判地又富于激情地接受这一挑战，因为在你们的回应中，以及在与你们相似的反应中，存在着未来乡村地理学的健康发展方向和影响。

保罗·克洛克（Paul Cloke）

布里斯托大学

# 致　　谢

　　像本书这样一册教科书的写作就是一个检索、探讨、检验、选择、校对、综合、编辑和再现的过程。如文中所述，它必然会引述大量地理学者、社会学者以及其他农村研究者的工作和想法。除了参考文献列出的论文和著作外，我还被许多会议论文、研讨会报告、讨论与非正式谈话所引导、充实和启发。它们给了我新的见解，提出了研究主题的新方法，引导我接触了不同的读物、理论和案例研究，还使我了解到英国以外的农村研究。我非常感谢农村研究领域的朋友和同事们这些不经意的贡献。这些贡献不便正式引用。

　　我也从威尔士阿伯里斯特威斯大学地理与地球科学学院（Institute of Geography and Earth Sciences at the University of Wales，Aberystwyth）的同事和学生那里汲取了灵感与洞见。这种真切的、有活力的、乐观的气氛，既促进了本书的写作，也偶尔分散了我写作的注意力。我特别要感谢那些同事和研究生们对我的支持。他们和我在农村研究方面进行了愉快的合作：比尔·爱德华兹（Bill Edwards）、马克·古德温（Mark Goodwin）、乔恩·安德逊（Jon Anderson）、格雷厄姆·加德纳（Graham Gardner）、蕾切尔·休斯（Rachel Hughes）、西蒙·彭伯顿（Simon Pemberton）、凯瑟琳·沃克利（Catherine Walkley）、埃尔丁·法赫米（Eldin Fahmy）、欧文·哈蒙兹（Owain Hammonds）和苏西·沃特金（Suzie Watkin）。

　　我也非常感谢塞奇（Sage）出版社的罗伯特·罗杰克（Robert Rojek）和大卫·梅恩沃林（David Mainwaring）对这个项目的精心管理，感谢手稿早期评议者所给出的慷慨评论与建议。

　　书中的大部分插图由阿伯里斯特威斯大学学院绘图室的伊恩·格利（Ian Gulley）制作。他具有独特的技巧，并对细节非常关注。

# 第一部分

## 乡村地理学导论

# 第一章　定义农村

## 一、引言

请整理思路并思考一下"农村"一词。你看到的是什么影像？可能你想到的是英格兰南部起伏不平的绿色洼地，或美国大草原那广大的、开阔的、开放空间（特指北美大草原包括美国中西部与加拿大的草原省份——译者注）？也许，你想到的是秋天新英格兰金黄色的林地，或是斯堪的纳维亚的森林，或是落基山脉，或是澳大利亚阳光暴晒人烟稀少的内陆？在你的农村图片中有任何人吗？如果有，那么，他们正在干什么？他们在劳动吗？或者他们可能是游客？他们的年龄是多大？他们的肤色是什么样的？他们是男人还是女人？富人还是穷人？在你的农村景色中你看到了任何建筑吗？或是古朴的草顶农舍，或是白色涂料的农场建筑？可能是有一家或是一所简陋的伐木小屋，或者你会看到一处失修毁损的居所，几乎不适合人类居住，或是一处现代的、普通的房屋不动产？那有任何经济活动的迹象吗？也许是农业，但你会看到一个自由放养动物的农场庭院，就像儿童故事书让我们相信的那样，或者你会看到一排排的鸡舍，或是无尽的机械化耕作的玉米田？也许你会看到采石场、采矿场、林场，但是，工厂、高科技实验室或办公综合体又将如何呢？那里有的商店、银行、学校，或已经转变为度假屋了吗？在你的脑海中有道路或交通运输吗？有犯罪或巡逻警察的迹象吗？你能看到任何不健康、酗酒、毒品泛滥的问题吗？你所描绘的是谁的土地？谁有权利接近它？

你还清楚地知道农村对你意味着什么吗？或你开始觉得定义农村是一个比想象中更复杂的事吗？没有简单的、标准的定义，无论你在读本书时幻想出怎样的农村图景。这个图景可能不同于你身旁的人。这并不是说，我们将囊括了所有人对乡村性的理解。我们的概念将由我们与其他人分享的各种影响所塑造：我们住在

哪儿？我们在哪里度假？我们看哪种电影？我们读什么样的书？地方和民族文化
传统也很重要，我们在学校学到的东西、我们在报纸上读到的东西，以及我们从压
力团体（向政府和公众施加影响的团体——译者注）那里得到的政治宣传也很重
要。在一些国家，"农村"根本不是一个广泛使用的概念，而是游客所去之国看到的
空间就是他们心目中的农村。因此，如果我们理解的农村不是独特的，至少在文化
上也是具体的。住在英格兰东南部的拥挤乡村可能与那些住在北达科他州最深处
的人对乡村性的看法不一样。新西兰乡村的农业家庭与阿姆斯特丹的城市游客也
有不同的观点，等等。

　　然而，如果"农村"是如此模糊的术语，那么，在什么意义上，我们能讨论"农村
研究"或"乡村地理学"或"乡村社会学"呢？在本书最终如何说明乡村性概念之前，
本章首先介绍学术界试图给出的农村定义的不同方法，并说明每种方法的利弊。

## 二、为什么被农村困扰？

　　如果"农村"是一个如此难定义的概念，那么它为什么被困扰？首先，在都市与农
村，城市和乡村之间的区分，存在着悠久的历史谱系和巨大的文化含义。雷蒙德·威廉
姆斯（Raymond Williams）是英语语言学和文学领域重要的编年史家之一。他观察到：

> "乡村"和"城市"是有力量的语汇，当我们想到它们在人类社区中有
> 多重要的地位时，是无须惊奇的。……在真实的历史中，实际的定居点已
> 经有了惊人的变化。强烈的情感聚集并表现为普遍的特征。乡村已聚集
> 起了一种自然的生活方式理念：和睦、单纯和简朴的美德。在城市则聚集
> 起了以成功为中心的理念：学业、交流、开明。强大的敌意联盟也发展起
> 来：城市发展为喧闹、世故、追求人生目标的地方；乡村则成为落后、愚昧、
> 闭塞的地方。这就是乡村与城市之间的对照。乡村的基本生活方式，退
> 回到了古代时期。

（Williams，1973）

　　这种文化传统如此深厚，以至于区分城镇和乡村是我们对周围世界建立秩序
的本能方式之一。然而，在学术上，这个词是较新的。例如，早在 20 世纪 20 年代
至 30 年代间，社会学家马克·莫蒙特（Marc Mormont）就建议使用"农村"一词作

为学术概念——那个时期乡村正经历着重要的社会和经济的转型——在快速城市化和工业化条件下尝试定义"农村"社会的基本特征(Mormont, 1990)。通常,所产生的农村社会定义反映出一个特殊的道德地理学,将"农村"与和谐、稳定和节制等价值观连在一起。这些城市—农村二分法的评判观念已从学术思想中消失一段时间了,但是这个区别对研究者仍然是有用的,至少有两个理由。

第一,许多政府正式区分了城市与农村地区,并通过不同机构出具不同政策对它们进行管理。例如,2000 年 11 月,英格兰政府公布了两个单独的政策文件,一个为"城市政策",另一个为"农村政策"。许多农村政策将受环境、食品和农村事务部门制约,并由政府的乡村部门实施。

第二,根据农村的生活方式,许多生活在农村地区的人,认同他们自己"农村人"的身份。于是,当他们面对诸如失业、基本产业(如农业)的衰退,或地方服务业的丧失等问题时,就是这种强烈的认同感。他们并未像遭遇相同问题的城市地区的人一样建立团结一致的关系,而是声称他们的农村团结,作为反对"城市威胁"的基础。这种例子在英国可再次看到。2002 年 9 月,在伦敦由乡村联盟组织的超过40 万人的游行中,他们主要抗议之前中央政府有意无视农村地域和农村利益(第十四章对此有更详细的介绍)。

这两大理由意味着,尽管研究者能够识别在农村地区与城市地区都起作用的相同社会与经济过程,但他们也知道这些过程产生于不同的政治环境,以及所造成的人们的反响可能是不同的。然而,对这些差异的分析,把我们带回到了我们所认为的"农村"问题中。哈夫克里(Halfacree, 1993)确认了农村研究者用来界定农村的四个主要方法。即(1)描述性定义;(2)社会文化定义;(3)作为地方性的农村;(4)作为社会表征的农村等。下面将逐一介绍和评判这些研究方法。

## 三、描述性定义

根据城乡社会空间特点做出清晰的地理差异假设,得出乡村性的描述性定义。通过人口这种最简单的方法即可做到这点。这也是大多数官方定义农村地区所采用的方法。归根到底,它表现出恰当的逻辑。我们都知道,城镇和城市的人口比村庄和分散的农村社区多得多,但是,精确而言,什么样的人口数量才能使农村地区成为城市?如表1.1所示,在不同国家对农村和城市地区的官方定义中,农村社区允许的最大人口规模是不一样的。

表1.1　根据农村社区定义的官方人口

| 不同国家或组织 | 农村聚落的最大人口数 | 备注 |
|---|---|---|
| 冰岛 | 300 | 城市行政单位的最小人口数 |
| 加拿大 | 1 000 | (每平方千米的人口密度小于 400 人),人口普查定义 |
| 法国 | 2 000 | —— |
| 美国 | 2 500 | 人口普查定义 |
| 英格兰 | 10 000 | 乡村部门定义 |
| 联合国 | 20 000 | —— |
| 日本 | 30 000 | 城市行政单位的最少人口 |

　　除此之外,还有些其他问题。第一,人口记录取决于有关地区界限。例如,在我居住的威尔士西部阿伯里斯特威斯(Aberystwyth)的城镇人口是按照官方社区边界所测算的。那么它正好低于 10 000 人——符合有关农村的定义。而社区界限正好横切过大学校园。如果总人口按实际建成的城市面积计算,实际数据则接近 20 000 人。同样,在美国有许多农村郡的人口规模大于许多划入城市的地区,仅仅是因为农村覆盖了更广阔的领土。

　　第二,仅仅是人口数字不能反映社区的功能以及社区与当地周围地区的关系。对分散的农村人口来说,内布拉斯加州 1 000 人的城镇可能是一个确定的城镇中心,但就区域情况看,马萨诸塞州的 1 000 人村庄可能就看作一个农村。第三,仅仅根据人口的区分具有随意性与人为性。为什么一个有 999 个居民的聚落被划分为农村,而 1 000 名居民则被分类为城市?多一个人就产生了如此差异吗?

　　利用更加复杂的模型,一些有关乡村性的正式定义重点研究了这些问题。这些模型参考了人口密度、土地利用和距城市中心最近距离。在许多国家,不同政府机构混合使用这些不同定义。例如,农村政策研究所网站(www. rupri. org)就讨论了美国政府部门所使用的 9 种不同定义;与此同时,英国最近估计,大约超过 30 种不同的农村定义被不同的政府机构所使用(ODPM,2002)。很多他们标示的城市地域特点实际上是"否定的",指一些地方也不具备农村资格。这种方法的三个例子可在美国和英国人口普查中以及美国预算和管理局使用的定义中看到:

- 美国人口普查在全国用人口定义城市地区。大约有 2 500 人和住房单元的地方定义为城市、村庄、自治村镇(阿拉斯加州和纽约州除外)和城镇(六个新英格兰地区的州、纽约州和威斯康星州除外)。其他地方均归为农村。

- 英国人口普查利用土地利用情况定义。任何拥有 20 公顷以上连续的城市土地利用区域均定义为城市,包括永久性建筑物,运输走廊(道路、铁路和运河),运输设施(停车场、机场、加油站等),采石场和矿场,以及完全由建成地围起来的任何开放地带。而其他地方则被归类为农村。

- 美国预算和管理局对大都市地区的定义是至少有一个人口超过 5 万的中心县,加上任何与中心县有紧密经济和社会关系的毗邻县——根据通勤模式、人口密度和人口增长定义关系。大都市以外的任何地方都被归为非大都市郡(图1.1)。非大都市郡在美国研究和政策分析中是最常用的农村地区定义。

然而,所有上述的三种定义均可依据相同的理由评判。首先,它们可分为两部分,因为它们设定了与城市地区对立的农村地区。两者没有中间地带。其次,它们

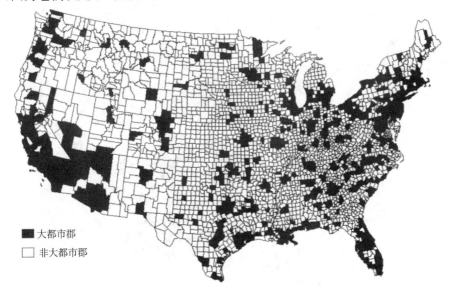

■ 大都市郡
□ 非大都市郡

**图 1.1　美国预算和管理局的大都市郡与非大都市郡的分类**

资料来源:美国农业、经济研究服务部。

基于一系列十分限定的可揭示小部分塑造城市与农村地方性的社会和经济过程的数据。最后,因为农村地区是一个后效范畴(后效是指一种心理活动的影响——译者注)。它们被视为同质的,同时农村地区的多样性也未得到认可。

## 四、乡村性指数

在试图辨识乡村性等级之间的某些差异,并克服利用一两个指标定义农村地区的问题方面,克洛克和爱德华兹(Cloke,1977;Cloke and Edwards,1986)利用1971年和1981年的一系列统计数据,为英格兰和威尔士地方政府管辖区构建了乡村性指标。重要的是,所用的这些指标不仅与人口(包括人口密度、变化、迁入、迁出以及年龄结构)有关,而且与家居舒适(家庭所拥有的热水器、浴盆和室内卫生间的比例),职业结构(农业所雇用劳动力的比例),通勤模式和距城市中心的距离有关。将这些指标填入公式,这个公式将行政区归为五种类型中的一种——极端农村、中间农村、中间非农村、极端非农村和城市地区(图1.2)。

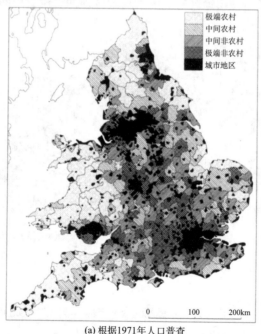

(a) 根据1971年人口普查

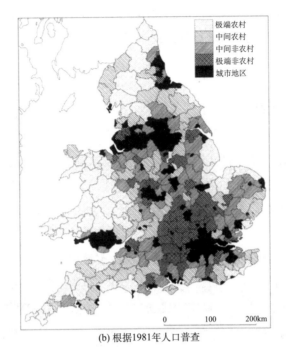

(b) 根据1981年人口普查

**图 1.2 英格兰和威尔士乡村性指数**

资料来源:Cloke,1977;Cloke and Edwards,1986。

　　虽然乡村性指数表明了简单二分定义的改进,但仍然引起了许多批评。第一,为什么选择使用这些指标? 例如,家庭固定浴缸百分比告诉我们乡村性的什么? 第二,不同指标的权重是如何确定的? 在决定乡村性时,农业就业或多或少比人口密度更重要吗? 第三,如何确定五种不同类型之间的边界。由公式算出的人为尺度的"中间农村"区怎样成了"中间非农村"区?

　　更成问题的仍是作为分类基础而使用的地方政府行政区的影响。参见图 1.2 中的两张地图。在 1971 年的地图上,有许多孤立的黑色小区域分布于英格兰和威尔士城市地区。然而,在 1981 年的地图上,他们消失了。难道在这十年间英国突然有了更多的农村地区吗? 不,1974 年地方政府进行了重组,将很多小城市地区与邻近的农村地区合并为一个新的、更大的行政区——当 1981 年确定下来时,这里的大多数就成了农村。所有这些事情的发生使计算尺度的指标也发生了变化。

　　用于定义乡村性的所有描述性方法是有方法论缺陷的,但是哈夫克里(Halfacree，1993）认为实际的根本问题是：“描述性方法仅仅描述农村，但它们不能定义农村。”描述性定义仅能反映农村地区应当是什么样的预想，但却不能提供它们为什么是这样的解释。

## 五、社会文化定义

正如描述性定义所曾试图确定农村地域那样，社会文化的定义也曾被用来认识农村社会。在这些方法中，“城市”与“农村”社会之间的区别是是否以居民价值和行为以及社区的社会与文化特征作为基础。其中最著名的两个案例是由费迪南德•滕尼斯（Ferdinand Tönnies）和路易斯•沃思（Louis Wirth）开发的模型。滕尼斯对比礼俗社会或农村社区与法理社会或城市社会，建立了农村和城市地区内部社会联系的差别（Tönnies，1963）。同时，沃思（Wirth，1938）指出城市生活是动态的、不稳定的和非人格的。城市居民通过工作、家庭和休闲建立了不同的接触，而农村生活则是稳定的、整体的和层级的，且在不同的语境中与相同的人相互联系。其他学者提出了类似的二分法（表 1.2）。

表 1.2　社会文化定义中的城乡二元性

| 学者 | 城市 | 非城市或农村 |
| --- | --- | --- |
| 贝克尔（Becker） | 世俗的 | 宗教的 |
| 涂尔干（Durkheim） | 有组织的团结 | 呆板的团结 |
| 缅因（Maine） | 联系 | 身份 |
| 雷德菲尔德（Redfield） | 城市的 | 民间的 |
| 斯宾塞（Spencer） | 工业的 | 军事的 |
| 滕尼斯（Tönnies） | 法理社会的 | 礼俗社会的 |
| 韦伯（Weber） | 理性的 | 传统的 |

资料来源：Phillips and Williams，1984；Reissman，1964。

这种类型的二分法过分强调了城市与农村社会之间的对比。与此对应的是，城乡连续体概念的设计可使人想到，在展示城乡特点的不同等级时，社区可得到验定。然而，帕尔（Pahl，1968）批评了对城乡连续体社会空间环境活力的持续简单化并认为:有些人在城市工作,但并未在城市居住;而另一些人居住在城市但并不在城市工作(Phillips and Williams,1984)。帕尔(Pahl)在论述赫特福德郡(Hertfordshire)农村的著作中检验了所谓的城市社会,而杨迈克(音译)和威尔莫特(Young and Wilmott,1957)则在伦敦东区验定了农村社区的假定特征。

10

## 六、作为地方性的农村

定义农村地区的第三种方法不同于上述两种方法,它是把重点放在可突出造成有特色的农村地区的进程之上。20世纪80年代末,这种方法在地理学中受到广泛论辩的影响,并探讨了地方结构能在多大程度上塑造社会和经济进程的结果。正如一些学者所论,如能识别出地方性的效果,那又何尝不能区分城市与农村之间的地方性? 因而,辨识这样的结构特征是一种挑战。正如哈夫克里(Halfacree,1993)所说,"如果农村地方性,在它们可按自身条件的分类中得到确认和研究的话,就必须仔细地加以界定那些使其成为农村的条件。"

根据哈夫克里(Halfacree,1993)所述,他曾尝试过这样做的三种主要方法。第一,提出农村空间必须与基础生产相连(如农业),或与竞争性部门相连。然而,正如哈夫克里所论,"许多城市地方也可同样予以分类。"第二,提出了低人口密度造成了农村和集团消费问题之间的独特联系。然而,哈夫克里又说,那样的看法也是有争议的,特别是"假定距离摩擦的重要性下降"(距离摩擦是指移动成本随距离的增加而增加,是相互作用中距离阻碍效应的一种度量——译者注)。第三,农村地方性在消费中的特殊角色得以辨识,如旅游网点的团体消费和外来购房者的私人消费。然而,目前还不清楚这点与中产化的城市街区和城市传统地带有怎样的不同。

因而,以研究农村地方性为主的方法尚不确定,因为还没有一个可判定为农村的结构特征对农村给予唯一和内在的证明。相反,在当前所谓城市和乡村地区的研究中,它们只是以突出相同的社会和经济过程的方式表现出来。因此,1990年,霍格特(Hoggart)提出,是时候"废除农村"了。他认为这是一个令人困惑的"混乱概念",缺乏解释力:

　　　　宽泛的"农村"分类是令人困惑的,无论它的目标是否给予了说明或
　　是理论上的评价,因为农村内部的差异是巨大的。农村与城市的相似性

也是很高的。

（Hoggart，1990）

然而，为什么十多年后我们仍在讨论农村呢？因为，正如前面所论，无论学界说出了对农村做出定义是如何的困难，但仍有数以百万计的人把他们自己看作是乡下人，生活在农村地区，遵循着农村的生活方式。正是对这些认知的调查提供了第四种研究方法的基础。

# 七、作为社会表征的农村

哈夫克里写道，"定义乡村性还有一种可替换的办法"。"起初，它并不需要我们概括出农村范围的因果结构。这种可替换的办法源于农村及其同义词等人们日常会话使用的词汇和概念理解。"（Halfacree，1993）因此，除了尽力确定仅在农村地区特有的具体社会或经济结构特点以外，当人们思考农村时，还要探寻象征、符号和想象等社会表征的方法。实际上，这就会产生更为直接和灵活定义乡村性的方法。例如，它还可以适应农村环境中社会与经济变化的影响。正如莫蒙特（Mormont，1990）所论，社会和经济的变化意味着，不再有简单的按功能性定义的农村空间。相反，则是很多占据农村地区的想象的社会空间。

因而，给出乡村性定义的问题就成了一个人如何按照农村来构建自己的问题，以及把乡村性理解为一种观念状态的问题。用更为专业的词汇说，乡村性就是构建的社会（专栏 1.1），以及农村变为一个农村居民参与的、社会的、道德的并且具有文化价值的世界（Cloke and Milbourne，1992）。

---

**专栏 1.1　主要术语**

　　**社会构建**：即人们表达自己的方式。在一个地方，将统一的目标与思想赋予该地，形成特定社会、文化、美学以及意识形态的特点。仅在人们对该地尽可能多的想象得以存在，社会构建也才得以存在。

---

这种方法把对农村地区统计数据的关注转到对生活于当地的人或当地造访者的关注。这种方法认为，一个地区不能因为它的经济和人口密度或其他结构特征就是农村——而是因为人住在那里或是利用它，才能把它看作农村。人们已形成

了乡村性的理念,通过电视、电影、文学、休假、生活体验等信息,并且运用这类知识,分辨出农村的特定地区、景观、生活方式、活动、人员等(专栏1.2),相反也具有因果效应。如果人们认为他们生活在农村地区,并抱有农村生活就应该是这样的观念,那么这就会影响到他们的生活态度和行为方式。同时,如果他们感到理所当然的农村状况受到威胁的话,例如,受到房地产开发威胁的话,人们就可能去保护他们对乡村的认知。因此,由于农村是由不同的人完成的不同的社会构建,所以何为农村和农村地区应该是什么样子的准确含义就可能引起争论。

---

**专栏 1.2　什么是农村? 不列颠农村地区的观点**

在 2002 年早期,英国的压力集团,即代表传统的、亲狩猎业和亲农耕业之农村利益的乡村联盟。询问其成员,什么是农村,农村应该如何定义。以下是对何为农村的一些回答:

- 人口稀少的地区,即村庄、无教堂村庄及小城镇。当地无需提供如电影院、银行、超市等旅游便利设施。
- 农村当界定为其主要土地利用为具有农业性质的区域。这应该包括马术活动。旅游活动也应该包括在内。村庄郊外住宅区应排除在外(村庄郊外住宅区的定义为一半以上的劳动人口应在 15 英里以外的地方工作的区域)。
- 农村是一处实际存在的地方,在很大程度上指一种精神状态。也是对生活在主要农业地区的人和事物、习俗和传统的接纳和理解。
- 农村就是在晴朗的夜晚能看到满天星斗,呼吸到无污染的空气,在自然栖息地看得到野生动物,在没有永久性交通噪声的情况下安眠。看得到景观、林地、灌木篱笆的自然之美。
- 生活和工作都在乡下,从小就扎根于农村。对农村的认知以及对野生与驯养动物并不抱有感情色彩的态度。
- 农村是一处在外来人看来引人注目的地方。

更多的结论见 http://www. countryside-alliance. org/policy/whatis/index. html。

---

农村社会构建的不同方式可被描述为不同的乡村性话语。在这个意义上话语 12 意味着理解世界的一种方法(专栏1.3)。因此,乡村性的话语也是理解农村的各

种方法。就像哈夫克里（Halfcree，1993）评论的那样，"在定义农村方面，我们试图将之称为学术话语，因为它们是学者们试图理解、解释和处理的社会世界，但是学者们不是唯一产生话语的人"。福沃斯（Frouws，1998）对政策话语的阐述已提交给荷兰农业政府部门。内容包括，农业—自然主义者话语，即农业优先性和把农民看作农村社会、经济和文化空间的主要创造者与载体（Frouws，1998）；功利性话语，即农村地区的问题被视为欠发达的产物。农村发展倡导需将农村地区与现代市场和社会经济结构整合起来；享乐主义话语，即将乡村描述为休闲和娱乐的空间，及从自然美及魅力方面被看作是理想的乡村。

---

**专栏 1.3　主要术语**

　　**话语**：话语有许多不同的准确定义。这个术语通常用得比较随意。然而，简单而言，话语结构就是我们看待事物的方式。话语即是观念、信仰和认知的集合。它们就是告知我们的行为方式。通常，我们都会受到媒体、教育，以及我们所谓常识的特定话语的影响。在德里克·格雷戈里（Derek Gregory）所编的《人文地理学词典》中，确认了话语的三个重要方面。（1）话语不是独立的、抽象的、理念的，而是实际镶嵌在日常生活之中的。话语告诉我们做什么，并通过我们的行动再现。（2）话语使我们视世界为理所当然的。它们接纳了世界的特殊观念，并使我们自己和他人安处其中。（3）话语总是通过偏颇的、某种情境或知识反映我们自己的环境。话语以权力和知识的关系为特点，并总是欢迎论争与协商。

---

13　　　普通人在日常生活中产生和再现的乡村性的世俗话语很重要，通过艺术、文学、电视和电影等文化媒体传播的乡村性的大众化话语同样也很重要。这两种话语密切相关，所以日常话语不可避免地会受到大众话语的影响。在某种程度上，当然也会有相反的情况。乡村性最重要的大众话语之一是农村的田园生活（Bunce，2003）。它提供了一个梦寐以求的理想化的乡村性图景。其通常强调田园景观可以理解为和平安静。正如利特尔和奥斯汀（Little and Austin，1996），以及肖特（Short，1991）描述的那样：

　　　　农村生活是与简单、单纯、坦诚的社会相联系的。在这个社会中，还
　　是应该坚持传统价值的，而且生活是更为实际的。娱乐、友谊、家庭关系，

甚至就业在某种程度上都被看作是更为真诚和可靠的,不受城市生活的虚假、不诚实和诱惑所影响或不受与人们未定价值相关的影响。

(Little and Austin,1996)

乡村被描绘成一个悠闲缓慢的生活方式的图景。在乡村人们的生活是跟着季节的变化,而不是跟着股票市场的变化。在乡村人们有更多的时间做其他的事。他们生活在有更多组织的社区。在社区中人们有地位和真实的角色。农村已成为现代性的避难所。

(Short,1991)

而农村的田园生活是一个神话。在鼓励人们到乡村旅游或移居乡村时,神话受到很大的影响。对很多此类人而言,与生活经验纠缠在一起的农村田园生活要素,就会造成与现实不完全一致的民间话语。其他的民间话语更以日常生活为基础。乡村生活话语可能是世俗的,甚至是消极指向的。

## 八、两个英国村庄乡村性的思考:一个案例研究

乡村性的民间话语表述,可在 20 世纪 90 年代早期英格兰南部农村的两个社区人类学研究的报告中看到,一个是米彻尔·贝尔(Michael Bell,1994)在汉普郡(Hampshire)柴尔德利(Childerley)(化名)的村庄所做的研究;另一个是由欧文·琼斯(Owain Jones,1995)在萨默塞特郡(Somerset)的一个无名村庄所做的研究。这两个村庄的相似之处是距离较大城镇的通勤距离相近,同时本地出生的长期居民和新近移入者混杂居住。

在柴尔德利,贝尔发现,很多移入者,都会通过与他们原来所居住的城镇或城市进行比较而描述农村的自然。通常,这样的比较强调的是不同的生活节奏:

在城镇,人们匆匆忙忙。这是不同的! 在城镇,人上了车可做一切事情。我有一个邻居,在那里生活了十三年。但我从未跟她说过话,因为她出了房门,开走她的车,出去,回来,走进家门……这里,步调是如此的慢。

(Bell,1994)

在这里就像生活在过去。你觉得每天晚上应该把门锁上。当我们最初搬到这里晚上回家时,我们曾认为我们应该关闭山脚下的门。

(Bell,1994)

14　　　　在这些观察中,都能看到农村田园生活的影响。不过贝尔指出,那些最热情谈论乡村理想的人会经常修饰他们的陈述。此外,乡村慢节奏生活的感知,很多长期居民也有同感。贝尔引述一个 18 岁农民儿子的评述说,农村意味着安静生活方式的开始。你可以称它为逃离激烈的竞争。

在贝尔和琼斯的社区研究中,对于乡村性的描述确有很多共同元素,并且这些元素既反映出了地理元素,也反映出了社会元素。首先,地理情景是重要的。琼斯记录了一些村民的说法。他认为农村意味着缺乏工业、交通、商店、办公室、密集的人造环境;而另一位说,村庄就是乡村,因为它没有城市设施,例如,工业、街道照明。在很多方面,农业的存在是很有意义的。琼斯又引述了另一位居民的说法,"我们很幸运有几处地方农场,动物在地里吃草。拖拉机履带在路上来回行驶。没有永远的祝福!"

其次,农村生活与亲密的社区感受是相联系的,人们从自己的经验中得出的感受有:

　　社区的小规模已经鼓励我加入其中,这样我可以见到其他村民,并且也支持了村庄的社交活动,如集会厅、教堂、酒吧的各种节事活动。

(Jones,1995)

　　人们有了时间,生活的时间,交谈的时间,我认为这棒极了。我的意思是,即使在我们的乡村小店,人们仍有时间为别人服务,而不是东奔西跑地浪费时间以及将时间全部为自己所用,并让时间尽可能快地打发掉。

(Bell,1994)

最后,据贝尔观察,许多村民感觉农村生活比城市生活更接近自然。动物的存在是这种象征之一。贝尔引用了一位居民的话说,乡村使他想到"森林、田野、犁过的田野、羊群、牛群。我继续走着,可以看到幽谷、獾洞、狐狸洞、兔子,然后你还会看到很多的啄木鸟和鹿"。同时,琼斯引用一条评述说,"村庄就是农村,因为在挤奶返回途中,我们经常被堵在奶牛的后面。我们听到羊叫、鸟鸣、拖拉机的声音等。"然而,对一些人而言,乡村生活不仅仅是看到自然,而是也要认识自然。关于季节、植物学、狩猎和传统烹饪方法的知识可用来区分真正的农村人。一位新近移居柴尔德利的居民,虽有农村家庭的背景,但她告诉贝尔:"我姨妈总是告诉我,我不是一个乡下姑娘,除非我学会吃炖兔子。"

然而,贝尔和琼斯也发现一些人,认为他们的村庄已不再是农村了,或者至少村庄已失去了一些农村特性。这往往是由于农业的衰落。一位村民告诉琼斯,"村里很少有人从事农业,所以它已不是 20 或 30 年前的农村了",同时贝尔也反复说明,柴尔德利"已确实不是农村地区了……这里不怎么有农夫了"。

15

## 九、结语

农村是令人好奇的词汇之一,人人都认为他们知道它的含义,但实际上,精准定义农村又是十分困难的。学术界定义和界定农村地区与农村社会的尝试又总是陷入困境。有时是因为他们采取的界定方法比较专断,有时是因为他们过分强调城市和乡村之间的不同,有时是因为他们低估了乡村的多样性。不必感到吃惊,在20 世纪 80 年代后期,一些地理学者提议,完全放弃农村作为一种分析范畴。

不过,当人们思考乡村特点和乡村日常生活时,乡村性的概念仍然是重要的。在目前的农村研究中,把乡村性看作社会构建仍是居于支配地位的研究方法。这意味着,地理学者不用再费力去确定环绕农村地区的准确边界。社会学家也不用再费力去确定农村社会的基本特征。相反,农村研究者现在仍在尽力认知这一特定地区的事物、传统、习俗和人是怎样被确定为农村的,以及这造成的差异在日常生活中是怎样表现的。

这即是本书所采用的方法。本书不是一部在地域上界定农村地区的地理学著作,也不是明确农村社会过程的书籍。事实上,将在本书中讨论的很多方面也会在城市地区和城市社会的研究中予以讨论。进一步说,本书关注的是,对塑造人们现代乡村性经验和观念的过程进行检验,并且为了保护或促进乡村性这个特有观念,各种回应会得到个人或团体的采纳。因此,本书核心内容由四部分构成。开篇后为导论和有关章节;第二部分检验正在塑造当代乡村的过程,包括经济的、社会的、人口统计学的过程和环境变化的过程;第三部分探讨对这些过程的反应,包括对农村开发和保护的政治反应以及战略反应;最后,第四部分调查农村如何变化,即人们生活方面的体验。

16

**进一步阅读**

阅读更多不同定义农村方法的著作，有关乡村性是如何由个人社会性构建的，见基斯·哈夫克里(Keith Halfcaree)的两篇主要论文："地方性和社会表征：农村的空间、话语和可替代的定义"，载《农村研究杂志》(Locality and Social Representation: Space, Discourses and Alternative Definitions of the Rural. *Journal of Rural Studies*, 1993, 9)；"论乡村性：六个英国教区居民讲述的社会表征"，载《农村研究杂志》(Talking about Rurality: Social Representations of the Rural as Expressed by Residents of six English Parishes. *Journal of Rural Studies*, 1995, 11)。更多的案例研究见米彻尔·贝尔(Michael Bell)所著的《柴尔德利：乡下村庄的自然与美德》(芝加哥大学出版社，1994)(*Childerley : Nature and Morality in a Country Village*. University of Chicago Press, 1994)一书，以及欧文·琼斯(Owain Jones)的论文，"农村的民间话语：农村研究的发展与含义"，载《农村研究杂志》(Lay Discourses of the Rural: Development and Implications for Rural Studies. *Journal of Rural Studies*, 1995, 11)。农村田园生活的概念被迈克尔·布鲁斯(Michael Bunce)在保罗·克洛克(Paul Cloke)编的《乡村视野》一书中的再造农村田园生活的章节中进行了详细的探讨(皮尔逊出版社，2003)(*Country Visions*. Pearson, 2003)。

**网站**

在美国由农村政策研究机构在网站 http://www.rupri.org 上描述并讨论了乡村性的各式各样的定义。乡村联盟讨论的"什么是农村?"的更多结论见 http://www.countrysidealliance.org/policy/whatis/index.html。

# 第二章 了解农村

## 一、引言

在前一章,我们发现,简要描述农村是多么的困难。然而,作为农村社会科学者,我们需要的不只是能描述农村形成的过程及其影响,我们也需要尽力认知这些过程,并提出这个过程为何在特定的地方以特定的方式运作以及所产生的特殊结果,进而提出批评性解释。为此我们需要使用理论。使用理论听起来像是个令人生畏的前景,因为这会让人联想到深邃的哲学思想,但实际上,就是我们日常生活中经常使用的理论。每当我们打开灯或打开门的时候,我们无疑都会使用科学理论。我们还创造自己的理论,例如当我们推测最喜爱的电视情景剧的剧情进展或分析我们球队的表现。

有些理论是经验性的,因为它们仅仅产生在特殊环境下所观察到的证据。例如,根据对很多去商店购物人数的观察,对店铺账目的检查,以及对当地居民购物地点的调查,或许就能创造出村庄商店停业的理论,提出这家商店已关闭是因为居民越来越多地在附近的一个小镇上购物。其他的理论是概念性的,因为它们所使用的模型和概念已在一般或抽象层面上展开了。例如,在解释村庄商店停业的过程中,我可以借鉴马克思主义理论争辩说,资本主义企业利润最大化的需要,鼓励了可降低地方商店价格的超市扩张,因而吸引了客户。

传统上,许多农村研究项目在本质上是经验性的,但在过去的25年间,更具批判性的农村社会科学发展起来。在它的分析中,利用了一系列概念性理论,包括政治经济学概念(源于马克思主义理论)、女性主义理论和后结构主义。不同的研究者采用的方法受其学科背景与训练的影响。当代农村研究是跨学科领域,有相近类型的研究参与,如地理学者、社会学者、人类学者、农业经济学者、政治学者和规划学者。然而,其分支学科则更有特色,集中于不同的调查对象,利用不同的概念、模型和社会理论。因而,本章首先描述的是三个主要传统的学科——地理学、社会学和人类学,以及它们对当代农村研究演化做出的贡献,进而讨论在过去 25 年中对农村研究有全面影响的两个概念的方法——政治经济学的方法和文化的方法。

## 二、地理学的传统

在 20 世纪 50 年代,区域地理学的主导地位逐渐消退,作为分支学科的乡村地理学逐步形成。20 世纪 50 年代之前,大多数人文地理学的工作,实际上就是乡村地理学的工作,即区域地理学的核心工作,关注人如何与自然环境的相互影响。这意味着许多人文地理学研究是在乡村地区进行的。然而,随着城市地区研究在以过程为重点的新地理学中脱颖而出,乡村地理学则从旧方法的残余中创建,而且在地理学中是被边缘化的,直到 20 世纪 70 年代早期,才以新的综合视角得到新生。在这一时期(1960～1980),乡村地理学关注和实践的主要领域可分为以下三个(表2.1):

表 2.1　选自其他乡村地理学教材的章节标题

| | |
|---|---|
| 克劳特(Clout,1972)的《乡村地理学》<br>(*Rural Geography*) | 乡村人口减少;乡村的人;乡村城市化<br>土地利用规划;农业的结构变化<br>作为农村土地使用者的森林;景观评价<br>农村地区聚落的合理化<br>乡村制造业;英国农村的客运<br>乡村的综合管理 |
| 哈特(Hart,1975)的《土地的外观》<br>(*The Look of the Land*) | 植物覆盖;一些基本概念<br>英国的土地分配、美国的土地分配<br>农场规模和农场使用权<br>农场就业和农场管理<br>影响农场主决策的因素<br>农场建筑;农业地区和农场及其建筑物<br>房屋类型和村庄;矿业、林业和休闲<br>美国乡村的变化 |

续表

| | |
|---|---|
| 菲利普斯和威廉姆斯(Phillips and Williams，1984)的《英国农村：社会地理学》(*Rural Britain : A Social Geography*) | 农村经济 I：以土地为生<br>农村经济 II：非农就业<br>人口与社会变迁；住房；运输与可达性<br>规划；服务和零售业；娱乐与休闲<br>剥夺；政策问题和未来 |
| 吉尔格(Gilg，1985)的《乡村地理学导论》(*An Introduction to Rural Geography*) | 农业地理学；林业、采矿业和土地利用的竞争<br>农村聚落与住房；农村人口和就业<br>农村运输、服务提供和剥夺；乡村休闲和旅游<br>土地利用与景观；农村规划和土地管理 |

• **农业地理学。** 农业地理学关注的是战后时期农业的经济重要性，并以耕作业现代化的政策为重点。1974 年以前，英国地理学家学会的乡村地理研究一直以农业地理学研究小组闻名。甚至在 20 世纪 70 年代后期，英国乡村地理学研究的 40％以上与农业有关(Clark，1979)。研究主题包括耕作结构变化、农业土地利用模式、农场系统和农业社会地理学。

• **农村空间人类活动的组织和影响。** 这包括人口分布和迁移研究，以及交通网络和农村聚落格局。在战后初期，分析重心是乡村聚落形式的分类，例如，1946 年夏普(Sharpe)著的《村庄解剖》(*The Anatomy of a Village*)中的经典文本中就是如此。此后，更为适用的研究方法转向了农村聚落规划问题。

• **农村景观和土地利用。** 农村景观研究与以上两项研究内容结合，描述并解释了农村景观的演变。这方面的研究在北美地理学中尤为重要，它特别与哈特(Hart，1975，1998)的工作以及美国地理学家协会的当代农业和农村土地利用专门小组(以当代农村土地利用闻名)有关。直到 2002 年底，当代农村土地利用与农村发展专业团体合并，才形成了一个新的乡村地理专业团体。

这些乡村地理学的传统方法是非常经验性的，几乎没有什么概念性的观念。就像克洛克(Cloke，1989)所论，"当需要以一个概念框架支持研究时，许多乡村地理学者喜欢专注于他们的主要兴趣上，即农村问题的实证调查。"或如哈特陈述他的研究方法那样，"我试图去了解我漫步时看到的农村地域的全部。我按照普查数据补充我的观察，并根据这些数据制图(明尼苏达大学网站)。"在理论运用的范围内，通常限于空间模型的应用，如冯·杜能的土地利用模型和克里斯泰勒的中心地理论。这些模型基本上都是将经验观察推演为一般类型来表示的，而且它们通常未对出具的原始情形做工作。它们也没有揭示造成这些现象的相关社会、经济和政治过程。

19

　　总的来说，地理学传统对当代农村研究的贡献体现在三个方面。第一，它着重于空间和空间差异性；第二，它关注景观；第三，它关注人类与自然环境的相互作用。这是目前正在修订的新方法。

# 三、社会学的传统

　　农村社会学的开端可以追溯到 19 世纪和 20 世纪交接时期。1894 年，芝加哥大学首先在北美大学开讲农村社会学课程，紧随其后的是 1902 年密歇根大学。然而，直到第一次世界大战后，农村社会学才真正起飞，并在欧洲和北美有了快速扩张。1936 年，农村社会学，创建了一个标志性的专门学术杂志。值得注意的是，在两次世界大战期间，面对蔓延的城市化与工业化，农村社会遭受的压力，促进了农村社会学的普及。事实上，早期的农村社会学有着强烈的道德议程，与欧洲和北美的教派有着密切联系，也与 1908 年罗斯福总统设立的乡村生活委员会那样的政治运动密切相关。正如莫蒙特（Mormont，1990）指出的，这种道德议程通常是矛盾的两个方面，一方面是农业的现代化运动，试图改变农村社会结构，以在技术与经济上整合到现代工业世界当中；另一方面，是一场（更多地是意识形态的）运动，即反对那个时代的社会和政治的紧张局势。

20

　　为反映这对孪生的压力，农村社会学开展了很多研究主题，其中四个焦点是（表 2.2）：

　　• **农村社会与城市社会**。如前章所讨论的，分辨清乡村和城市社会之间的差异一直是社会学传统主要关注的内容。

　　• **农村地区内的社会关系**。社会学家探讨了农村社区的社会结构，包括亲属关系网络的作用、等级制度以及教会等机构的重要性。

　　• **农业社会学**。这与农业地理学的主要区别在两个方面：第一，关注社会单元的农户；第二，关注农场和农场工人之间的劳动关系。

表 2.2 选自其他农村社会学教材的章节标题

| | |
|---|---|
| 吉勒特(Gillette,1913)的《构建农村社会学》<br>(*Constructive Rural Sociology*) | 农村和城市社区之间的区分<br>环境分化效应结果的社区类型<br>农村和城市的增长<br>农村问题的社会性质<br>农场生活的优点和缺点<br>农业生产的改良<br>农耕经营面的改进<br>通信和交通的改良<br>美国土地和劳动的社会方面<br>农村健康和卫生<br>使农场生活更有吸引力<br>乡村生活的社会化<br>农村社会风俗及其改良<br>农村慈善事业及其改进<br>农村社会调查 |
| 索罗金和齐默曼(Sorokin and Zimmerman,<br>1929)的《农村—城市社会学原理》<br>(*Rural-Urban Sociology*) | "伟大社会"中的农村世界和农场主—农民阶<br>级的位置<br>乡村—城市人口的身体和生命特征<br>农村—城市的智力、经验和心理过程<br>农村—城市的行为、习俗与文化的横断面<br>农村—城市迁移 |
| 琼斯(Jones,1973)的《农村生活》<br>(*Rural Life*) | 什么是农村<br>一个概念框架<br>英国农村的生活方式<br>农村社会结构和组织 I:家庭和邻里<br>农村社会结构和组织 II:农村社区<br>当代农村社会的变迁<br>农村—城市互动和农村的变化 |

• **农村社会的变化。**贯穿农村社会学特别普遍的主题是现代化和变革的影响。对有些社会学者来说,社会学的作用是推动农村现代化。对另一些社会学者来说,则是研究那些可能消失的农村社会有特点的方面。

虽然农村社会学工作在很多方面有很强的实用性,但与乡村地理学相比,农村社会学总体上更倾向于概念化理论。前一章讨论过,定义乡村性的社会—文化研究方法,主要是在农村社会学中发展起来的。除要经验性地测试一些农村和城市社会经验的两方面,农村社会学者也要在研究中吸收一些重要思想家的社会理论,如费迪南德·滕尼斯(Ferdinand Tönnies)、马克斯·韦伯(Max Weber)和埃米尔·涂尔干(Emile Durkheim)的理论。是他们构建的农村和城市社会思想作为他们认知现代社会的框架工作。从 20 世纪 50 年代到 20 世纪 70 年代,农村—城市连续体的概念成了农村社会学讨论的主要内容。

21

　　事实上,社会学传统对当代农村研究的主要贡献方面是理解乡村性如何在民间话语中持续存在的认知。其他重要贡献包括对社会关系和社会结构的兴趣;长期以家庭为分析单位的重要性;关注农村地区福利服务的提供,如健康、教育和住房。

## 四、人类学的传统

　　在人类学的传统和社会学的传统之间有着重要重叠,这并不是因为很多农村人类学研究只关心农村自身的社会结构和过程。然而,随着人类学采用了通常在包括生活于农村社区的研究人员使用的人种学技术,这种差异一直是方法性的。最值得注意的人类学传统的成果是 20 世纪 40 年代和 50 年代在英国和爱尔兰所进行的农村社区研究(表 2.3)。这些研究都是深入个别社区的综合调查,即把研究重点与社会结构、经济活动、家庭和家人、宗教、政治和文化活动综合在一起。尽管社区研究基本上是密集的实证操作,但有些研究人员也吸取了概念理论去理解他们研究的社区。许多人力图根据社会—文化理论识别农村社会的特点。弗兰肯伯格(Frankenberg,1966)则利用社区研究给城乡接合部的九个社区做了定位。其他作者引用发展中国家人类学开发的概念解释了农村社区中社会相互影响方面,如欧文·戈夫曼(Erving Goffman,1959)前后区域的概念。

　　从制度方面而言,地理学或社会学中的人类学不如当代农村研究中的人类学那样强(除了澳大利亚,很多农村研究是由人类学部门进行的),但人类学传统的遗产在三个方面依然重要。第一,农村社区仍然具有农村研究的一个主要焦点;第

表2.3　英国诸岛的一些农村社区研究

| | |
|---|---|
| 阿伦斯伯格（Arensberg,1937）；阿伦斯伯格和金博尔（Arensberg and Kimball,1948） | 爱尔兰共和国的罗格和雷纳莫纳,克莱尔公司 |
| 里斯（Rees,1950） | 威尔士的兰格汉内尔 |
| 威廉姆斯（Williams,1956） | 英格兰坎伯兰郡的戈斯福斯 |
| 弗兰肯伯格（Frankenberg,1957） | 威尔士的格林塞里奥格 |
| 丹尼斯、亨里克斯和斯劳特（Dennis, Henriques and Slaughter,1957） | 英格兰约克郡的艾什顿 |
| 斯泰西（Stacey,1960） | 英格兰牛津郡的班伯里 |
| 利特尔约翰（Littlejohn,1964） | 英格兰诺森伯兰郡的韦斯特里格 |
| 威廉姆斯（Williams,1963） | 英格兰德文郡的阿什沃斯 |
| 斯特拉森（Strathern,1981）（从 20 世纪 60 年代从事研究） | 英格兰埃塞克斯郡的埃尔姆登 |

二,在农村识别方面,人类学的传统仍然具有持久的兴趣;第三,在人类文化学中的当代农村研究仍表现出方法学的复兴。前一章米彻尔·贝尔（Michael Bell）所做的柴尔德利研究即为一例（Bell,1994）。

22

## 五、政治经济学的方法

如果以上概括的三个传统给我们指示了农村研究的开端,那么我们今天所知道的当代农村社会科学可追溯到 20 世纪 70 年代,这是一个悖论的说法。虽然实证农村研究的分量与范围保持着活力,但对失去理论支撑的农村研究的指责,在社会理论方面未有新的发展,在所做具体情况研究方面也几乎没有理论超越（Buttel and Newby,1980；Cloke,1989a）。很多农村研究都与政府机构或大公司有契约,会不加批判地追随这些强大机构设定的议程。相比之下,通过与在资本主义下流行的新马克思主义政治经济理论的交战,20 世纪 70 年代见证了出现在社会科学各个方面新的批判性工具（专栏 2.1）。这些批判工具指出,这些指挥着现代世界的社会、经济和政治结构是由创造利润的资本主义生产方式的核心需要所塑造。有人认为,资本主义会使社会分成资产阶级和无产阶级的不同层级。它需要把经济政策、制度和地理环境组织起来,用最低成本帮助生产。资本主义也需要鼓励大规模消费创造商品需求。资本主义还需要创造财富和机会的地理不均衡。利用这些观念可改变其他领域,如城市研究领域。一些年轻的研究者,开始思考是否相同的理论可被引进到农村研究之中。

---

**专栏 2.1　主要术语**

　　**政治经济学**:即对生产、分配和资本积累关系,调节经济的政治安排效果,以及经济决策关系对社会、经济和地理形成的影响的研究。在现代地理学中政治经济学一词是应用于研究的,深受马克思主义理论,特别是强调资本主义社会特点理论的影响,如社会不平等和资本积累的专横。

---

　　因而,政治经济学的研究方法在农村社会学内为几个研究项目所倡导。著名的如霍华德·纽比(Howard Newby)和同事们在英格兰东安格利亚地区所做的农业劳动力关系与乡村权力结构的研究(Newby,1977;Newby *et al.*, 1978)。这些20 世纪 80 年代早期的首批研究的影响,很快在农村社会学内外传播开来,并于1978 年在英国成立了农村经济和社会研究组,同时还在农村研究中创立了跨学科的空间政治经济学研究。

　　正如巴特尔和纽比(Buttel and Newby, 1980)所观察的那样,政治经济学研究方法的引进,在农村研究中不仅引进了新的思考角度,也引进了新的探索领域。特别是在农村研究中,可以识别出政治经济学方法的四个关键领域:

　　• **作为资本主义企业的农业**。政治经济学指出,农业的运作与任何其他形式的资本主义生产相同——寻求利润最大化。从这个角度看,战后时期,农业结构重组是资本积累利益驱动的。农场主和农场工人之间的关系是一种剥削关系。

　　• **阶级**。传统农村研究倾向于强调社区团结而非阶级差异,但是,政治经济学与此相反。它主要调查阶级冲突和压迫。阶级也是分析农村地区人口变化的基础。20 世纪 80 年代和 20 世纪 90 年代后的研究,要检验新群体的作用。迁居农村地区的服务阶级以及代替了劳动阶级居民的中产阶级移入者,或中上阶层均受到影响(第六章)。

　　• **农村经济的变化**。政治经济学将农村经济变化与资本主义经济中更宽广的转型联系起来。例如,城市加工业向农村的转移,被解释为生产在低成本环境下的重新定位。同样,马克思主义的"商品"概念也被用来将乡村景观和生活方式进行"包装",通过旅游和休闲进行销售和消费(第十二章)。

• **国家。**政治经济学认为,国家不仅是一个中立的行政部门,也是为资本主义创造有利条件的合谋。这样,农村研究人员已分析了国家在农业政策和规划等领域的作用。

政治经济学理论的研究方法对农村研究有重要影响,通过它提供了将农村经济和社会研究与更广泛的社会和经济过程连接起来的框架。这有助于突出农村地区不是孤立的、离散的领土,而是由农村外部行为者和事件塑造并影响的。政治经济学研究方法也容许更激进的农村研究发展,并寻求利用研究来揭示农村社会和经济的不平等,挑战已建立的权力结构。然而,这种研究方法也有其局限性。从政治经济学角度看,农村地区不能认为是完全相同的。农村的突出特点是考虑将其定位为分散探索对象的农村。相反,政治经济学研究方法的逻辑会导致对待农村地区与对待其他地方性一样。换言之,研究的地区与农村相反。政治经济学着重的经济结构和集体同一性,如阶级,也意味着单体和个人经验在分析中已边缘化了。因此,20 世纪 90 年代,由于政治经济学研究方法的文化适应,农村研究的重点又回到对人的分析上。

24

# 六、农村研究与文化转向

20 世纪 80 年代末,人文地理学和社会科学总体进入一个被称为文化转向的时期。这个过程提高了对文化的新理解。在新的理解中,通过表达它们的特征和经验,以及持久的竞争和反复协商,文化被看作是话语的产物。文化地理学者也开始探讨空间关系,并通过特征、表达和消费事物探讨地方的含义。正如克洛克(Cloke,1997a)的观察,文化转向支持了农村研究的复活,既增添了乡村性的名望,也提高了对研究乡村性的热情。例如,乡村地理学者,就吸收了独特性和表达性的观念,用以检验乡村性在话语上的构建方式——这在上一章已有讨论。此外,在文化地理学中,一些重要关注点也有更广泛的扩展,如自然的空间性、景观性和差异性(第十五章)。所有这些都引发了建设性的农村空间和环境的研究。

20 世纪 90 年代中期,在农村研究中,克洛克(Cloke,1997)列出了令人振奋的四个领域,其反映了文化转向的影像。

- **自然—社会关系**。农村研究者探讨了自然在乡村性构成中的意义以及农村空间融入人与自然互动的方式。这些包括地理学者在动植物地理方面的工作、非人类营力和混合营力方面的工作,以及关于自然环境和景观认知方面的工作(第八章和第十三章)。

- **农村体验与想象的话语**。除了乡村性的社会构建工作外(第一章),还广泛开展了探索不同农村生活方式和体验的研究,特别是以前忽视的其他农村群体的研究(第十五章及以后各章)。

- **农村文化的象征性文本**。文化转向也关注到乡村性在各种媒体中的表述方式,以及这种表述如何有助于乡村话语的再现。例如,集中于再现当代消费中农村象征(如农村艺术)的历史和遗产的研究,以及当代大众媒体中的农村空间、景观和生活的表述(第十一章)。

- **移动**。最后,探讨农村空间各种流动性的研究也已开始。例如,其工作包括旅游和旅行,以及拥抱替代性农村生活方式的游牧业和部落制形式(第二十一章)。

最近,新的研究立脚点,即已经发展成可以加入上述的研究,包括探讨食物地理学方面的具体工作。它所探讨的是生产、消费和表征之间的关系(Goodman,2001),农耕文化(Morris and Evans,2004),以及农村空间形态和体现出的乡村性经验(Little and Leyshon,2003)。

然而,克洛克(Cloke,1997a)也提出了五个文化转向的含义。前三个与随政治经济学研究发展起来的让人感到直率的激进农村研究相联系。克洛克问道,在文化研究中,对身份认同的强调是否将"对解放的社会实践和政治的承诺转变为对快乐的政治授权的承诺",从而用身份政治取代信念政治。他也提出,文化研究对不同道德立场的开放性是否促进了摆脱社会利益的道德思想?把这些担忧集中起来,克洛克的第三个问题是,有实际产出的文化研究容量,特别考虑到决策者经常质疑定性研究得出的一般性结论能力。第四个值得关注的是,对农村表述的研究已集中于更诱人的高文化文本,如艺术和文学。代价是付出了与大多数人的日常生活更密切的联系。最后,克洛克警告,反对在农村差异性研究中进行旅游研究。对农村的边缘化群体进行部分研究,但"没有必要关注在明确和可接受的道德条件下进行的持续、移情和情境化研究的重要性"。虽然有些关心的问题已被后续的研究解决,例如像电视那样乡村性的文化表征的大众形式,而其他的问题仍然没有得到解决。

# 七、结语

近年来,农村研究的振兴,很大程度上要归功于不同学科传统的思想汇总所带来的创造性,包括从政治经济学和女权主义引入到后现代主义和后结构主义的新理论。然而,这种描述并不是一种主流理论取代另一种理论的线性叙事。正如克洛克(Cloke,1997a)所观察的那样,"农村研究已经见证了一系列不同概念魅力,结果往往是它们之间的有趣交汇,而不是任何一个清楚的范式变化。"农村研究人员已知道哪一方面的理论思想如何有助于指导哪一方面的农村经济和社会研究。与此同时,必须小心不要把不相容的世界观结合在一起。其折中方法将在本书后面提及。例如,对重塑农村地区社会、经济和政治结构过程的分析,会在政治经济框架下进行;而对人们农村生活经验的讨论,则主要是文化的转向。然而,这些理论参考,在各个章节是隐晦不明的,而且主要是通过各种关键概念的解释所指明。通过这种方式,我希望证明,理论上讲,有见识的农村研究不一定困难或具有挑战性,而是为理解不断变化的农村创造出巨大的机会。

26

**进一步阅读**

保罗·克洛克(Paul Cloke)撰写的三篇论文,进一步讨论了农村研究受不同理论影响的发展。第一,他撰写的一章"乡村地理学和政治经济学"(Rural Geography and Political Economy),载理查德·皮特和奈杰尔·思瑞夫特(Richard Peet and Nigel Thrift)编的《地理学的新模式:政治经济视角》的第1卷(昂温海曼出版社,1989)(*New Models in Geography: The Political Economy Perspective*. Unwin Hyman, 1989)。其详述了乡村地理学中的政治经济学研究的形成,并探讨了其应用问题。第二,他编写的"乡村的停滞到实际的村庄？农村研究与文化转向",载《农村研究杂志》(Country Backuater to Virtual Village? Rural Studies and the Culture Turn. *Journal of Rural Studies*,

1997，13)，充分反映了农村研究中文化转向的影响。第三，关于"适应政治经济学：乡村地理学者一天的生活"，载 P. 克洛克、M. 德尔、D. 马特莱斯、M. 菲利普斯和 N. 斯利夫特(P. Cloke，M. Doel，D. Matless，M. Phillips and N. Thrift)编的《书写农村》(保罗和查普曼出版社，1994)(*Writing the Rural*. *Paul Chapwan*，1994)。其提供了不同理论的展开(与其他因素)以及如何影响克洛克工作的个性化记录。

# 第二部分

## 乡村重构的过程

# 第三章 全球化、现代性和农村世界

## 一、引言

本书的重要主题之一是正在变化中的乡村。在过去50多年间,发达国家的农村地区景观似乎证明乡村已经发生了变化——农村聚落的无序扩展、新的道路和输电线、重新设计的农田模式、农业和工业建筑的新形态、植树造林和森林砍伐,大量迹象有助于我们看到、说明、保护农村景观和场地。发生变化的不仅仅是乡村空间的外貌。20世纪后半个世纪居住在农村社区的人员所做的口述史常常评论他们所经历的变化,包括我们在第一章看到的那些无形特性的很多变化,通常是乡村性民间定义的中心,如社区观念、团结、社会秩序、安宁。同样,找到确定农村地区社会与经济特点变化程度的统计数值是容易的,如:农业就业的下降、新居民的移入、村庄服务的终止等。

政治集团竞选活动强化了观念的变化,因为这些集团视变化为对乡村性的威胁,因而寻求抵制进一步的变化,并保护他们视为失去的乡村世界内容。1997年7月当英国四个边缘地区乡村抗议者在伦敦海德公园举行乡村集会时,游行者多达125 000多人。这是主张境内禁止猎杀野生哺乳动物的集会。《卫报》引述一位游行者的话说,农村人是一种独特的文化。他们受到的威胁和热带雨林的任何土著部落一样(Woods,2003a)。

这样的警告传达着紧迫感,但是当代农村变化真是什么新事物吗?2000年4月,250名农村领导人聚集在堪萨斯城以讨论美国农村所面临的政策挑战。一位参会者在大会上这样说:"21世纪初叶,美国农村面临着前所未有的变化。"不过,他也继续说道:"至少在过去的半个世纪,许多农村社区乘坐人口和经济的过山车。"(Johnson,2000)历史学家可能会把时间尺度延伸得更远。已明确的观点是,与许多当代对农村变化修辞美化相关的问题是，在充满活力和受到威胁的现在农村和稳定的、浪漫化的过去农村之间存在着不真实的二分法。更确切地说，农村可以看成是连续的变化空间——有时规模更大并具破坏力。近几十年北美、澳大利亚和新西兰农村地区所经历的变化比 16 世纪以来欧洲定居者到达后经历的变化更重大吗？当代欧洲的农村变化真比 18 和 19 世纪第一次农业革命时期的变化，或 20 世纪之交的工业化和城市化伟大时期的变化范围更大吗？

30

    然而，当代农村的变化分为两个特征。第一，变化的步伐和持续性。农村经济和社会不仅仅是正在变化，而且是持续的、快速的变化，受到不断的、如浪潮般涌来的滚动创新的影响。充满活力的步伐是由技术创新速度和在现代性晚期社会变革所驱动的。第二个特点是，变化的整体性和内在的联系性。很多农村变化的历史实例，如 18 世纪英国的圈地运动，对那些变化是革命性的，有直接影响，而空间影响是有限的。相比之下，今天农村变化的过程遍布全球。看起来，农村地区由全球社会和经济过程紧密地联结起来，在先进的全球化条件下横跨城乡空间。

    本章更详细地讨论了这些特点，力求识别变化的一些主要过程，并对一些结果做出说明，对强调的主题将在以后章节中进一步展开。将现代性和全球化的影响结合起来，结论认为，正是在这些速记概念下运作的过程的累积影响，使我们能够谈论乡村的重构。

## 二、现代性、技术和社会变化

    戴维·马特莱斯（David Matless，1994）写道："通常的假定是，英国村庄站在与现代性相反的传统性一边。这是两个相反的术语。"同样，在当前充满活力的农村和过去不变的农村之间，乡村变化的话语通常也会再生出错误的二分法，所以它们也同样促进了现代城市和传统乡村二元性问题。正如马特莱斯所论，两者的分异是无益的也是误导的，但对农村变化的拥护者和反对者来说，它同样就像一个形式上的东西。对于保护主义者运动来说，"传统"描述了乡村社会的秩序和耐力，与现代性的道德混乱和不确定性形成对比。然而，对改革者而言，现代化已成为刺激农村经济、提高农村居民生活水平、减轻与城市不平等的关键。在这个意义上，现代化通常描述的是基础设施的工程计划，如电气化、道路建设、农村住房改造。这样的工程在农村景观上打下了明显的标记,但这些工程更大的意义是,为农村人口创造了参加新型消费社会和购买改变他们生活的技术创新产品的机会。

31

改变农村社会和经济生活各方面的技术革新产品的清单是广泛的,但此处作为说明的可举出三例。首先是制冷设备。对商业仓储和家用来说,制冷技术的发展在发达国家已对我们与食品的关系产生革命性影响。现在食品可以经过很长距离,从生产现场运至距离遥远的地方消费,而不再需要按季节消费。制冷技术创造了新的食品加工产业和企业,并带动了超市的发展。反过来这些发展又帮助了农业进入全球贸易,鼓励了农场主的专业化,强化了食品加工业和零售业的权力,以抵消农场主的权利。在国内层面,制冷技术改变了农村消费者的购物习惯,减轻了对本地供应商的依赖,允许更多的去城镇超市不规则的购物出行,从而促成了农村商店和服务的关闭。

然后,汽车的发展也改变了农村的生产和消费习惯。就商业农场的交通工具来说,如拖拉机和联合收割机,就改变了农业的性质,减少了对农业劳动力的需求,造成了农村地区就业之源的农业衰退。同时,私家车主的增长,提高了农村人口的流动性,弱化了农村社区的联结。通勤成为可能,并迅速加快了逆城市化进程,打破了居住与就业之间的联系。也方便了大众旅游,使一些农村地区经济得以复苏,但也带来环境后果。

最后,电信技术的发展已经缓解了许多农村地区因距离偏远所经历的问题。在某种程度上这意味着,对某些新的"自由自在"的产业,如生物技术和远程信息技术,农村地区不再是不利的,而是适合的地区。正如霍华德·纽比所说:"自产业革命以来,农村地区第一次在平等的基础上与城镇和城市进行就业竞争。"(引自Marsden *et al.*,1993)在另一个层面,农村人通过电视、广播和互联网已成为相同文化商品的消费者,与城市居民有着一样的体验。本地化的农村传统、节事和文化习俗的吸引力已有下降,尽管草根群众仍在为这类活动的复活做着努力。

此外,现代化对农村地区的影响已不限于技术创新。社会变革也会带来影响,出现于农村社会的趋势,同样也会在城市社会出现。宗教组织也在衰落(欧洲、澳大利亚和新西兰比美国更明显)。例如,宗教组织的衰落已侵蚀了代表农村社区传统信条的大小教堂的主导地位和权力。与此同时,在发达国家受过中等和高等教育的群体中,农村年轻人改变了他们的生活轨迹,走出他们的社区就读学院和大学,但由于缺少毕业生应有的工作水平,因此限制了他们的工作方向,也限制了他们返回农村社区的机会。

　　所有这些过程与现代化这一词语的民间理解构成了农村社会的转换,反映出现代性更为哲学的概念。这体现出现代性的基本特征是自然与人类的分离。通过减少与自然界直接接触的职业(如农业、林业),现代化有争议地造成了农村社会的这种分离;把技术引入耕作,就是在人与自然之间进行干预、操纵或抵御自然;靠技术开发克服农村社会对自然现象的脆弱性,如复杂的地形或恶劣的天气;靠缩小农村人与自然的文化联系,如一年四季的节日庆典。现代农业和食品营销疏远生产地和加工的食品消费者(如调查表明,儿童对他们的食物来源地一无所知)。自然本身被包装并限定于自然保护区和国家公园内的乡村。

　　20 世纪提出的告别上述现代化的诸方面,预示着我们从现代性时代进入了后现代性时代。其中现代化的秩序、结构与规范的理念,将通过变动性、流动性和多样性,成为更有特点的世界。后现代性虽未呈现出上述乡村空间有形现代化的任何逆转(甚或结束),但它却暗示了生活和改造农村空间的人们和力图研究农村的人们的态度与观念的变化。与现代乡村相比,后现代农村的定义不那么准确和限定。乡村和城市界限的模糊不清被看作是存在着很多不同的农村占有在同样的空间,则由不同立场观念的人营造不同的社会建构(第一章)。后现代乡村或许也遭到了某些现代化理想主义正统派的反对。如日益增长的科学怀疑论,由于对与食品相关的疾病的觉醒而恐惧,对转基因农业的抵制,寻求回归自然,欲拆除自然与人类分离企图的殖民者。这些问题将在以后的章节中再次论及(第四、十五、二十一章)。

## 三、全球化和农村

　　自第一次欧洲探险者从初期的殖民地引进新作物至他们国家以来,发达国家的农村地区已经受到全球贸易和移民的影响。第一个欧洲殖民者开始耕作美国、澳大利亚和新西兰的荒地。然而,在将全球化确定为我们这个时代的一种突出力量时,全球化的概念并不是货物、人员和资本在世界各地流动,而是世界各地的相互联系和相互依存(专栏 3.1)。

---

**专栏 3.1　主要术语**

　　**全球化**：世界各地深度的相互联系和相互依存，反映了时间和空间的紧缩。赫尔德等人（Held *et al.*，1999）将其定义为"在现代社会生活所有方面，世界范围相互联系的扩大、深化和加快。从文化的到犯罪的，从金融的到精神的"。奥尔布朗（Albrow，1990）更强烈地认识到，这是一种必然结合在一起的意识。对于全球化而言，他认为，"由世界不同人种参与的所有这些过程是把全世界纳入一个单一的世界社会、全球社会"。

---

　　全球化因而本质上与权力相关——农村地区缺乏控制自己未来的权力。农村地区对网络和权力制造日益增长的顺从，使得权力的产生、再产生及实施都是全球规模的。全球资本主义的权力通过全球化扩张。全球公司是明显的例证。在传统农村经济部门，如农业的扩张与任何产业的扩张一样重要。但全球化又不仅限于贸易或法人所有权。实际上，彼特瑟（Pieterse，1996）认为，全球化不应被看作是一块单独巨石。世上存在着许多全球化，有时是相互矛盾的，但通常是流动与开放的。正像在全球化背景下，格雷和劳伦斯（Grayand and Lawrence，2001）考察澳大利亚农村中所揭示的那样，彼特瑟的论辩提出了认知不同形式的全球化影响农村地区的方式，以及农村部门存在的决定各部门做出响应的机会。

　　本节讨论了与当代农村社会特定关系的三种全球化形式——经济全球化、流动性全球化和文化全球化，并探讨了在推动农村变化和农村社会结果方面它们所起的作用。

### （一）经济全球化

　　术语"全球经济"最有可能使人联想到曼哈顿的摩天大楼或证券交易所的交易大厅。然而，我们大多数人与全球经济最直接的接触是定期在地方超市所进行的消费。货架上是一排排来自世界各地的食品，由全球跨国公司销售，瞄准全球市场，并通过跨国广告宣传来促销。如表 3.1 所示，你吃的每一餐食物，很可能它的运送距离比你一整年旅游的距离还长，同时超市的区位差别不大。列于表 3.1 中的艾奥瓦州的所有产品都是在本州生产的，但超市是从农业食品公司或大型批发市场进货（图 3.1）。不管货源在哪，超市都会做最便宜、最畅销或最便利的选择。

即使当地产品售罄,它也会通过一个巡回路线再次摆在货架上。英国电视台所做的一项调查发现,牛肉是南威尔士饲养的牛,在距养牛饲养场最近的超市销售之前,先运送到近 500 英里的屠宰场、加工厂、包装厂及分销中心(Guardian,2003)。

表3.1　艾奥瓦州和伦敦的代表性食品从来源地到消费地大概移动的"食物英里"

| 锡达福尔斯市,艾奥瓦州 | | | 伦敦,英格兰 | | |
|---|---|---|---|---|---|
| 产品 | 来源地 | 英里(千米) | 产品 | 来源地 | 英里(千米) |
| 鸡肉 | 科罗拉多 | 675(1 085) | 鸡肉 | 泰国 | 6 643(10 689) |
| 土豆 | 爱达荷 | 1 300(2 100) | 土豆 | 以色列 | 2 187(3 519) |
| 胡萝卜 | 加利福尼亚 | 1 700(2 735) | 胡萝卜 | 南非 | 5 979(9 620) |
| 西红柿 | 加利福尼亚 | 1 700(2 735) | 西红柿 | 沙特阿拉伯 | 3 086(4 936) |
| 蘑菇 | 宾夕法尼亚 | 800(1 290) | 蘑菇 | 印度尼西亚 | 7 278(11 710) |
| 生菜 | 加利福尼亚 | 1 700(2 735) | 生菜 | 西班牙 | 958(1 541) |
| 苹果 | 华盛顿 | 1 425(2 300) | 苹果 | 美国 | 10 133(16 303) |
| 小萝卜 | 佛罗里达 | 1 200(1 930) | 小萝卜 | 南非 | 5 979(9 620) |

资料来源:Pirog *et al.*,2001;Guardian。

34　　　贸易全球化是经济全球化对农村经济和社会产生影响的三个主要特征之一。这是一种不断强化的趋势。布鲁因斯玛(Bruinsma,2003)认为,在 19 世纪末,随着铁路和轮船的引进,降低了横跨大西洋的运输成本,降低了价格的差异,农业经历了第一次全球化浪潮。第一次世界大战后,全球贸易水平大幅下跌,1929 到 1933 年,美国出口下降了 40%,同期进口下降了 30%。然而,第二次世界大战后,全球贸易稳步增长,农业生产开始占到重要份额。如表 3.2 所示,1964～1966 年和 1997～1999 年间,用于出口的牛奶和奶制品生产的比例超过了两倍,禽肉出口的比例超过了三倍。其他农村经济部门也同样卷入全球贸易潮流之中。例如,林业是全球产业不断增长的一部分,出口占世界锯材生产的 30%,人造板材占 30%,工业圆木占 7%(Bruinsma,2003)。

图 3.1　巴黎伦吉斯批发市场

资料来源:伍兹个人收藏。

表 3.2　选择的家畜产品出口占世界消费总量的百分比

|  | 1964～1966 年 | 1974～1976 年 | 1984～1986 年 | 1997～1999 年 |
| --- | --- | --- | --- | --- |
| 牛肉产品 | 9.4 | 10.3 | 12.2 | 16.4 |
| 猪肉 | 5.7 | 6.0 | 7.9 | 9.6 |
| 家禽肉 | 4.0 | 4.7 | 6.3 | 13.9 |
| 所有肉类 | 7.4 | 7.9 | 9.4 | 12.7 |
| 牛奶和奶酪产品 | 6.0 | 7.6 | 11.1 | 12.8 |

资料来源:Bruinsma,2003。

　　新的全球经济对发达世界的很多农业活动带来了重要变化,对农村社区也带 35
来了更广泛的震撼作用。农场也变得更为专业化。由于为地方市场提供的一系列
产品已消失,而通过供给食品加工公司和超市单一产品的最大化规模,才能获取更

大的利润;农场主和地方农村社区之间的联系越来越弱,销售交易已消失;农业应对全球经济因素能力日益脆弱(图 3.2)。20 世纪 90 年代后期,当英国农业陷入萧条时,农场一年的平均收入下降了 46%。此次危机的突然发生是由于英镑走强减少了出口收入,再加上疯牛病的流行,以及欧洲联盟早期对英国牛肉出口的禁令等混合影响造成的。

图 3.2　瑞士快餐店"麦克法默"汉堡所做的广告

资料来源:伍兹个人收藏。

36　　　　经济全球化对农村地区影响的第二个特点是全球企业的崛起。这一点在农业方面最为明显地表现出来。例如,仅仅四个公司就控制了全球种子市场——孟山都公司(Monsanto)、先正达公司(Syngenta),杜邦公司(DuPont)和安万特公司(Aventis)。80%以上的玉米出口来自美国,而大豆出口占 65%以上,由三家公司垄断(Bruinsma,2003)。澳大利亚三家公司控制了超过 75%的零售食品配送体系(Bruinsma,2003)。此外,许多在这些特殊领域占主导地位的个体公司通过合资企业和战略联盟进入由这些企业领导的三个食物链集群,如嘉吉公司(Cargill),孟山都公司(Monsanto),康尼格拉公司(ConAgra),以及诺华公司(Novartis)与阿切尔丹尼尔斯米德兰公司(Archer Daniels Midland,ADM)(Hendrickson and Heffernan,2002)。如专栏3.2所示,这些食物链集群在一个真正的全球规模上经营,垂直和水平整合了各类它们控制的食物生产加工企业。康尼格拉公司的口号是从"种子到架子"。食物链集群的权力是巨大的。农村地区很多大土地所有者和大雇主,他们的食品加工优势使他们在确定支付农场主价格方面具有相当大的影响。他们参与的研发使他们可以塑造未来农业的发展方向。这不是巧合,孟山都公司和诺华公司已经走在转基因技术开发前列并不是偶然。这些将在第四章讨论。

---

**专栏 3.2　诺华 ADM 制药食物链集群**

汽巴—嘉基公司(CIBA-Geigy)和山德士公司(Sandoz)合并创建了诺华公司,形成了世界上最大的农用化学品公司,1997 年占全球农用化学品市场的15%。随后它与阿斯利康(AstraZeneca)公司合并了其种子和化学品企业并创立了先正达公司,成为五个占主导地位的全球种子公司之一。诺华公司的湖泊土地公司(Land o' Lakes)创立了威尔逊种子公司(Wilson Seeds)。湖泊土地是一家农民合作社,它与阿切尔丹尼尔斯米德兰公司(ADM)也有合资业务,是一家谷物收集和食品加工领军公司。在农民合作社里,ADM 公司的股份包括格隆马克公司(Growmark),乡村标志公司(Country mark),联合谷物乔治公司(United Grain Groers)和农田产业公司(Farmland Industries),从而使它进入北美农业的大部分地区,包括加拿大 75% 的玉米和大豆市场地区,以及美国50% 的玉米和大豆市场地区。ADM 拥有世界上最大的粮食贸易公司之一的德国 A. C. 特普夫(A. C. Toepfe)公司 50% 的股份,并与中国政府有合资企业。它参与对干湿玉米、水稻、花生、动物饲料、小麦、油料种子和麦芽的加工,并从中获取利益,包括在墨西哥、荷兰、法国、英国、玻利维亚、巴西、巴拉圭的投资。ADM 在英国拥有霍尔丹食品公司(Haldane Foods)。其在美国生产汉堡素食替代品。而诺华(Novartis)旗下拥有格柏婴幼儿食品公司(Gerber)。像

> 这样的集群有个利益网，环绕全球的"从种子到货架"。通过合资企业这种集群的形成能够使诺华进入食品加工并使 ADM 公司与农民直接联系在一起。
>
> 更多细节见玛丽·亨德里克森可和威廉·赫夫南（Mary Hendrickson and William Heffernan）著的"通过开放空间的重新定位：探讨全球食物体弱点的潜在阻力"，载《乡村社会学》（Opening Spaces through Relocalization: Locating Potential Resistance in the Weaknesses of the Global Food System. *Sociologia Ruralis*，2002，42）。

食品零售部门的集中一样是显著的。五家美国连锁超市——罗格公司（Kroger），阿尔伯特斯通公司（Albertsons），沃尔玛公司（Wal-Mart），西夫韦公司（Safeway）和阿霍美国公司（Ahold USA）——已占食品零售销售的 40%。其中有些开始全球规模的扩张。沃尔玛目前已在英国、德国、阿根廷、巴西、加拿大和墨西哥经营，并在中国、韩国拥有合资企业。阿霍美国公司在荷兰、拉丁美洲、葡萄牙、西班牙、波兰、捷克共和国、斯堪的纳维亚和远东地区拥有利益。同时，法国家乐福连锁超市（Carrefour）在巴西、阿根廷、西班牙、葡萄牙、希腊、比利时和中国台湾也是最大的零售商（Hendrickson and Heffernan，2002）。超市对农村地区具有双重影响。作为农场主和农场合作社的大规模购买者，对农场交货价格行使着相当大的权力。但是，作为大型零售商，有能力削弱小型商店。超市也受到指责，他们造成了独立乡村商铺和小城镇与村庄的专业屠宰场、面包店和蔬菜店的关闭（第七章）。

经济全球化影响农村地区的第三个特点是全球规则不断日益重要。随着农村经济融入全球贸易网络，权力向上转移至世界贸易组织这类组织，导致国家政府管理农村地区经济生活的能力减弱。在制定世贸组织政策的谈判中，农业是最有争议的政治热点之一。贸易自由化组织的基础议程冲突（这得到了农业食品联合大企业和一批农业净出口国的支持），使得欧洲和美国迫于国内政治压力而保护内部农业市场（第九章）。这一僵局的解决将会波及个体农场和农村的社区层面。支持自由贸易结果的潜力，则是取消补贴和价格支持机制，而这些机制在一些边缘地区对农业的资金支持是有效的（第四章和第九章）。

## （二）流动性全球化

全球化不仅促进了商品的流动性和资本的自由化，也促进了人员的流动性。技术的发展意味着，我们能在相对较短的时间内并使用相对较少的成本环游世界。最发达国家的旅客获得官方条件下的签证和许可证的要求已逐步放宽，并且，如果我们选择，我们中的很多人都有机会参与有效的全球劳动力市场的机会。当然，在农村社会的演变中，大规模的移民已成为一个长期的重要因素（第六章），但今天人们从农村迁出和移入的运动是不同的。在这个范围内，它又必须置于提高全球流动的背景之中。例如，人口迁移的流动不再是单向力占主导地位。许多农村地区可能正在通过逆城市化经历着人口的净迁移，但这种倾向也掩盖人口显著外迁流动的情况，而且外迁中的人可能一生中几次迁入和迁出农村地区。这种倾向的结果之一是，人们与具体地方的联系变少。这样，农村社区曾经具有的凝聚力与稳定性特征遭到侵蚀。这些问题将在第六章做进一步探讨。同时，对农村住房的进一步含义将在第十六章仔细考虑。

迁移到农村地区的大多数人来自国内，但也有直接流入到农村地区的外来移民。值得注意的是，这反映了全球化背景下有产者和无产者的流动。一方面，这包括富有外国人购买度假屋和第二个家，此外还有寻求新生活的个人永久性移动。例如，超过 20 000 的英国人每年在法国农村购买财产（Hoggart and Buller，1995）。另一方面，移入民反映出许多劳动密集型农业对移民工人的依赖，尤其在美国。据估计，美国大约 69％的季节性农场的工人出生在国外，如在加利福尼亚，季节性劳动力占 90％以上（Bruinsma，2003）。这些人大部分来自墨西哥。这是他们长久的传统，可以追溯到 20 世纪的大部分时期（Mitchell，1996）。这是美国农业资本主义历史中的一个至关重要的组成部分。然而，正如第十八章将进一步讨论的那样，移民工人常常遭受到极端剥削，工资微薄，工作条件苛刻。此外，任何形式的移入民，都可以在农村社区挑起种族和文化的紧张关系，特别是把新来者看作是对乡村性民族主义传统观念的威胁，或对当地文化传统和语言的威胁。这样，在许多农村地区，种族主义日益被看成一个问题（第二十章）。

从更为近期的情况看，全球的流动性也包括着全球旅游业的兴起。2001 年，有 6 亿 9 200 万人，在他们的居住国以外的地方度假。长距离旅游在农村新兴经济中发挥了重要的作用，尤其是新西兰获得了全球农村探险旅游中心的美誉（第十二章）。然而，旅游业的增长给农村社会与环境带来了挑战，如对本地经济结构变化的需要，与其他形式的全球化一样，也造成了他们农村社区权力的损失。这使得乡村性在其中得到表达和强化，并期望吸引国际游客（Cater and Smith，2003）。

### （三）文化全球化

全球化的第三个方面是全球媒体的兴起。全球大众文化的呈现均建立在相同的电影、电视、文学、音乐等共同消费之上。在这种全球文化中，我们对乡村的认知和了解大多来自电影、书籍和电视节目，这些电影、书籍和电视节目对农村生活进行了风格化的描绘，并忽略了英格兰农家小院和宾夕法尼亚农家小院之间的区域差异。特别是，我们的自然知识往往基于儿童文学、迪士尼电影和自然历史节目——所有这些知识倾向于将动物人性化——而不是根据实际的乡村与自然的相互作用。结果，这种农村宣传者的主张，缺乏对农村生活和农村传统的认知，故而导致习俗上的矛盾，如狩猎和耕作方法的矛盾。例如，支持狩猎的英国压力团体关于农村联盟的一篇宣传文章评论说，"看稀疏树林与动物、华特迪士尼电影和游玩主题公园长大的一代是简单的单一问题的压力团体，只是利用对乡村现实缺乏理解而达到他们的目的"（Hanbury-Tenison，1997）。与此同时，最近美国一本赞美狩猎的书也辩称说，"在小鹿斑比等幼稚园卡通风尚图画培养下长大后，就企图管理自然……将很快拼出生态灾难的'小鹿斑比'，即荒谬不自然的好莱坞宣传野兽——必须死"（Petersen，2000）。

39　　　这类同质化文化关联的传播，在更广泛的价值全球化过程中是一个贡献因素，在价值全球化中确定的西方价值和原则，已成为国际条约、宪章，并在全球范围实施。这方面的例子不仅包括欧洲人权公约和国际战犯法庭，而且也包括全球环境标准和动物权利的宣传。后者这些创新性一般植根于科学和哲学的话语。因此，就可能因农村人流传下来的对自然的民间理解而形成不同的结论。这样，当他们将之付诸实践时，就可能引起冲突。例如，狩猎、捕鱼、自然与传统。当 1999 年在法国欧洲议会选举中，获 12％选票反对欧盟缩短候鸟猎捕季节的训令，所表现出的冲突即为广泛攻击本土农村价值的一部分。

## (四) 抵制全球化

全球化并不是万能的。正如前文所述,或许该更准确地把它看成是多面的全球化。其中有些是矛盾的,有些是为抵制和论争提供了很多机会。当农场主封锁港口或分发作物以抗议进口或超市支付的价格时;当支持狩猎团体集会保护他们的运动时;当环境保护运动者对阵阿拉斯加农村的石油公司或太平洋西北森林的伐木公司时:都是在当代农村可观察到的抵制全球化的例证(表 3.3)。

抵制全球化并不是对抗。例如,亨德里克森和赫夫南(Hendrickson and Heffernan,2002)提到,全球农业食物品的复杂性具有很多易突破点,为农场主、工人和消费者提供了发展替代品的结构。他们引用的堪萨斯市食品循环的例证表明,在削减企业中间人和重新连接起社区与食物来源的安排中,把地方生产者与消费者连接起来。其他的例子有,宣传农场主市场,使生产者直接对当地消费者销售(第十章;Holloway and Kneafsey,2000)。意大利的"慢食运动"(Slow Food,宣传有机栽种法及强调美酒与美食鉴赏的农业运动——译者注)其宗旨在于抵抗美国快餐的全球传播,推广传统地域烹饪的审美品质 (Miele and Murdoch,2002)。撤销由运输公司主办的服务,建立社区商店、信用单位和社区运输体制。草根行动就会被动员起来响应这种变革。

40

---

**专栏 3.3　乔思·博韦(José Bové)和反全球化抗议**

1999 年 8 月,一群小农联合会的农场主被逮捕,因为他们在法国小镇米劳(Millau)拆除了麦当劳新的分店。这次抗议活动的领导人是乔思·博韦(José Bové)和他的支持者们。这种行动是反对全球化以及它影响法国农业持续斗争的一部分。20 世纪 70 年代以来,小农联合会就代表小农户利益组织抗争运动。他们之前的抗议有,反对大型排笼鸡企业和转基因作物试验。它的许多成员在某些方面也受益于全球化。米劳事件的突生,是全球贸易政治的一场典型争斗。对欧盟禁止激素牛肉进口的报复,美国对许多欧洲食品的关税增加了一倍,如羊乳干酪——这项生产在米劳地区雇用了超过 1 300 多人。然而,博韦和他的支持者们认为,贸易战背后真正的目的是以农业食品企业为基础的美国想统治欧洲市场的野心，并靠开发激素牛肉那样的转基因食物，损害欧洲农民。因此，他们把他们的反应直指麦当劳身上，因为这是一家美国公司，象征着美国引领全球化和推广着廉价的激素食品或汉堡加肉排那样的食品。在 2000 年 6 月的庭审中，博韦呼吁世界各地的环境、土地权利和反全球化人士为他做证，强化他的分析。与此同时，法庭外举行了一场超过 20 000 名反全球化的抗议者参加的节日活动。这更有助于颠覆这场法律程序。法国报纸解放报把它描述为"对全球化的审判"。

更多内容参见乔思·博韦和弗兰克思·杜富尔（José Bové and François Dufour）著的《世界不是为出售的：农民抵制垃圾食品》（维尔色出版社，2001）（*The World Is Not for Sale：Farmers Against Junk Food*. Verso, 2001）；迈克尔·伍兹的"当代乡村的政治与抗议"（Politics and Protest in the Contemporary Countryside），载霍洛韦和尼福塞（L. Holloway and M. Kneafsey）编的《农村社会与文化地理学》（阿什盖特出版社，2004）（*Geographies of Rural Societies and Cultures*. Ashgate, 2004）。

# 四、结语

农村地区始终是变化的空间，受经济周期、贸易波动、新技术、移民流动、政治动荡和环境条件的影响。然而，在 20 世纪末期和 21 世纪早期，整个发达国家的农村地区，经历了强烈、持续和整体性的显著变化。受技术与社会现代化和全球化双重力量的驱动，当代农村变化影响到所有地区的农村生活，无论从农村家庭日常例行事务到全球农产品企业的投资决策，还是从农村财产所有权到农村环境管理。正是在这方面，乡村可以描述为正在经历着重构。

在当代农村研究中，重构是广泛使用的术语，但它的含义却相当模糊。在有些情况下，重构只用来说明正在发生的变化本身。在其他情况下，它有着更为准确和理论基础的应用。霍加特和潘尼亚瓜（Hoggart and Paniagua，2001）主张，由于过度使用和滥用，重构概念已贬值。他提出一个更细心的用法：

　　　　对我们来说，当认为社会从一种状态向另一种发生转变时，重构应体现出主要的质变,而非量变,即社会结构和习俗变化,除非我们想平凡地使用这个概念。它的使用应该限于在特征上有内在联系的和多重的变化,否则我们采用的词汇就不够恰当,像工业化、地方政府重组、选举偏离、消费主义增长。更清楚地说,我们的观点是,重构不是在一个部门的变化,而是对其他部门也会产生的乘数效应。重构包括生活各个方面的根本性重新调整。

(Hoggart and Paniagua,2001)

从这个角度来看,部门的具体变化,如农场的多元化或农村学校的关闭虽然不 41 能认为是他们自己权利的重构,但是,如放在更广泛的背景下看,它们都可以被解释为由全球化、技术创新与社会现代化驱动的与乡村重构相关联过程的局部表现。在此层面,乡村重构对各部门的多样性已造成因果联系的影响,并带有定性与定量的结果。

本书遵循上述分析逻辑,以下各章节通过农业变化、广泛的农村经济、农村人口社会构成、农村社区组织和服务,以及农村环境管理,探讨乡村重构如何运作与表现。然后,在最后调查当代乡村变化的经验和各地农村人口之前,检验对管理农村地区负有责任的人,以及生活在乡村地区的人对乡村重构的反应,因为他们都接受了乡村的重构。

---

**进一步阅读**

　　已发表的明确检验全球化背景下农村地区经验的研究相对较少。最好的说明是澳大利亚农村视野的著述,包含了广泛的一般性全球化材料。它是伊恩·格雷和杰夫·劳伦斯(Ian Gray and Geoff Lawrence)著的《澳大利亚区域的未来》(剑桥大学出版社,2001)(*A Future for Regional Australia.* Cambridge University Press,2001)。更多关于农业全球化,特别是全球食物链集群的作用,见玛丽·亨德里克森和威廉·赫夫南(Mary Hendrickson and William Heffernan)著的"开放空间的重新定位:在全球食物体系弱点上定位潜在阻力",载《乡村社会学杂志》(Opening Space through Relocalization:Locating

Potential Resistance in the Weaknesses of the Global Food System. *Sociologia Ruralis*，2002，42）。更多关于乡村重构和讨论此概念的应用，见基斯•霍加特和安杰尔•潘尼亚瓜（Keith Hoggart and Angel Paniagua）的论著"什么是乡村重构?"，载《农村研究杂志》（What Rural Restructuring? *Journal of Rural Studies*，2001，17）。

# 第四章　农业的变化

## 一、引言

　　农业是乡村性最有效和持久的标志之一。几个世纪以来,在大多数农村地区,农业不仅是提供就业的主要源泉,也是农村经济的驱动力,并且在农村社会与文化组织中有着普遍的影响。正如第一章讨论的那样,在乡村性的许多论述中,农业对乡村的历史中心性的遗产仍然明显。然而,在过去一个世纪的历程中,乡村地区重构的重要组成部分,发达国家的农业,已有根本性变革。变革见证了农业已从中心移向日常生活的外围。乡村地区的大多数居民都经历了这个转变。在许多发达国家,如美国、加拿大、英国和法国,现在不到五分之一的乡村人口以农业为生,比二十或三十年前大幅度减少(表 4.1)。其他国家也经历了几乎同样的戏剧性变化——例如,在西班牙,1970 年时,还有 80% 以上的乡村人口依靠农业为生;到2000 年这一比例不到三分之一。当然,在个别地方,农业仍然是主要雇主,但是日益局限于偏远的农村地区,即使在这样的地方,农业虽属重要,但并非是当地占统治地位的劳动力市场。

表 4.1　一些国家依靠农业的人口占乡村总人口的百分比(1950～2000 年)

| | 1950 | 1960 | 1970 | 1980 | 1990 | 2000 |
|---|---|---|---|---|---|---|
| 加拿大 | 54.1 | 45.6 | 34.5 | 29.6 | 15.6 | 12.0 |
| 丹麦 | 80.2 | 68.1 | 55.1 | 42.9 | 36.6 | 25.3 |
| 法国 | 70.5 | 58.7 | 47.0 | 30.9 | 21.1 | 13.6 |
| 德国 | 82.0 | 62.9 | 42.9 | 40.0 | 26.7 | 20.2 |
| 匈牙利 | 90.7 | 71.7 | 53.8 | 47.5 | 44.8 | 33.9 |

续表

|  | 1950 | 1960 | 1970 | 1980 | 1990 | 2000 |
|---|---|---|---|---|---|---|
| 爱尔兰 | 68.2 | 67.6 | 54.6 | 41.6 | 33.2 | 24.8 |
| 意大利 | 96.2 | 75.8 | 52.6 | 37.8 | 25.8 | 16.1 |
| 日本 | 95.9 | 85.4 | 65.7 | 44.1 | 30.8 | 18.2 |
| 西班牙 | — | 94.4 | 85.0 | 67.4 | 47.8 | 32.7 |
| 瑞典 | 66.8 | 44.1 | 49.1 | 40.8 | 29.3 | 21.1 |
| 英国 | 34.6 | 27.9 | 24.3 | 23.0 | 19.6 | 16.8 |
| 美国 | 36.4 | 23.5 | 17.3 | 14.1 | 12.2 | 9.7 |

　　注:这些统计数据用了每个国家自己对农村地区的界定,并没有直接的可比性。在所有情况下,依赖农业为生的人口中的一小部分可能生活在被划分为城市的地区。

　　资料来源:联合国粮农组织(FAO)www.fao.org。

　　在农村经济和社会中农业的地位变化是改革的结果。实际上,第二次世界大战结束后,发达国家农业的各方面已经发生了实质性的转换。在这一时期,农场越来越融入现代资本主义经济。这不是说每个农场都作为资本主义企业在运作。在这一意义上,所有者和工人之间是有分工的,而且,甚至很多农场仍然是以传统家庭为基础在运作,为了销售产品被迫加入到资本主义市场的队列之中,因此,就要受资本主义的狂想和要求的影响。因为资本主义是富有活力的力量,需要持久创新,以达利润最大化边界,并确保资本再生产的安全,所以具有变革性的影响。本章的其余部分,将考察资本主义规则如何在农业组织和实践中造成变化,并对更广泛的农村所具有的含义提出问题。

## 二、加利福尼亚:资本主义农业的实验室

　　加利福尼亚是世界上最重要的农业经济体之一,也是农作物和农产品最广范围的生产商。传统上,农业地理学家将加州农业生产力归功于环境因素,特别是该州微气候的多样性。然而,正如迪克・沃克(Dick Walker)所论,这种解释低估了20世纪之初加利福尼亚州的农业程度。它是在一个相对较短的时期内被人为制造的。

1905 年到 1940 年之间,加州农业累计产出从每年大约 50 亿美元到超过 200 亿美元。到 20 世纪 20 年代,该州已成为美国最大的农业生产商。20 世纪 20 年代和 30 年代急速发展的农业经济,是成千上万的人移民到加利福尼亚州的一个重要因素,包括美国中西部逃离沙尘暴侵蚀区破坏的农场主。这些移民,经历了约翰·斯坦贝克(John Steinbeck)在小说《愤怒的葡萄》(*The Grapes of Wrath*)中所做的生动描述。他们移向加利福尼亚寻找财富,在意识形态上追求美国梦完全是资本主义的。因此,沃克(Walker,2001)进一步做了加州农业的政治经济分析,指出,它只是资本主义产业化耕作的实验室(Henderson,1998)。

历史学家将农业资本主义的起源追溯到 16 和 17 世纪的欧洲北部地区。加利福尼亚表明的是,在 20 世纪之交,它与欧洲的情况在一定程度上一样,由贵族地主或部分温饱型农民,用自由的方式把资本主义原理,大规模用于农业。此外,加利福尼亚农业的发展完全与更广泛的资源资本主义的开发紧密相连,如矿业、石油和天然气开采,林业、渔业和水力发电等(Walker,2001)。因此,加利福尼亚成了资本主义农业、创新与发展战略、技术实验室,随后成了发达国家现代农业基本特征的工业技术实验室。

沃克(Walker)认为,农场的开发是由小资产阶级的农业投资所驱动。其中有些来自移民,有些来自扩张的城市中心的企业主,更多的来自采掘业和矿产开发的利润。在加利福尼亚,一个现代银行系统的发展帮助了资本的循环,并且作为储蓄银行禁止投资矿业和资金流入农业(Henderson,1998)。在美国,最大的银行是由农业城镇单一制银行(不设分行的银行——译者注)创制的,与信用制度系统一起推广到农场主。其不只提供资本,也为在农业生产和营销方面克服时空不连续性提供明智的策略(Walker,2001)。在同一时期,投资回报的压力引起农业组织的创新并产出价值最大化的活动。

灌溉干旱地区和开垦湿地,都与国家的支持、使用肥料和着手改良土壤与斜坡的实验有关。类似的努力放在改良农业原材料的植物和家畜的质量上。在 19 世纪末,世界各地大量进口的植物品种,让位给了提供产业化农业的广大苗圃和种子产业的发展,以及后来生物技术产业的产生。

引进工厂化农业以增加农场的生产量。在 20 世纪早期,加利福尼亚就率先提倡家禽和奶牛封闭养殖的大量饲养。许多工厂化农场需要工业化规模的劳动力投入，但在加利福尼亚资本化的高成本，则要求劳动力必须廉价。米切尔（Mitchell，1996）指出，"大规模资本密集型农业，不能仅仅依靠家庭劳动力。作物在挑选出来之前，会腐烂的。对那样的临时工作也不能专门依赖本地劳动力。在那种情况下，当地的农场主在季节收益外必须支付他们的工人（和他们的家庭）的每年再生产成本。"因此，劳动需要靠移民工人补充，包括来自美国的任何地方或是墨西哥或是亚洲，给地主创建出没有家长式关系的与欧洲农场工人相关的农业劳动力。

　　作为资本积累体系的资本主义农业，不仅有劳动力剥削，而且在其他事情上，也有通过商品链创造更高价值的特征。急速发展的圣弗朗西斯科（旧金山）、洛杉矶和圣迭戈形成了加州农业的初级市场，但是资本主义还需要新的高阶市场。因此就组建了合作社，以改进产品的加工与销售。铁路和船舶运输环节的发展有助于促进出口贸易，但重要的是，进入食物保藏的投资。19世纪末，加利福尼亚有了世界上最大的罐头产业。冷冻食品和全脂奶粉是该州的另外发明。20世纪20年代和30年代，加利福尼亚也是现代超市发展的中心，最引人注目的是西夫韦（Safeway）连锁店。它创造了一个大众食品零售的新形式。此外，作为寻找新市场的一部分，加利福尼亚食品加工业引领了新的食品开发，例如水果鸡尾酒。虽为市场的新产品，也为农业创造了新的需求。

45　　　所有这些创新在某些形式方面已经改变了北美、欧洲和发达国家的其他地区，因为它们是农业结构重组的重要因素。资本投资的唯一初始可用性也不太容易被其他地方复制。因此，在许多国家通过政府拨款和补助金，对农业资本化（即机械、种子、化肥、化学品等购买）提供的投资反呈下跌态势。

## 三、农业中的政府干预

　　农业中的政府干预反映了资本主义经济中农业的双重目的。农业本身就是资本再生产的手段，但它也需要为工业提供原料，为工人和消费者提供食品。后者的目的可以视为随着社会管理的资本主义政府的作用下降——换言之，政府有责任确保农业生产足以以一般可支付的价格养活一个国家的人口，同时使农业作为资本主义产业继续起作用。另外，政府有责任检查地区之间的经济发展不平衡（如果仅是为了维护基本税收和避免失控的人口移动），从而帮助农村经济保持活力。在管理和支持农业方面,有着各种各样的方法,管理就会导致政府的大量参与。

1862 年设立的美国农业部(USDA),是最早支持农业的政府行为之一,有给农场主分发种子和植物的职权,并教授如何使用它们的信息。其次是政府资助的"赠地学院"的建立以传授农业科学和帮助农业的现代化。20 世纪初期,不断增长的美国农场主运动的政治权力与偶尔的农业低迷和涉及新农场的失败率相结合,在农业市场上刺激了政府直接干预的新战略。1916 年联邦农业贷款法案,引入了美国政府对生产合作社的直接财政援助。1927 年,麦克纳里霍根法案颁布了第一个固定的农产品价格,而且 20 世纪 30 年代见证了对管理生产营销机构和机制的创立。总的来说,美国的这些创举建立了政府在农业方面进行干预的四种类型:培训;价格支持,如购买剩余产品;市场营销;生产控制。

其他国家也采取了类似政策。19 世纪 60 年代,农业部门是加拿大联邦政府建立的第一批部门之一,负责农业研究和培训。从 20 世纪 30 年代起,加拿大政府开始干涉农业市场,例如,19 世纪 40 年代,通过设立加拿大小麦局,指定小麦、燕麦和大麦出口独家购买人,和国内饲料谷物的唯一采购商。1948 年澳大利亚政府同样建立小麦局,并于 20 世纪 60 年代设置干预机制以稳定羊毛部门。

在欧洲,农业方面的国家干预受到两次世界大战的影响。战争不仅破坏了(使欧洲某些地区荒芜)农场的生产,抑制了贸易,限制了很多商品的供应,而且战争期间补给部队的需要,也被紧迫的补给和迅速城市化人口的需要所取代。第一次世界大战期间,英国首次实施价格支持,但第二次世界大战后,1947 年的农业法案明确奉为神明,给农场主建立了有保障的价格体系。国家也介入了市场营销、培训和农业薪资调控。1957 年制定罗马条约的条款也明确表达了同样的目标,形成了新欧洲经济共同体(后来成为欧洲联盟)的共同农业政策(CAP)(专栏 4.1)。

---

**专栏 4.1　共同农业政策**

以下是共同农业政策的目标:(a)依靠促进技术进步提高农业生产力,保证农业生产的合理开发和生产要素的最佳利用,特别是劳动力;(b)确保农业社区生活的公平标准,特别是通过增加从事农业人员个体的收入;(c)稳定市场;(d)确保供应;(e)确保以合理的价格供应消费者(《罗马条约》第 39 条,1957,引自 Winter,1996)。

共同农业政策在四个方面是资本主义农业发展的里程碑。第一,它是首个跨国规模的调整农业的协议,因此标志着管理全球农业经济的重要一步。第二,它创立的欧洲共同农业市场,相当于美国的农业市场,且是有能力与美国(包括澳大利亚、加拿大和新西兰在内的其他主要出口国)竞争的农业出口单位。第三,在寻求确保农业社区生活标准方面,它用一种可反映那段时间的方式,即超过欧共体一半的农村人口依赖于农业的事实,把农业与广大农村社区联系在一起,随后在改革中又进行了复杂的尝试。第四,作为它的第一目标,设置了农业生产力无限制的提高,因此清楚地表达了北美、澳大利亚、新西兰和英国农业发展的驱动力的规则。这是生产主义术语的总结(专栏4.2)。

---

**专栏 4.2　主要术语**

　**生产主义**:从20世纪40年代到80年代中期,主导农业政策的走向核心目的是增加农业生产。这包括农业集约化和产业化,包括把农药、机械化和专业化引入农场。该体系是以政府补贴为基础。

---

## 四、生产主义农业

47

第二次世界大战后生产主义农业的崛起,以三个方面的结构变化为特征——集约化、中心化和专业化(Bowler,1985;Ilbery and Bowler,1998)。集约化通过大量农业资本追求高生产力,如机械和农业基础设施的大量投资,不断增加农业化学品和其他生物技术的应用,可在发达国家看到这种证据。例如,在加拿大,除草剂的购买从1973年的5 330万加元飙升至1976年的1亿2 140万加元。同时,在加拿大草原省份,氮肥的施用从1948年的50 400吨增加到1979年的569 900吨,增加了十倍(Wilson,1981)。在欧洲,无机肥料的总使用量以不那么迅速的速度,也有了同样增加(表4.2)。

表4.2　四个西欧国家无机肥料(氮、磷酸盐和钾)的施用量(千吨)

| 年份 | 1956 | 1965 | 1975 | 1985 |
|------|------|------|------|------|
| 西德 | 2 114 | 2 897 | 3 300 | 3 185 |
| 法国 | 1 924 | 3 123 | 4 850 | 5 694 |
| 荷兰 | 468 | 566 | 638 | 701 |
| 英国 | — | 1 555 | 1 800 | 2 544 |

资料来源:Ilbery and Bowler,1998。

同时,在20世纪60年代和70年代,美国大草原各州,见证了农业机械快速推进的影响。在短短几年内拖拉机翻了一番,在规模和价格上有了四倍增长,同样也有一系列处理个别作物的专业机械的增长。这允许单独的操作者在一天内做完一大片农场(Manning,1997)。大型机械的吸引力并不限于美国。在威尔士,大型四轮驱动拖拉机的销售从1977年的少于100台到1992年的1 500台(Harvey,1998)。

集中化,目的是通过创建大型农场单位,使成本效益最大化。1951年,加拿大马尼托巴省,农场的平均规模为137公顷,到1976年,为240公顷(Wilson,1981)。在同一时期,英格兰和威尔士农场的平均规模从40公顷以下增加到将近50公顷,到1983年再次提高,超过60公顷(Marsden *et al.*,1993)。在许多发达国家,类似的趋势持续到20世纪80年代(表4.3)。结果农场的总数减少了。例如,1961年到1986年间,加拿大的农场数量下降了40%,而澳大利亚在超过25年的实践里,农场的数量下降了四分之一(Gray and Lawrence,2001;Wilson,1981)。

表4.3　七个西欧国家农业占有地的规模

| 年份 | 10公顷以下(%) | | 10~50公顷(%) | | 超过50公顷(%) | |
|------|------|------|------|------|------|------|
| | 1975 | 1987 | 1975 | 1987 | 1975 | 1987 |
| 丹麦 | 32.5 | 19.0 | 59.9 | 64.0 | 7.6 | 17.0 |
| 德国 | 54.3 | 49.6 | 42.8 | 44.6 | 2.9 | 5.8 |
| 法国 | 41.4 | 35.0 | 48.0 | 48.2 | 10.6 | 16.8 |
| 爱尔兰 | 31.6 | 31.2 | 59.8 | 59.8 | 8.6 | 9.0 |
| 意大利 | 88.6 | 89.2 | 10.0 | 9.4 | 1.4 | 1.4 |
| 荷兰 | 52.4 | 49.7 | 45.6 | 46.4 | 2.0 | 3.9 |
| 英国 | 26.2 | 30.8 | 44.3 | 38.1 | 29.5 | 31.1 |

资料来源:Winter,1996。

48　　　在很多发达国家,商品链的集中也提高了效率。农场就会移向单一的购置合同,或是政府支持的市场营销委员会合同,或是食品加工公司和零售商合同。20世纪80年代早期,95%的英国家禽和豌豆是在与食品加工商签订合同的农场进行养殖和种植的。65%的鸡蛋、50%的猪肉和100%的甜菜均是如此(Bowler, 1985)。

　　　专业化也有助于提高成本效益。专为某一作物投资昂贵的专业机械意味着多样性受到阻碍。同理,为某一单一购买者合同,出售某一谷物也是如此。因此特殊农产品的生产已集中于更少、更大的农场。例如,1967年至1981年间,英国每家农场平均每公顷谷物种植增加81%(Ilbery,1985),则伴随着27%谷物农场数量的下降。在加拿大,20世纪80年代后期家禽农场上位的5%的销售额则占到总收入的75%(Troughton,1992)。

　　　专业化也表现在其他方面。由于农业就业也进行了结构调整,与单一雇主签约的熟练农场工人,已经被为许多农场主提供工作的专业农业承包商所取代,例如,联合收割机操作员。值得注意的是,20世纪90年代期间,美国农业就业持续下跌时,农业服务部门的就业反而增长了27%(农村政策研究所,2003)(每年麦收时,我国大批跨省作业的联合收割机应属于此——译者注)。

　　　农业实践和组织的这些变化,影响到广泛的农村经济、社会和环境。第一,在景观上由于耕地规模的增加、植物篱的去除、草地犁耕及新作物的引进,对自然产生影响。此外,正如第八章详细讨论的那样,虽不明显可见,却造成了污染、土壤侵蚀和栖息地丧失的严重环境后果。第二,因社区农业错位带来了重大社会影响。机械化意味着,农业所需劳动较少。据估计,1950年到1970年,美国从事农场工作的人数,总量减少了超过三分之一(Coppock,1984)。这样,农村社区的就业之源就衰落了。例如法国,1954年超过五百万人从事农业,但到了1968年只剩三百万人,1975年仅剩二百万人(法国国家统计局,1993)。由于农场主开始把更多农产品出售给食品加工企业和超市,而非经地方的商店和市场,并且随着越来越多的农地进入企业且不在所有人手中,因此联系也削弱了。

49　　　第三,由于传统农业地理学已得到重塑,也会产生空间效应。农业生产集中化包括生产部门的区域专业化,如牛奶业和水果业。在其他地区,农业的整体平衡随政府补贴目标转变,例如,20世纪70年代和80年代,在伊利诺伊州和艾奥瓦州,很大比例的牧场转为耕地(Manning,1997)。第一次在一些边缘地区建立了集约的、商业性农业,如西班牙安达卢西亚部分地区,而在其他不利的或有压力的农村地区,耕作业以上述平均速度衰减。个体农场则发现自己不能在全球化农业市场中竞争。

第四,通过从个体农场主到从事不同商品链阶段的大公司的权力转化,农业的产业化也会有政治和经济的影响。不断增加农业公司的存在是生产主义、资本主义农业的主要特征。公司土地所有者日益重要,尤其在生产部门(例如,水果、糖)和特殊地区(如加利福尼亚和佛罗里达)。例如,一家公司就会拥有塔斯马尼亚种植蛇麻子(啤酒花)的土地的 80%(Gray and Lawrence,2001)。其他专业公司已形成契约农业企业,为土地拥有人代理工作。20 世纪 90 年代中期,维尔考特(Velcourt)就是英国一家最大的这类企业,代表保险公司、养老基金和私人土地所有者的利益,耕种近 25 000 公顷(60 000 英亩)农地(Harvey,1998)。然而,由于独立性和依赖性的增加,公司权力基本上有了相当大的增加。家庭农户在相对较小的公司范围内成为供应商和买家。一方面,农场主依赖数量有限的公司提供种子、农药和机械。另一方面,他们依靠同样有限范围的公司购买他们的产品。新西兰三大加工企业占有的乳制品市场从 1960 年的 42%上升到 1992 年的 75%。其他部门也有相似的集中化趋势(表 4.4)(Le Heron,1993)。正如第三章中所论,处在不同加工阶段的许多公司,已通过股权和战略联盟与由孟山都公司、嘉吉和康尼格拉等大型跨国公司统治的全球食物链集群连接起来。这种垂直整合是为了最大限度的资本回报,实现这一目标的方法就是压缩对农场主的支付,因而超市食品价格中只有小部分回到生产者手中(图 4.1)。

表 4.4　新西兰初级加工业的企业集中(前三家加工企业的产出百分比)

| 年份 | 1960 | 1986 | 1992 |
|---|---|---|---|
| 乳制品业 | 42.0 | — | 75.0 |
| 冷冻肉 | 37.5 | — | 67.0 |
| 洗羊毛业 | 34.2 | 50.0 | — |
| 水果与蔬菜加工 | 78.5 | >80.0 | — |

资料来源:据勒·赫伦(Le Heron,1993)文献编制。

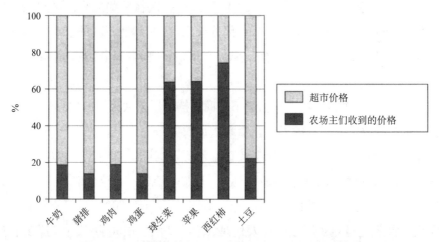

图 4.1　英国农场主所得农产品超市价格的典型百分比

资料来源:《独立报》,1998 年 8 月 28 日。

50

---

**专栏 4.3　疾病——生产主义未预料到的后果?**

利用生物技术消除或控制动植物疾病是手段之一,在生产主义时期,农场主企图用以提高生产力。然而,具有讽刺意味的是,生产主义农业所用的一些技术现在被怀疑为正在促进一些疾病的传播,甚至造成了新的牲畜疾病。1986年,英国在牛身体里正式确认了牛海绵状脑病(BSE),即大脑功能紊乱的第一个病例(也以疯牛病闻名)。疯牛病是牛体内的新疾病,但相似的疾病,羊瘙病,即对绵羊有长期影响。这很快得到证实,疯牛病可能源于受羊瘙病感染的绵羊内脏——用来饲喂养牛——这是一种广为利用的喂养自然草食家畜的习俗,即用廉价的、工业生产的饲料,源于屠宰动物的副产品加工而成的饲料,如鸡仔、猪内脏和牛的残留物(Macnaghten and Urry,1998)。1986 年和 1996 年间,英国确证了 160 000 多例的疯牛病,至少感染了 54% 的牧群和 34% 的育种畜群(Woods,1998)。1988 年随着在动物饲料中禁止羊饲料的引进,疯牛病的发病率开始下降,但仍有更严重的担忧。如果疯牛病从受感染的羊肉传染到牛,那么是否也可以从食用感染了疯牛病的牛肉传染给人类? 的确,这也可能是与人类大脑功能紊乱相似的新变异克雅氏病(CJD)的原因。这种病 20 世纪 80 年

51

代期间已有记录。1996年3月,英国政府科学家报告,疯牛病病因的揭示,是新变异型克雅氏病原因的"最合理的解释",其影响是显著的。欧盟立即对英国牛肉的出口发出禁令。英国本身的国内牛肉销售也急剧下降。在试图恢复消费者信心和恢复出口方面,政府采取一项根除疯牛病的战略措施。这项措施即屠宰一百万头牛,成本超过250万英镑(Macnaghten and Urry,1998)。疯牛病已在英国得到了控制,但仍然是个威胁。疯牛病在欧洲爆发,尤其是法国、瑞士,最显著的是德国。在德国,恐慌导致了农业部长的辞职,并从绿党任命了新部长,担负起改革生产主义农业的任务。2003年5月在加拿大,12月在美国出现的孤立病例,引起了疯牛病可能向北美蔓延的担心。

2001年发生了第二次流行病。这次是手足口病(FMD)(也被称为口蹄疫)。当疾疫袭来时,英国农业刚刚从疯牛病恢复过来。不像疯牛病,口蹄疫不是一个新疾病。它是发展中国家许多地区的流行病,但曾在多数发达国家根除。在发达国家它被认为是最严重的农业疾病之一。它通常对感染的动物不会致命,但会降低生产性,因此作为一个严重的经济威胁而令人担心。此外,它可以在物种之间传播和感染所有的有蹄牲畜,包括牛、羊和猪。2001年在英国爆发的口蹄疫,是世界上最严重的流行性口蹄疫,同时又不能把现代农业指责为口蹄疫之源。口蹄疫的习性加剧了流行病的传播速度与规模。高牲畜密度的农场,尤为特殊的是,跨全国长距离把动物运输到中心家畜市场和屠宰场的做法,会促使疾病的迅速蔓延到全英国。再说,只有通过大规模剔除四百万头以上危险动物,才能控制疫情,而且,英国乡村的主要地区对公众的进入也进行了有效的封闭。这是对其他地区农村经济相当大的冲击,特别是旅游业。

更多详情见英国政府查询网站。了解疯牛病和口蹄疫,可查看网址:http://www.bse.org.uk和http://www.defra.gov.uk/footandmouth。更多关于疯牛病的情况参见麦克诺腾和厄里(Macnaghten and Urry)的《竞争的自然》(塞奇出版社,1998)(*Contested Natures. Sage*, 1998)中的第八章;迈克尔·伍兹(Michael Woods)的"疯母牛和捕捉的鹿:英国乡村动物的政治表现",载《环境与规划杂志A》(Mad Cows and Hounded Deer: Political Representations of Animals in the British Countryside. *Environment and Planning A*, 1998, 30)。

## 五、农场危机

　　农业的生产主义制度已对发达国家农村的经济、社会与环境产生了深远的影响。有些可能（取决于人们视角）被认为是积极的；有些是消极的；有些是策划的目标；另一些则是意想不到的后果（专栏 4.3）。然而，就其不断增加农业产量的中心目的而言，生产主义无疑是成功的。1961 年至 1990 年之间，发达国家的农业生产增加了大约 62%，如此之成功。事实上，今天发达国家能够生产更多可在市场上销售获利的农产品（这不同于国内层面的供过于求——例如，英国在 2000 年估计能自给自足的本土食品为 79%）。相反，生产过剩会得到价格支持机制的强化，如政府可用议定最低价干预购买剩余产品。如图 4.2 所示，1980 年欧洲共同体存储了近五百万吨剩余小麦，到 1982 年总量增加到近七百万吨。虽然所谓"小麦山"此后（暂时的）有所减少，但黄油、牛肉和其他产品的剩余储存增加了。该系统是生产主义政策的核心部分，为了保证农民的收入稳定，而进行的干预，但生产过剩开始成为社会整体的财务负担。到 1984 年共同农业政策的实施（CAP）消耗了欧洲共同体整个预算的 70%，其中四分之一被用于储存剩余产品。实际用于存储的支出是 1973 年的近五倍多（Winter，1996）。

52　　为了缓解生产过剩压力，所有主要农业生产国开始以增加出口寻求新市场。结果，在世界商品价格萧条时，竞争激烈，主要经济体之间不时发生贸易战。在此期间，大生产商，既能有效竞争，也总能得到政府补贴的偏袒，还能获得财政支持。但小农场主则不然，它们易受到价格波动的影响，更易受到进口产品进入国内市场的伤害。这是一场农场危机的结果。

　　面对干旱和利率上升的综合影响，美国的生产过剩问题更为严重。自世纪之交，它成为加利福尼亚州的先锋。信用已成了农业现代化的催化剂。特别是在 20 世纪 60 年代和 70 年代期间，农场主受到鼓励，依靠借贷投资机械和农场改进。1970 年至 1980 年间，美国农场主债务几乎翻了一番（Le Heron，1993）。只要保持低利率、商品价格保持稳定、土地价值持续上升，这种债务就会延续（如，20 世纪 70 年代期间，艾奥瓦农地价格几乎翻了两番，见 Stock，1996）。然而，20 世纪 80 年代早期，商品价格的暴跌恰与财政压力的耦合，推动了美国利率翻番。此后十年中，

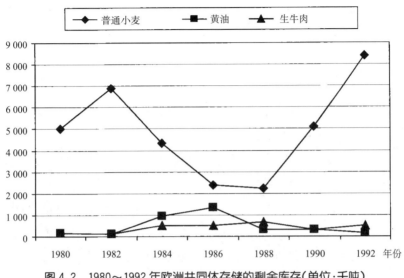

图 4.2　1980~1992 年欧洲共同体存储的剩余库存(单位:千吨)

资料来源:Winter,1996。

估计有 200 000 到 300 000 农场主贷款违约,其中很多分布在艾奥瓦州、明尼苏达州和威斯康星州的农场带(Dudley,2000)。在 1986 年到 1987 年的金融危机高峰,近一百万人(包括农场主和他们的家庭)在 12 个月内被迫离开了农业(Dyer,1998)。农场危机从根本上改变了美国的农业,降低了小型家庭农场的商业意义,但受到影响的个人和社区,却受到很大牵连(专栏 4.4)。从调查结果看,在农村社区,造成了压力和自杀率增加的问题(Dudley,2000),以及不断增长的政治疏离问题。其中也激起了对极端右翼民兵组织的支持(Dyer,1998;Stock,1996)。

53

---

**专栏 4.4　农业危机的个体故事**

凯瑟琳·玛丽·达德利(Kathryn Marie Dudley)在明尼苏达州和珍妮特·菲琴(Janet Fitchen)在纽约州分别对农场家庭的采访,揭示了美国农场危机人为的一面。达德利(Dudley)采访了一对农民夫妇迪克(Dick)和黛安(Diane),描述了把他们的农场推入危机环境情况的恶性循环。他们在 20 世纪 70 年代以百分之六的低利率购买了土地,并拿出其他贷款,扩大农场规模。然而,

1982 年作物歉收、利率上升，还要考虑偿付贷款。同时为了 1984 年的春耕融资，他们不得不谈判一笔新贷款合同，但债务要用土地做抵押，而且新的利率为 11％。随着 1985 年利率达到每年 19％ 的高峰，利息支付的平均价格为每周 1 000 美元。为继续耕种，他们被迫从"最后贷款人"那里借贷。农场主家庭管理组织，允许他们以补贴利率第二次用土地抵押并得到新的耕作贷款。用这笔钱，农场恰好可以保本，而且这对夫妇要靠妻子以教学工作的薪水支付日常费用。这段经历使家庭仍处在债务之中。他们经受的生活是苦楚的。他们感觉到机会并没有给他们，而是给了别人。

　　迪克和黛安从那场农场危机中幸存下来。莱恩（Len）和约兰达（Yolanda），是菲琴采访的一对农场夫妇，却没能幸免。对他们而言，20 世纪 80 年代的金融压力，与他们的孩子决定寻找农业以外的工作是同时发生的。最后的一根稻草是用他们用于运载牛奶的额外费用，因为他们是唯一后退路上的农场。正如莱恩解释的那样，处理所有这些的唯一途径就是扩张。回到二十五年前，一家家庭农场有 25 头奶牛就能生存，但是现在，必须至少有 50 头奶牛。我们根本不可能自己做到（Fitchen, 1991）。莱恩和约兰达把牛卖掉，放弃联邦产权，拍卖掉设备，把农场卖给城市移民。

　　农业危机更多的其他情况，见凯瑟琳·玛丽·达德利撰述的《债务和剥夺：在美国心脏地带失去的农场》一书（芝加哥大学出版社，2000）（*Debt and Dispossession: Farm Loss in Americak's Heartland*. University of Chicago Press, 2000）；珍妮特·菲琴著的《濒危的空间，不朽的地方：美国农村的变化、特性和幸存》一书（西部观察出版社，1991）（*Endangered Spaces, Enduring Places: Change, Identity and Survival in Rural America*. Westview Press, 1991）。

54　　　降低利率与农业部门的调整相结合，最终化解了美国农场危机，但生产过剩的根本问题还继续存在。欧洲和美国政策制定者同意继续努力研究实质性改革农业政策、国际贸易谈判中的农业意义，以及新西兰追求的激进路线。这些将在本书后面的第九章讨论，但是，这错误地表明生产主义仍未受到抑制。20 世纪 80 年代以来，已经采用了很多措施，包括逐步通过取消生产的政府补贴，进而改革农业。这些措施的实施,被称为后生产主义转变(专栏 4.5)。

---

**专栏 4.5　主要术语**

　　**后生产主义的转变:**这一术语的一般用法指的是,将农业政策和实践从强调生产转移到更可持续农业创造的总称。后生产主义转变由多样的创新性所驱动,目的就是以促进社会和经济发展为目标。"转变"一词意味着,概念的提出不是从生产主义政策的突然骤变,而是改革与适应的渐进过程。

---

# 六、后生产主义转变

　　与生产主义的聚焦性驱动相比,后生产主义转变是一个更多义的和多面的概念。显然,后生产主义是远离生产主义的,但却是走向不那么确定的。后生产主义政策的一些成分,强调环境目标,如再植林地(第十三章);另一些则强调社会目标,如对家庭农场的保护。但整体政策转变的基础,则是发现经济上有活力的农业模式,而非与生产主义相关的无益影响。然而,广义而言,后生产主义转变已被理解为四个关键部分——粗放化;农场多样化;强调乡村管理;提高农产品价值。

　　粗放化旨在扭转农业的集约化,减少生产,降低农场主使用化学产品数量和其他人工投放。通过去除或限制支持集约农业的补贴,也通过具体创新,积极鼓励更广泛的农业形式,如农田暂时退耕,对扭转农业集约化已有促进。其中最著名的例子是 1988 年在自愿基础上的欧盟取消方案。根据此方案,农场主休耕最少五年,可得到至少耕地产量 20% 的补偿支付。然而,初步预测,最乐观估计有六百万公顷将被休耕。该方案的第一阶段,低于二百万公顷(或占欧盟耕地的 2.6%)。只有在 1992 年对谷物农场主实施了强制性休耕方案之后,参与率才大幅提高(表4.5),到 2001 年休耕地占欧盟耕地的 12.4%。

表 4.5　欧盟休耕方案下的土地休耕量(千公顷)

| 年份 | 1988~1992 年 | 1993~1994 年 | 2001~2002 年 |
| --- | --- | --- | --- |
| 奥地利 | — | — | 103.9 |
| 比利时 | 0.9 | 19 | 27.5 |

続表

| 年份 | 1988～1992 年 | 1993～1994 年 | 2001～2002 年 |
|---|---|---|---|
| 丹麦 | 12.8 | 208 | 217.7 |
| 芬兰 | — | — | 198.0 |
| 法国 | 235.5 | 1 578 | 1 575.8 |
| 德国 | 479.3 | 1 050 | 1 156.2 |
| 希腊 | 0.7 | 15 | 45.7 |
| 爱尔兰 | 3.5 | 26 | 36.4 |
| 意大利 | 721.8 | 195 | 232.9 |
| 卢森堡 | 0.1 | 2 | 2.1 |
| 荷兰 | 15.4 | 8 | 22.6 |
| 葡萄牙 | — | 61 | 99.1 |
| 西班牙 | 103.2 | 875 | 1 610.6 |
| 瑞典 | — | — | 269.2 |
| 英国 | 152.7 | 568 | 847.9 |
| 欧盟合计 | 1 725.8 | 4 605 | 6 445.6 |

资料来源:Ilbery and Bowler,1998;欧盟共同农业政策总司 DGVI。

55　　农场多元化寻求降低农户家庭对农业生产的依赖。即使减少生产,农场仍可作为经济和社会单元生存。从技术上讲,农场多样化仅指农场上的非传统企业的发展(Ilbery,1992)。然而,连同农场家庭成员非农就业所得收入,多样化可造成多种兼职活动。用伊尔伯里和鲍勒(Ilbery and Bowler,1998)的话说,"新一代家庭农场的收入,除了从初级农业获得的收入外,还有农场以外获得收入的来源。"农场的多样性得到了直接的资助、贷款和培训计划的支持。农场多元化的活动类型取决于农场的位置和结构、农场家庭的兴趣,以及潜在的市场。其中重要的活动包括:农场旅游、农场当地商店、骑马中心、当地食品加工、自己采摘水果和工艺品商店,此外还包括新作物和牲畜的多样化。

　　由于商品价格的变动,直接推动了农业收入的下降,所以多种活动收入的重要性有了增加。1997 年美国家庭农场平均获得收入的 88% 以上来自非农场。其中一半以上(平均每家农场相当于 25 000 美元)来自农业以外的就业(Johnson,

2000)。同样,1997～1998 年,英国超过四分之一的农场收入来自多种活动,同样也主要是非农就业所得(表 4.6)。研究表明,20 世纪 80 年代后期,欧洲 58％的农场家庭从事多种活动,而且多种活动的水平在地区之间差别很大,范围从皮卡第(法国)的 27％、安达卢西亚(西班牙)的 33％,到西波的尼亚湾(瑞典) 的 72％和弗赖永—格拉费瑙(德国)的 81％(Fuller,1990;Ilbery and Bowler,1998)。事实上,农场从事多种活动反映出一系列因素,包括本地优势农业部门相对繁荣、非农就业或农场多样化的机会、历史的社会和经济结构。因此,坎帕尼亚等人(Campagne *et al.*,1990)确定了法国不同地区多种活动的三种不同类型。他们发现,在朗格多克(Languedoc)多种活动的历史悠久,所产生的收入投资于农场。相反,在萨伏依(Savoie)的边缘农业地区,为了生存参与各种不同的非农场活动是必需的,而在皮卡第(Picardie)更富裕的耕种地区,多种活动更多倾向于企业活动,包括以农业为基础的企业。

表 4.6　英格兰农场主及其配偶的非农业收入(1997～1998 年,单位:英镑)

| | 农场主收入的<br>百分比 | 平均收入<br>(所有农场) | 平均收入<br>(农场收入) |
|---|---|---|---|
| 农场方面的非农业收入(例如:<br>旅游、农场商店等) | 4 | 200 | 5 600 |
| 非农收入 | 58 | 4 800 | 8 400 |
| 　其中:自谋职业 | 8 | 800 | 9 900 |
| 　　　就业 | 14 | 1 600 | 11 100 |
| 　　　社会支付 | 18 | 200 | 1 300 |
| 　　　投资、退休金等 | 40 | 2 200 | 5 500 |
| 所有非农收入 | 58 | 5 000 | 8 600 |
| 来自所有多种活动的收入(除社<br>会支付、投资、退休金等) | 23 | 2 600 | 11 200 |

资料来源:内阁办公室,2000。

　　强调乡村管理既是扩大化的形式,也是对多样化的贡献,虽有争议,却具有独特的逻辑。它认识到农业在创造和维护农村景观中的作用,是寻求奖励农场主对 ⁵⁶

乡村的直接管理，而不是把这作为农业生产的副产品。在这类倡议下，农场主们得到了报酬，以修复树篱、围墙、池塘和果园，维护有助于公众进入的栅栏和大门，实施对敏感栖息地的管理计划，而且在美国某些地方，只要保持农地的农业使用，并不考虑生产的类型或等级。然而，在政治上，有些农场主始终反对。他们被迫成为公园守护人。而其他评论家则认为，这样的计划奖励了错误的农民：

> 恢复草地或种植新围篱，是为获得补助。人们首先要拆除原来的围篱。从环境支付中赚钱最多的是那些在这疯狂时期造成最大损害的农场主。

> （Harvey, 1998）

最后，第四项战略是使农场通过提高产出价值，降低生产水平，特别是专攻能以较高价格出售的地区品牌产品的质量。1992年以来，欧盟的特色地区食品已被授予"原产地保护标签"（PDO）或"地理标志保护"（PGI），以限制与地方相关品牌的使用。如，帕尔马火腿（Parma ham）、贝尔福奶酪（Belfort cheese）和泽西皇家土豆（Jersey Royal potatoes）就是例证。即使未受保护的品牌，区域品牌食品的营销，也能唤起品质的内涵，并因而提高零售价格。例如，尼福塞等人（Kneafsey *et al.*, 2001）就讨论了威尔士区域食品的市场营销，如威尔士黑牛肉、盐沼羊肉、林恩牛肉和林恩玫瑰小牛肉。

57　　　在"后生产主义转变"的旗帜下，聚集在一起的各种首创措施，正如上文所示，开始改变农业政策与实践的各个方面。然而，它们对于根本性的农业重构所达到的程度是值得怀疑的。埃文斯等人（Evans *et al.*, 2002），在经验和理论的基础上批评了后生产主义的概念。在经验方面，他们认为，后生产主义的证据是有选择性的表达。某些公布的转变特征，如农场引进种植新作物（如月见草）种植的多样化，家畜（如美洲驼）养殖的多样化仍然反映出生产主义的逻辑；同时，其他观察到的变化，如扩大化，也产生于后生产主义以外的因素——不同的政府会以不同程度热情追求后生产主义。此外，有相当多的证据表明，生产主义仍然持续强劲有力。埃文斯等人（Evans *et al.*, 2002）注意到，"对农场主需要的政治上的重视是能够与私有化的全球市场竞争。这似乎是把世界范围的重点置于生产主义原则的延续之上"，在新西兰解除农业管制的例子中得到了确认（第九章）。当然，在2000年至2001年，英国政府花费了26亿3 680万英镑，用于补贴和支持农业生产开支，而 对"后生产主义"的创举,只有 3 亿 7 610 万英镑,包括预留、农场多样化和乡村管理。

在理论基础上,埃文斯等人(Evans *et al.*, 2002)认为,在生产主义时代之间"后生产主义转变"的概念建立了过于简单的二元论,也许从不是像所说的那样明确,在后生产主义时代,至多是有争议的。集中于后生产主义转变的时机选择和分类的辩论,使 20 世纪临结束的几年间,农业变化的复杂性被掩盖了,而且未能从事农村变化行为和面向行为者的研究(Wilson,2001),且农场层面动力的证明已经不足(Argent,2002)。威尔逊(Wilson,2001)认为,通过观察耕作业背后更广泛的农村变化,采用可更好反映巨幅美景的新术语,这一概念可能会被修改。然而,埃文斯等人(Evans *et al.*, 2002)是直言不讳的,将后生产主义描述为分散了发展理论见解的农业展望,并提出,它应被遗弃,而支持更具批评性、多样的、研究更广泛的社会与经济理论。

## 七、农业的未来?

无论正在进行农业政策改革斗争的结果怎样,农业的未来已由主导农业经营和零售部门的跨国企业所塑造。更多的是,21 世纪的农业是由资本主义投资最大化回报规则所驱动。然而,这越来越意味着要提高产品,反对生产的最大化。以取得技术和方法为基础的很多战略是在生产主义时代发展起来的,其中最有争议的是利用基因工程改变作物和牲畜。

转基因涉及植物或动物脱氧核糖核酸(DNA)的改变,以抑制或突出某些性质。因而,转基因组织可以被制造出来,抵抗病毒、昆虫用作除草剂,比起在自然状态下,有更大或更多的生产性,或者这是为满足消费者偏好所设计——有多汁和更艳丽的色彩(表 4.7)。转基因的支持者认为,它提供了维持非集约农业的农业生产潜力。他们认为,转基因作物是环境友好型的,因为它们可以经修改产生自身的杀虫毒素,从而减少农田对化学品喷洒的需要。这种有抵抗力的转基因组织体特别受发展中国家欢迎,因为它可以保护因疾病或昆虫引起的作物歉收,是解决饥荒的措施。然而,对食品质量的恐惧已降低了公众对生物技术的信心,并造成了对转基因组织体安全的广泛怀疑,及其在环境方面的可能影响。而反对者则声称,转基因的长期健康后果是未知的,且担心传统作物物种的灭绝——并不是因为他们担

心交叉授粉将转基因中的基因传播给非转基因植物。这样，决定是否允许转基因
作物的种植，在许多国家都已形成高度的政治化。例如，它是 2002 年新西兰大选
的一个关键问题。此外，转基因农业的扩张将使商品链的力量与大企业集中起来，
改良的种子必须从专利生物技术公司购买。

表 4.7　　几种可商业化的转基因组织体

| 转基因 | 转变 | 基因来源 | 转基因的目的 |
| --- | --- | --- | --- |
| 玉米 | 抗虫性 | 苏云金芽孢杆菌 | 减少虫害 |
| 大豆 | 除草剂耐受性 | 放线菌 | 更大的杂草防治 |
| 棉花 | 抗虫性 | 苏云金芽孢杆菌 | 减少虫害 |
| 大肠杆菌 k12 | 糜蛋白酶或凝乳酶制品 | 奶牛 | 在干酪生产中使用 |
| 康乃馨 | 变色 | 小苍兰 | 产生不同的多样花朵 |

资料来源：Bruinsma，2003。

58　　　　1996 年和 2001 年间，转基因作物种植面积在全球范围内增加了 30 倍，从 170
万公顷到 5 260 万公顷（Bruinsma，2003）。不过，种植的 69％在美国，22％在阿根
廷，其余部分分布在 11 个国家之间。其结果是，形成高度两极化的农业地理。在
美国，转基因作物现在占所有高地棉花种植的 61％，占所有大豆的 54％（美国农业
部，2000），但在许多其他国家种植被限定于试验基地（如英国），或专门的非食物作
物（如法国和西班牙）。在全球贸易谈判中，转基因食物也是一个主要的问题。欧
盟坚持在所有产品上贴上标签，包括转基因产品。有迹象表明，由于受到限制的贸
易机会和对转基因作物种植结果的部分失望，转基因农业的增长速度放缓。在新
世纪的第一年，北美转基因作物产量也下降了。

有机农业通常代表了反转基因农业的一方，并是未来农业的替代模型。有机
农业禁止使用合成化学肥料和农药，外部投入减至最小，最大限度地利用产自农场
的资源加工。支持者声称，有机农业会生产质量更好和更健康的食物，虽低于传统
农业生产力水平，但有机产品能控制零售溢价。这样，转向有机生产对在传统农业
中面临经济困难的农场主有很高的吸引力。1995 年至 2000 年间，美国和西欧公
认的有机农田总数增长了三倍，到 2000 年，占西欧农业用地的 2.4％，占美国的
0.22％（Bruinsma，2003）。同样，新西兰出口市场有机生产的价值从 1990 年的五

万美元增加到 2000 年超过三千万美元(Campbell and Liepins,2001)。

早期的有机农业经常与小规模、非商业性、自给自足的农业相联系。然而由于 59
有机农业生产的意义增大,因此,它成为另一种形式的资本主义农业。在丹麦和加
拿大安大略省的调查显示,最近转向有机农业的人,与早先的转化者相比,更可能
是出于利润的动机,而较少是因纯粹的环境问题驱动(Hall and Mogyorody,2001;
Michelsen,2001)。而且,有限的证据显示,在有机农场主中,有些是专业化的,扩
大了农场规模的人(Hall and Mogyorody,2001)。此外,由于有机产品生产者进入
主流市场,他们日益依靠共同的食品商、加工商和零售商。在英国有机农业一个最
显著的增加是 2000 年由冰岛的一个连锁超市决定在其整个连锁店内提供一系列
自主品牌的有机蔬菜。然而,超市放弃其政策一年之后,引起了消费者对有机农产
品需求的可持续性的关注。因此,有机农业具有进一步扩展的潜能。

## 八、结语

自 20 世纪初以来,发达国家的农业有了根本性的转变。从农村生活的中心位
置来说,在就业和生产贡献方面,种植业已被推到农村经济的边缘,但仍留下了巨
大的象征性权力,为未来进一步改革农业产业做任何复杂的努力。农业方面中的
大部分变化,已由外部压力强加给了农村地区。实际上,虽非变化的主因,但农场
主本身也只是塑造现代农业进化的四个关键角色之一。首先,把农业作为资本主
义产业的政治经济学分析表明,资本所有者,如投资人、银行和农业食品公司,以及
土地所有者,他们在推动农业现代化中有重要意义,是收益最大化的手段。农场主
与由大公司统治的食物链体系的整合,关心的是种子生产、食品加工和零售业,从
而导致关于农业未来的决策日益集中到企业主手中。其次,农业又是受约束的市
场,是全球经济最规范的部分之一。这意味着国家是一个主要的行为者。按照惯
例,依靠补贴和价格保证减缓风险,国家干预农业支持了资本主义剥削。国家农业
利益指导了贸易政策。在贸易摩擦中,农业仍然是主要关注的问题(第九章)。最
近,农业政策改革,已指导着国家对农业非经济方面的支持,如景观保护。需要论
辩的是,这并不是反资本主义的走向,而是对农村经济中农业价值变化性质的认
识。农村经济更多地由消费而非生产所驱动(第十二章)。再次,像所有资本主义

产业那样,农业依靠消费,因而,消费者是强有力的参与者群体。我们愿意为我们的食品付出价格。我们关注食品质量。我们的兴趣在于我们的食物来自哪里,以及对地方产品、有机产品、素食饮食的各种爱好等,通过商品链影响特殊农业部门的收益,导致这些具有反馈回来的微观效果。最后,正是农场主自身,在受到上述压力的同时,必须最终决定如何管理自己的农场。例如,这表明许多农场主并不愿意多样化。

60　　　农业决策参与者的复杂网络意味着,对农业变化的任何描述,包括本章所述,必然掩盖了在实地所经历的农业变革的具体动态、差异和不连续性。此外,单纯关注农业,人为地将农业与更广泛的农村经济和其他领域的变化分离以来。下一章将讨论这些问题。

---

**进一步阅读**

　　有关农业和农业变化的很多不同方面,有大量文献财富。作为一种观点,布莱恩·伊尔伯里和伊恩·鲍勒(Brian Ilbery and Ian Bowler)编写了"从农业生产主义到后生产主义"(From Agricultural Productivism to Post-Productivism)一章,载《农村变化的地理学》一书(爱迪生·韦斯利·朗曼出版社,1998)(*The Geography of Rural Change*. Addison Wesley Longman, 1998)。其基于占优势的欧洲视角,展现了从生产主义向后生产主义转化的有识见解。为了平衡,大卫·古德曼、贝尔纳多索里和约翰·威尔金森(David Goodman、Bernado Sorj and John Wilkinson)编写了《未来农耕到生物技术》一书(布莱克维尔出版社,1987)(*From Farming to Biotechndogy*. Blackwell, 1987),主要汇集了农业生物技术兴起的美国故事。乔治·亨德森和理查德·沃克(George Henderson and Richard Walker)在加利福尼亚州的研究着重探讨了作为资本主义产业的农业发展,特别是沃克的"加利福尼亚的金色致富之路:自然资源和区域的资本主义,1848～1940",载《美国地理学家协会年报》(California's Golden Road to Riches: Natural Resources and Regional Capitalism, 1848～1940. *Annals of the Association of American Geographers*, 2001,

61

91），以及亨德森的《加利福尼亚和资本的想象》（牛津大学出版社，1998）(*California and the Fictions of Capital*. Oxford University Press，1998)。

揭示农业变革更人性化的一面有凯瑟琳·玛丽·达德利(Kathryn Marie Dudley)的《债务和剥夺：美国心脏地带的农场损失》（芝加哥大学出版社，2000)(*Debt and Dispossession: Farm Loss in America's Heartland*. University of Chicago Press，2000)一书，和安德鲁·奥哈根(Andrew O'Hagan)的《英国农业的尽头》（传略书社，2001)(*The End of British Farming*. Profile Books，2001)一书，都做了描述。更多关于后生产主义的争论，见尼克·埃文斯、卡罗尔·莫里斯和迈克尔·温特(Nick Evans、Carol Morris and Michael Winter)的著作，"概念化农业：作为新正统性的后生产主义批判"，载《人文地理学进展杂志》(Conceptualizing Agriculture：A Critique of Post-Productivism as the New Orthodoxy. *Progress in Human Geography*，2002，26)。

## 网站

广泛的最新农业统计数据都由大量的网站提供，包括联合国粮食和农业组织（FAO，http://www.fao.org），美国农业部（USDA，http://www.usda.gov/nass)，欧盟农业总局(DGVI，http://europa.eu.int/comm/agriculture/index_en.htm)，英国环境、食品和农村事务部(DEFRA，http://www.defra.gov.uk/esg)，澳大利亚农业和资源经济局（http://www.abareconomics.com)和新西兰农林部(http://www.maf.govt.nz/statistics)。

# 第五章　变化中的农村经济

## 一、引言

农业的转型仅仅是过去一个世纪农村经济变革故事的一半。其他传统的农村经济活动，如林业、渔业、采矿和采石业，它们的命运也经历了相似的演变，就业水平也有类似的减少。与此同时，农村地区的制造业、旅游业和服务部门的总体就业人数有了增加。1969 至 1997 年间，美国农村丧失了约 750 000 个农业工作，但在制造业方面增加了超过 827 000 个工作岗位（Isserman，2000）。在加拿大农村，五分之三的工人受雇于服务部门（Trant and Brinkman，1992）。法国农村的劳动力有近一半（法国国家统计局，1998）。同样英国农村有十分之七受雇于服务部门（农村机构，2003）。

农村经济从利用自然环境的第一产业，向第二和第三产业调整转变，是从地方到全球不同规模的一系列连锁过程运作的结果。这些变化包括全球经济结构重构趋势，如全球贸易自由化和作为在特定的地方依赖特定资源的经济企业日益自由化的性质，因技术进步而缩小，以及更多地方的偶然因素。如农村地区基础设施的改善，及在农村人口中高水平教育的达成。这些因素共同改变了发达资本主义下农村地区在空间分工中的相对位置。通过这种相对位置，"不同形式的经济活动结合或利用空间不平等以实现利润最大化"（Massey，1994）。在历史上，通过自然资源的获得性表现出的机会，未开发的土地、农村土地所有制与就业结构，在资源资本主义的发展中均得到开发。最近，由于地价、税赋和工资水平较低，绿地、高质量美学环境等因素，投资被吸引到农村地区。然而，与此相同，农村地区必须有全球范围的竞争力，并且可像工厂和电话呼叫中心那样，并且是发展中世界低工资经济的主要就业源地予以重新定位。

本章考察了变化中的农村经济，重点依次是变化中的林业、渔业、采矿业、制造 63
业和服务业的环境。讨论造成这些变化的因素，探讨这些变化对农村社区的影响，
并且思考在前进的全球化背景下，农村经济未来发展的诸多问题。

## 二、林业、渔业和矿业：第一产业波动的命运

在 20 世纪上半叶，农村经济中农业的优势仅仅与其他包括林业、渔业、采矿和
采石场在内的原始资源产业的本地化优势进行竞争。通常，这些部门都是通过投
资、所有权和就业流动而相互联系。例如，沃克（Walker，2001）分辨了矿产开发、
林业和农业之间在发展加利福尼亚资源资本主义中的交叉投资模式，以及其他地
区再现的模式。在不同的层面，很多农村社区的工人可按他们的就业，划分为采矿
工人与农耕工人，或按季节和产品需求划为捕鱼工人或农场工人。然而，在有些社
区，当地的矿业或采石场或渔业或林业是唯一重要的就业之源，特别是这些活动的
经济潜力远远超过农业。因此，当农村地区作为一个整体在这些行业的就业人数
下降时可能影响不大，但对个体社区的影响经常很严重。有时在一个相对繁荣的
农村区域中造成极度贫穷。

在一些地区，整个产业都已消失。在英格兰西南部的康沃尔郡（Cornwall），最
后一家锡矿山于 1998 年关闭，结束了这家可追溯到 2 000 多年前的产业。在 19
世纪晚期的顶峰，它曾雇用了郡内约 50 000 人。在其他地区，采矿业、林业和渔业
就业的重要性局限于越来越少的社区，但就是在这些社区，主导产业雇佣的人数也
减少了。1976 年，加拿大有 80 个农村社区，30% 以上的劳动力在林业和木材加工
业就业（因而归类为单一产业小镇），其他 54 个社区均依赖于采矿业，38 个社区依
赖捕鱼业（Clemenson，1992）。在此后十年，林业和采矿业都经历了经济动荡。加
拿大林业的就业从 1980 年的超 300 000 人降至 1982 年的 260 000 人，而一半的采
矿部门在 1982 年晚期，即经济衰退高峰期暂时关闭了，对有关社区的影响巨大。
拉布拉多（Labrador）两个矿业城镇，由于铁矿的关闭，事实上完全消失了。谢弗维
尔（Schefferville）那里的人口从 1976 年的 3 500 人下降到 1986 年的 320 人。加尼
翁（Gagnon），与 1976 年的 3 400 人相比，1986 年只剩下 5 位居民。在其他社区，
主要产业的就业大幅下降（表 5.1），而且对一些社区而言，如安大略马拉松（Mara-

thon)那样的社区,矿产的枯竭意味着,对纸浆加工和采矿的双重依赖变成了对纸浆加工的唯一依赖(Clemenson,1992)。这一时期,相对来说只有渔业繁荣,在20世纪70年代后期和20世纪80年代中期这两个短暂时期,加拿大大西洋地区鱼肉加工的就业曾有过快速的增加。

表5.1　1976年加拿大主要依赖渔业、矿业、木材业的172个社区就业劳动力百分比

| | 渔业社区 | | | 采矿业社区 | | | 木材业社区 | | |
|---|---|---|---|---|---|---|---|---|---|
| | 1976 | 1981 | 1986 | 1976 | 1981 | 1986 | 1976 | 1981 | 1986 |
| >30 | 38 | 33 | 34 | 54 | 42 | 24 | 80 | 52 | 37 |
| 15~29 | 0 | 5 | 4 | 0 | 11 | 22 | 0 | 27 | 40 |
| <15 | 0 | 0 | 0 | 0 | 0 | 8 | 0 | 0 | 3 |

资料来源:Clemenson,1992。

特别是依赖林业、采矿业和捕鱼业的社区命运需由特殊行业的发展趋势和地方条件所决定。然而,在更广泛的范围内,有三个主要因素造成所有三个部门的工作流失。第一,被利用的资源可能会枯竭。特别是矿物作为有限资源,且农村地区大量采矿业就业的时期,通常是短暂的。第二,无论是因为消费者需求下降或是因为竞争所带来的不经济,经营都可能会被放弃。采矿、林业和渔业在全球化经济的竞争中,都是脆弱的。第三,资源开发面临的环境挑战越来越大,理由涉及污染、景观退化和威胁动植物栖息地。因此,麦克马纳斯(McManus,2002)在对不列颠哥伦比亚省和新南威尔士州林业政策的研究中,指出"林业监管不仅包含城市政治力量(主要集中在加拿大的维多利亚和渥太华、澳大利亚的悉尼和堪培拉)和商业力量(主要集中在温哥华、悉尼和东京),而且还包含选民的力量(主要集中在温哥华和悉尼)"。林业产业(在不列颠哥伦比亚省直接雇用了大约82 000人,间接雇佣超过300 000人,并贡献了该省国内生产总值的16%)因而必须平衡商业规则与环境法规。环境法规的目的是减少生产和控制自然与伐木场所(McManus,2002)。

64　　　环境压力对依赖林业社区的潜在影响可用新墨西哥州卡特伦郡(Catron County)的案例说明(美国的郡,与我国的县相当,但又不太一样——译者注)。直到1990年,这个仅有2 700名居民的人口稀少的郡赖以为生的仍是放牧、伐木和木材加工。那时美国政府严格限制木材采伐面积以保护濒危的墨西哥斑点猫头

鹰。锯木厂的关闭,失去了一百个工作岗位。随着该郡 1995 年的失业率上升到 10.8%,相当于美国全国平均值的两倍。将近四分之一的人口降到贫困线以下 (Walley,2000)。

纽芬兰和拉布拉多的捕鱼社区,也面临着上述所有三种来源的压力。正如肯尼迪(Kennedy,1997)的文献所述,在 20 世纪期间,竞争和低价逐渐损害了捕鱼业。在政府安置方案下,20 世纪 60 年代 16 000 人迁离了海岸社区。随着技术的现代化,加拿大渔业管辖权扩展至 200 英里。20 世纪 70 年代帮助了渔业的振兴,但很快,地方捕鱼船队面临着欧洲和北美其他地区工业化规模拖网渔船更新的竞争。另外,密集捕捞严重消耗了鳕鱼种群。在环保运动者的压力下,1992 年加拿大政府关闭了"北方鳕鱼"渔业,试图让种群恢复。这项暂缓措施直接导致 20 000 个工作岗位的丧失,一年后又失去了近 10 000 个工作岗位。尽管对渔民和加工厂工人支付了赔偿金,并且也介绍了发展替代就业的政府计划,包括高新技术产业、水产养殖、旅游业和矿业,然而渔场的关闭仍然严重抑制了地方经济,并加剧了贫困和人口迁出的问题。

65

## 三、制造业

如果农业和林业通常与农村地区相关的话,那么,制造业也许更容易被看成是与城市地区相关的产业。在大众的想象中,制造业让人想象成一幅巨幅图画。浓烟滚滚的工厂高塔,俯视着一排排无边的工人宿舍。很多都在英国画家洛瑞(L. S. Lowry)描绘的风格中,栩栩如生。然而,不仅制造业在许多小城镇和农村社区有悠长的历史——尤其是农业、渔业和木材生产的进程——而且 20 世纪后期在发达国家,也能看到制造业的就业,从城市向农村地区的净转移。1960 年至 1991 年间,英国、苏格兰和威尔士的农村地区,创造了近 25 万个制造业岗位的净增长。同时,在每个其他类型地区,也能看到制造业就业的下降(表 5.2)(North,1998)。同样,1960 年至 1980 年间,美国农村诸郡的制造业就业增加了 47%——在 20 世纪 80 年代经济衰退波动之前,远高于全国平均水平(North,1998;USDA,2000)。结果,在美国和法国,与城市地区相比,农村地区的制造业就业劳动力比例高于城市地区(法国国家统计局 INSEE,1998;USDA,2000)。然而,应该指出的是,大多数制造业就业和制造业产出的主要份额仍集中于城市地区。

表5.2　1960～1991年英格兰、威尔士和苏格兰制造业岗位的净变动(单位:个)

| 区域 | 工作的数量 |
| --- | --- |
| 伦敦 | −979 000 |
| 都市群 | −1 392 000 |
| 独立的城市 | −631 000 |
| 大城镇 | −388 000 |
| 小城镇 | −284 000 |
| 农村地域 | +238 000 |
| 英格兰、威尔士和苏格兰合计 | −3 443 000 |

资料来源:North,1998。

制造业的城乡转移包括两个不同的扩张时期。第一阶段,从20世纪40年代到60年代,是制造业就业人数在城市和农村明显增加的时期,但更快的是在农村地区。例如,20世纪60年代,美国制造业就业人数在城市地区增加了15%,但在农村地区则是31%(North,1998)。第二阶段,20世纪70年代、80年代和90年代,是制造业就业人数的增长时期,相比城市地区,就业人数在农村地区减少缓慢,甚至,在某些情况下与总的趋势相反,是有所增加的。如20世纪70年代的美国和20世纪80年代的英国(Townsend,1993)。

诺斯(North,1998)给制造业在全球重组背景下的这些变化做了定位。他指出,这已具备从大量生产体系向灵活生产移动的特征,使得公司在它们的地区更加自由自在。在不断增长的全球化经济中,企业将找出制造成本最小化的地方,同时,保住进入高利润的市场。这样,制造业就从已成熟的欧洲北美工业经济,全面转移到太平洋沿岸地区(特别是日本、中国台湾、马来西亚与韩国)及发展中国家。然而,在制造过程中寻找竞争优势,已在国内层面运作,并意识到农村地区比城市地区可提供更有利的条件。诺斯(North,1998)对这方面变化形成的基础,提出了城乡转移的四种解释:

• 受限区位假说。它表明企业受到城市地区可得空间的数量和质量的限制,因而迁移到具有扩张空间的农村地区(Fothergill and Gudgin,1982)。

- 生产成本假说。它认为搬迁公司利用生产成本空间变化优势提高利润,特别是在农村地区一般拥有较低的工资成本和土地价格(Tyler *et al*.,1988)。

- 滤漏假说。它将工业区位与产品周期联系起来,表明在产品开发的早期阶段,城市区域易获得熟练劳动力和专业知识输入,但后来周期生产例行化,就可能会搬迁到农村地区,以降低成本。

- 资本重组假说。假说的观点比较宽泛,认为资本积累的不同阶段,对劳动力和区位的要求不同。假说认为,技术和生产过程的进步减少了制造业对熟练劳动力集中的依赖,并使之向农村地区迁移,那里的优势有:低工资成本、低工会化水平、工人的强硬品行,以及几乎没有可替代就业来源的受控制的劳动力市场(Massey,1984;Storper and Walker,1984)

第五个论点,居住偏好假设,上述重点讨论新启动企业与现存企业的重新安置 66 相对是多样的。此论点认为,企业家选择在农村地区发展新业务,因为他们意识到农村可提供更高质量的生活(Gould and Keeble,1984)。上述假设不应看作是竞争模式。相反,它们反映的是,把制造业城乡转移的复杂性,作为由不同规则驱动的很多不同过程的混合物。

事实上,还有很多要求停止的警告,也附着于制造业城乡转移的概念上。第一,城乡转移大部分是具体部门。传统农村制造行业,如食品加工、木材和纸张生产、鱼罐头和纺织业,这些曾经主导着农村城镇的单一产业,已大幅下降,往往给所在社区带来毁灭性的结果。制造业的成长特别与轻工业、高新技术产业和小众商品(指被大企业忽视的某些细分市场——译者注)生产地区相关,包括优质食物的生产。

第二,城乡转移也具有空间选择性。埃斯托(Estall,1983)说明了毗邻大都市地区农村郡的生长是最快的。从北部诸州向南部诸州农村和城市的区域转移,比城乡转移本身更具意义。这挑战了美国大都市制造业传统的转移。高科技部门的空间集聚有特别标记,作为农村成长产业之一的标志。例如,尽管 1981 至 1989 年间,与城市地区的减少相比,英国农村高科技产业的就业整体上增长了 12%,但增长主要集中在三个地区。1989 年,英格兰东南部高新技术产业就业比任何其他地区多三倍以上。多数农村增长集中在特殊的主要地区,如剑桥郡(North,1998)。

第三,城乡转移改变了农村地区制造业的性质。比起以前来,工厂少了与农村 67

社区的整合。它们少了利用地方自然资源的可能性，也少了地方拥有的可能性。表现出的工作性质也改变了，成为新劳动力空间分工的一部分。正如诺斯（North，1998）观察的那样，"有争辩地认为，往往更为程式化的是较低的技术。组装类型的工作，基本需要的是半熟练工人。他们就可能被吸引到农村和小城镇，而那些需要较高技术和熟练技术工人的工作，则需要高技术和熟练工人。"

第四，很多被当作促进城乡转移的因素，造成了农村制造业在与发展中国家的竞争和经济衰退中都是脆弱的。例如，农村地区也许能削减城市地区的工资水平，但却不能带来国家发展。公司兼并和收购，可使农村地区成为分厂经济。地方工厂的未来则依赖于可能在不同地区做出的董事会决策。董事会的战略是在全球尺度上制定的。此外，低水平的工会化意味着，关闭农村分支工厂，公司也许会面临战斗力强的城镇和城市的抵抗（Winson，1997）。

大公司关闭农村社区或小城镇的工厂比城市地区更容易，但对当地社区的影响往往更严重，失去的工作岗位与地方人口规模严重不成比例。菲琴（Fitchen，1991）在纽约州农村做的案例研究对此做了说明。案例工厂最初是一家针织厂，但工厂所有者和产品多次更换。到 20 世纪 80 年代中期，转为以纽约城为基地的圣路易斯基金公司所有，为医院生产塑料设备。该厂雇用了大约 500 名工人，主要是妇女。工资为非熟练组装线岗位每小时约 7.30 美元，而文员每小时为 12 美元。在雇员当中，155 名员工居住在最近的大约有 600 户家庭的地方社区。1989 年工厂关闭，因为生产搬迁到平均工资每小时 1.25 美元的墨西哥。裁员影响了当地社区四分之一的家庭。在就业援助计划登记的 365 名原雇员，只有 20 人在工厂关闭时找到新的工作。正如菲琴引述出售场地的广告所言，（广告标识）给出的消息，抓住并概括了这十年来农村制造业的变化。具有讽刺意味的是，有好设备和好工人，但没有工作。

## 四、农村地区的服务部门

农村地区服务部门的稳步增长，乍一看似乎与以生产为基础的行业的财富波动形成了对比。整个 20 世纪，农村地区服务部门就业的增长在进步，是整个发达国家农村地区工作的主要来源。然而，服务部门的重要性则因在服务业大伞下包含大量和多样的活动而趋于膨胀。服务部门就业包括高薪律师、金融家、证券经纪人、清洁员、售货员和护理员，也包括教师、卡车司机、医生和服务员。如表 5.3 和表 5.4 所展示的英格兰和美国的情况，当细分行业的各个分类时，优势的印象就会减弱。在美国农村，最大的服务业部门产业是零售业，与制造业劳动力雇用比例大致相同。此外，能推测不同农村地区的不同服务业部门产业的就业份额中，有着不同的均衡、不同的过程驱动着它们的发展。

　　农村地区服务部门就业的增长因而可以细分为四个部分。第一，即公共服务 68 部门的扩张，如教育、卫生和地方政府。第二次世界大战结束以来，农村地区无论在提供公共服务全面覆盖方面，还是由学校、医院和其他机构提供的服务质量和范围方面都有了发展，已在农村地区创造了新的就业机会。此外，大型公共部门雇主，如学校、医院或监狱，在规模较小的农村劳动力市场这些部门的重要性将会更大，超过大城市劳动力市场。这样，在偏远农村地区公共部门可能会占所有就业中的四分之一或更高（表 5.3）。例如，美国有超过 200 个农村郡被农业部划分为是依赖政府雇用的。

表 5.3　2001 年英国服务部门的就业分布

| | 偏远农村（%） | 可接近的农村（%） | 都市（%） |
| --- | --- | --- | --- |
| 分销、宾馆和餐厅 | 27.6 | 25.9 | 23.7 |
| 银行、金融、保险等 | 10.6 | 17.4 | 22.0 |
| 公共行政、教育与健康 | 25.1 | 22.7 | 23.7 |
| 其他服务 | 4.5 | 5.1 | 5.3 |
| 服务部门合计 | 67.8 | 71.1 | 74.7 |

资料来源：Countryside Agency，2003。

　　第二，与城市地区一样，农村地区消费主义的增长，刺激了零售业和休闲服务部门的扩张。的确，农村城镇和农村腹地通常是零售和休闲业连锁店拓展新市场的目标。在这些地方，服务部门就业的增长不成比例。然而，这种类型的投资也促成了农村地区服务业的空间重构（第七章）。村庄里的商店、汽车修理站和小旅馆的关闭，潜在地诱致了一些小型农村社区零售业和休闲娱乐业就业的减少。此外，现代零售业和酒店业创造的工作类型，通常是低工资的、临时性的或兼职的。例如,在英国偏远农村地区的旅馆和餐馆,分布着超过一半的工人。大部分是兼职工人(Countryside Agency,2003)(第十八章)。

表5.4　1996年美国服务部门的就业分布

|  | 农村(%) | 城市(%) |
|---|---|---|
| 零售交易 | 17 | 17 |
| 政府 | 16 | 14 |
| 金融、保险和房地产 | 5 | 8 |
| 交通、通信、公共事业 | 4 | 5 |
| 批发贸易 | 3 | 5 |
| 其他服务 | 23 | 32 |
| 服务部门合计 | 68 | 81 |

资料来源:http://www.rupri.org。

69　　　　第三,销售和休闲服务业就业的增长,也反映了旅游业在许多农村地区不断增长的重要性。2001年英国口蹄疫爆发的一个副作用(专栏4.3)是,集中显现了旅游业对农村经济的贡献。估计约380 000个工作岗位依赖于英格兰农村旅游业。威尔士农村有25 000个。游客每年在英格兰和威尔士农村累积花费超过100亿英镑(内阁办公室,2000)。同样,在美国,仅农村酒店和汽车旅馆就雇用了310 000人(Isserman,2000)。在农业、初级生产或制造业经济衰退时,旅游业常常是召唤农村社区再生的手段,受到了一些如温哥华岛彻梅纳斯(Chemainus)原锯木厂小镇那样成功榜样创举的鼓舞(第十二章)。然而,巴特勒和克拉克(Butler and Clark,1992)警告说,"可促进旅游业最有利的环境是,农村经济衰弱时,因为旅游业可创造高度不平衡的收入和就业分布。它是较农村发展主体经济依靠更好的繁荣和多样性经济的补充。"除沿海地区和国家公园外,旅游业为农村就业做出重要贡献的潜力仍是有限的。

　　第四,大都市中心周边的农村地区,是通过金融业部门雇主和法人服务公司的迁移而得到服务部门就业的。例如,默多克和马斯登(Murdoch and Marsden,1994)记录了保险、银行和其他金融服务公司从伦敦迁移到离市中心40英里的艾尔斯伯里(Aylesbury)的乡村小镇。这种移动的动力与制造业的迁移相似——减少集中与向往更大空间优势的需求,降低土地、税务和工资成本,以及更高质量的环境。然而,这些部门的公司,又倾向于保持坚定地融入城市中心网络和专家劳动力市场,因而,它们进入更偏远农村地区是有限的。

农村地区服务部门的演变因地区和产业而有差异。偏远农村地区,更可能要依赖旅游业或公共部门就业。而靠近城市边缘的农村地区,可以从金融和商业服务的迁移而获得利益。除了位于农村地区服务部门的工作场所,服务部门的就业率在更易接近农村地区的居民中是增长的,因为工作人员要靠通勤到达近处的小镇和城市。这个最新研究强调大多数服务部门的活动持续以城市为中心的性质,对农村地区服务部门的就业进一步扩大的基础设施障碍仍然存在。然而,有些评论人士认为,随着信息技术的发展和远程办公的到来,这些障碍可以去除。

70

## 五、乡村远程办公

人们不再需要去城市上班。利用现代技术振兴传统农村社区。很多工作现在可以传递给员工……越来越多的人有决心实现更好的生活质量,避免压力和通勤污染,并且每天都可在他们的社区发挥更积极的作用。

(Clark,2000)

随着信息与通信技术发展,以上的引用说明了在农村经济中的一个新部门的抱负。计算机技术的进步和互联网的发展,结合以信息化为基础的职业成长,有人认为,这已为个人创造了日益增多的居家工作机会,可以利用电信与他们的雇主交流(远程办公)(Clark,2000)。有些学者提出,这类工作方式的地理灵活性,预示着就业的逆城市化(Huws et al.,1990),而且,许多农村发展机构已抓住了这种潜力,试图通过提供培训和基础设施,促进乡村远程工作的发展。如"远程村舍"或资源中心,方便使用信息与通信技术(Clark,2000)。

克拉克(Clark,2000)分辨了1999年不列颠群岛正在运作的152个"远程村舍"。村舍主要集中在边缘农村地区,如威尔士、英格兰西南部和苏格兰北部,并且大部分在小村庄或偏远的农村场所。许多远程村舍开办"情报交换所",将工作外包给个体的家庭远程工作者。工作的一般范围包含市场营销、秘书服务、翻译和出版。然而,正如克拉克(Clark)的图表所示,远程工作的整体就业水平仍较低,并且,因为商业中面对面交流的重要性持续存在、农村电信基础设施建设质量等问题,农村地区此类部门的增长还是受到了限制。

## 六、结语

在过去的一个世纪,农村经济的本质已经有一个清晰的定量转移。对就业、经营类型和收入形成的统计数据表明,以基础生产活动为主的统治地位,包括农业、林业、渔业、采矿和采石业,在 20 世纪的早期,已被更多以服务业为导向的经济所取代。经济本质的量变、转型已非常显著。其中三个主要倾向显而易见。首先,地方规模的农村经济已越来越分散化,为农村居民创造了更广泛的就业机会,但也增加了不确定性。较之以前单一产业经济,当代农村经济更具流动性,几乎没有保障性的工作。为获得更高薪水的就业机会,有潜力的受雇人通常需要离开农村地区,以获取适当的培训或资格,而低技能的工作,往往具有低工资和临时合同的特征。这些变化对农村地区人们的生活与工作的影响将在后面的章节中讨论(第十五、十七、十八章)。

71　　其次,农村经济已更为依赖外部。像农业和矿业那样的传统产业,依靠向城镇和城市的产品输出,但农村经济中农场和矿山则走向为地方所有。劳动收入也倾向乡村经济内的循环。当代农村经济不仅要依赖外部收入(如投资、国家支持、农产品输出或旅游花费等),而且大部分利润要流回外部母公司和投资者。经济决策的权力也集中在外部行为者手中。这样,农村社区对其未来经济的控制程度也被削弱了。

最后,在想象和描述的农村经济的方式中,有了话语转变。从生产空间的构想,现在被理解为消费空间。这包括在乡村的消费活动(支持服务部门)。乡村的消费——最引人注目的是通过旅游业,也通过住宅投资,还有农村手工艺和品牌专业食品的市场营销,以及为电影和电视利用的农村地区(第十二章)。在政府政策和矛盾中,话语转变了,如在伐木与野生动物保护之间,保护田园般乡村环境的利益比生产利益日益具有优先性(第十四章)。

**进一步阅读**

对农村地区经济重构的综合评述的论著很少。大卫·诺斯(David North)撰写了"农村工业化"(Rural Industrialization)一章,载伊尔伯里(B. Ilbery)编的《农村变化的地理学》一书(爱迪生·韦斯利·朗曼出版社,1998)(*The Geography of Rural Change*. Addison Wesley Longman, 1998)。该书重点集中在农产品加工业,但也包含了有广泛参考价值的材料,由米歇尔·克拉克(Michael Clark)撰写的《乡村的远程工作》(阿施盖特出版社,2000)(*Teleworking in the Countryside*. Ashgate, 2000)详细研究了英国的远程工作。案例研究和具体部门重构的更多信息,见特雷弗·巴尼斯和罗杰·海特(Trevor Barnes and Roger Hayter)著的"小城镇所做:不列颠哥伦比亚彻梅纳斯(Chemainus)的灵活积累和社区响应",载《区域研究杂志》(The Little Town that Did: Flexible Accumulation and Community Response in Chemainus, British Columbia. *Regional Studies*, 1992, 26)。该文研究了加拿大彻梅纳斯(Chemainus)锯木厂的关闭;珍妮特·菲琴(Janet Fitchen)的著作《濒危的空间、永久的地域:美国农村的变化、特点和生存》(西部观察出版社,1991)(*Endangered Spaces, Enduring Places: Change, Identity and Survival in Rural America*. Westview Press, 1991),可看到对纽约州农村工厂倒闭的描述。

**网站**

英国农村经济和美国的展望可看到详细的统计数据以及评论载乡村报告现状(http://www. countryside. gov. uk/stateofthecountryside/default. htm)和农村政策研究所的网站(http://www. rupri. org)。

# 第六章 社会和人口统计学的变化

## 一、引言

在两个世纪下的小间隔中,发达国家农村地区现在的人口数量经历了类似于坐过山车的变化。从 19 世纪开始,稳定的人口增长趋势,在 19 世纪末和 20 世纪初的快速城镇化时代,农村地区人口大量减少。他们都迁移到了城镇与城市。在 20 世纪 60 年代和 70 年代这股潮流被逆转之前,农村地区再次享有了人口净迁入。最后,在 21 世纪之初,与农村人口增长一样的整体趋势是较为模糊的情况,而且由不同的国家、地区、地方及人口统计的反向趋势所阻断。由于农村地区人口波动,人口构成也发生了变化。今天的农村人口与三四十年前相比,更多的是老年人和中产阶级。而且,这些趋势因中产迁入者参与农村房地产市场已重现出通货膨胀的影响。本章将更加详细地探讨这些变化。本章的前半部分将根据材料,提供农村地区人口变化的年代学和地理学资料,并讨论驱动变化的过程。之后,本章的后半部分将分析农村人口的重组,集中讨论中产阶级的兴起和对农村房地产市场带来的影响。

## 二、从城市化到逆城市化

### (一) 农村人口的减少

1851 年,英国和威尔士的一半人口住在农村地区。一个世纪以后,1951 年,只有五分之一的人口住在农村地区。这些数字表明,英国乡村人口的减少是因工业化带来的全球大规模人口迁移重现的过程。1851 年至 1951 年间,英国和威尔士的人口总量增加了 2 600 万(约 144%),然而,农村地区的人口却下降了约 50 万

(Saville，1957)。大部分变化发生在 19 世纪中期至 20 世纪 20 年代高度工业化时期，因为，移居者受城市产业更高的工资前景和更多的就业机会吸引，而农村地区在农业现代化早期阶段减少了大量农场工作。那里的制造业和采矿业的前哨岗位也已下降。铁路的登场因增加了农村人口的流动性，而促进了农村人口减少，而且教育和通信的进步也促进了社会的流动性。与闭塞和孤立的农村地区相比，移民也与城市人们对于追求更高的愿望以及独立和自由潜能的吸引力相关(Lewis，1998；Saville，1957)。

人口减少的趋势并不均衡。与那些距新都市中心较近的地区相比，在英国和威尔士，越是偏远的农村郡，越是经历了更大的人口减少。这种模式在一些更小和更偏远的农村社区，下降速度比一些大的城镇更快(Lewis，1998)。移民的方向和速度也随时间浮动。例如，拉特兰(Rutland)的人口，除 1901 年至 1911 年增加了 3.2％外(Saville,1957)，1851 年至 1931 年间，每十年人口都有减少。到 20 世纪 20 年代，城市化浪潮开始全国性放缓，经济萧条减少了城镇与城市的就业机会，而且中产阶级开始向相反方向转移，进入到新兴郊区。

在欧洲各地也重现了农村人口减少的趋势，尽管常常在更晚和更快的时间尺度上。例如，在爱尔兰，因有限的乡村经济与可得机会，驱动了人口外迁，全国人口住在低于 1 500 人农村社区的比例，从 1901 年的 71.7％减少到 1936 年的 63.5％，再到 1971 年的 46.7％(Hannan,1970)。

除欧洲外，1900 年北美、澳大利亚和新西兰大部分农村地区，仍是欧洲人初次所殖民时的居住地。但是，人口稠密的农村空间在全国层面被城市地区的扩张超过。在人口更稠密的地区，也可以看到从乡村到城市移民的相似过程。至少从 19 世纪早期到 20 世纪 30 年代，加拿大城市人口增长率，一直是农村地区的两倍。1921 年后，城市人口很快就超过了农村人口(Bollman and Biggs，1992)。

## (二) 人口的转变

20 世纪 70 年代早期，美国人口的分析，首次观察到农村向城市移民流的逆转。这个新现象，百利(Berry)称之为逆城市化(专栏 6.1)。随后几年里一系列的研究得以确认并记录了大量材料。伯恩和洛根(Bourne and Logan，1976)做了许多出色的工作。瓦伊宁和康图利(Vining and Kontuly，1978)说明人口反转不仅在美国是明显的(表6.1),就是在加拿大、澳大利亚和西欧的大多数地区,也是明显的。在英国,20世纪70年代和80年代,是人口增长的最快时期,主要是在农村郡。1981年人口普查的前一年,记录到大约100 000人从城市直接迁移到农村(Lewis,1998;Serow,1991)。整体上看,英国大都市地区的人口在1971年至1981年间,减少了6.5%。同时,非大都市区的农村郡的人口在同一时期却增长了6%(Serow,1991)。其他欧洲国家,这种差异没有那么的显著,但目前人口基本没有变化。20世纪70年代,荷兰迁到农村地区的人口,每年都在2%左右;法国1982年是1.3%;西德在20世纪80年代早期是0.7%(Serow,1991)。加拿大也是,但表现出一个更为混合的趋势。从1971年进入到20世纪80年代,城市迁到农村的人口,超过了农村迁到城市的人口,但是在1971年至1976年间,农村地区人口增长率超过了城市的人口增长率(图6.1)。

表6.1　美国的人口转变(1960~1973年)

| | 年人口变化(%) | | 年净迁移(%) | |
|---|---|---|---|---|
| | 1960~1970年 | 1970~1973年 | 1960~1970年 | 1970~1973年 |
| 大都市郡 | 1.7 | 1.0 | 0.5 | 0.1 |
| 非大都市郡 | 0.4 | 1.4 | −0.6 | 0.7 |
| 全农村郡 | −0.5 | 1.4 | −1.2 | 1.0 |
| 美国总计 | 1.3 | 1.1 | 0.2 | 0.3 |

资料来源:Champion,1989。

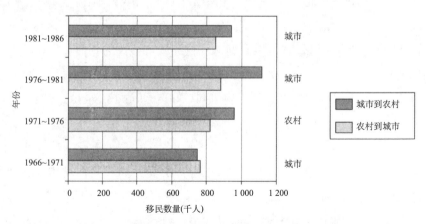

图6.1　加拿大的人口迁移流动和最快的人口增长率

资料来源:Bollman and Biggs,1992。

---

**专栏 6.1　主要术语**

　　**逆城市化:**指人口从城市到农村地区的移动。它通常与人口从城市向附近农村的迁移有关,但是也通过农村和城市的人口自然增长的不同比率来表示。逆城市化既可以涉及分权——从城镇向邻近农村地区的迁移,也可以涉及分散——从大都市地区迁移到农村地区的区域间迁移。

---

　　加拿大的迹象表明,应将逆城市化视为人口变动不同过程的混合物,而非单一的、连贯的和单方向的流动。如有些学者对分散化或从城市向附近农村地区的移民,与非中心化或在其他地区从大城市向农村地区的移民做了区分。分散化与交换相联系。而非中心化则常包含着更实际的生活方式改变。在美国,则与向西部各州和南部"阳光带"的移民相关。在英国,则与向边缘农村地区的移民,如,向不列颠西南、威尔士中部和北方彭尼内地区的移民相关。通过收集汇总从 20 世纪70 年代中期做过的这 20 多年的分析,刘易斯(Lewis,1998)提出,可以确定逆城市化包含四个常见因素。第一,累进发生在城市等级低层级的巨大增长。第二,人口增长通过扩展的次城市化传播。第三,大都市以外有记录的浮动增长率,特别是边远农村地区。第四,有一个从传统的城市工业区向环境更好的农村地区进行的人口转移。这些观察表明,城市向农村的人口迁移的含义是,逆城市化具有遍布各个区域的趋势。这点在以后章节还要述及。

　　瓦伊宁和施特劳斯(Vining and Strauss,1977)宣称,逆城市化就是"带着过去干净的突破"。关于这个转变的历史意义,百利(Berry)也同样乐观地说道:

　　　　美国的城市经验已经到达了转折点。当主导的力量塑造着国家的聚落模式时,逆城市化就已替代了城市化。

　　　　　　　　　　　　　　　　　　　　　　　　　　　　　　　(Berry,1976)

　　20 世纪 80 年代,随着逆城市化率在很多国家慢了下来,甚至出现逆转,有学者对这些早期的提法产生了一些怀疑。然而,从 20 世纪最后 25 年的长期洞察来看,城市到农村的移民仍然是一种普遍趋势,至少在美国和英国是如此(表 6.2 和表 6.3),尽管这取决于本章后面将讨论的限定条件。

表 6.2　美国向农村与城市郡的净迁移率(1980～1997 年)

|  | 1980～1990 年(%) | 1990～1997 年(%) |
|---|---|---|
| 农村 | −2.8 | 4.0 |
| 城市 | 3.8 | 2.1 |

资料来源:http://www.rupri.orgbased USDA ERS 统计数据。

表 6.3　英格兰农村和城市地区的人口变化(1981～2001 年)

|  | 1981～1991 年(%) | 1991～2001 年(%) | 1981～2001 年(%) |
|---|---|---|---|
| 农村区 | +7.1 | +4.9 | +12.4 |
| 城市区 | +1.4 | +0.9 | +2.4 |
| 英格兰合计 | +3.0 | +2.0 | +5.0 |

资料来源:Countryside Agency,2003。

# 三、逆城市化的驱动力

逆城市化是城市和农村社会经济重构的产物,与社会和技术变化结合,意味着比起以前各代的人,现在的人在身体上和社会上有了更大的流动性。正如康图利(Kontuly)总结的那样,各项研究已对逆城市化做了广泛的解释,可以分为以下六个重要动力:

• 经济周期因素,包括商业周期、矿业、旅游、国防等地方性就业的增长,以及房地产、商业的资本投资的周期模式。

• 经济结构因素,包括工作在新的劳动空间分布中,向农村地区的分散化(第五章)。

• 空间与环境因素,包括城市地区的社会与环境问题、住宅的可得性和成本,以及乡村环境设施的吸引力。

• 社会经济与社会文化因素,包括人口结构的变化、国家福利支出的增长,以及居住偏好和社会价值的变化。

• 政府政策,包括明确倡议促进农村发展或吸引外来移民到农村地区,以及改善农村地区的教育、卫生和其他公共服务。

• 技术革新,包括改进运输连接和通信。

这些因素改变了个人决定到哪里生活的条件。在有些情况下,会出现已引入 76
的新约束,例如,经济重构下,许多制造业和服务业的工作,从城市移向农村。这意
味着,在农村地区的工作机会可能会比邻近的城市地区更多。在其他情况下,经济
重构、社会与文化变革以及技术创新,都去除了个体的制约。这样的住宅决定,可
能会日益依照向往的因素,包括对农村地区生活质量的感知。

乡村性在移民中作为拉力因素的重要性,说明根据记录的民意投票,各郡大部
分城市人口,如英国和加拿大等国,都喜欢生活在乡村(Bollman and Biggs,1992;
Halfacree,1994)。哈夫克里对英格兰兰开夏郡(Lancashire)和德文郡(Devon)的
研究发现,迁到村庄的有将近一半的人说,与其他因素相比,他们在决定搬到村庄
时,农村地区的特色是极其重要的。只有不到十分之一的人说,农村特色对于他们
来说是不重要的(Halfacree,1994)。克伦普(Crump,2003)在加利福尼亚索诺玛
郡(Sonoma)证实了相同的发现。索诺玛郡位于旧金山北部 50 英里,索诺玛郡是
突出农村地区类型。这个地区受益于人口分散化和非集中化的双重影响。1970
至 2000 年间,该郡人口增长了 53%。克伦普发现迁入到这个郡的农村地区的移
民超过 50%,并认为农村环境是他们做出迁移决定的最重要因素。农村环境甚至
被超过一半的迁入者称之为是非常重要或最重要的因素。克伦普按照与农村的周
边环境,把其他因素做了分组,如自然环境的吸引力、附近的开放空间以及隐私。
这些被大多迁入农村区域的人给予了高度称道。

克伦普对农村因素的分类,反映了"农村"作为社会建构的构成,如第一章所 77
论,对不同的人来说,将具有或多或少的重要性。因此,作为生活之地,农村的吸引
力在不同的迁入者之间是不一样的。哈夫克里(Halfacree,1994)的研究,记录了
由迁入者讲述的乡村生活各方面的主要吸引力,包括环境的开放性和美学质量、缓
慢的生活节奏,以及更深的社区情感。此外,还有价值判断,如乡村是抚养孩子的
更好场所(专栏 6.2)。展现农村空间和农村社会的价值判断,并将政治维度引入
到移民内,最后会造成地方矛盾的出现(第十四章)。例如,哈夫克里(Halfacree)
把一小部分迁入英格兰农村的人,分为保守的、种族主义的。对这些人来说,农村
是有吸引力的,因为农村是个单一种族和单一文化的空间。与此形成对照的是,琼
斯等人(Jones *et al.*,2003)的报告则认为,乡村环境的重要性构成了美国阿巴拉

契亚南部大部分迁入者的吸引力。这点已促进了该区域环境主义者活动的增长。

　　因此有计划的迁移在逆城市化中是一个很重要的成分，但是对于大多数迁入者来讲，农村的吸引力只是很多因素中的一个。随后还有一系列做出迁移的决定，包括选择搬入地区、选择生活社区、选择合适房产。并不是所有的农村迁入者都积极选择居住在农村地区。哈珀(Harper,1991)将进入其研究区域的五分之一以上的移民归类为"限制居民"，其居住选择由当地政府或住房协会及地产经纪的管理人员控制，或其住房与工作挂钩，更广泛地说，由于就业或家庭关系，许多移民实际上被迫迁入农村地区。此外，许多迁入者被与乡村性无关的区域因素吸引而来的。沃姆斯利等人(Walmsley *et al.*，1995)发现，在澳大利亚，气候、生活方式、环境，以及升高的就业与住房机会，是驱使他们移民到新南威尔士州北部沿海农村地区的主要原因。

---

**专栏 6.2　移民决策中乡村性的重要性**

　　基斯·哈夫克里(Keith Halfacree)在英国的两个郡，德文郡和兰开夏郡，对农村社区迁入移民做了研究。调查揭示，人们决定迁移并不仅有农村因素的重要性，而是有宽泛的原因。为什么人们认为，农村生活和农村空间有吸引力？根据哈夫克里对他调查的反馈做了解释，这些原因与环境的自然质量和社会质量有关，也与其他因素有关。如隐私、休闲潜力，以及对这片地区的熟悉程度：

**环境的自然品质**

　　"我们想搬到……更吸引人的地区"

　　"安静的——较少交通。喜欢乡下，但不要太孤立。很高兴看到田野等"

　　"想要更自然的环境"

　　"空间，更少的人，呼吸和思考的时间"

**环境的社会品质**

　　"在一个更安静和更愉快放松的地区"

　　"寻求更平静的环境"

　　"远离一切"

　　"摆脱激烈竞争——更好的生活方式"

"生活节奏缓慢……更多的社区氛围"

**其他要素**

"偏好额外的土地、和平与隐私"

"喜欢户外活动——在我的生活中,我喜欢快步走、欣赏乡村等"

"[我能]走出前门进入乡下,不必要开车"

"妻子在农村长大。我几乎一直都在农村"

更多详见基斯·哈夫克里的论文"农村在逆城市化构成中的重要性:1980年代英格兰的案例",载《农村社会学杂志》(The Importance of the Rural in the Constitution of Counterurbanization:Evidence from England in the 1980s. *Sociologia Ruralis*,1994,34)。

# 四、重新评估逆城市化

78

在过去的几十年里,逆城市化是乡村社会科学家使用的主要概念之一。然而,在这段时间所积累的各种材料表明,逆城市化还需要批判性研究(Mitchell,2004)。很清楚,持久的农村人口减少时代已经结束。目前从城市不断迁往农村则是一个很强的浪潮,促进了很多农村地区的人口增长。然而,当代乡村的人口动态并未明确提及逆城市化概念特别是,以下四个主要警告应引起注意。

第一,在英美文献中,重点在于逆城市化可认识国家趋势的多样性。逆城市化主题由美国研究者提出,人口逆转尤为明显,并且英国从城市到农村的移民一贯占优势地位。在许多其他国家,逆城市化的重要性一直较弱。康图利(Kontuly,1998)提供的文献表明,20世纪80年代,许多欧洲国家逆城市化潮流,转向了城市化潮流,或至少是一个潮流未定时期(图6.2)。贯穿20世纪70年代和80年代,有些国家,如芬兰和葡萄牙,其城市化依然占有主导潮流的地位。

第二,在对移民的解释中,人口动力和区域因素,有着区域差异。这种差异可能比农村要素更重要。逆城市化区域不平衡的本质在北美是明显的。加拿大和美国的农村地区,都有着广袤而多样的领土。随着人口增长集中在接近圣劳伦斯河谷和不列颠哥伦比亚南部都市中心的农村地区。加拿大城市向农村的移民主要形式呈分散化（Bollman and Biggs,1992）。加拿大中部和北部偏远的农村地区,却相反地遭受了严重的人口减少。例如,纽芬兰的人口,在 1996 年至 2001 年间,下降了 7％。育空地区(Yukon)下降了 6.8％,西北部领地下降了 5.8％。对此的回应是,加拿大政府采取了一项鼓励由外国人移民进入农村地区的政策,尽力尝试抑制人口下降。

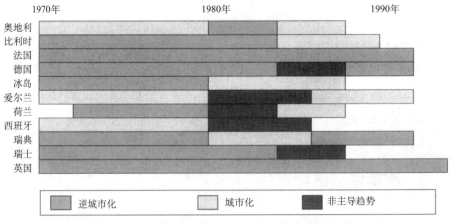

图 6.2　11 个欧洲国家的逆城市化和城市化的主导地位

资料来源:Kontuly,1998。

79　　　在美国,人口分散化是逆城市化的主要因素,但是,这只是区域性选择性方式。1990 年至 1997 年间,农村地区超过四分之三的人口增长发生在西部和南部各州,尤其是亚利桑那州、内华达州、爱达荷州、俄勒冈州和华盛顿州。通过环境、生活方式和就业机会结合的刺激,也提高了该地区的城市人口。相比之下,贯穿大部分草原地带的农村郡的人口减少了,有时超过 10％,对于传统就业之源的农业也有了下降(图 6.3)。

在法国和澳大利亚,乡村极化在人口增长和人口下降区域也很明显。澳大利亚农村人口的增长集中在新南威尔士州（New South Wales）、维多利亚州(Victoria)和昆士兰州(Queensland)农村沿海地带,以及澳大利亚西部和北部领地人口稀少地区。这里的农业就业增长抑制了这个趋势(Hugo,1994)。同时,在 1998~1999 年,120 个农村市政当局就失去了超过百分之一的人口。大部分人属于区内的小麦、绵羊和旱地放牧等农业领域(Kenyon and Black,2001)。总而言

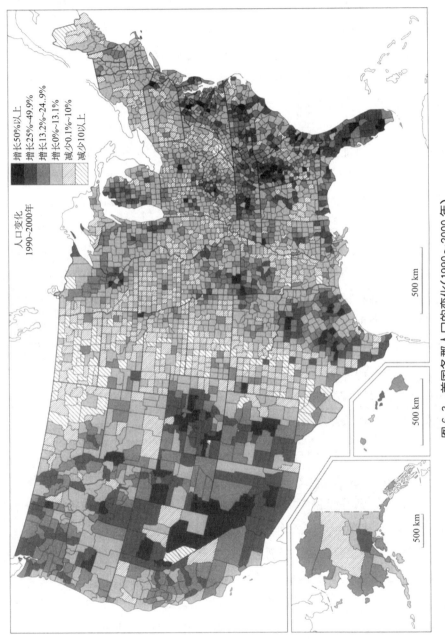

图 6.3　美国各郡人口的变化(1990~2000 年)

资料来源：根据美国人口普查公布的数据制成。

之，1976 年至 1998 年间，大约 75 个农村社区失去了超过五分之一的人口。最极端的案例是人口下降超过三分之一，如维多利亚州的布鲁克（Buloke）和昆士兰州的艾西斯福德（Isisford）（Kenyon and Black，2001）。同样在法国，流行的逆城市化趋势也掩盖了许多最小农村社区严重的人口减少问题，尤其是奥弗涅（Auvergne）、利穆赞（Limousin）、洛林（Lorraine）和布列塔尼（Brittany），以及诺曼底（Normandy）和比利牛斯（Pyrenees）的部分地区。这些地方农业就业仍然相对较高（法国国家统计局，1995）。预测表明，到 2015 年，大约 1 500 个法国村庄和无教堂的小村实际上可能会消失（Lichfield，1998）。

81　　　　第三，即使在农村人口增长的地区，也要承受地方人口的减少。在发达国家，英国具有最显著和连续的逆城市化模式，但即使在英国快速人口聚集地区，一个社区到另一个社区的人口变化动力也是完全不同的。威克利（Weekley，1988）证明，英国东米德兰兹农村社区人口 1981 年居民不到 1 000 人。自 1971 年以来，减少了近一半。同时斯宾塞（Spencer，1997）发现，南牛津郡人口减少了三分之一。这个曾是增长最快的农村地区之一，但 1961 年至 1991 年间人口却减少。个人移民的住宅偏好和房产可获得性的结合，造成了农村移民地区地理的不均衡。英国房地产由规划制度调整，它严格限制开发新建筑，因此，需具备重视环境、小规模社区和农村空间压力方面的能力（专栏 6.3）。斯宾塞（Spencer，1997）认为，规划政策不是客观形成，而是代表规划当局与地主之间不对称权力关系的结果，且倾向于保护较少人口社区不增长并鼓励本地性人口减少。

---

**专栏 6.3　英国农村的规划与逆城市化**

　　英国房地产开发由城镇和乡村规划体系管理。新的开发需要事先得到地方规划当局的许可，并根据周期性修订的地方计划所概述的政策进行判定。计划确定供开发的土地和通常不允许开发的土地，反映了国家和地区的指导方针。此计划体系的操作在两个层面影响到英国逆城市化的地理学。首先，第二次世界大战后，最早的规划体系战略之一是，为控制城市的扩张，在主要城市周边指定绿地带。严格限制在绿地带的开发，因此促进了城市外迁移民"跳"过绿地带，搬到更远的农村地区（例如，白金汉郡）。在英国，这有助于促进逆城市化。其次，在地方层面，许多政务会议已经采纳了规划政策，要求新的开发集中在主要定居点。因此人口增长也倾向集中在这些定居点。同时,在其他社区,新的开发受到限制,从而限制房地产供给。这可能也会导致人口停滞或减少。

规划政策的制定不是一个客观的过程,而是反映了农村地区的权力平衡。正如斯宾塞(Spencer,1997)所论,规划政策往往偏袒土地利益者,为避免他们权力基础的稀释,他们可能会寻求通过开发或替代性的工作来限制开发,从而利用他们土地的商业价值。为了保持限制房地产的限量供应,中产阶级居民也动员起来反对开发,保持较高的房地产价值,因而,保护某些农村社区的排他性(Murdoch and Marsden,1994)(见本章后面讨论的乡村中产阶级)。无疑规划政策和开发控制,已成为英国当代农村政治冲突的重要焦点(第十四章)。

更多内容见乔纳森·默多克和特里·马斯登(Jonathan Murdoch and Terry Marsden)的《重构乡村性》(伦敦大学学院出版社,1994)(*Reconstituting Rurality*. UCL Press,1994);大卫·斯宾塞(David Spencer)重现了逆城市化和农村人口的减少:"地主、规划者和农村开发过程",载《农村研究杂志》(Counterurbanization and Rural Depopulation Revisited:Landowners,Planners and the Rural Development Process. *Journal of Rural Studies*,1997,13)。

第四,逆城市化能为不同年龄组和社会群体掩盖不同的迁移模式。在许多发达国家,逆城市化的主导性,在20世纪后期的很长时期内,掩盖了年轻人持续从农村地区净外出的移民。即使在庆贺人口转变的1975至1976年,18至24岁之间的14 000多年轻人,都从美国的农村郡迁出。而这种净流出在20世纪80年代有了加剧(表6.4)。同样,48个澳大利亚非都市地区中的44个,在1986年至1991年间也经历了15至24岁之间的净外迁(Gray and Lawrence,2001)。

表6.4　美国非大都市区的净迁移入(＋)/迁出(－)(单位:千人)

| 年龄(岁) | 1975～1976年 | 1983～1984年 | 1985～1986年 | 1992～1993年 |
|---|---|---|---|---|
| 18～24 | −14.4 | −33.6 | −39.6 | −7.3 |
| 25～29 | +22.0 | −18.2 | −26.2 | −3.5 |
| 30～59 | +8.3 | −4.5 | −1.8 | +10.3 |
| 60及以上 | +7.7 | +2.2 | +4.8 | +6.5 |

资料来源:Fulton *et al*.,1997。

来自农村年轻人的外迁移民是选择和个人境遇的产物。对乡村长大的许多年轻人来说，作为能够提供机会的地方，城市仍然保持一种吸引力，而农村地区则是不能提供机会的地方。其他的移民，则是因有限的就业机会而被迫做出决定（通常反映出农业和其他传统产业就业的下降），或者在一些地区，则是因无法承受过高的房价。最重要的是，高等教育的扩张，意味着大量的年轻人离开农村社区去学院或大学，限制了他们返回的能力，因为许多农村地区缺少适合大学毕业生层面的工作。

有些人会在以后的生活中返回，因为机会提高了，他们个人境遇也改变了。研究人员很少测度逆城市化中返回移民的数值意义，但是根据在一些国家的观察可以得出这样的结论，至少城市向农村移民中的相当多的一部分人，事实上不是"新来者"，而是"返回者"。返回移民者通常会更容易融入社区，并且经常对社区服务有特定的承诺。正如菲琴(Fitchen)对纽约州农村所观察的那样：

> 这些返回的移民在社区占据重要位置。他们在规划办公室工作，管理就业培训办公室，并为学校校长、见习经理等服务。下班时间，他们担任各种岗位的社区领导人，从童子军领导到活动协调人。这些成年人，曾是迫不及待地离家去上大学，并发誓毕业后，他们永不返回的年轻人，因为在他们的家乡，既没有职业生涯，也没有社交生活。

> (Fitchen, 1991, p93)

83　　从青年移民到老年移民，迁入农村地区的流动也受到退休移民的推动。例如，富尔顿等人(Fulton *et al.*, 1997)记载了1992～1993年度，美国超过60岁的约6 500名老年人，净迁移至非都市地区。许多退休移民，在空间上集中在农村沿海地区和其他度假地区。同时在一些地区观察到，移民们特别喜欢去的地区如英格兰西南部、澳大利亚昆士兰和新南威尔士沿海地带。美国有190个郡被列为退休目的地郡（主要是西海岸、落基山脉沿线与佛罗里达州）。这些地区是20世纪90年代美国增长最快的地区，1990年至1997年间，净移民超过17%（农村政策研究所，2003）。

这些不同的人口统计学动态的影响，始终在描绘农村和城市地区的人口分布轮廓。图6.4比较了英国两个农村地区和两个大城市地区的年龄轮廓分布。在两个农村地区，威尔士的波伊斯(Powys)和英格兰西北部的南部湖泊地区，超过五分

之二的人口在 50 岁以上,15％左右的人超过 70 岁,但是和全国平均数比,20 到 35
岁之间的居民更少。相比之下,在卡迪夫(Cardiff)和曼彻斯特(Manchester)这两
个城市,有大约四分之一的居民年龄在 20 到 35 岁之间,只有不到三分之一的人超
过 50 岁,只有十分之一的人年龄超过 70 岁。这些趋势对农村地区的年轻人和老
年人的生活体验结果,将在第十七章进一步讨论。

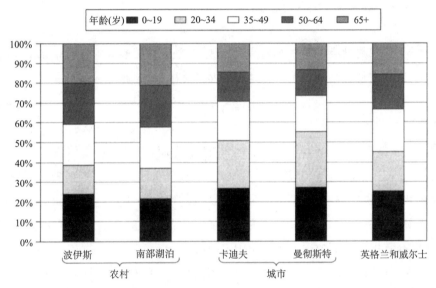

**图 6.4　从 2001 年人口普查看英格兰和威尔士的两个农村和两个城市地区的年龄轮廓**

资料来源:根据国家统计办公室公布的数据制作。

农村地区的迁进与迁出移民不仅年龄不同,也有收入和社会阶级的不同。说 84
明这些趋势的证据比说明年龄的证据更复杂,并且这也说明,在不同的时间里,大
量复杂的驱动力影响着不同社会群体的移民方向。例如,低收入群体迁入农村地
区有些证据。菲琴(Fitchen,1991)叙述了返程移民的第二群体。他们离开农村社
区去找工作,但未成功,于是返回家乡,仍没有工作。与此同时,雨果和贝尔(Hugo
and Bell,1998),分辨了澳大利亚福利引导的移民趋势。这反映了一个事实,政府
福利金在全国一样时,农村地区的生活成本更低。然而,在大部分欧洲和北美农村
发展最快的地区,逆城市化一直与中产阶级的移民相关。例如,富尔顿等人
(Fulton *et al*.,1997)分析表明,20 世纪 70 年代中期和 20 世纪 90 年代早期,与低

等蓝领和白领工人净外迁移民相比，高等蓝领和白领工作人员主要是净迁入的美国农村移民。在发生这样不同的移民之地，会导致农村社区社会阶级的重组，也可因房地产价格飙升和中产阶级迁入者动员起来抵制开发，变为自我再生产。这将在本章的后面部分讨论。

## 五、农村地区的阶级重组

传统上，农村社会的阶级结构是基于财产关系的。土地所有权带来的不仅仅是地位，还有农村经济的权力。权力是以农业、林业、矿业等开发为基础（第四章和第五章）。土地所有者收获土地上的经济活动利润的同时，控制了雇用机会与农村工人阶级的住宅选择。就其本身而言，农村工人阶级也是一个租用阶级，其中许多人的食宿依赖于他们的雇主。然而，20世纪晚期，农村经济重构逐步损坏了这种阶级结构。农业就业的衰落、农村地区以不基于土地为基础的经济活动的扩张，以及公共住房供应的增长，都削弱了地主阶级的权力和地位。虽然，这并没有产生一个无阶级的社会，却标志着转变为一个新的阶级结构。这个新的阶级结构以职业为基础，其中关键职位逐渐培育出中产阶级。

农村中产阶级增长的产生，由两个因素造成，一是农村劳动力市场的重构（第五章）；二是以中产阶级为主的逆城市化特征。因此，农村中产阶级的成员来自广泛的背景，而且他们进入阶层的路径也将会有变化。此外，现在中产阶级这个概念包含了很多不同的、多样化的职业和就业情况，以及广泛的家庭收入水平。这样就很难用任何共同价值或利益归属农村中产阶级。因此，农村中产阶级不是一致的、统一的，起到重塑农村社区的代理，但是却可以把可能引发紧张关系和冲突的很多不同碎片组织起来，成为或推动农村地区地方层面变化的动力（Cloke and Thrift，1987）。特别是，农村研究人员已重点研究职业和管理人员的碎片作用，称为服务阶层（专栏 6.4）。

85

---

**专栏 6.4　主要术语**

　　**服务阶层**：在专业、管理和行政等职业雇用的服务阶层是中产阶级的一部分。此术语源于马克思主义阶级分析。它反映了这样一个事实，这个阶层的成员既不是资本的所有者，也不是被剥削的工人，而是提供专业的高等技能和管理资本主义企业的服务资本。服务阶层的职业，在私营部门（如经理、工程师、会计师、律师）和公共部门均可看到（如教师、医生、公务员、规划者），通常以"快速的数字增长，高水平教育凭证，工作中有相当程度的自治和自由判断力，合理的高收入……在企业之间的晋升机会和住宅的相对自由"作为标签（Urry，1995）。

---

　　服务阶层对乡村重构的重要性，主要表现在五个方面。第一，制造业就业方面，城市到农村移动是制造业广泛重构的一部分（第五章）。特别是，高技术产业在农村地区的扩张，已在农村地区创造了服务阶层的管理和技术工作。这点在美国和德国等国的农村是非常重要的，并且出现了服务阶层，且已与私人企业中科学管理主义的兴起联系起来（Lash and Urry，1987）。第二，由服务部门雇主将管理功能迁至农村地区（第五章）促进了与工作相关的移民迁入，并为地方居民创造了新服务阶层就业的机会。第三，公共服务基础设施的扩张为农村地区创造了更多服务阶层的工作，如教师、医生和当地政府公务员。尤其在英国，公共部门是服务阶层重要的就业之源（Lash and Urry，1987）。第四，正如专栏 6.4 提到的那样，服务阶层具有与住宅移动性对应的特点。很多服务阶层的职业就业机会，存在于城乡地区。服务阶层成员通常能够在雇主之间轻易移动，意味着他们在居住决策上不受约束，并更能服从追求生活质量的动机（Urry，1995）。服务阶层成员的工作时间和工作条件也意味着他们在通勤者中所占比例过高。第五，一些分析人士认为，在服务阶层文化中，人们强烈认同农村和"农村田园牧歌式"的理想。正如思里夫特（Thrift）所言要点：

　　　　服务阶层的成员对乡村理想/田园风光有强烈的偏爱……超过其他阶层。他们有能力做一些偏爱的事。他们可以锻炼在两个方面做出选择。首先，他们可以尝试让他们生活的环境尽可能保持农村性。这样的过程可以在许多尺度上操作。房间可以覆盖上劳拉·阿什利（Laura

Ashley，室内设计的品牌，以浪漫、充满女人纤细感性特质的印花图案与色彩，以及英国传统特色与高雅气质为主要设计风格。让人联想到英国园林中重要的特征花坛——译者注）的印花图案和安装剥皮的松木家具。与服务阶层口味不合的开发可以以保护名义排除在外……其次，他们能开拓的地区不是前面提到的他们服务类成分……而是塑造这些形象。

（Thrift，1987）

86　　英国的研究表明，1970 年和 1988 年，迁入到农村地区的移民中，大约 40％是服务阶层的成员。服务阶层的比例约为原有人口的两倍（Halfacree，1992，引用 Urry，1995）。到 20 世纪 90 年代，克洛克（Cloke，1995）和菲利普斯等人（Phillips *et al.*，1995）报告了在英格兰科茨沃尔德（Cotswolds）、伯克希尔哈撒韦（Berkshire）以及威尔士高尔（Gower）三个研究地区的案例。其中将近三分之二的居民是服务阶层的成员。此外，在那些居住超过 40 年的居民中，只有少数是服务阶层。

服务阶层的重要性不仅仅是其用数字表示的力量，而且也包含着上面所暗示的。服务阶层成员也积极参与地方政府和社区领导。服务阶层成员为政治活动做好了准备，有高水平的教育，良好的沟通、组织和其他专业技能，强大的网络，业余时间和金钱，最关键的是，保卫他们投资农村田园生活的动机。正如克洛克和古德温（Cloke and Goodwin，1992）观察到的那样，"服务阶层移民占据的领域已主导了地方政治，并利用他们的权力，追求他们自己的部门利益。这代表了非常特别的意识形态，即农村社区和发展应该是怎样相像的意识形态。"例如，在英国西南的萨默塞特郡（Somerset），1995 年郡议会超过一半的人来自服务阶层，并且在一项提案中反映了这点。提案包含反对房产开发和狩猎（Woods，1997a，1997b）。虽然对农村服务阶层的研究集中在英国，类似的研究也可以在其他地方看到。例如，沃克（Walker，1999）强调了服务阶层移入居民在抗议反对多伦多农村边缘地带建立垃圾场提案中的领导作用。

然而，有关服务阶层的论文，确有它的批评者。厄里（Urry，1995）坦承，不但是服务阶层，就是其他阶层的成员也怀有强烈的乡村认同感，而且，也有很多服务阶层成员并不参与农村活动。更有说服力的批评是，默多克和马斯登（Murdoch and Marsden，1994）曾对农村地区确认的"服务阶层文化"的所谓优势提出质疑。他们批评道，"没有一种文化与白金汉郡农村地区的中产阶级相关，尽管我们同意这些文化正在成为支配性的。"作为回应,克洛克(Cloke,1995)和菲利普斯等人(Phillips *et al.*,1995)认为,这种批评是对原始争论的误读,从来没人宣称服务阶层相当于中产阶级,或者所有农村地区变得被服务阶层所统治;相反,不如说在有选择的农村地区内,服务阶层是日益重要的中产阶级居民的一部分。

不管怎么说,许多农村地区阶级结构的重构是无可争辩的事实。许多农村社区日益增长的中产阶级性质,不仅会因政治干预而重现,而且也是中产阶级参与农村房地产市场的简单结果。服务阶层的进一步特征是,其成员拥有相对较高的收入,因此在农村住房日益昂贵的市场竞争中处于较好的位置优势。然而,这种类型的竞争迫使房地产价格进一步上涨,并排除了低收入的潜在买家。在许多地区,如英格兰南部,以前工人阶级的房地产狭小、倾斜。由于竞争和作为农村中产阶级化一部分的房地产改善,村舍的价值上涨,高过工人阶级购买者的能力。由于竞争和性能改良,像小型的、有露台的、小别墅那样的原先工人阶级的房产已经增值,超过工人阶级买家的承受范围(专栏 6.5)。

87

---

**专栏 6.5　主要术语**

**中产阶级化:**由富裕收入者引起和为富裕收入者的房产再开发,会导致低收入群体的位移。他们负担不起支付膨胀的房地产价格。最初的创造只考虑到城市邻里关系的再生,例如,纽约东部和伦敦伊斯灵顿。此术语最近应用于由中产阶级(或服务阶层)殖民化的乡村社区。这样就提高了房产价格并排除了低收入购买者。

---

## (一) 中产阶级化

农村社区的中产阶级化,不仅包括阶级结构的重组,这样社区变得更为中产阶级化;同时也包括地方房地产市场的重组,这样低收入家庭就自然排除在住所之外。在城市地区,中产阶级化已经与房地产开发相连。城市投机者会购买破旧或废弃的房屋翻新,并以更高的价格出售它。这个过程在某种程度上被农村地区所复制。中产阶级投资人和迁入移民购买了相对便宜的房产,如农场工人的小房舍,然后通过装修、翻新、建筑扩容和现代化设施的安装,提高房屋的价值。然而,农村中产阶级化也可能在不改善房地产的情况下发生,这仅仅是对有限住房存量的竞争、不断膨胀的价格以及中产阶级居民对进一步的住宅开发,特别是低成本住房开发的反对的产物。

农村中产阶级化的过程和它的后果,参考引自 20 世纪 90 年代英国的两个案例。这是最好的说明。第一个案例涉及高尔(Gower)的四个村庄。这是一片农村地区,靠近威尔士南部海岸斯旺西市(Swansea)附近(Cloke *et al*.,1998;Phillips,1993)。高尔的逆城市化经验是英国许多地区的典型。迁入移民很大一部分来自南威尔士的城镇和城市附近,但也有很多人经历了长距离转移,从英格兰和威尔士的其他地方移民过来,包括伦敦、西米德兰兹和英格兰西北部。其中还包括不少返乡移民,特别是伦敦的返乡迁移。同时,许多是因为就业或家庭原因的迁入移民,克洛克等人写道:

> 我们采访的很多人讲述了对农村生活的期望,包括居住在乡村的一些观念,如逃避或最小化现代生活风险的一种方式。特别是迁移到高尔的理由。社区、家庭、环境和安全的观念(特别是对儿童)被频繁地作为移居到高尔的理由。

(Cloke et al.,1998)

88　　　　随着采纳生活方式中的农村主义观念,在房产翻新和装修方面,对农村田园生活的这种渴求赋予了更多物质表现形式。在高尔的四个村庄中,大约三分之一的家庭做了实质性的改善,近四分之一的家庭,以他们内心潜在转售价值购买了房产。此后房产价值上涨造成了租金差距效应,成本逐步上升也超出了地方低收入居民的购买能力。在大多数中产阶级化家庭里,主要的收入者属服务阶层。然而,有研究还发现边际中产阶级化者的一个重要组成部分,他们无法进入主流房地产市场,但却购买和更新了破旧的居所。

第二个例子与伯克郡的博克斯福德(Boxford)和上巴希尔登(Upper Basildon)村庄有关,正好位于伦敦以西 90 千米(50 英里)。1998 年,这两个村庄经历了相当大的迁入移民。大约三分之一生活在此教区的居民定居不到五年(Phillips,2002)。然而,迁入到上巴希尔登的人已有广泛的新房屋建筑(1951 至 1991 年间,村里的家庭户数翻了一倍)。在博克斯福德,家庭户数或多或少地保持不变。因此,迁入移民不得不购买现有的房子,因有限的提供(通过保护,反对新住房开发的提议),造成价格上涨。在博克斯福德有限的房产供应,通过收购和修缮原公共所有的议会房产,也鼓励了边际中产阶级化。但是,这两个社区的中产阶级化带来了阶级重构。服务阶层的力量在三十年内增加了两倍以上,1991年大约占这两个村庄人口的一半。

## (二) 第二家

中产阶级化的一个形态,对农村社区的影响大于城市影响的就是,以城市为基础的中产阶级家庭对作为第二家的度假屋的购买。比起城市地区来,在农村社区具有更大影响。拥有第二家所有权的程度和状态变化,在国家之间是不同的,也反映了文化差异。在斯堪的纳维亚和北美第二家的所有权,自20世纪30年代以来,已司空见惯,并跨越阶级界限。在欧洲南部,第二家的所有权与农村人口减少和外迁家庭保留他们原住社区的房产有关。在这些国家第二家的所有权,有相当大的面积和包容度。1970年,瑞典近四分之一的家庭,拥有第二家(Gallent and Tewdwr-Jones,2000)。然而,在斯堪的纳维亚半岛以外的英国和北欧,第二家的所有权特点是,受到更严限制,并限于中产阶级,因而是更明显的中产阶级化形式。作为投资,购买第二家可以利用城市和周边农村房地产市场之间的价格差异。然而,长时间对第二家的需求,造成价格上涨,而作为房产购买潮流的一种类型,会使第一次房产所有人的居所更小,其效果是排除了地方年轻人和低收入的潜在买家。

此外,作为第二家购买者,也倾向于空间集中。他们通常在沿海或冬季运动的度假地季节性占用,且会大幅降低当地社区永久居民人口。这具有击毁社区生活的效应,如需求减少会使当地商店和服务业关闭。这种影响会在本地居民和第二家所有者之间造成紧张关系。特别是,两个群体之间有文化差异。例如,在威尔士的威尔士语和非威尔士语地区,就会遭到一些活动家指控,认为这是许多社区语言使用衰落的重要因素。尽管最近的研究表明,威尔士语郡的第二家,仅占总房屋资源的4%~5%(Gallent et al.,2003)。

潜在的冲突也出现在法国农村,那里有大约二百万的第二家。很多由法国城市居民所有,但是重要的少数已经被英国人购买。据估计超过200 000人在法国有家。尽管这个数字包括常住居民和度假房屋所有者(Hoggart and Buller,1995)。英国人被法国较低的房产价格所吸引,并且与英国更城市化的农村比,法国农村人烟稀少更具浪漫化的吸引力。因此,尽管持有非常不同的田园风光的文化观念,但英国买家通常购买人口下降地区需要翻新的房产,通常也是在主流房地产市场以外经营,因而也避免了与当地社区的冲突(Gallent and Tewdwr-Jones, 2000；Hoggart and Buller,1995)。对英国人来说,法国农村的第二家,只是逃离城市生活的地方,不可能把它作为像自己永久居住社区的英国社区那样对待。所以他们与当地居民之间更易产生紧张。

## 六、结语

过去一个世纪,农村地区的社会重构与经济重构已经取得进展。劳动力分布的空间转移,包括像农业那样的传统产业的衰落和在扩大的服务领域中新的就业机会,在不同时间的城镇和乡村之间的迁移模式已经发挥了各种各样的推与拉的影响。更广泛的社会趋势也很重要,其中最值得注意的是,私人汽车拥有量的增加、技术的进步、高等教育的扩张,以及寿命的延长等。这些不同的因素,造成了20世纪上半叶,农村外迁移民占主要优势的流动。而在过去的三十多年,很多地区又反转为逆城市化趋势。然而,在移民模式上,又存在着相当大的区域和地方差异,促进了日益多样化的农村人口地理。此外,不同年龄群体和社会阶层之间不同的移民模式差异,正在重塑农村人口的人口统计学结构。随着年轻人为了教育和就业,纷纷离开农村,老人进入退休状态,许多农村社区的人口越来越老年化。很多社区也更为中产阶级。由于中产阶级对住宅的竞争使房地产价格的上涨超过当地低收入家庭的范围,许多社区也越来越变得中产阶级化,形成一种可以自我复制的趋势。

90　　　　因为农村人口重组,所以社区生活的性质也发生了改变。在农村社区,居民们拥有共同价值和参照点。他们的家族存在可以追溯到几个世纪以前。这种社区团结,已经因人口变化动力造成解体。这对于社区结构和内在联系,尤其对传统社区生活重点的服务和设施需求的影响,将在下一章进行探究。

**进一步阅读**

保罗·博伊尔和基斯·哈夫克里(Paul Boyle and Keith Halfacree)著的《移民到农村地区》(威利出版社,1998)(*Migration into Rural Areas*, Wiley, 1998),提供了新近农村人口变化研究的评述,包括逆城市化、福利迁移、阶层重组和中产阶级化等,以及英国、美国、澳大利亚和欧洲的例子。对逆城市化一篇很好的批评性评论可以在克莱尔·米切尔(Clare Mitchell,2004)的论文"逆城市化意识",载《农村研究杂志》(Making Sense of Counterurbanization. *Journal of Rural Studies*,2004,20)中看到。更多有关服务阶层和农村变化的研究见约翰·厄里(John Urry)所著"一个中产阶级的农村吗?",载 T. 巴特勒和 M. 萨维奇(T. Butler and M. Savage)编著的《社会变迁和中产阶级》(伦敦大学学院出版社,1995 年)(*Social Change and the Middle Classes*. UCL Press,1995)。更多关于农村中产阶级化的论著见马丁·菲利普斯(Martin Phillips,1993)的论著"农村中产阶级化和阶级殖民的过程",载《农村研究杂志》(Rural Gentrification and the Process of Class Colonisation. *Journal of Rural Studies*,1993,9),及菲利普斯(Phillips)所著"生产、符号化和中产阶级化的社会化:两个伯克希尔村庄印象",载《英国地理学家协会学报》(2002)(The Production Symbolization and Socialization of Gentrification: Impressions from Two Berkshire Villages. *Transactions of the Institute of British Geographers*,2002,27)。

## 网站

　　详细的人口统计可在国家统计和人口普查办公室网站查到,包括美国(http://www. census. gov),英国(http://www. statistics. gov. uk/census2001/default. asp),澳大利亚(http://www. abs. gov. au),新西兰(http://www. stats. govt. nz/census. htm),加拿大(http://www12. statcan. ca/english/census01/release/index. cfm)。

# 第七章　正在变化的社区:重构乡村服务

## 一、引言

　　社区是可与乡村性相联系的最有力的词语之一。对许多早期社会学家来说,社区理念囊括了农村生活与城市生活之间本质的区别(第一章)。例如,斐迪南德·滕尼斯(Ferdinand Tönnies)曾对比了农村地区礼俗社会或城市社会的法理社会。根据是,农村地区是通过亲属关系发展的紧密的人类关系……共同的居住地……为社会美好的合作与协调(Harper,1989)。城市空间是根据正规的交换和合同建立的关系。虽然后来的作者一直在批判这种过于简单化的二元论性质,但在乡村性的民间话语中,社区仍是强有力的因素,并且在农村政策文件中,也是常用的词语。但是,在这些内容里的每一个社区到底是什么含义,现在还远不清楚。在民间用语中,社区往往频繁用来暗示。社会个体之间拥有高质量的社会互动,较强的社会网络和共享的一致性(Bell,1994;Jones,1997),但这种特性的存在比起任何具体的或可测度的,则是更为模糊抽象。在政策用语中,社区可能是各式各样的简称,指行政、领域、公众、自我组织群体的规范概念。甚至在学术用语中,社区一词的含义也是难以捉摸的。

　　这样,最好把社区设想成一个多维实体。本章的第一部分将讨论这样的看法,先把社区概念化为由四个因素组成的,即人、含义、活动和空间/结构等四个元素(Liepins,2000)。采纳这种想法的一个优点是,强调了社区的不同方面是相互依存和相互构成的。因此,社会和经济重构对社区任何因素的影响将会有很广泛的含义。例如,当作为社区会议场所的商店和设施的关闭,可能会改变社区日常生活活动的模式,社区社会相互作用的结构以及成员归属社区的含义。本章的第二部分,通过重点讨论农村社区变化中的服务供给模式,提供英国、美国和法国的例证,进一步展开这条线索的思考。之后,在最终考虑某些已采用的克服边缘和孤立农村服务供给的某些战略之前,本章将继续考察农村地区的可达性诸问题。这些问题对许多农村居民而言继续强化了地理社区的重要性。

92

## 二、概念化社区

社区一词的含义甚至在学术语境中都难以捉摸。利平斯(Liepins,2000a)认为,对社区的四种看法,在农村研究中已得到利用,但都不完美。前两个,结构—功能主义的看法把社区确定为分散的和稳定的实体,具有可观察的特点。人种学/本体论的看法,力图发现并记录下社区生活的本质。这两种方法都可被批判,因为它们喜欢强调社区的存在,因而未谈及社区是如何产生的。第三种看法是极简抽象主义的看法,只是简单地把社区当作参考,表示调查的规模和松散具体的社会集合的方法。第四种,研究人员集中在社会构建的意义和附着在社区一词的象征主义。然而,这最后一种看法遭到了批判,不仅在社区构建中淡化了物质活动和自然因素的重要性,而且还因为这种看法将社区的象征性表现从产生它们的社会关系中分离出来。

为超越这些传统的看法,利平斯(Liepins,2000)提出了第五个观点。这个观点认为社区是巨大多样性的社会集合体。她认为,至少在暂时意义上,社区可以看成为一种社会现象。这种社会现象可以将人们一起交流的能力,甚至是在很多位置,并有多样相差悬殊身份的人统一起来。此外,利平斯(Liepins)建议,在社区发挥作用的空间,可以认为是包括用社区活动填补的物质场所,以及人们在社区联系的象征和隐喻的空间,即使存在着不同的自然和社会位置。这后一点意味着,社区不必是地理实体(有人可能会这么认为,例如,农业社区、商业社区或同性恋社区),但是利平斯的社区定义也允许探讨社区的地理学术语,甚至当这个范围的有关人口已进入实质的重构之时。

利平斯开发的模型代表了社区组成的四个要素:人、含义、活动和空间/结构。由于社区是通过社会集体创造的,所以人位于社区中心,并且由他们所从事的含义、活动和空间/构造三个组成部分参与到社区活动之中(图7.1)。首先,人赋予他们联系和认同的含义,创造了社区的符号表现。有意义的是,利平斯认为,这样的观点不一定要整个社区成员普遍持有。社区是由有争议的含义构成,也同样是由共享的含义构成。其次，社区要通过很多成员参与的习俗与活动，给出更多的物质表现。这些东西，包括邻里之间的例行互动，以及正式事件。

> 通过通信和会面，在地方商店或医疗诊所的商品或服务的交换，社会群体和宗教仪式的创建和维护，就可以实现记忆与意义的流通；地方政府委员会的办公是我们追踪社区实践的所有实例的方式。
>
> （Liepins，2000）

93　　　最后，社区生活的文化和经济维度出现在特别的空间并通过特别的结构。这些可以解读成社区的隐喻和物质的具体体现。这些包括：学校、大厅、街角和公园等物质场所。它们起着社区会面地点的作用。与此同在的其他结构促进着社会的集合，如报纸、网站。利平斯力主，社区这四个部分是相互决定的。如图 7.1 所示，

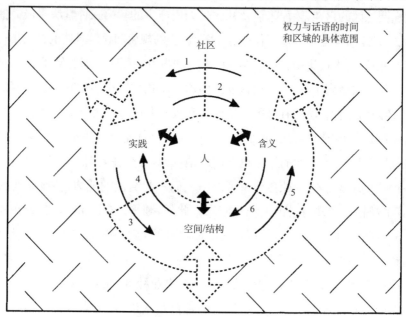

| 1 含义 | 立法实践活动 |
| --- | --- |
| 2 实践 | 使得含义在空间上得以传播与挑战 |
| 3 实践 | 通过结构塑造空间和结构 |
| 4 空间与结构 | 影响着实践活动的出现 |
| 5 空间与结构 | 致使含义实物化 |
| 6 含义 | 具体化在空间上和结构中 |

**图 7.1　社区的组成成分和动力**

资料来源：Liepins，2000a。

习俗指的含义是合法的习俗,依次能使含义可以循环和具有挑战性的含义。习俗也出现在空间,而且通过结构,能够塑造那些空间和结构。与此同时,空间和结构又会影响习俗如何产生。最后,空间和结构含义以及含义的物质化是在空间和结构上的具体体现(Liepins,2000a)。

# 三、社区习俗：三个案例研究

利平斯(Liepins,2000b)通过澳大利亚和新西兰的三个农村社区的案例研究,展现了所选模型的应用。这三个社区分别是:昆士兰中部的迪厄灵加(Duaringa),维多利亚中部的纽斯蒂德(Newstead),新西兰南岛的库劳(kurow)。它们共享着广泛的共同宏观经济和政治背景,包括农业的衰落、新自由主义政府的政策,依靠农业的历史,以及位于大城市的相似距离。然而,它们也代表着不同的地方社会、经济和文化背景,不同的优先问题,以及对广泛变化过程不同的地方反应(表7.1)。

**表7.1　三个案例研究社区的主要特征**

| | 迪厄灵加(昆士兰) | 纽斯蒂德(维多利亚) | 库劳(新西兰南岛) |
|---|---|---|---|
| 人口 | <500 | <800 | <1 000 |
| 农业类型 | 肉牛、谷物和棉花 | 绵羊和农作物混合 | 绵羊为主 |
| 人员 | 土著居民<br>农户<br>服务雇员<br>地方政府雇员 | 通勤者<br>农户<br>救生员<br>服务雇员 | 收益者<br>农户<br>服务雇员 |
| 区位特征 | 干线公路,离区域城市(罗克汉普顿)1小时车程 | 地方公路,离州府(墨尔本)1.5小时车程 | 地方公路,离区域城市(达尼丁)1.5小时车程 |
| 服务 | 加油站/商店<br>邮局<br>旅馆<br>小学<br>郡办公室 | 烘焙店(面包坊)<br>邮局<br>旅馆<br>小学<br>肉铺<br>农场用品店 | 加油站<br>邮局<br>旅馆<br>地区学校<br>超市<br>农具店<br>运输公司 |
| 主要的趋势与关注点 | 雇用下降<br>人口减少 | 地方议会的丧失<br>日益多样化的人口 | 地方经济萎缩<br>人口减少 |

资料来源:Liepins,2000b。

95　　　　在三个案例研究中,居民提及社区时,以两种方法描述地方。首先,社区表达为,处在更广泛环境中的地方位置。因此,类似地形参考点——"坐落在小丘库劳(Kurow)脚下的小社区",或者,更一般地说,服务农业的历史功能。这样社区身份与农业身份相关。其次,居民承认他们社区的异质性。在库劳和迪厄灵加,居民给出了否定含义,暗示碎片对社区的威胁。相比之下,由于通勤者和替代性生活方式者的迁入,经历了最显著社会重组的纽斯蒂德(Newstead)居民,感到社区的多样性和宽容得到了积极促进,成为社区个性的一部分。

　　　　社区的含义由成员之间相互实行的社区活动而再生。邮局、汽车修理店、学校、商店、宾馆、酒吧,在案例研究中都是社区实践的重要场所:

> 对他们来说,社区是他们的地方中心。人们要去肉铺、面包店、奶品点心铺和诸如此类地方。核心是,那里就是人们去镇上买所有需要的东西的地方。

(Liepins,2000)

> 通过邮局、学校,人们可以发现迪厄灵加的事情。我必须说,去邮局,那有学校的通信。但实事求是地说,在学校我只看到少数的几个人。

(Liepins,2000)

　　　　此外,在库劳,还有些可有助于促进社区实践的定期公共节事,如市场、夏季节日、花展和狂欢节。在迪厄灵加,有"公牛阿拉马"、慈善高尔夫日、飞行医生比赛日和道森河(Dawson)泥浆选拔赛;在纽斯蒂德,有市场、学校招待会和澳大利亚日音乐会等。像这些节事活动,如上面提到的服务和设施,也构成了社区呈现空间部分(图 7.2)。正如利平斯评论的那样,

> 无论是运动,还是社区日或休闲活动,这些场所不仅是物质的空间,也是相互交流的场所。在每个实例中,空间本身就是人们以社区互动的不同形式利用的资源。正是这场所,成了社区社会和文化生活中社交的体现并被大众所见(虽然是暂时的)。

(Liepins,2000)

　　　　从其含义、社区的实践、空间及结构看,要从农村变化结果和过程的分析中,以两种方式所提供的有用途径来思考社区。首先,重点看社会与经济重构如何在物质与非物质方面影响社区。例如,农业重要性的下降,将会影响农村社区的空间与

**图 7.2　加利福尼亚州隆波克的舞蹈广告**

资料来源：伍兹私人收藏。

注：该市将自己标榜为世界种子生长之都——是构成社区实践的一部分。

结构。牲畜市场场所将变得不太重要。通过年轻农场主俱乐部或农业展览的相互交流减少，改变社区实践活动，并且随着农业身份认同的减弱，改变社区的含义。其次，由于社区不同组成部分和含义、实践、空间与结构之间的动力变化，研究方法揭示了变化是如何产生的。特别是，在利平斯的案例研究中，重点强调社区服务和设施的重要性。它们的消失或在性质上的任何变化，将明显改变相关的社区的含义、实践、空间与结构。

96

## 四、农村服务的消失

　　曾经有一段时间，当农村社区田园化景象还存在时，每个小镇都有它的银行、邮局和商店。每个村庄都有它的教堂、商店和酒吧，没有更多的了。农村社区的私人和公共服务的理性化关闭与合理化是当代农村变化最明显的可视表现之一。如

本书所讨论的许多趋势那样，农村服务的消失是一个包罗万象的全球社会和经济
过程，是国家与区域要素的产物。首先，在资本主义内存在经济的力量，这意味着，
因地方公司被大公司收购，独立的交易商已不常见。然后再设法合理化他们的批
发网络，关闭那些判定为无利可图的商店、公司。任何保留下来的较小的、独立的
企业，很难有效与大公司竞争。很多被迫破产。其次，也存在着改变消费习惯的社
会力量。更多的移动人口很少依赖住地内的商店和设施，而且，那些通勤人员，甚
至发现在远离社区的购物中心或大城镇购物则更方便。制冷技术的进步意味着，
消费者不经常的购物之行会有大综购物。超市也能提供可广泛挑选的来自世界各
地的进口商品。最后，然而，在塑造服务提供的实际趋势方面，也存在着可反映文
化差异和农村聚落地理的国家与地区因素。为说明这些，本节将从英国、法国和美
国三个国家的视角，介绍农村服务的变化命运。

## (一) 英格兰

在英格兰，大部分农村教区没有普通的杂货店，也没有村庄商店。仅超过一半
的农村有邮局，有小学。不到五分之一的教区有医生诊所(表 7.2)。这些是 2000 年
的记录数据，是集中化过程的结果。在集中化过程中，很多公共的和商业的服务，从
较小的农村社区快速地消失了，集中到大的村庄和小镇供应。如表 7.2 所示，一个不
到 200 名居民的教区，只有一个酒吧和一个乡村集会厅。人口在 500 至 1 000 人的社
区，通常也只设邮局、小学、青年俱乐部，以及酒吧和村庄集会所。而几乎所有大的教
区只有一个邮局、小学、酒吧、乡村集会所和青年俱乐部。这种清晰的教区规模和服
务之间的关系，对某些可利用的设施来说，不仅说明大概的人口阈值对某些设施有必
要存在，而且大聚落的设施既要服务最近的社区又要服务邻近的小村庄。

表 7.2　英国农村行政区拥有的主要公共和商业服务的百分比(2000 年)

| | 所有行政区 | 人口 | | |
| --- | --- | --- | --- | --- |
| | | 100~199 | 500~999 | 3 000~9 999 |
| 邮局 | 54 | 22 | 67 | 93 |
| 银行或建筑协会 | 9 | — | | |
| 一般商店 | 29 | 7 | 26 | 78 |

| | 所有行政区 | 人口 | | |
|---|---|---|---|---|
| | | 100～199 | 500～999 | 3 000～9 999 |
| 小村庄商店 | 29 | 10 | 35 | 52 |
| 加油站 | 19 | 4 | 16 | 64 |
| 酒吧 | 75 | 63 | 58 | 92 |
| 小学 | 52 | 13 | 71 | 94 |
| 村庄或社区会所 | 85 | 72 | 93 | 96 |
| 青年俱乐部 | 51 | 23 | 58 | 91 |
| 医生诊所 | 14 | 1 | 7 | 64 |

资料来源：Countryside Agency,2001。

克鲁肯(Crewkerne)的案例研究说明了这种服务供应模式的演变。这是英格兰西南部一个约 6 000 人的小镇,是 18 个人口在 50 到 2 000 人不等的邻近村庄的服务中心。在与许多类似城镇的联系中,克鲁肯经历了相当大的逆城市化发展。在 1971 年至 1986 年间,其人口增加了 23%。大体在这段时间,四个相邻的村庄也经历了 25% 或更多的人口增长,其中有 3 个村庄人口下降。总的来说,20 世纪结束时,6 个村庄的人口比世纪初少了。然而,人口增长和人口减少的村庄都失去了设施和服务。1902 年,这些村庄的服务总数比克鲁肯研究时多。即使最小的聚落既有村庄商店又有铁匠炉。而最大的村庄,人口 1 300,自夸有 2 所学校、7 间酒吧、1 处警察局、1 所邮局、1 个洗衣店和 20 个商店或零售商,包括杂货店、面包店、肉铺、煤炭场和烟草店在内。

第一波集中浪潮出现在 20 世纪 10 年代、20 年代和 30 年代。它们是第一批公共汽车服务引入的地方——使村庄居民更容易出行到当地小镇——一些小聚落显著的人口减少将设施的平衡从这些村庄转移到城镇(图 7.3)。第二波出现在第二次世界大战后。浪潮由汽车保有量的增加、就业模式的改变所驱动。随着福利国家的建立,公共服务进行了重组,并且限量供应的影响正在减少中小企业的经济生存能力。对个别社区的影响是严重的。例如,在某村庄,1939 年的服务范围包括 2 间酒吧、2 个面包店、1 所邮局、1 所学校、1 家烟草店、1 个保险代理人和 1 个自行车修理店,到 1953 年仅剩 1 所邮局和 1 间酒吧。这种集中的模式却一直持续,以一个较慢的速度,贯穿 20 世纪下半叶(图 7.4)。到了 2000 年,即使在最大的村庄,各类设施已减少到 2 间酒吧、1 所邮局、1 所学校、2 个普通商店、1 个加油站、1 个乡村集会所和 1 个炸鱼与薯片的外卖店。

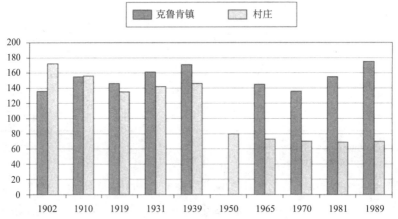

图 7.3　英格兰西南部克鲁肯镇及周围村庄的公共与商业服务和设施的数量(1902～1989 年)

资料来源:伍兹原创研究。

在 21 世纪初由于超市的开发,第三波浪潮已经开始并正在进行,并且在较大的邻近城镇。城镇边缘购物中心已经拉出了克鲁肯自身的经营,导致食品商店和其他主流零售商的关闭。唯一能显示任何数量扩张的功能,不在克鲁肯或周围村庄,而在那些与休闲消费有关的——尤其是酒吧、餐馆,以及如陶器店那样的专业零售店和社区集会所。

## (二)法国

两个主要因素造就了法国农村服务供应模式不同于英国。首先,比起英国消费者,法国消费者长期表现出购买新鲜农产品的倾向,尤其是地方产品。这有助于维持地方市场。对许多法国小镇和专门的食品零售商来说,如肉铺、面包房,这仍然是个重要的社区空间。其次,法国地方政府在社区层面,如公社,拥有广泛的权力,包括对警察、社会服务和初等教育的责任。结果,在法国许多农村社区,服务水

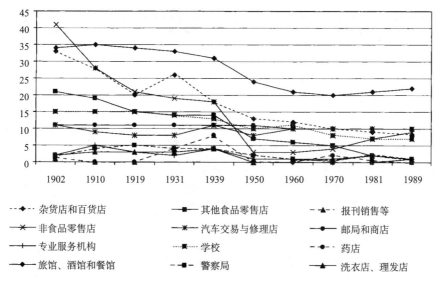

图 7.4 英格兰西南部 18 个村的主要服务与设施的数量(1902～1989 年)

资料来源:伍兹原创研究。

平明显高于英格兰同等规模的村庄（表 7.3）。不过,也正如表 7.3 所示,在 20 世纪 80 年代期间,农村社区的主要服务范围也有所下降,并有证据表明,在 20 世纪 90 年代,下降趋势加剧。例如,在普瓦图-夏朗德(Poitou-Charentes)地区,1988 年和 1995 年间,131 个社区失去了它们最后的杂货店(Soumagne,1995)。同时,全法国,在 1988 年和 1994 年间,偏远农村社区关闭了 12% 的银行（法国国家统计局,1998）。

表 7.3 1988 年法国农村社区拥有的主要公共和商业服务的百分比及
在 1980 年和 1988 年之间的变化

|  | 农村中心 | | 农村中心附近的村庄 | | 独立的农村社区 | |
| --- | --- | --- | --- | --- | --- | --- |
| 烘焙店 | 79.6 | (-1.0) | 26.8 | (-2.3) | 35.7 | (-2.0) |
| 一般商店 | 81.5 | (-8.0) | 34.1 | (-11.1) | 45.9 | (-9.6) |
| 超市 | 64.1 | (+13.6) | 1.0 | (+0.5) | 5.4 | (+2.6) |
| 服装店 | 63.3 | (+2.2) | 3.1 | (-0.3) | 12.4 | (-0.2) |
| 邮局 | 71.2 | (-0.1) | 18.3 | — | 31.6 | — |

续表

| | 农村中心 | | 农村中心附近的村庄 | | 独立的农村社区 | |
|---|---|---|---|---|---|---|
| 银行 | 61.4 | （+0.2） | 2.7 | — | 12.4 | （+0.2） |
| 医生诊所 | 74.8 | — | 10.2 | — | 20.3 | |
| 小学 | 96.9 | — | 67.4 | — | 61.7 | — |
| 运动场 | 83.5 | （+4.4） | 35.4 | （+6.7） | 36.9 | （+3.0） |
| 图书馆 | 89.1 | （+5.4） | 58.8 | （+7.3） | 60.5 | （+6.4） |
| 电影院 | 41.6 | （−2.4） | 0.3 | （−0.3） | 4.1 | （−0.9） |

资料来源:法国国家统计局,1998。

法国农村服务的关闭,尤其与人口减少有关。利奇菲尔德(Lichfield,1998)描述了克勒兹(Creuse)省的瓦利耶尔(Vallières)村,拥有聚落居民 500 人,人口正在减少。尽管人口较少,但 1998 年在瓦利耶尔,有 5 家咖啡馆、2 家餐厅、2 个杂货店、2 家肉铺、1 家面包店、1 家五金店、2 个电子产品商店、2 家普通商店、1 家银行、1 个修车店、1 间药房和 1 所邮局。然而,利奇菲尔德继续写道,"围绕主广场的 6 家主要商店和酒吧都关门了。沿街的一家法式蛋糕店挂着'销售'的大型标牌。在旅馆两扇门外面的菜单上读到'宾馆关门'的字样。"

### (三) 美国

人口减少和乡村服务消失之间的联系在美国也得到很好的确认。内布拉斯加州麦克弗森郡(McPherson),自 1920 年以来,是美国农村中心区域许多地区的典型——此郡已失去了三分之二的人口,以及 19 所邮局和 58 所学区(Gorelick, 2000)。更为普遍的是,农村社区服务供给的合理化,已由私营部门的经济利润最大化和公共部门的成本最小化的经济战略所驱动。传统小镇的私营部门的独立零售商,已被连锁公司、超市、购物中心和郊区商业中心发展所侵蚀(Vias,2004)。在农村地区,这些经常位于高速公路出入口,并且可以从广大的地区吸引顾客,进而拉动农村社区的商店和服务。沃尔玛,美国最大的超市,在农村地区以零售业为主建立起它的市场地位,分布在 1 100 多个农村城镇(Farley,2003)。在公共部门,如卫生设施、社会服务、图书馆和学校(专栏 7.1)的提供也受到普遍强调成本效益的挤压。正如菲琴(Fitchen)评论的那样：

> 因为成本效益模型不依据人或社区所为，而是以每人提供的成本多少来评价计划的价值。它加剧了农村服务高成本的影响……它有助于增加服务的集中化和不提供服务的一些农村居民的离开。

(Fitchen,1991)

例如，1980 年至 1988 年间，市场压力和成本抑制措施。美国 2 700 所农村医院关闭了 161 所 (Fitchen,1991)。农村地区公共服务的专业化，以及对雇员培训资质化和水平的更高期待，例如，对图书馆员和救护人员那样的员工，也在农村地区造成了招聘问题。超过 2 200 万人生活在被官方标示为"医疗职业短缺地区"或"没有医疗服务地区"的美国农村地区(农村政策研究所,2003 年)。

然而，农村服务的损失并不是普遍的。美国农村的游乐地区，如落基山脉部分地区，常常会因不断增长的人口，经历地方服务和设施的扩张。然而，许多新冒险项目的目标都在休闲消费，而非服务于当地社区的日常需求。科罗拉多州的里奇韦(Ridgway)是这里的社区之一。人口自 1975 年起的 20 年内，翻了一番，超过一千人。此外，还可吸引游客和季节性居民。新的服务有图书馆和脊椎指压治疗者，以及一个面包店、一家五金商店、几家快餐店和杂货店。正如德克尔(Decker)的描述那样：

> 老前辈们不再认识城镇。在旧铁路院子里蠹立着一座大楼包含一个自助洗衣店、房地产办公室、一间办公用品店。在镇上的主要路口，两个加油站自带的便利店如雨后春笋般涌现。镇上拥有了第二个酒类贩卖店。新商店和精品店，坐落在旧的拘留所。当地卡布奇诺牛仔现在可在舒适的咖啡屋看到。而人们在《华尔街日报》上了解股市……在街上，新的商店提供危地马拉服装、家具、鲜花、摩托车、古董家具、女内衣、马鞍、被子、西部穿戴和收藏品。四家餐厅什么都有，从意大利面、馅饼、龙虾尾到苜蓿芽和长面包。

(Decker,1998)

这种新的开发将影响场所和社区的结构，也一样影响商店和服务的关闭。

**专栏 7.1　农村学校**

对许多农村社区而言村庄学校不仅仅是一个教育机构,它也是社区生活的一个焦点。为学校的筹款活动和父母之间在校门口的对话提供了场所,而且通过社区的构成也进行了参与。在学校孩子们之间形成的友谊可塑造农村社区几十年的社会网络。学校大厅可用作社区聚会场所。此外,对移入移民而言,学校的存在与否可以影响到村庄的吸引力。有学龄孩子的家庭是不大可能搬到没有学校的村庄的,因而促成该社区老龄化不成比例。不足为奇的是,关闭农村学校的提案,会引起高度争议,通常也会遭到反对(图 7.5)。正如莫蒙特(Mormont,1987)观察到的那样,"村庄学校构成了地方自治的象征。他们的关闭成了相当坚实的反对焦点。就居民来说,不仅感觉被剥夺了他们认为应有的服务资格,而且被剥夺了他们认可的地方制度。"

然而,在美国、英国、加拿大、新西兰、爱尔兰、德国、瑞典和芬兰等许多国家,农村学校的合理化,已成为最新教育政策的一个特征(Ribchester and Edwards,1999;Robinson,1990)。在法国,1988 年至 1994 年间,超过 1 400 个农村社区,失去了学校(法国国家统计局,1998);而美国 1986~1987 年至 1993~1994 年间,关闭了 415 所小规模的农村学校(NCES,1997)。

农村学校对成本效益分析,特别脆弱,因为人口统计分析趋势,意味着许多学校入学率非常低(通常是减少)。英格兰大约 2 700 所小学(15%)不到 100 名学生。在美国也一样,超过 9 000 所低入学率的学校(所有学校的 10%)绝大部分在农村地区。美国 1996 年至 2000 年间,38% 的农村学校入学率下降了十分之一或更多(Beesen and Strange,2003)。随着学校学生人数下降,学校承担每个学生的成本增加,因为建筑和员工的成本是固定的。因而,新西兰教育部长的报告证明,2003 年关闭农村学校,是对资源"从建筑转到直接影响教育的事情"(Manawatu Evening Standard,2003)。农村学校关闭也可能导致实施国家教育战略有难度(如测试或公共课程)、教师招聘短缺,以及当地教育部门组织的改变。有争议的是,以教育学为基础的争论。

最近,赞成小规模学校的教育学论点的进步,对减缓或阻止农村学校关闭是个推进。然而,农村地区的学校继续面临着更高的单位成本、资源短缺、入学率下降的挑战。农村学校往往严重依赖志愿者的帮助,并且在许多情况下,需由共享资源及合并学校或学区,才能削减成本。

更多英国农村教育的提供,参见克里斯·里布切斯特和比尔·爱德华兹(Chris Ribchester and Bill Edwards)的"中央与地方:农村教育条款的政策和实践",载《农村研究杂志》(The Centre and the Local:Policy and Practice in Rural Education Provision. *Journal of Rural Studies*,1999,15)。

图 7.5　抗议关闭兰吉里格村小学的提案

资料来源:伍兹私人收藏。

# 五、服务和农村公共交通的可达性

农村服务提供模式的变化通过改变社区发生的地点和结构对社区产生影响,但它们也改变了社区,在那些能够轻松获得位于村庄或城镇之外服务的居民和那些流动性受到更大限制的居民之间建立了新的划分。在某种层面上,农村地区服务的合理化和集中化反映了流动性增强的水平。人们虽愿意去更远的地方购物,或造访主要服务，但对大多数在居住地外工作的人而言，在他们工作的镇上购物或利用服务，可能更方便。因此，有人可能会辩解说，乡村服务的空间重构，仅是人们社区平日生活升级的一部分。然而，服务供给的这种重组方式则排除了农村社区中不能控制其流动性的人这个重要因素。

　　这种影响最好不用社区有无主要服务的数量来衡量，而用人的移动距离与接触的主要服务和设施来衡量。英国和法国的现象表明，这些距离值得重视。在英格兰，超过十分之九的农村家庭，在 2 千米以内（1.25 英里），有一处邮局和一所小学。但少于三分之二的农村家庭在相同的距离内，有银行、取款点、超市、中学或医生诊所（表 7.4）。1988 年，法国偏远农村社区居民，没有主要服务。平均而言，要行走 6 千米才能到达最近的面包店，7 千米到最近的邮局，10 千米到最近的超市，10 千米到最近的银行，以及 18 千米到最近的服装店（法国国家统计局，1998）。自1980 年以来每种情况的距离都有显著增加。

表 7.4　2000 年英国农村家庭在 2、4、8 千米内保有的主要公共和商业服务比例

| | 农村家庭最近距离的设施 | | |
| --- | --- | --- | --- |
| | 2km | 4km | 8km |
| 邮局 | 93.5 | 99.5 | — |
| 银行 | 58.1 | 78.4 | 96.7 |
| 现金提款点 | 61.1 | 79.3 | 96.2 |
| 超市 | 60.9 | 79.0 | 96.0 |
| 小学 | 91.6 | 99.0 | — |
| 中学 | 57.2 | 78.2 | 96.3 |
| 医生诊所 | 66.1 | 85.8 | 98.5 |
| 医院 | — | 44.7 | 74.1 |
| 职介所（就业交流） | — | 42.5 | 72.4 |
| 福利机构办公室 | — | 15.7 | 36.4 |

　　资料来源：Countryside Agency，2001。

　　英国人口密度相对较高意味着，仅有小比例的农村家庭不得不移动较长距离使用服务，但是，这些家庭往往在地理上集中在乡下的主要农村地区。例如，大约

有 29 000 户农村家庭距最近的邮局超过 4 千米,主要在西南英格兰和东安格利亚北部高地的部分地区。同样,大部分北部高地、威尔士马切斯、多塞特郡、德文郡和康沃尔郡,距最近超市超过 8 千米。在人口稀疏的国家,包括美国、加拿大和澳大利亚,从偏远社区到达这种服务的距离可能是数百千米。然而,基本的拇指法则适用于这两种情况——偏远和孤立的农村社区,更可能比近城市地区的相同规模的聚落拥有重要的服务部门和设施,但是,也可能距那些服务设施的距离更远,以至它们不具备这些服务(专栏 7.2)。

几千米的距离,很容易开车到达,但对那些不会开车或没有一辆汽车的农村居 104 民而言,任何离开他们自家居住地的出行都是困难的。在美国,14 个农村家庭里就有 1 个家庭没有自己的交通工具。然而,80％的农村郡都没有公共汽车服务;40％的农村人口居住地区,没有任何形式的公共交通(农村政策研究所,2003)。在英格兰,只有一半的农村聚落;在法国,三分之一的农村社区有日常公共汽车服务。与其他公共服务一样,由于相同的成本效益计算,提供的公共交通被侵蚀,当乘客数量低于可持续的阈值时,路线会被取消。在有些国家,政府已寻找给无利润的路线进行保险,但 20 世纪 80 年代和 90 年代新自由主义的崛起,挑战了这种战略。例如,随着英国公共交通在 20 世纪 80 年代晚期,经历了"放松管制",农村公共汽车服务随后得到重构。许多社区通过尝试替代性交通取代商业性服务来对此做出回应。2001 年,英格兰 20％的农村教区采取了,"来去即付""拨号乘车"的运输方案。同时,有 17％的社区由迷你小公共或出租车方案提供服务。然而,16％的英国农村社区的重要公共交通形式是由超市公交免费把居民送到距最近城镇的超市,因此有助于将交易从小型独立零售商转向超市。

值得注意的是,很多距大多数农村社区很远的服务部门,包括医院、工作中心和福利办公室,它们的用户正是那些最不可能拥有自己交通工具的人。这造成了双重不利,即农村地区社会排斥的与众不同的特性(第十九章)。类似的问题也出现在金融服务上,银行分支机构的聚集产生了金融排斥性的新地理。通过邮局等其他网点重新引导银行服务的努力本身可能会因关闭邮局分支机构而受到影响。而这些分支机构的关闭会因受影响社区汽车保有量的增加而得到充分的补偿。105

**专栏 7.2　孤立的农村社区：西爱尔兰群岛**

　　对许多偏远的农村社区而言，孤立是它们叙事意义的一部分。社区以参照偏狭和较差的通达性来定义和描述自身，并使用这种意义构建社区参与，促进自给自足。爱尔兰西海岸小岛社区是典型的例子，如克罗斯和纳特利（Cross and Nutley，1999）研究的九座岛屿包括，阿兰摩尔岛（Arranmore）、比尔岛（Beare）、晴空角岛（Cape Clear）、克雷尔岛（Clare）、伊尼什博芬岛（Inishbofin）、伊尼希尔岛（Inisheer）、伊尼什特克岛（Inishturk）、谢尔金岛（Sherkin）和汤丽岛（Tory）。岛屿的人口从 78 人到 596 人。20 世纪期间，所有岛屿都经历了显著的人口减少。尽管 1981 年至 1991 年间，有过四次人口增长的记录。在能维持少人数的交易层面和由进入大陆的困难所引起的需求之间，岛上提供的服务不可避免地是细微地平衡着。1991 年，所有的九座岛屿都有杂货店、酒吧或俱乐部、护士和小学。除最小岛屿有一名驻地牧师外，另五座岛有旅店。然而，仅有两座岛屿有中学。最大的岛有住地医生。甚至最基本的供应都很难获得。仅在四座岛屿上能看到报纸。在两座岛屿上没有新鲜牛奶。因而，岛民严重依赖去往大陆为了获得使用大多数服务。然而，通往许多岛屿的交通联系是匮乏的。一年中，每日的轮渡服务只运营三座岛屿，只在夏天才有五座岛屿有每日轮渡服务。最小的岛屿，伊尼什特克岛，没有轮渡服务。当地居民只得依靠每周邮件船或岛上的钓鱼船。尽管政府支持交通，包括邮件船只和直升机服务，比起接受别处期待的低水平的服务提供，社区没有选择余地。

　　更多细节见迈克•克罗斯和史蒂芬•纽特利（Michael Cross and Stephen Nutley）著的"孤立和可达性：爱尔兰西部的小岛社区"，载《农村研究杂志》（Insularity and Accessibility：The Small Island Communifies of Western Ireland. *Journal of Rural Studies*，1999,15）。

## 六、克服孤立：从邮购到互联网

　　在偏远农村地区有许多孤立的农场和聚落，一直在主流商业和公共服务范围以外。为此，家庭、医疗照顾、教育、购物之间的重要联系，始终由邮政、电信、移动服务以及最近的互联网提供。早在 1872 年,保护农业协会——美国农场主的社会和教育组织——也称为格兰其(Grange),为其成员发起邮购服务。到 1900 年,由于西尔斯·罗巴克(Sears Roebuck)商品目录,从鞋到汽车向全美国的农村家庭销售,保护农业协会的业务黯然失色。在欧洲,第二次世界大战后,移动和漫游服务被广泛采用,这是为农村地区送去范围广泛服务的手段,包括图书馆、医疗、杂货,甚至电影表演。同样,航空运输的加入可帮助提供医疗保健,覆盖广袤的澳大利亚农村地区。然而,这样的服务要受到成本效益评估。和稳定的设施一样,当农村人口流动本身更强时,对循环流动服务的需求就会下降,许多则会被消减。

在 20 世纪后期,新的电信技术所提供的可能性被急切地用作克服农村孤立的工具。1922 年,新西兰为农村儿童创办了函授学校,因此收音机广播和磁带的使用量越来越大,并在 20 世纪 70 年代扩大了服务。1951 年后,澳大利亚也同样开启了 12 所双向的"空中学校"。一所这样的学校,以南澳大利亚奥古斯塔港(Port Augusta)为基地,1978 年教授了大约 80～90 名住在 700 千米外的学生(Nash,1980)。

最近,人们的注意力已转向互联网的潜力上,为农村居民提供健康咨询、教育、培训、银行系统服务、娱乐、信息源,当然,还有网上购物。但是,随着电子办公的发展(第五章),互联网在农村服务供给中的有用性受到了农村地区 IT 基础设施的限制。1995 年北卡罗来纳州农村,在连接学校光纤系统的试点计划中发现,购买设备会用去一所典型高中 110 000 至 150 000 美元,每年的电话费就高达 50 000 美元。这对小规模农村学校来说是有效的需求(Marshall,2000)。在家庭层面,1998 年,美国农村家庭拥有电脑数达到 40%,低于城市地区,而且在每个收入带上的农村家庭,上网服务的比例低于城市家庭(图 7.6)(Fox and Porca,2000)。研究确认了英国存在类似数字鸿沟的情况。在周边农村地区,只有不到 6% 的人口,参与网上购物,低于国家的任何其他地区(图 7.7)。

# 七、结语

农村社区正在变化。社会和经济的趋势,包括农业的衰落、劳动力移动空间的分割、人口减少和逆城市化,以及移动水平的提高,都影响着农村社区的结构和一

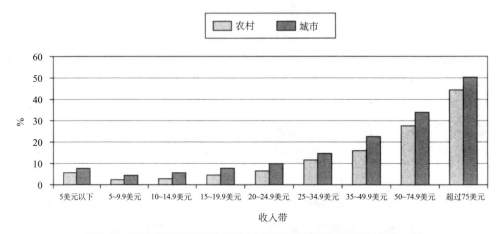

图 7.6    1999 年美国各收入带农村和城市家庭接触在线服务的比例

资料来源:Fox and Porca,2000。

致性。由于公共和商业服务及设施的重构改变了社区生活的动力,所以变化的驱动也来自社区内部。社区不仅仅是服务,而农村服务提供的变化也对社区产生了特殊的影响,可以通过回归由含义、实践、地点和结构所构成的利平斯的社区模型来分析这些社区。

首先,服务供给的合理化,可影响在地方人口中传播的社区含义。将自身定义为周边农村地区服务中心的小城镇,对这个含义形成挑战的是,商店、银行、医院和其他重要服务应是密切相连的。同样,如果失去重要功能,小村庄的独立意识就会削弱,如果进一步整合到更大城市聚落的服务领域,则可能会导致社区农村认同的争议。

其次,正如利平斯在她的案例研究中所述,每天在商店和邮局之间的互相交流,以及与学校和社区会所相关的事件是社区实践的中心。因而商店、学校和其他社区设施的关闭,就去除了社区活动的整个层面,减弱了社区成员之间定期的交流能力。再次,农村服务的关闭可能与社区场所和结构的搬移有关联。从商店、学校、邮局、主要街道和村落广场的公共空间到居民住宅的花园、后院和门廊的私人空间。这种迁移助成了社区的碎片化,因为居民会取消与近邻和社会网络的互动,而非像以前那样通过更开放和更包容的社区互动场地。

因而,同时历史上均衡的农村社区概念可能会具有争议。毋庸置疑的是,当代

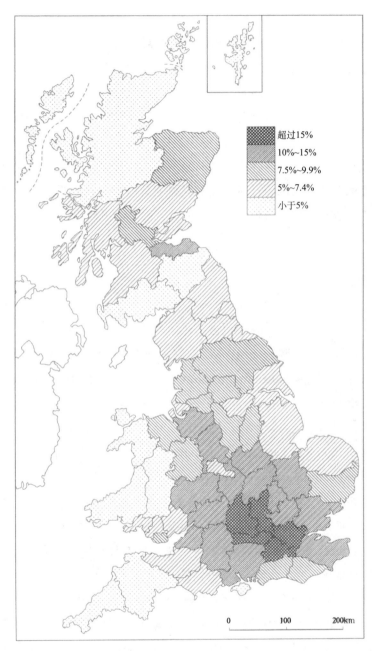

图 7.7　2000 年英国各郡经常网上购物者占成年人口的比例

资料来源：根据 CACI 公司 2000 年的数据编制。

的农村变化促进了农村地区多功能社区的兴盛。一个单独的村庄或小镇，可能一起存在着许多不同的社区，比肩而邻（有时重叠，有时没有）。每个都有自己的含义、实践、地点和结构，建立了排他性的边界。农村居民或许会加入不同规模的社区，在他们自己的小村庄，在更宽广的教区，在地方城镇的服务地区等。但在更高规模上，个人参与的能力由他们接近交通的便利性所决定。这样，社会的排他性结构就产生了。最后，个人会额外认同特殊的社区利益。他们把这看得比任何地理社区的联盟更重要。

这些不断变化的社区模式对于应对农村变化的措施具有重要意义，因为任何让"社区"参与农村发展或其他政策举措的尝试都不能再期望与分散的地理社区建立联系，但必须对目前存在的多个农村社区保持敏感与包容。

109

---

**进一步阅读**

从农村社区的含义、实践、地点和结构这几方面，思考农村社区的方法，见鲁思·利平斯（Ruth Liepins）的"旧思想的新能量：当代农村研究中对社区研究方法的再探"一文，载《农村研究杂志》(New Energies for an Old Idea：Reworking Approaches to Community in Contemporary Rural Studies. *Journal of Rural Studies*，2000，16)，以及"通过社区探索乡村性：话语，实践和空间塑造澳大利亚和新西兰乡村社区"，载《农村研究杂志》(Exploring Rurality through Community：Discourses，Practices and Space Shaping Australian and New Zealand Rural Communities. *Journal of Rural Studies*，2000，16)。第一篇论文把模型定位在农村研究对社区的方法讨论中，而第二篇论文的重点在澳大利亚和新西兰的案例研究，考察农村变化对社区的影响。对农村地区服务提供的详细叙述，意在公平具体地对待有特点的农村和地区的服务类型，很多现在还是相当时兴的。然而，肖恩·怀特、柯利福·盖依和盖瑞·希格斯（Sean White，Cliff Guy and Gary Higgs）著的"农村地区服务提供的变化的第二部分：威尔士中部邮局提供的变化：基于 GIS 的评价"，载《农村研究杂志》(Changes in Service Provision in Rural Areas. Part 2：Changes in Post Office

Provision in Mid Wales: A GIS-based Evaluation. *Journal of Rural Studies*, 1997,13),讲述了农村邮局提供的一个实证研究,而亚历山大·比亚斯(Alexander Vias)著的"更大的商店、更多的商店或没有商店:美国农村零售业重构的路径",载《农村研究杂志》(Bigger Stores, More Stores, or No Stores: Paths of Retail Restructuring in Rural America. *Journal of Rural Studies*, 2004,20),讨论了美国农村地区零售业提供的趋势。

### 网站

2001 年英格兰农村服务调查的详细统计数据可在乡村机构网站(http://www.countryside.gov.uk/ruralservices)上查到。在网站上有包括对主要服务距离的 GIS 地图和完整回程调查的 Excel 数据调查表。

# 第八章　环境变化与农村地区

## 一、引言

如果社区是一个与乡村性关联的关键词，那么自然就是另一个。可以这样说，现在地球上已没剩下什么真正自然的地方。所有农村地区在较大或较小的程度上都受人为的干预而形成，但自然特征和乡村景观的外在物象仍具有主导性，仍是视觉上最突出的特点。乡村与自然和自然环境的联系部分解释了为什么农村景观和地方在现代社会得到重视。为什么农村田园风光有如此感染力，但也强调农村环境的脆弱性。我们可能把乡村作为自然场所来评价，但我们通常未很好地对待乡村的自然环境。事实上，在过去的一个世纪，许多农村地区的社会与经济变化的主要过程对环境有很大的负面影响。

本章通过聚焦三个尤为突出的趋势，考察农村地区的环境变化，因现代农业引起的环境退化，包括污染、毒害和栖息地破坏；在农村地区内，城市的蚕食和建筑环境的扩张，以及再次造成的污染和栖息地破坏；全球气候变化下的农村对农业和旅游可能的地理影响。关注的层面都与这些倾向趋势息息相关，因而，认为这些适当的响应受到所接受的自然哲学的影响。某些观点认为，自然可以复原，能适应变化；另一些观点认为，自然是脆弱的，应需要保护。因此，本章的第一部分将进一步
讨论这些不同的观点，并更为详细地考察乡村性与自然的联系。

## 二、乡村性与自然

自然与乡村的统一是西方文化中自然与社会、自然与文明之间根本的二元论产物。历史上，在文献、艺术和政府政策中，已经表明了城镇与乡村的分离。乡村

性与自然的结盟也产生了道德地理学。道德地理学认为,与城市相比,乡村是更纯净、更高贵、更珍贵的空间(Bunce,1994；Macnaghten and Urry,1998；Short,1991)。此外,通过个体定义自己的农村身份,并把空间理解为农村,这些不同的因素已被民间话语吸收(第一章)。例如,贝尔(Bell)在他未署名的柴尔德利村庄的案例研究中,居民的民间话语中,强调了置于自然之上的重要性:

> 尽管村民无意确定,柴尔德利村是一处自然之地,但他们确信这样的
> 地方是存在的。而且,他们不怀疑生活的乡村方式,以及遵循这些方式的
> 人。他们发现,与自然的紧密相联,是分辨哪些方式和哪些人最可信任的
> 方法。乡村生活的道德基础……就置于这磐石之上。

(Bell,1994)

这个相当浪漫化的乡村性与自然的联系,建立在三个核心组成部分之上。第一,农村景观被看成一种自然景观。因生态特征突出,与城市景观不同,如植物群落、动物群落和相对未干扰的自然地貌。虽然景观本身的概念意味着,生态和人类的融合,而人为制品的存在,在农村景观话语中,只要它们本质上是生物的(例如,农作物、森林、牧场、果园),或利用地方自然资源,符合一般景观美学的小规模建筑(例如,石墙、石屋、孤立的农场建筑)就是能够接受的(Woods,2003b)。

第二,利用自然及与自然一起工作即为农村活动。因此,如耕作、林业、渔业、狩猎和工艺品等,在本质上保留了农村的方式,而制造业、会计及滑板则未保留农村方式。第三,被认为是农村人。这些人可以通过他们对大自然的认知和感受。真正的农村人——这是猜测的——是随季节的变化而变化,了解天气和具有地方植物和野生动物的特有知识(Bell,1994；Short,1991)。

像乡村性的社会建构中的许多要素一样(第一章),上述的联系在经验上很难实证这种理想化概念。然而,它们的想法是强大的,因为它们告知了自然保护与乡村保护通俗地结合在一起,被认为是形成了农村地区的环境变化以及对此的回应。

一方面,把自然作为纯洁、质朴和脆弱的话语,又回到因人为干预已毁坏,需保护的农村环境方面。人类在农村空间的活动被认为是可以接受的,仅仅是因为人类活动的工作与自然是一起的。建设的人工制品能适合自然美学(如上所述)。引入大量相异材料(如沥青或金属),或把现代技术引入景观的开发,或在景观形态规模上呈现出不成比例则被认为是不自然的和错位的(Woods,2003b)。同样,农业

中的技术发明,即使用合成化学品或操纵自然(例如,转基因作物)则被定位为有害环境。从自然乡村主义的视角,切断人类圈与自然界联系,是现代性的核心特征(第三章)。而这却侵蚀了农村生活的可持续形式,并造成今日视为威胁乡村特征的环境问题。

112　　　　另一方面,农村环境的功利主义观点,将自然看作野生的和能恢复的存在。从这个观点看,农村在自然的状态中是一片旷野,为使其适宜人类活动,需要用修建道路、架设桥梁、电气化等驯服。与此同时,农村空间也代表了可为人类利用的自然资源。通过采矿和采石业、林业和农业、水库和水力风力的发电为人类服务提供了机会。有人认为,能复原的自然能承受这种开发的影响,并能适应农业中的科技创新(Woods,2003b)。

　　　这两种观点提供了如何评估农村地区环境变化的对比方法。两种方法提供了不同的指导,一是代表着问题,二是代表着相应的补救行动。然而,两种观点也认识到,农村的环境正在发生变化,并且,这些变化产生于一系列因素,如农业实践、林业和初级生产;城市化和建筑发展的影响;旅游休闲活动的结果。此外,还有发生在农村空间以外的环境过程(专栏8.1)。

---

**专栏 8.1　农村地区环境变化的因素**

**农业实践**
- 农药的使用
- 化肥的使用
- 提高增产
- 拆除篱笆
- 栖息地破坏
- 专业化—减少植物物种

**城市化和建筑业发展**
- 建房等失去的开放空间
- 筑路等
- 污染增加

- 排水、净水、污水
- 噪声和光污染

**外部过程**
- 酸雨
- 饮用水净化
- 全球暖化
- 下游污染

**林业和初级生产**
- 森林砍伐
- 广阔沼泽地造林
- 外来物种种植

- 采矿和采石的废料
- 水库的陆地洪水

**旅游和休闲活动**

- 对设施、住宿、停车场等的需求

- 人行小径等的侵蚀
- 树木、植物、屏障等的损坏
- 乱丢物品
- 干扰野生动物

## 三、农业与农村环境

113

现代资本主义农业颠覆了自然。传统的农耕依赖于自然、受限于土壤类型、气候和地形，受天气、虫害和疾病的摆布。然而，对于现代农业的先驱者而言，这些限制和风险代表着资本的浪费，于是，他们开始利用新技术进行控制、操纵和改变环境条件。为了提高生产力，从历史悠久的技术，如灌溉和选种，改良坡地和土壤，到先进的生物技术和农业化学品应用，农业活动得到了发展，也改变了环境（第四章）。

首个重要的警告是，这种类型的农业现代化可能会导致严重的环境问题。在20世纪30年代，当过度放牧、草原转化为耕地、美国大草原出现了沙尘暴灾难，就出现了环境问题（专栏8.2）。沙尘暴的经验是，在大草原各州补种草场，引入土壤保护政府计划，但根本上是农业实践造成的问题——改变土地利用、清除植被、过度放牧和过度开采地下水——其不仅继续，而且在生产主义下加剧了。

---

**专栏 8.2　沙尘暴**

美国中部的大平原是天然草场。然而，在20世纪早期，它们被工业化农业所改变。首先迎来了大规模的养牛大牧场，随着过度放牧使得植被稀疏。然后农场主进入更赚钱的耕地地区，在草地上翻耕。1914年至1919年间，横跨堪萨斯州、科罗拉多州、内布拉斯加州、俄克拉何马州和得克萨斯州的南方平原上，有大约1 100万英亩（440万公顷）草原耕垦，种植农作物。1925年至1930年间，又有530万英亩（210万公顷）的土地被耕种（Manning，1997）。动机主要

---

是为了经济效益。正如沃斯特(Worster,1979)评论的那样:"到那个时候,西部小麦农场主,包括他自己和他的家人,已不再仅仅对种植粮食感兴趣。超过全国任何其他地方的农业,他是国际车轮上的齿轮。只要它不停转动,他就会与它一起滚动。但是,如果它突然停了下来,他就会被碾碎。"

土地利用的变化清除了植被,疏松了土壤。这在 20 世纪 20 年代后期,由于通常湿润的年份,尚可容忍,同时还鼓励向环境最边缘的地区扩张,特别是当农场主们遭到严重的经济衰退压力时。然而,1931 年,降雨减少。全地区年平均降水量,至 1936 年只有正常年份的 69%。在干旱条件下,土壤干燥起尘,植物几乎不能保住土壤。土壤很快被卷起的强烈风暴侵蚀。影响最严重的地区是,俄克拉何马州,以及与堪萨斯州、科罗拉多州、新墨西哥州和得克萨斯州相交的狭长地带。但是,1935 年至 1940 年间,重度风蚀地区周期性地扩展到堪萨斯州的整个西半部,科罗拉多州东南的大片地区,以及得克萨斯州北部的棉花种植区(Worster,1979)。

在风暴的最高点,1935 年春天,堪萨斯威奇托大学测量到,在城市 30 平方英里内,天空悬浮着大约 500 万吨尘云(Manning,1997)。最厉害的一次风暴,在 1935 年 4 月 14 日——黑色星期天——从堪萨斯州北部蔓延到得克萨斯州。这次沙尘暴过境逾四个多小时,天空暗沉,白日无光。第二天,一份报告登在华盛顿明星晚报上,杜撰了这个词语——"大陆的沙尘暴"(Worster,1979)。面临干旱与沙尘暴的结合,农作物歉收或遭破坏,牧牛遭受饥饿。由于沙尘劲吹,呼吸道疾病显著增加。房屋建筑和农场结构受到损坏。沙尘暴区与早期的农业萧条造成了严重的贫困,特别是在俄克拉何马州、得克萨斯州北部和堪萨斯州西南部的狭长地带。20 世纪 30 年代,超过 300 万人离开了该地区。许多人迁移到加利福尼亚州。受灾影响最严重地带的一些郡的人口流失了三分之一至一半之间。

到 1940 年,沙尘暴更为频发。被放弃的 900 万英亩耕地回到自然,以帮助稳定环境条件。政府主导的土壤保持项目有助于草原的恢复、防护林带的种植。尽管有这些努力,但土壤侵蚀仍然是此地区的一个严重问题。

欲了解更多沙尘暴的原因和后果,见理查德·曼宁(Richard Manning)著的《草原》(企鹅出版社,1997)(*Grassland*. Penguin,1997);唐纳德·沃斯特(Donald Worster)著的《沙尘暴:20世纪30年代的南部平原》(牛津大学出版社,1979)(*Dust Bowl*:*The Southern Plains in the 1930s*. Oxford University Press,1979)。

第二个重要警告出现在1962年,伴随着美国科学家蕾切尔·卡逊(Rachel [114] Carson)所著《寂静的春天》一本跨学科著作的出版。卡逊认为,农业越来越多地使用无机化学品——农药、除草剂、杀虫剂等——会冒着让地球成为不适合生活场所的危险。她证实了有毒化学物质如何通过食物链传递,吞噬野生动物种群,探讨了对人类健康的潜在威胁。尤其是,她强调了化学滴滴涕的毒性极强。它于1943年推出,并作为农药在使用。卡逊证实,鸟类、鱼类和哺乳动物的大量死亡,并不是它的预定目标。最重要的是,卡逊抨击生物技术文化和自然可以得到控制的信念:

> 自然的控制是傲慢短语的假设。生物学和哲学产生于尼安德特人时
> 代。当它假定自然是为方便人类而存在……这是值得我们警惕的不幸。
> 这么原始的一门科学用最现代的和可怕的武器来武装自己,而且对昆虫
> 有害,对地球也有害。

　　　　　　　　　　　　　　　　　　　　　　　　　　　(Carson,1963)

寂静的春天对农业政策产生了重大影响。滴滴涕的使用被禁止,并对杀虫剂的超量采取最严厉的控制措施。然而,再次导致这些问题的农业实践活动从根本上仍然保持不变。农民继续使用杀虫剂,而且其他化学品和生物技术公司继续试图控制自然。

通过产业活动和生产主义农业,农村环境已经被显著改变,并仍在变化。这些影响可分为三个方面——栖息地破坏、动植物群落减少;水路的污染;土壤侵蚀和地下蓄水层枯竭。

115

### (一)栖息地、动植物群落减少

一种看法认为,某种程度的野生动植物损失,是因农业实践所造成的环境问题。有些动植物的破坏归咎于农场主故意所为的一部分,因为他们追求消灭害虫

和杂草,这也总是耕作的一部分。引入产业化农业的差别是,使用化学品作杀虫剂和除草剂,比生物或手工方法更无区别,并可在食物链中的任何地方产生意想不到的效果。同样,栖息地的破坏,也是许多农场主承认和接受的努力提高生产率的副作用。他们辩解说,自然能承受偶尔的绿篱、池塘或草甸的减少。然而,环保主义者的反驳是,这种栖息地的累计减少,会严重损耗本地物种的种群数量。

现代农业对野生动植物数量的主要影响,通过三个农业"现代化"进程。每个进程都是在提高农场的生产力或收入。首先,栖息地是通过农地的改良而失去的。对更高生产力的追求导致农场主把农场闲置土地减至最低,同时,有效利用机械,如联合收割机,有利于大面积、连续的农田。集合起这些因素,为清除以前形成的边界树篱,提供了基本理由。1945 年到 1985 年,英格兰和威尔士 22% 的灌木篱被清除或废弃。20 世纪 70 年代,每年失去大约 8 000 千米的灌木篱(Green,1996)。剩余的三分之一灌木篱,在 1984 至 1993 年间消失(图 8.1)。大约三分之一的英国本土植物物种,记载在灌木树篱中,但正如格林(Green,1996)所指出的,只有大约 250 种常见于树篱中,其中没有作为清除灌木树篱的结果,而遭到灭绝的威胁。格林认为,更为严重的是,清除牧场带来的物种数量的减少。而英国四分之三的低地哺乳动物是在灌木树篱繁殖的,十分之七的本土鸟类,十分之四的蝴蝶也是如此(Green,1996)。

116    其次,因经济原因的土地利用变化也会造成栖息地的丧失。农田耕地的回报率比草场畜牧业更高,因此鼓励了将大面积草场转化为耕地。在欧洲,转换为耕地得到了共同农业政策的资金支持,甚至补贴被撤销后,市场力量仍在继续支配这种倾向。1992 年至 1997 年间,英格兰和威尔士大约失去了 122 227 公顷的永久草地(占总量的 4.1%),相当于每天有一百块足球场的面积消失(Wilson,1999)。英格兰和威尔士的果园面积,从 1970 年的 62 000 公顷,下跌至 2002 年的 26 000 公顷,因为超市采购已经从本地的苹果和梨,换到更便宜的进口水果(DEFRA,2003)。

最后,植物和动物也受到使用化学农药和除草剂的影响。卡逊指出,农业中使用新的化学品,如滴滴涕和其他氯代烃,会让致命的毒素进入食物链。格林总结了对鸟类和食肉哺乳动物的影响:

在英国,有大量吃了种子和其他耕地食物的鸟类死亡,包括鸽子、野鸡和白嘴鸦,以及它们的捕食者,特别是猛禽和狐狸,尤其在东英吉利的

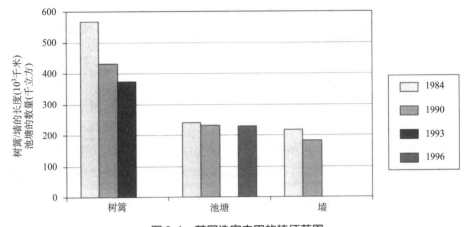

**图 8.1　英国选定农田的特征范围**

资料来源:据内阁办公室资料编制,2000。

注:池塘和围墙的数字适用于英格兰、威尔士和苏格兰;树篱的数字仅适用于英格兰和威尔士。

玉米种植区。金雕的数量减少,并且遍布全国的游隼也成了稀有物种。到 1963 年,它在英国的种数量,仅有 1939 年繁殖的 700 对的 44%。在世界其他地区,减少的幅度更大。在美国,它的数量下降了 85%。自然保护的研究证实,造成这种结果的原因是新型杀虫剂。狄氏剂(Dieldrin)用于给拌种以保护,防止麦秆蝇和奥尔德林(用于浸泡绵羊,一种羊的消毒液),沿食物链传向天敌。

(Green,1996)

除了中毒,滴滴涕及类似杀虫剂也通过使某些种群的蛋壳变薄,而伤害鸟类,降低繁殖成功率。在南卡罗来纳州,褐鹈鹕的蛋壳变薄。例如,促使了繁殖种群从 1960 年的 5 000 多对,减少到 1969 年的 1 250 对(Hall,1987)。由于它们的食物供应减少,其他物种也遭受了杀虫剂和除草剂的影响(Green,1996)。

上述过程也共同伤害了栖息地。例如,自 1960 年以来,英国野花草地 97% 的消失不只是转化成耕地的结果,而且也有由为了保留草地而使用除草剂,以及土地管理不善等造成的。同样,无论直接使用还是从相邻田地转化来的化学物质,都可能使原地剩下的灌木树篱枯萎,如此这般:

在灌木树篱幸存的农地上的野生生命通常非常有限。那些使用抗除草剂的少量杂草,如猪殃草、芫荽、假燕麦和雄菌雀麦。这些杂草都是以竞争力较弱的物种为代价,而受到化肥的青睐。它们通常是曾经丰富的植物群落保留下来的。

(Green,1996)

117　　　此外,这些过程对野生生命的影响往往愈演愈烈。例如,许多鸟类物种种群数量受到的冲击,不仅是因为直接化学中毒所致,也是因为使用杀虫剂和除草剂,使灌木树篱中鸟巢消失和食物供给断供所造成的。如表8.1所示,许多农田鸟类数量的急剧减少(Harvey,1998)。总的来说,1978年到1998年间,英国普通农田中的12种鸟类种群数量下降了58%。

表8.1　选定英国农田鸟类种群的变化

| | 变化率(%) | |
| --- | --- | --- |
| | 1968~1999 年 | 1994~1999 年 |
| 灰鹧鸪 | −85 | −33 |
| 黍鹀(农地栖息地) | −88 | −38 |
| 麦鸡(农地栖息地) | −40 | −2 |
| 云雀(农地栖息地) | −52 | −10 |
| 朱顶雀(农地栖息地) | −47 | +2 |
| 红隼 | −4 | +2 |

资料来源:英国鸟类学信托基金会(普通鸟类普查)网站 www.bto.org/birdtrends。

最近有些农业政策和实践变化的迹象,如农业环境计划引进(第十三章)和有机耕作业的增长(第四章),已开始扭转野生生物种群的下降。在英国的研究表明,监测的30种鸟类、蜘蛛、蚯蚓和92种野花中,目前在有机农场的数量,已比传统农场多,而且随着农业环境项目的实施,农场蝴蝶的数量也在增加。然而,与过去50年失去的数量相比,这种恢复仍然相对较小。

## (二)水路的污染

在农业中大量使用化学物质也增加了农田排放水路的污染。一部分是来自农药(杀虫剂)通过地表径流或通过土壤渗透进入水道的结果。一旦进入河流和湖泊,农药可以起到减少鱼类及其他水生生物繁殖水平的作用,也会使水质降低到低于适合人类饮用的标准。1993 年发现,在英格兰和威尔士采集的河水样本中,阿特拉津除草剂的浓度超过欧盟饮用水标准的 11%(Harvey,1998)。

　　然而,与农业有关的最严重的污染形式,来自无机肥料硝酸盐和磷酸盐。英国每年使用氮基无机肥料,从 1950 年的 20 万吨增加到 1985 年的 160 万吨(Winter,1996),而且在欧盟的其他地方,也有类似的使用水平。氮肥的使用明显提高了农作物生产力,但它也提高了最具竞争力杂草的生产力,如荨麻。结果使得灌木丛和边草单一化,控制了竞争力较弱的种群。当冲刷进入侵蚀的覆盖在土壤颗粒上的水道时,硝酸盐产生了类似的结果:

　　　　当有意把营养物用于草地以增加农作物产量时,这些意外的水体营养化,具有极为相同的生态效果。越旺盛的水草,越受青睐,而且它们会用其他消失的植物与相关动物的外部竞争,迅速减少生态系统的多样性。因巨大的植物繁殖增长,好氧微生物分解,造成脱氧状态,引起对鱼类和其他水生动物的杀害,水中的这种影响扩大了。1973 年,在苏塞克斯(Sussex)的罗瑟河(River Rother)上,随着流域的排水计划,成千上万的粗纹鱼、海鳟鱼和天鹅、贻贝死亡,堆放在一起,臭气熏天。

　　　　　　　　　　　　　　　　　　　　　　　　　　　(Green,1996)

　　每年大约有 30 万吨的硝酸盐渗透到英国的河流之中,特别是,高浓度积聚在 118 向农作地区集中排水的水道(Harvey,1998)。在美国,每公顷超过 10 公斤的硝酸盐,都会沿着自己的路径,从艾奥瓦州、伊利诺伊州、印第安纳州和俄亥俄州的农田,流入密西西比河流域。在夏季水中氧气不足,累计积聚的氮,最终导致墨西哥湾中的一个一万五千平方千米的缺氧区,只能维持正常数量的鱼类和贝类(美国农业部,1997)。同时,硝酸盐污染与农田耕作有关。牲畜粪水和青贮饲料渗出液一起污染河道,产生相似的效果。比起未处理的家庭污水来,牛粪水污染要高 80 多倍。青贮饲料的渗出液污染,则高达 170 倍以上(Lowe,1997)。

　　一旦饮用水源被玷污,农业污染就造成了对人类健康的威胁。在供水质量差和集约耕种之间,其相关性很强。20 世纪 80 年代后期,英格兰部分地区的饮用水低于欧盟可接受的标准,如东英吉利、约克谷和索尔兹伯里平原等主要农田作物耕作区(Ward and Seymour,1992)。而在布列塔尼河上的 50 个采样点,只有两处水超标。1999 年,法国,被认为质量达标了(Diry,2000)。

### （三）土壤侵蚀和地下蓄水层枯竭

　　尽管美国政府经历了沙尘暴，并实施了土壤保护方案，但在农村地区土壤侵蚀仍然是个主要问题。土壤侵蚀程度是自然的，但现代的耕作方式可以加剧侵蚀过程超出可容忍的程度。特别是，植被的清除，使土壤侵蚀加剧——这包括牧场转化为可耕地、灌木丛的破坏和森林砍伐——以开拓出更多土地，为专门化放弃轮作，以及在斜坡上耕作需使用大型机器，而非沿等高线耕作（Green，1996；Harvey，1998；美国农业部，1997）。1982年，美国农田被侵蚀掉的土壤，大约有28亿吨。同时保护计划成功将这个总数减少到1992年的1.9亿吨，约9％的耕地侵蚀率，仍超过可容许水平的两倍。其中包括得克萨斯州、科罗拉多州东部、蒙大拿州和北卡罗来纳州中部平原的大部分地区（美国农业部，1997）。

　　引起土壤侵蚀的农业活动是与生产力相反的，因为主要结果之一是降低了土壤生产力。土壤侵蚀也促进了栖息地的破坏，因为在裸露的土壤表层受杀虫剂和硝酸盐污染的河道，以及局部洪水，原生植物不再存活。在欧洲南部，土壤侵蚀与传统耕作方式向集约耕作方式转换的结合，促进了荒漠化的蔓延，特别是在意大利南部、西班牙中南部和希腊高地。维护这种条件的生产力水平的尝试需以灌溉支持。如提取率超过降水补给率的话，就会造成蓄水层枯竭的环境问题。在美国很多地区，已记录到严重的地下水枯竭，如庞大的奥加拉拉（Ogallala）或高原含水层，要给从得克萨斯州北部到南达科他州和怀俄明州，约800万公顷农地（或美国总耕地面积5％）供水。在那些地方，受影响最严重地区的过度超采已造成地下水
119 位下降超30米（100英尺）（美国农业部，1997）。

# 四、城市化与乡村的自然开发

　　农村环境的变化也自始至终地发生在乡村的自然开发上。建筑物、道路、停车场、机场、电站，及其他永久性建筑的建设，被认为是将一种不自然的城市存在引入农村空间。在这种话语影响之外，下述开发是具有可测度的环境影响，如植被的清除、水文系统的破坏和栖息地的毁坏。依具体情况，乡村的物理开发，既由农村社会与经济变化结果驱动，也由外部参与者所施与。然而，一般而言，开发均与四

个过程中的某个相关。

　　第一,城市对农村空间的继续蚕食。美国的城市化空间面积,从 1960 年到 1990 年,翻了一倍,从 1 300 万公顷到 2 260 万公顷。预计到 2000 年,将超过 2 500 公顷(Heimlich and Anderson,2001)。扩张的速度远远大于城市人口的增长。这反映了,家庭小型化的社会趋势以及邻近郊区的开发,满足居民对低密度住宅的偏好。一个主要的影响是,在城乡接合部挤压农业生产能力(目前约占美国农业生产总量的三分之一)。1982 年至 1992 年间,美国近 170 万公顷的农田转化为开发用地,其中的 68% 为住宅用地,并且,估计在加利福尼亚州中央谷地低密度城市扩张,每年会减少二十亿美元的农业产值(美国农业部,1997)。其他的环境影响,都是些地方问题,如栖息地破坏,有美学价值的休闲用地的丧失,以及废物处理、供水及排水系统的破坏。后者可导致洪水和山体滑坡(Rome,2001)。

　　国家与地方政府已采取许多措施,限制城市蔓延,包括规划控制(第十三章),以及购买绿带用地,以保护公共所有权(Rome,2001)。然而,结果是,开发简单跨越过保护地区,进入周边农村地区。第二,农村地区的人口增长因而产生了对乡村本身内部开发的需要。1994 年至 1997 年间,美国新的房产开发的 80% 位于城市地区以外(Heimlich and Anderson,2001)。同样,在英国的农村地区,如多赛特(Dorset),主要新住宅开发出现在农村社区,特别是在小城镇(表 8.2 和图 8.2)。

表 8.2　1994～2002 年英格兰多塞特的新建住房(按行政区的人口规模)

| 1994 年行政区的人口 | 行政区编号 | 新建住房数量 1994～2002 | 郡内所有新建住房百分比 | 郡总人口百分比 | 每行政区新房的平均数 |
|---|---|---|---|---|---|
| 250 以下 | 121 | 202 | 1.3 | 3.5 | 1.7 |
| 250—499 | 52 | 484 | 3.2 | 5.0 | 9.3 |
| 500—999 | 38 | 959 | 6.4 | 7.9 | 25.2 |
| 1 000～2 499 | 27 | 1 555 | 10.3 | 9.3 | 57.6 |
| 2 500～4 999 | 10 | 1 392 | 9.3 | 10.0 | 139.2 |
| 5 000～9 999 | 13 | 4 267 | 28.4 | 26.7 | 328.2 |
| 10 000～20 000 | 4 | 3 063 | 20.4 | 15.2 | 765.8 |
| 超过 20 000 | 2 | 3 122 | 20.8 | 22.3 | 1561.0 |

　　资料来源:多塞特郡议会。

这一趋势预计会继续下去。英国土地利用规划政策设计,需 2016 年在农村地区建 220 万所新房,转而激起了激烈的政治辩论(第十四章)。

**图 8.2　多塞特伯顿布拉德斯托克村新住宅**

资料来源:伍兹私人收藏。

第三,乡村变化中的社会与经济特征,已造成了对新基础设施发展的需要,包括新道路、停车场、污水处理系统及购物设施。为这种开发的压力,不仅由人口增长和新房的增长所带来,也由通勤、产业工厂和办公室的重新安置以及旅游的扩张所造成(Robinson,1992),如高速公路和铁路那样的主要基础设施,以及贯穿农村空间,连接城市中心的通路。在农村景观视觉破坏和栖息地自然毁灭的周围,已出现一些重要场所,同时反对新道路的环境抗议已动员起来。英格兰纽伯里(New-bury)和特怀福德镇(Twyford Down),纽约州的怀俄明郡(Wyoming),印第安纳第 69 号州际公路和德国的图灵根(Thüringen)等许多地方。很多开发造成环境敏感的影响是增加了农村地区的光和噪声污染。例如,一个英国压力集团,保护农村英格兰运动(CPRE),呼求英格兰"宁静地区"的范围——按距离从噪声污染的主要来源,如主要道路、机场和发电站来进行定义——在 20 世纪 60 年代和 90 年代之间减少了 21%(图 8.3)。

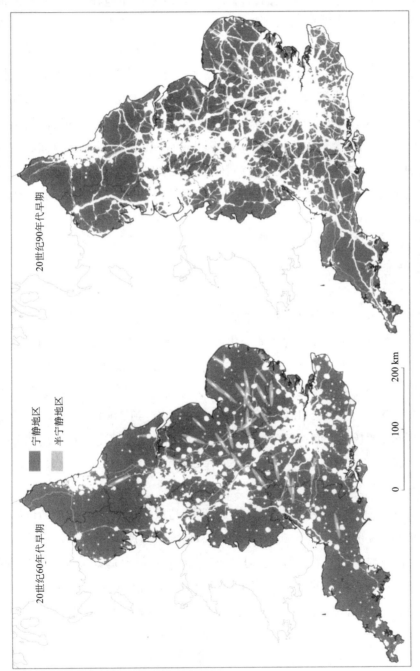

图 8.3　20世纪 60 年代和 90 年代英国的"宁静地区"（阴影部分）

资料来源：CPRE。

121　　　第四，农村地区一直被大规模的、有害的和其他敏感的土地利用视作理想的地方。那里的开发在人口较少地区，既容易些，又面对更少的阻力。这些开发包括机场、水库、发电站、监狱和军营。除了开发自身环境影响，在某些情况下，有关土地利用的性质，可能也会引起新的环境风险。例如，犹他州图埃勒郡（Tooele）农村，有一家镁工厂，一家私营低放射性核废料掩埋场，三家有毒化学品仓库，一家存储着半数美国化学武器的军队仓库。1999 年，在州政府和当地部落当局之间发生冲突，冲突涉及在高舍特骷髅谷保护区（Skull Valley Goshute）建设临时存储高放射性核废料的设施，最终处置的建议（具有同样争议）是倾倒在内华达州尤卡山。虽然部落头领争辩说，设施对创造保护区就业是必要的，但该州更广泛的公众担忧是放射性物质的污染（Wald，1999）。

# 五、气候变化

　　农村环境的变化不仅仅是在农村空间内的人类活动的结果，而且也是受到像全球气候变化那样的全球规模的环境变化过程的影响。现在重要的科学共识是，人类活动增加了大气中温室气体浓度，如二氧化碳、甲烷、一氧化二氮、含氯氟烃和臭氧。全球气候正在发生变化的结果，很可能会急剧改变下一个世纪的进程。由政府间气候变化专门委员会（IPCC）定义的主要影响有：到 2100 年全球平均温度提高 1.4 到 5.8 摄氏度之间；更高的最高温度和增加的最低温度分布在大部分陆地地区；更强烈的降雨事件；以及到 2050 年，全球海平面增加 10～50 厘米（政府间气候变化专门委员会，2001）。

　　农村地区由于温室气体（特别是甲烷）的产生，造成气候变化，还可以通过农作物和森林的碳汇，帮助缓和气候变化（Bruinsma，2003；Rosenzweig and Hillel，1998）。此外，农村地区的经济和社会对气候变化的环境结果是脆弱的。虽然气候变化影响的模拟是不精确的科学，但它们在预测中，不同的模型也是有各种变化的。许多与农业、旅游和人类社区有关的可能结果，还是能得到辨别的。

## （一）农业

　　大气中二氧化碳浓度的增加，在理论上，可增强农作物的光合作用和促进农作物更高的生产力,但政府间气候变化专业委员会(IPCC)和其他评论人士认为,这种好处很可能由负面影响所抵消。如更高的温度和极端事件、干旱、土壤退化以及不断变化的病虫害等对作物的损害(政府间气候变化专业委员会,2001;Rosenzweig and Hillel,1998)。因而气候变化对农业的影响,很可能是空间上的分异。农作物生产力最有可能提高的就是高纬度地区,如加拿大、斯堪的纳维亚和俄罗斯那样。而可以预测的是,在热带地区生产率减少最为显著(Rosenzweig and Hillel,1998)。实际上,这意味着,更为贫穷的发展中国家,将遭受气候变化的最大损害,而一些发达国家则可能会处在受益于新贸易机会的位置。然而,即使在发达国家,农业生产地理,也可能会有显著变化。

在澳大利亚新南威尔士州,温度升高、土壤水分减少、暴雨频繁和河水流量减 123少,都突出了对农业生产的负面影响。作为干旱和土壤退化的结果,预计耕地面积将减少。预测增加的二氧化碳浓度,将降低谷物质量。同样,到 2030 年,预计增加的热应力事件,将使新南威尔士州牛群的乳品生产减少大约 4%(Harrison,2001)。在欧洲,由于地中海地区更易干旱,预计橄榄和柠檬类水果种植将向北移动(Rosenzweig and Hillel,1998)。新的农作物,如干白豆可被引进英国,给农场主提供一个多样化机会(Holloway and Ilbery,1997)。然而,经济上最显著的影响很可能是在北美大草原地区。更加频繁的干旱和热浪会大大减少作物产量,尤其是南部平原(Rosenzweig and Hillel,1998)。1988 年,一些评论家认为,旷日持久的干旱预示着未来的问题。他们相信,美国谷物种植带的作物产量将减少 40%。然而,其他地区,如加拿大部分地区、五大湖地区和太平洋沿岸各州,可以看到耕地产量的增加,因为它们具有更有利的环境。

## (二) 旅游

气候变化对农村地区冬季和夏季旅游也提出了挑战。温度的升高已经减少了山区积雪的覆盖,威胁着新西兰、阿尔卑斯山和落基山脉冬季的体育产业。同时,夏季旅游可能会受到供水和热压力的影响,如欧洲南部那样的地区以及澳大利亚农村沿海地区会受到海平面上升和台风袭击。农村经济,从农业到旅游业的多样化,因而会发现,进一步的经济重构是必要的。然而,与此同时,北欧和北美更多温带地区,更加干燥和变暖的夏季模式,有助于提升乡村旅游,从而提供新的经济多样性的机会(政府间气候变化专门委员会,2001)。

## (三) 人类社区

除了对农业和旅游业的经济挑战,气候变化对农村地区人员的日常生活也有直接影响。一些低人口密度的农村地区,反映出已经恶劣的环境条件,而且,特别是很多地方都遭到了极端天气事件,如暴雨、龙卷风、洪水和干旱。所有这些都曾预测,会随全球变暖而增加。此外,在偏远农村地区,一些土著社区的文化,也受到气候变化对野生生命影响的威胁。在阿拉斯加,这些过程都非常明显。那里的温度,以 10 倍于全球的平均气温在上升。自 1960 年以来,阿拉斯加冬季平均气温上升了 4.5 摄氏度,结果,降雪减少,冰川后退,冻土带融化。永久冻土层的融化,引起的沉降和山体坍方问题,破坏了建筑物和道路。每年的成本超过 3 000 万美元。环境变化也使小溪和河流干涸——饥渴地等待着季节性融水——破坏了野生动物的饮食模式,如驯鹿和北极熊,减少了它们的数量。反过来这些变化又威胁着传统的狩猎,以及北极圈外哥威讯人(Gwich)基于捕鱼的文化(Campbell,2001)。

124　　然而,重要的是,为了减缓人类对气候变化的影响,由环境活动家提出来的战略中,许多也正在挑战农村生活的方方面面。例如,旨在减少化石燃料消费的汽油和柴油的惩罚性税费,在农村地区就具有不成比例的影响。许多居民要依靠私家车上班、上学和办重要的事。2000 年 9 月,由欧洲农场主们领导的抗议高燃油税游行就展现了这点。此外,任何向可再生能源实质性的转变,需取决于大量可再生能源电厂的建设,尤其是水力发电站和风电场,在农村地区才能满足他们的资源需求。这种开发,除了与农村景观的审美欣赏有冲突外,对地方环境不可避免地也有直接影响(专栏 8.3)。

---

**专栏 8.3　环保主义者的困境:农村地区的风力发电**

在可再生能源方面,风力发电的利用是一个关键因素。商业性风力发电最早始于 20 世纪 80 年代早期的丹麦,紧随其后的是加利福尼亚。在那里,从 1981 年第一个风电场的安装,到 1991 年近 16 000 个风力涡轮机运转(Gipe,1995)。在英国,到 2010 年,风力能源的目标是生产全国电力供应的 10%(Woods,2003b)。

---

　　虽然在有些地方,单一的风力发电机组已建成,供给个别社区,但部分大规模装置的商业风力发电设施,主要位于农村地区。然而,这种开发已经越来越多地受到英国、德国和美国地方抗议运动的质疑。布里坦(Brittan,2001)指出,反对风力涡轮机的理由通常是美学的,但是在很多情况中,它们也强调对当地环境产生的生态破坏。

　　一个这类案例,涉及 2000 年建议在威尔士寒武纪山的赛弗克罗斯(Cefn Croes)兴建 39 个涡轮风力机的发电站。由于非常有助于可再生能源发电和缓解全球变暖,当时,在包括地球之友在内的支持者的推动下,提出的风电场建设是英国最大的。然而,吵吵闹闹的抗议活动,得到了地方绿党和威尔士农村保护运动的支持,并强调这不仅会在景观上产生视觉影响,同时也会对地方野生动物产生影响(Woods,2003)。

　　欲了解更多信息,见迈克尔·伍兹(Michael Woods,2003b)的论著"农村冲突的环境视觉:威尔士中部的风电场开发",载《农村社会学杂志》(Conflicting Environmental Visions of the Rural: Windfarm Development in Mid Wales. *Sociologia Ruralis*, 2003,43)。

# 六、结语

　　自然是乡村性大众理解的核心,但农村地区的自然环境,则因人类对乡村空间的开发而退化。现代农业已远离自然,在某种程度上,像清除灌丛树篱和使用化学农药与无机肥料这类活动,已遭到指责。它们减少了动植物物种的数量。被自然农村景观吸引的游客,促进了侵蚀、污染和因建筑开发而丧失的土地等环境问题。同样,逆城市化——部分由自然空间的农村民间话语所促进——造成了对住宅开发和新道路与设施的需求,并促进了光污染和"宁静地区"的丧失。

　　与此同时,农村地区也遭受到全球环境变化后果的痛苦,包括全球变暖。这些显著改变农业生产和旅游业模式的潜在力量。此外,也会给财产和基础设施带来损害,并威胁到原住民的文化习俗。这样,农村环境变化的过程,具有周期性特点。它们由人类活动造成或加剧,反过来又影响着人类活动。然而,人类社会如何对农村环境变化做出响应的问题,对此所产生的不同答案,取决于对自然的某种认知。从功利角度来看,如认为自然具有足够的恢复力适应,那么一定数量的环境变化并无影响。与此形成对比的是,从自然农村主义者的观点看,环境变化已对自然造成不可挽回的损失,需要采取的紧急行动是,停止或减少进一步的变化。不过,寻找适当的行动道路,必然涉及妥协。例如,保护野生生物栖息地的措施,可能会包含前所未有的耕作业管理等级。同时,意在缓解气候变化的新举措,如建风力发电站,可能会对眼前的局部环境具有显著影响。因此,虽然许多保护方案和措施已相继出台(第十三章),但对农村环境变化的适当反应仍然是乡村冲突的主要之源(第十四章)。

---

**进一步阅读**

布雷恩·格林(Bryn Green)所著《乡村保护》(斯彭出版社,1996)(*Countryside Conservation*. Spon, 1996)和格雷厄姆·哈维(Graham Harvey)所著《乡村的谋杀》(维塔致出版社,1998)(*The Killing of the Countryside*. Vintage, 1998),都详细讨论了许多农村环境的变化,特别是那些与农业有关的变化,尽管来自较激烈的英国观点。亚当·罗马(Adam Rome)在《乡村推土机》(剑桥大学出版社,2001)(*The Bulldozer in the Countryside*. Cambridge University Press, 2001)一书中,同时提供了城市扩张至美国乡村的历史总评论,以及农村运动反应的提高。全球气候变化对农业潜在影响的综合评述,见辛西娅·罗森茨维格和达雷尔·希勒尔(Cynthia Rosenzweig and Darrell Hillel)的《气候变化和全球丰收》(牛津大学出版社,1998)(*Climate Change and the Global Harvest*. Oxford University Press, 1998)。

---

**网站**

在互联网上可看到许多关于气候变化的报告,包括美国国家评估综合团队的网站(http://www.gcrio.org/NationalAssessment)和英国环境、食品和农村事务部网站(http://www.defra.gov.uk/environ/climate/climatechange)。关于农村环境影响的报告,可在一些团体的网站看到,包括保护英格兰农村运动网站(http://www.cpre.org.uk),以及美国风景网站(http://www.scenic.org)。

# 第三部分

## 乡村重构的反应

# 第九章　农村政策及对重构的反应

## 一、引言

如前几章所描述的，在过去的几十年里，发达国家的农村地区经历了很大的社会、经济与环境变化。本书的下一部分，着重讨论由政策制定者、农村社区，针对这些变迁采纳的反应措施。各章考察了农村开发战略、管理农村地区的改革途径、重新谋划基于消费的乡村新经济、保护农村环境的创新，以及农村政治冲突的呈现。在每种情况中，对乡村重构的响应，已由大量农村内外的行动者所塑造，包括地方居民、雇主、游客、公司和最重要的政府。各种实践活动，将在以后与农村开发、保护、管理的几章中予以描述。所有农村的商品化都包含在政府采纳的特殊政策内，或受到政府采纳的特殊政策影响。同样，农村的政治冲突通常针对特定的政府政策。这样，本章旨在通过考察制定农村政策的过程，为本书第三部分提供导论。本章由探索什么是农村政策的意义开始，并讨论政府研究农村政策的方式怎样受到重构的影响。然后，本章继续描述如何制定政策。在结论之前，集中于主要的政策挑战之一的农业贸易改革，并对相似的问题，不同的政府采纳不同的政策响应，作为说明。

## 二、农村政策的含混不清

提及农村政策最先谈的一件事就是一个非常难以捉摸和神秘的实体。政府文件和网站，对农村政策等都愿意做出相对不那么清楚的介绍。事实上，相对而言，几乎没有国家设有农村事务部（或类似标题）的政府部门。英国和爱尔兰是个例外。在某种程度上，农村政策的难以捉摸反映了这样一个事实，各国存在着一系列的总体政策——有卫生、教育、交通、法律和秩序等，——不仅适用于农村地区，也同样适用于城市地区，但却没有农村政策的标签。然而，有些其他政策领域，大量关注农村空间和农村活动。其中包括农业、林业、农村经济发展，以及需论证的土地利用规划和保护政策的重要组成。直到最近，在这些领域中，每一个政策发展之间，几乎还没建立什么联系。这一事实揭示了，在乡村有很多有关既得利益的力量，以及决策者认知农村社会和经济特点的方式。

　　例如，博能(Bonnen,1992)曾论辩说，由于强调农业和农业院外游说团体的力量，美国未能建有密切联系的农村政策。他于19世纪后期和20世纪初期主张政府采纳的政策，并没有集中于农村社区或人民，但产业政策皆旨在支持农业、林业和采矿业。因此，这些管理美国农村体制结构的政策，正是围绕着这些利益的，包括著名的美国农业部。随着在管理和补贴农业方面国家作用的提高，所有美国农村政策有效地成为农场政策，并且作为决策制定过程的守护者农场主联盟变得日益强大(见 Browne, 2001a, 2001b)。例如，虽然院外游说团体代表着农村电力合作社和农村卫生服务提供者，但他们的注意力往往直接指向他们自己政策领域内的农村利益，而非是寻求提高更具包容性的农村政策，或是一起努力形成非农业的农村院外游说团体。此外，一旦农业利益可以控制政府在农村地区的支出，他们就不倾向于支持政策转变，即将基金转到管理农村贫困或使衰退的社区再生。正如布朗(Browne,2001)所观察到的那样，在这个制度结构内部，另一项可替代的国家农村政策，被视为远非一件好事。通过这项政策就可能带来农场项目资金的削减，甚至怀疑整个政策基础。

　　第二次世界大战后，由于农业的发展，一个类似的农业特权化形成了英国的农村政策。虽然在战争期间，出现了大量关于英国农村的报告，也通过几种不同的议会法案，实施了他们的建议。这有助于创建部门的政策结构。在这个结构中，农业、保护、土地利用规划和经济发展，都被视为平行的，但是，互相分开的政策，则是不同政府部门和政府机构的责任(Winter,1996)。因此，农业是农业部、渔业和食品部的责任。保护是环境部和农村委员会的责任。而经济发展是贸易和产业与农村发展委员会的责任。

131　　这种方式的农村政策的构建过程，有四个主要结果。第一，通过授予专门政府部门部长位置，农业的利益被抬高了，高过其他农村利益。第二，在政府中，最明显可见的农村存在,就是人们认为农业部门中的乡村,而事实上,它们仅代表农村社会的一个部门。第三,农业决策的操作,不得不考虑非农业利益而得到保护。第四,非农业乡村成了农业下属,并在政策上被边缘化了。因在决策过程中,没有人为他们说话,所以,农村贫困问题,就作为非问题而有效地形成了。

## 三、走向整合的农村政策

随着社会和经济重构的发展,农村政策部门化越来越不可持续。农业经济意义的下降,使它的特权地位出了问题,尤其是当农业政策已经成为明显问题的一部分时。鼓励农业现代化的战略已经降低了农村环境,大大地减少了农业劳动力并导致生产过剩(第四章)。然而,这是农业政策过程根深蒂固的本质。它通常会带来危机,如英国疯牛病和口蹄疫。德国因疯牛病恐慌迫使在政策结构上进行重大变化。同时,农村政策制定者、实践者和评论者,都越来越意识到乡村重构造成的许多问题,只能通过整合来解决与农村有关的各种不同的政府政策。

发展整合的农村政策,最值得注意的动议之一是 1995 年和 1996 年,英国政府就英格兰、苏格兰和威尔士发表的农村白皮书。这些文件是针对涉及农村地区广泛问题的政府政策的综合声明,从农业到电信、住房到村集会所,以及林业到体育。此外,他们明确认识到当代农村的不同特性和需要开发一个更综合的农村政策:

> 我们一直在寻找竞争利益和冲突关系之间的平衡。照管 80% 土地的农场主和林场主;动植物群落、古代建筑和传统手工艺品的热心人;那些建新企业取代旧企业的人;寻求实现农村田园生活的来客;乡村运动的爱好者和漫步者;那些喜欢鸟的人,或骑马驰骋的人;那些扎根英格兰农村的地主和人——这些人和更多可获得利益的人,他们需要生活和工作在乡村。

(DoE/MAFF,1995)

然而,批评人士认为,白皮书继续受到旧政策结构的思维影响。他们没有从根本上挑战现有农业政策,而且他们未能建立一个真正整合的方法。正如霍奇(Hodge,1996)主张的那样:"我们觉得,在农村白皮书末尾,缺失了一章。在农村政策领域之间,在农村条件和更广泛的社会、经济与环境变化之间,可引出内在关系。"未变的是,英国 1995～1996 年度的农村白皮书,标志着向整合农村政策过渡的开始。此后 2000 年英格兰的第二版农村白皮书的发表,已有进展。2001 年农业、渔业和食品部与环境司合并,形成环境、食品和农村事务部(DEFRA)。

132　　澳大利亚则采用了另一途径。2000 年政府召开了"澳大利亚区域峰会",汇集了各种农村利益的代表。峰会及 12 个工作小组考虑了一系列广泛问题,如基础设施、卫生、社区福祉、促进创业、增进农业社区价值、新产业、社区领导、教育和可持续资源管理。从这些主题的讨论结果整合成的最终报告,围绕着区域社区赋权、经济和商业发展,以及服务三个平等的战略领域。这样,澳大利亚的道路,可以认为比英国的道路更具包容性和深思熟虑,并且包含了霍奇(Hodge,1996)惋惜的英国白皮书所缺的战略分析类型。然而,尽管澳大利亚政府被迫推进了峰会的建议,但其短暂性和半独立状态则意味着,峰会本身并未改变决策结构。

英国和澳大利亚的案例,都突出了对某些挑战的强调,即继续面临综合农村政策发展的挑战。有争论认为,新创举的象征意义均大于实质意义,在两个案例中,很多与旧的部门政策结构相关的行为者、机构和态度,仍包含在新的结构中,仍然可能会为自己的特定部门利益,而施加压力。因此,为理解发展的农村政策怎样对乡村重构做出响应,必要的第一步是后退,并考虑如何制定政策。

## 四、决策过程

农村政策制定的准确方法,在不同国家、不同政府规模之间是不一样的。这取决于国家的宪法结构,主流的政治意识形态和各种机构行为者的相对力量。然而,本质上说,在所有情况下,决策过程将涉及对形成政策负责的国家制度之间的谈判。无论是国家的、超国家的、地域或地方规模,各机构都要负责政策的实施。压力集团要参加支持或反对特别政策结果的活动(专栏 9.1)。在这些不同参与者之间,关系的性质可能是紧密的或宽松的、稳定的或不稳定的、一致同意的或充满争
133 议的。

专栏9.1　农村决策中的机构角色

**全球的**

世界贸易组织（WTO）——146个成员国的超国家机构，负责降低关税和消除贸易壁垒的国际贸易协定谈判。通过农产品、林产品等贸易协定，影响农村政策。WTO的决策往往由主要工业化国家主导，特别是美国。

**超国家的**

欧盟（EU）——25个欧洲成员国组织。负责共同农业政策（CAP），并通过欧洲结构基金，负责农村发展筹资。政策由部长理事会制定。理事会由各成员国部长组成，并由欧盟委员会管理。欧盟委员会由成员国任命的委员组成。每一委员领导一个总局（DG），负责农业、环境和区域政策的总局广泛参与农村政策。

北美自由贸易协定（NAFTA）——在美国、加拿大和墨西哥之间促进自由贸易的协定，包括许多农产品和林业产品。没有独立的政策制定结构。

凯恩斯集团——18个农业出口国联盟，包括澳大利亚、加拿大、新西兰、南非和阿根廷。成立于1986年，为农业全球自由贸易游说。

**国家的**

政府部门——负责提出、引进和政策实施。一系列不同的部门可能对农村政策感兴趣（包括卫生、教育、交通等），但对农村政策最重要的部门是农业或农村事务部门。著名的例子包括：

• 美国农业部（USDA）——创建于1862年，现有超过100 000名员工。负责美国农业和农产品贸易、农村发展、食品安全、自然资源和环境工作。

• 环境、食品和农村事务部（DEFRA）——英国政府部门，由原农业部和环境部合并，成立于2001年。负责农业、林业、渔业、食品安全、农村发展、动物福利和环境保护。

政府机构——负责实施农村政策。对国家公园、林业、农村开发，等赋有特定的拨款之责。值得注意的例子有：

• 美国林业服务局——管理美国155个国家森林和20个国家草地。

134

- 自然资源保护服务局(NRCS)——与美国农场主、牧场主和土地所有者制定自愿保护计划。
- 乡村机构——英国政府机构,负责支持英国农村社区发展、乡村保护和休闲使用农村土地。

### 次国家

次国家地域政府对农业区域、规划、保护、农村发展、健康和教育领域具有责任。例子包括美国和澳大利亚的州、加拿大的省、德国的州,以及英国的苏格兰、威尔士和北爱尔兰的权力下放政府。

### 压力团体——农业

在形成农村政策中,农业压力集团传统上是最具影响力的非政府角色。著名的例子包括:

- 农场局——美国农场主联盟,拥有 500 万成员,成立于 1919 年,具有联邦结构,郡州一级的协会。
- 全国农场主联合会(NFU)(US)——美国农场主联盟,拥有 30 万会员,成立于 1902 年。
- 全国农场主联盟(NFU)(UK)——最大的英国农场主联盟,拥有 9 万名会员,成立于 1908 年。
- 全国农场主联合会——成立于 1979 年,州农场主组织和商品委员会联盟,澳大利亚农业单一的声音。
- 新西兰农场主联盟——农场主联盟,拥有 1.8 万个家庭和个人会员,成立于 1945 年。
- 全国农民工会联合会——最大的法国农场主联盟。
- 农业专业委员会组织——在欧盟代表农业利益的农场主联盟。

### 压力团体——其他

农村政策日益广泛地从事着其他压力团体的职责,如保护的机构、支持狩猎的院外游说团体、农村贫困运动和产业组织。著名的例子包括:

- 乡村机构——英国支持狩猎集团,有 10 万名成员,越来越多地在一系列农村问题上开展活动,包括农业和服务提供。

> ● 保护英格兰乡村运动——英国保护集团,成立于 1926 年,抵制城市化。以前以英格兰农村保护委员会知名。
>
> ● 地球之友——国际环境组织,通过农村环境和转基因作物利益,包含农村政策。
>
> ● 塞拉俱乐部——美国自然环境保护团体,成立于 1982 年。现在美国成员超过 70 万名。
>
> ● 全国农村卫生协会——代表美国医疗保健提供者和相关团体的行业组织。
>
> ● 农村联盟——美国和墨西哥进步农村压力集团联合会,包括农场工人团体、地方环境组织和有机农业等其他团体。

按照惯例,政治分析可在决策多元论者和社团主义者模型之间做出区分。在多元论者模型中,政策对大量团体反应基层成员的影响是开放的。政府被看成是被动的,在任何时候,都是依照竞争压力集团的相对力量,简单地分配资源和制定政策。相比之下,社团主义者模型,包括政府和有限数量的利益团体之间的亲密关系。这些利益团体代表着重大经济利益。政府在推动政策中起着积极的作用,但利益集团充分参与到决策和实施中,把好处分给他们的成员。因此,政策制定采取的是讨价还价的形式。解决不同经济利益之间的冲突(Marsh and Rhodes,1992)。如评论家格兰特(Grant,1983)和温特(Winter,1996)表明的那样,在 20 世纪中期农业政策制定的封闭性结构是一种社团主义的形式。然而,这已受到史密斯(Smith,1992)的批评。他认为,农场主很少参与政策的实施,农业政策结构也不是打算解决冲突,并且讨价还价也是有限的。

相反,史密斯和其他人提出了政策网络作替代模型。与多元论者/社团主义者二元论相比,政策网络模型认识到,在政府和利益集团之间的互动程度是不一样的,要从松散问题网络的一端,到封闭的、紧密相织的政策社区的另一端(专栏9.2)。然而,问题网络有一个大的、不稳定的全体成员,被动地接近政策制定者并造成多样的影响。而政策团体则以有限的、稳定的会员,频繁的、高质量的访问和持久的影响为特点(表 9.1)。在这两个极端之间,一是稳定和限制的专业网络,代表着具体的职业,如医生、次国家政府组织;二是生产网络,在政策制定中,代表着生产者的利益。它的成员资格和影响随着经济趋势有各种变化（Marsh and Rhodes，1992）。

表 9.1　政策团体与问题网络的特征

| | 政策团体 | 问题网络 |
| --- | --- | --- |
| 参与者的数量 | 非常有限。有些团体被有意排除在外 | 大的、不稳定的成员资格 |
| 参与者的利益 | 经济或专业兴趣占主导地位 | 涵盖影响利益的范围 |
| 互动的频繁率 | 在所有与政策问题有关的事物上频繁，高品质的互动 | 在频率和强度上，接触是波动的 |
| 连续性 | 随着时间的推移，成员资格、价值和结果是一致的 | 访问波动显著 |
| 一致同意 | 所有的参与者分享基本价值并接受结果的合法性 | 协议的标准存在，但冲突永远存在 |
| 网络内部的资源分配 | 所有参与者都有资源；基本关系是交换关系 | 一些参与者可能有资源，但他们是受到限制的，基本关系是协商 |
| 参与组织内部的资源分配 | 等级；领导人可以向成员提供 | 多样的和变化的分配及管理成员的能力 |
| 权力 | 成员之间权力的平衡力量。一个团体可能占主导地位，但如果该团体坚持，所有团体必须获得 | 不平等的权力，反映出不平等的资源和不平等的进入。一些参与者的利益往往牺牲其他人的利益 |

资料来源：Marsh and Rhodes，1992；Winter，1996。

**专栏 9.2　主要术语**

　　**政策网络**：一种组织的集群，包括国家机构和利益集团，靠对资源的相互依存关系连接，因此在政策制定上，参与相关的具体政策领域。

　　**政策团体**：最紧密联系在一起的政策网络形式。在稳定的相互依存关系中，参与人员数量有限。在政策领域，实施紧密控制。

　　**问题网络**：政策网络最松散的形式。在波动参与的政策制定过程方面涉及范围广泛的集团和有限的相互依存，并关注一个特定的政策领域。

　　政策网络的方法建立在两个主要假设之上。第一,通过大量不同的部分做出决策。每一部分都可以访问有限的团体。第二,政策制定包含着国家机构和利益集团之间的相互关系,而利益集团则要依赖互相的资源。例如,政府可以提供资金,但要依赖利益集团提供当地工人的合作。通过定义有关参与者的作用,政策网络为这些关系提供一个结构,决定哪些问题列入政策议程,哪些问题不列入,并制定形成参与群体行为的游戏规则。

　　此外,政策网络类型间的分异认识到,利益集团还可区分影响和访问政府决策者的程度。这样,内部群体和外部团体之间的差别就可分辨。内部群体在政策社团内运作,被政府认为是合法的,并可定期咨询;外部团体被排除在政策社团之外,与政府的联系不频繁,影响也较小(Grant,2000;Winter,1996)。在农村政策的背景内,大农场主联盟和已建立的环保团体,如 CPRE 和塞拉俱乐部,可被看作内部知情人团体。而外部团体,包括小型农场主联盟、农场工人联盟,以及针对农村贫困问题的激进农村抗议团体和活动家。环境团体和消费者团体,可以说是从局外人至少部分地进入内部人的地位。

　　当适用于农村政策时,政策网络框架表明,在过去的二十年中,已发生了广泛的转型,并已从大量围绕专门化和自治政策团体有组织的政策制定结构转向更开放、更不稳定、更广泛的一系列问题网络。这在英国和美国是最为清晰明显的农业政策团体。

## (一)农业政策团体

　　战后英国和美国的农业政策制定,已被史密斯(Smith,1993)描述为"一个封闭政策团体的范式案例"。在美国,政策团体由美国农业部、国会农业委员会和三个主要农场主协会组成——农场局、农场主联合会和农民协进会。紧密交织的团体,从 20 世纪 30 年代到 20 世纪 70 年代,就有效控制着农业政策,俯瞰着生产主义的上升(第四章)。与此同时,在政策制定过程中,它们排除了小农场主联盟、环境和消费者团体、国会非农业议员,甚至预算局和白宫。政策团体的参加人,分享共同的意识形态。这个共同的意识形态塑造了政策的方向,而且互相利用资源。美国农业部有能力提供为农场联盟所期望的成果,但要取决联盟的协商结构。反过来,联盟对支持过它们议程的国会议员提供选举支持(Smith,1993)。

在英国,类似的原有政策团体,包括农业、渔业和食品部(MAFF)以及全国农场主联盟(NFU),密切参与了日常政策制定,但也吸收了第二团体的成员,包括乡村土地所有者协会、食品加工商和农场工人联盟,协商具体问题。然而,完全排除的是环境、消费者和动物福利团体。由于在美国、英国农业政策团体对生产主义共享一个共同的意识形态承诺,并且在提供政策结果方面代表着相互依赖的关系,农业部提供了一个单独政策制定中心。全国农场主联盟在颁布政策结果中,提供农场主的支持(Smith,1992,1993)。1973 年,英国加入欧洲共同体(现在的欧盟)后,由于与共同农业政策的联系,进一步拓宽了范围。在英国内部建立的政策团体,继续控制着农业政策,但也由它们在欧洲层面运作的政策团体的代表发挥着影响,如农业总局(DGVI)和欧洲农场主组织(COPA)(Smith,1993)。

138　　　农业政策团体的成果,如国家对农业、农场生产的明显扩张和农业优先于消费者和环境利益的干预。然而,也有争辩认为,成果也包括对生产过剩、环境退化和食品质量恐慌的干预。所有这些都允许发生,因为没有必要听取异议人士的声音,而使政策社团合理化。正如史密斯研究的那样,

> 通过排除不同意农业政策的团体,农业团体就在农业政策上取得了共识。因此,这个共识就表明只有一个可能的农业政策。农业团体确保的是农业政策符合他们的利益,因此,并不需要消费者的意见。

(Smith,1992)

## (二) 从政策团体到问题网络

政策团体的排他性,成了它们的致命弱点,因为非农业农村利益的缺席,限制了它们适应不断变化的乡村特征的能力。随着农业经济重要性的下降,旅游和服务部门的重要性上升,农业特权使其凌驾于其他经济利益之上而变得不合理。20世纪 80 年代,农场危机和之后的问题,使农场收入下降,在农业团体内部造成了紧张,带来了对农场主联盟参与政策团体合法性的质疑。与此同时,在 20 世纪 80 年代,新自由主义政府的兴起,造成了对强调国家干预冷漠无情的政治气候。这个曾是政策团体意识形态的核心原则。

20 世纪 70 年代,美国农业政策团体开始分解出问题网络,因为在参与农场联盟之间出现了紧张关系。白宫是这种背景中的局外人,却开始更强烈地实施它自

己的农业议程。在英国,史密斯(Smith,1989)认为,20 世纪 80 年代,见证了停止向多元论的政策制定,因为政策团体的假设,受到执政的新自由主义保守党和日益强烈的环境游说团体的质疑。当然,1995～1996 年度农村白皮书的出台,清楚标志着,打破了封闭的政策团体。协商运动引发了约 380 个来自利益集团和个人的响应(表 9.2),同时,又有 1 300 人参加了电视台举办的农村政策联合讨论。然而,由此得出结论,英国农村政策现在是多元论的,则是错误的。例如,2001 年政府对口蹄疫爆发的处理表明了全国农场主联盟的持续影响。因此,在英国,与美国一样,农村政策制定,可能更被看作是问题网络的。大范围的不同群体都会参与,但有些地方的某些团体,会比其他团体有更多机会走访政策制定者。

表 9.2　1995 年英国农村白皮书在评议活动中收到的答复(按回答人分类)

| 类别 | 数量 | 例子 |
| --- | --- | --- |
| 保护机构 | 51 | 英格兰农村保护委员会,国民信托基金,皇家鸟类保护协会 |
| 商业 | 50 | 布克乡村有限公司 |
| 个人 | 49 | |
| 地方政府 | 47 | |
| 学术机构 | 26 | 农村经济中心 |
| 专业机构 | 26 | 农场主联合会,乡村土地所有者联合会,小农场主联合会,特许林业研究所 |
| 志愿组织 | 26 | 妇女协会,农村声音 |
| 政府机构 | 20 | 农村发展委员会,英国自然,国家河流管理局 |
| 其他 | 57 | |

资料来源:DoE/MAFF 农业、渔业和食品部部长,1995。

## 五、农村政策的挑战

更加综合的农村政策和更加开放的网络参与决策的趋势本身都表明了政府在对乡村重构采取适当对策方面所面临的挑战。通过撤除以前农村政策的部门化,把更广泛的参与者带入政策制定过程中。政府已然承认需要新的思想,甚至是统治和管理农村地区方式的根本性变化。当代农村政策制定者所面对的挑战,是众多的和多样化的,所包括的问题,涉及农村经济再生、农村环境保护、支持农村社区和社区服务,以及农村贫困的缓解和根除。在后续各章中(第十、十一、十三、十四章),将对很多这些挑战所采纳的政策反应进行探讨。然而,本章的其余部分,重点将集中于正在改革的农业政策的主要问题上,并在这种情况下,思考国家政治环境所导致采纳不同战略的方式,以应对同样更广泛的问题。

139    农业政策改革的背景在第四章已做了详细讨论。正如那章详细论述的那样,在 20 世纪中叶的发达国家,生产主义政策所指导的农业,生产了更多的农产品,多于按合适市场价格所能售出的。此外,因农业价格的挤压,再加上其他因素,如现代化投资带来的沉重的农场债务,在农业方面造成了严重的经济萧条时期,包括 20 世纪 80 年代中期和 90 年代后期美国的农场危机、20 世纪 80 年代新西兰的危机,以及英国自 20 世纪 90 年代后期的危机。政府面临的与农业相关的主要挑战有:

1    为农产品寻找新的市场,包括出口市场,同时保护国内生产产品的市场;

2    减少政府在农业方面的支出,同时保护依靠补贴的小农场和边缘农场的生存能力;

3    平衡农业与环境及消费的经济利益。

对全球农产品贸易的调整,这些问题的解决途径是尤为棘手的问题。对主要出口国而言,如澳大利亚和新西兰,自由贸易的扩张,将为它们的产品提供额外的市场,并支持它们农场的经济健康。然而,在欧洲和美国情况更为复杂。一些大型农场主们和农业食品公司,将受益于更多的自由贸易,但这也可能对小农场主构成威胁,因为它们更要依赖国内市场。没有政府援助,它们通常就不能有效与出口竞争。考虑到这个问题,欧洲和美国的农业游说团体的政治力量,意味着这些政府都倾向于放开对农业贸易的管理,应比澳大利亚和新西兰采取更加谨慎的态度。因
140 此,在新西兰、欧盟和美国对农业改革能识别出采用三个独特的战略。

**(一) 新西兰:解除管制**

农业是新西兰经济的主要贡献者,20 世纪 80 年代中期,约占全国出口的 57%(Cloke,1989b)。在战后期间,农业出口产业,政府对农耕的实质性干预得到了支

持,包括鼓励增加生产的补贴和国有市场营销部门。然而,在 20 世纪 80 年代早期,新西兰耕作业也面临着其他发达地区农业所经历过的相似问题,因而,改革农业政策也面临着类似的压力。然而,随着 1984 年选出的大卫·兰格(David Lange)劳动党政府,新西兰的反应,受到国家主流政治意识形态的急剧变化支配。兰格和他的财政部长罗杰·道格拉斯(Roger Douglas)引入了一系列新自由主义政策,旨在重构国家的作用。同样紧随其后的是美国新右翼的里根政府,以及英国的撒切尔政府。然而,不同的是,兰格(Lange)的改革也用于农业当中。对化肥、农药、供水和灌溉的价格支持与补贴被撤消或减少了;结束了税收信用和特许权,以及补贴农场的利率提高到商业水平(Cloke,1989b;Cloke and Le Heron,1994;Le Heron,1993)。在某种程度上,这些改革是由减少国家债务的更广泛的关注所驱动。1980 至 1985 年间,为支持农业花费的 25 亿新元主要是由海外借贷资金提供(Cloke and Le Heron,1994)。

值得注意的是,尽管联邦农场主联盟内部分裂,以及与相关小农场主的补贴损失的实际影响,这套改革方案得到了农业游说团体的广泛支持。某种程度上,是放松管制的直接结果。农场收入下降、农场债务增加、农场经营的变化和某些农场经营的失败,这些担心的问题都得到了解决。然而,不经济农场的关闭率,仍低于当时预测的每年 8 000～10 000 个(Cloke,1989b)。而且,支持者认为,改革强化了新西兰农业出口商在全球市场竞争的能力。然而,在 20 世纪 90 年代,新西兰农业在国际上没有逃过农业面临的经济压力,正如勒赫伦和罗奇(Le Heron and Roche,1999)提到的,20 世纪 80 年代宣布的放松管制,实际上可能会成为再调控以满足出口市场、全球农业食品公司和超市采购的需求。

141

### (二)欧盟:多样化

欧盟的农业政策改革,由对生产过剩、环境退化和共同农业政策的财务成本这三方面的担忧所驱动(第四章)。尽管,自 20 世纪 80 年代早期以来,就在尝试周期性改革。随着欧盟的扩张至接近东欧,根本性变化的压力变得更为严峻。2004 年,拥有大量农业人口的十个新成员国的加入,不得不根据现有条款在共同农业政策(CAP)内包括他们。这将大大增加欧盟对农场支持的开支。欧盟政策制定结构要求,在重大改革上需要成员国的一致同意。同时,一些改革者还呼吁新西兰方式的放松管制。这在一些国家遭到阻力,在政治上是不可接受的,如法国和爱尔兰还有很多可从欧盟补贴中得到很大利益的小农场主。因而,已经妥协不得不去使用欧盟基金鼓励个人农场经营和更广泛的农村经济的多样化。这涉及两个主要元素。

第一,调整逐步直接付款给大型农场主,在理论上,使可得资金直接用于农村发展创新项目(Lowe et al.,2002)。随着 2003 年共同农业政策(CAP)协议改革,到 2007 年,对大型农场主的支付将减少 5%。第二,脱钩终止了农场补贴和生产之间的联系。这样,在 2003 年改革下,农场将会收到一笔单独付款,付款根据以前的收入,与生产无关。然而,法国在 2003 年的协议谈判让步和共同农业政策改革仍然是极具争议的政治问题。许多批评家认为,改革并未走远。

### (三) 美国:保护主义

随着新农业法案的通过,美国农业政策在五年的基础上定期进行讨论(Dixon and Hapke,2003)。从理论上讲,美国比现存许多其他国家,提供了更大的改革机会,而且 2002 年农业法案(正式名称为《农场安全及农村投资法案》)的出台受到欢迎,因为重大改革政策的出台,在本质上仍然是生产主义的,重在强调补贴和价格支持。乐观主义会部分地遏制对美国(或欧盟)越来越大的压力,因为美国和欧盟将减少补贴、清除关税,作为世贸组织(WTO)农业自由贸易协议谈判的部分。然而,国际压力最终被来自两个方向的国内政治压力所打败。首先,农业的商业利益,因关闭了它们与共和党政府的密切联系而受到影响。其次,主流农场集团通过它们的农村选民,疏通了国会议员。2002 年的国会选举,复制了 2000 年总统选举的刀口结果,农村地区具有了更大的选举意义,并且立法者也很留心为他们农业选民改革补贴或关税的潜在后果(专栏 9.3)。

---

**专栏 9.3 政策改革的地方影响——路易斯安那州的糖业**

自 18 世纪以来,路易斯安那州一直种植甘蔗,而且,目前该产业在该州南部的 25 个行政区雇佣大约 27 000 人。2002 年,甘蔗种植者的产品,每公斤大约赚取 46 美分(每磅 21 美分)——是世界市场价的两倍以上,并因价格支持政策,人为地保持着高价。在这种政策下,美国政府靠国内生产的配额制度控制着需求（2004 年路易斯安那州的配额为 140 万吨）,限制进口。进口从属于关税。当市场价格低于这个价格时,政府也会干预从农场主那里以每公斤 40 美分（每磅 18 美分）价格购买蔗糖。然而,在北美自由贸易协定下,墨西哥蔗糖的关税,将在 2008 年逐步取消。当这发生时,墨西哥蔗糖的剩余部分,将在世界市场上交易,也会出口到美国以外的地方。在那里,它们可以挣更多的钱,而削低国产蔗糖的价值。这样,到 2011 年,从墨西哥进口的,预计将占美国蔗糖消费的 16%。到 2012 年,预计美国蔗糖的价格将减少一半。这将对路易斯安那州南部那样的地区产生影响。在这样的地方,种植糖蔗是主要的经济活动,影响可能是严峻的,会导致农场和加工厂关闭、失业和外迁移民。这样,2002 年,美国参议院在路易斯安那州选举中,蔗糖是一个主要问题。

2002 年农业法案的结果进一步强化了补贴,但实际上,却支持了农业生产的增长。与对有选择进口食品继续征收关税一起（包括 1999 年对羊乳酪关税增加 100%,引发了法国波维（Boves）对法国麦当劳的抗议——见第三章）。农业法案表明,美国在响应农业问题方面已遵循了保护主义政策。然而,受保护的农业利益,也是农业企业的利益。农场支付的 60%,将只到 10% 的农场,并且,家庭农场主团体,已为更实质性的改革进行了游说。在国际层面上,萨姆纳（Sumner,2003）认为,美国的保护主义在世贸组织达成协议将更加困难,因为美国的谈判代表会有更少的回旋余地,而发展中国家可能会追随美国的榜样,并采取贸易保护主义。支持自由贸易的凯恩斯集团,也将继续集中于美国,而非是补贴水平较高的国家,如欧盟成员、瑞士和日本（表 9.3）。

表 9.3 补贴占农业成交量的百分比（20 世纪 90 年代晚期）

| | |
|---|---|
| 瑞士 | 76 |
| 日本 | 69 |
| 欧盟 | 42 |
| 美国 | 16 |
| 澳大利亚 | 9 |
| 新西兰 | 3 |

资料来源:《卫报》,1999 年 11 月 26 日。

143　　**六、结语**

当代乡村的社会和经济重构，需要政府农村政策的改变。这些改变不仅包括改革农业的支持和调整方式，也包括农村经济发展的新战略和保护农村环境的新举措等。这将在后续章节说明，作为政策评述部分，对农业、保护、土地利用规划、农村发展等政策的部门化。在 20 世纪期间许多国家具有的农村政府特征已经开始被废除，去支持一个新的强调整合的农村政策。与此同时，控制这些部门政策领域的封闭政策团体也已解体。在农村政策制定中，目前越来越多的利益团体参与进来，作为更开放，但也更不稳定、更不连贯的问题网络的一部分。这反过来为激进的、被认为是基本的政策改革打开了大门，并作为国际政策转换的观念，政府和利益集团同样互相学习。然而，正如农业政策改革案例说明的那样，即使不同国家的政府都面临着相似的问题，并要分享相似的意识形态立场，但由于国内政治考虑的干预，它们采纳的反应是非常不一样的。

---

**进一步阅读**

美国和英国的农村政策发展报告，分别由威廉姆斯·P. 布朗（William P. Browne）的《国家农村政策的失败：制度和利益》（乔治敦大学出版社，2001）（*The Failare of National Rural Policy : Institutions and Interests*. Georgetown University Press，2001），以及迈克尔·温特（Michael Winter）的《农村政治》（劳特利奇，1996）（*Rural Politics*. Routledge，1996）所提供。温特的书也讨论了不同的政策制定模型。英国和美国农业政策团体在马丁·J. 史密斯（Martin J. Smith）所著的《压力、权力和政策》（*Pressure, Power and Policy Pressure*. Harvester Wheatsheaf,1993）一书中做了详尽考察。当代农业政策改革辩论的背景由理查德·勒赫伦（Richard Le Heron）的《全球化农业》（佩加蒙出版社,1993）（*Globalized Agriculture*. Pergamon，1993）一书提供。该书考察了在 20 世纪 90 年代初时，新西兰农业的去规则化和美国与欧盟的农业政策问题。

**网站**

　　有关美国 2002 年农业法案的信息,可在美国农业部网站上找到,包括法案的全文(http://www.usda.gov/farmbill/index.html)。但详细而关键的总结和评述,由农村联盟提供——一个压力集团——开展更激进的改革运动(http://www.ruralco.org/html2/farmbillreport.html)。对 2003 年一致同意的欧盟共同农业政策改革的细节可在欧盟农业总局的网站上找到(http://europa.eu.int/comm/agriculture/mtr/index_en.html)。简要的总结也可以从英国环境、食品和农村事务部的网站了解(http://www.defra.gov.uk/farm/capreform/agreement-summary.htm)。

# 第十章　农村开发与再生

## 一、引言

　　因为可能的原因,政府对农村地区经济发展有兴趣。首先,有一种基本原理,国家有责任支持基本的社会福利水平,促进公民之间的平等。因而,为改善农村地区人们的生活条件,国家要进行干预,并为此提供公共服务,投资基础设施。当已确立的经济活动下降或撤消造成显著失业和贫困时,它也有刺激经济发展的作用。其次,也存在着经济原理,即资本主义国家在资本积累中的运行,要支持经营。这可能包括,提供基础设施,即允许企业在农村地区的发展,开发农村资源,吸收风险。例如,对企业经营和培训人力的困境提供低息贷款。再次,还有存在管理原理。国家在社会整体利益中的作用是确保农村土地和资源的恰当维护与明智地利用。最后,是空间人口控制原理。20世纪早期,农村地区人口的减少表明,经济萧条的自然反应是人们向有工作的地方迁移。然而,这种大规模的人口流动,造成了不稳定,以及要求国家在提供公共服务方面进行重新配置。从管理的角度看,国家最好在萧条地区投资经济发展,从而减少推力因素的外迁移民。

　　这种最新的原则融合了农村发展与区域发展。政府对农村经济的支持,涉及两个方面,但它们有不同的目标,并具有不同的规模重点。例如,欧盟结构性基金,既要通过LEADER(专栏10.2),旨在帮助随着农业萎缩重新调整农村经济计划中的农村开发,也支持通过像对一些有资格的农村地区,提高欧盟最贫穷地区GDP那样的目标1计划的区域开发。

　　在发展和再生之间,可以进一步做出术语上的区分。虽然,这种术语会被交换使用,实际上,它们意味着不同的过程。发展指的是渐进的改变或现代化的过程。因此,像美国农村地区的电力供应,显然是一个农村发展的项目。另一方面,再生则指的是循环的过程——陷入衰退的活跃经济,需要补救行动返回到其以前状态。意在扭转农村小城镇衰颓,或替换农业与制造业失去的工作,因此,就可能更为恰当地描述为农村再生战略。此外,仍然可以认为,发展和再生之间的区分,与在政策上的范式转移是相符的。这个在政策上取代了强调自上而下,以大型的、国家主导的基础设施项目为特征的农村发展,并形成具有强调小型的、社区主导的、基于本地资源的自下而上的农村再生。本章要探讨这种转变的两个方面,首先,在更广泛考察农村经济自下而上的再生之前,简要讨论政府主导的自上而下的开发。

## 二、政府干预和自上而下的发展

在农村开发方面国家干预有很长的历史。在北美国家、澳大利亚和新西兰,国家参与通信链接的建立和支持农村地区的欧洲人定居点的基础设施,事实上是农村开发的运用,经常与资源资本主义的推进相连。同样,19 世纪 60 年代,美国赠地学院的建立,是建立在农业基础之上的农村发展战略的一部分。同时,在欧洲,英国政府早在 1910 年就设立了农村发展委员会,是支持小型农村产业发展的最初惠赠。因而,无须惊异的是,当政府面对着农场就业减少的衰落,以及农村经济变化时,它们选择了需要农村地区现代化,以及选择国家投资基础设施建设的初级交通工具的投入,并理性化解决农村问题。

这种开发最早和最大的项目之一是,美国西南部的田纳西流域管理局(TVA)。项目在 1933 年推出,是罗斯福总统新政的一部分,以对抗经济萧条。田纳西流域管理局跨越田纳西州诺克斯维尔和肯塔基帕迪尤卡之间,沿田纳西河 1 045千米(650 英里),建了九座水坝、八家发电厂,在支流河流上建了两家化工厂和十一座水坝(Martin,1956)。此外,还提供了防洪系统,田纳西流域管理局项目,目的是用三种主要方法,刺激经济发展。第一,由田纳西流域管理局电站产生的电力,为支持该地区的工业化提供动力。第二,用化工厂生产的硝酸盐肥料,支援农业现代化。第三,建设项目和计划管理本身也创造了大量新工作。

这些结果对这个区域有重大影响。1933 年,在很多郡,超过 50%的家庭领取福利金。1940 年,该郡失业的大约 170 000 人,到 1950 年已重新就业。1939 年到 1947 年,化工产业创造新的岗位超过 20 000 个,基础金属业有 12 000 个新岗位。

总的来说,田纳西流域管理局项目导致了该区域的就业结构,从农业向工业、贸易和服务业的转变。然而,正如拉平(Lapping)等人所说,田纳西流域管理局项目是成功的、混合的农村开发战略:

> 城市在扩大,且农村地区为进一步的城市发展提供了必要的劳动力和资源。之后,田纳西流域管理局,实现了增长极发展理论。这种发展是在更大规模社区群中的集中,以及农村地区围绕着这些开发极或中心形成了有机联系。据推测,机会和财富"涓滴"性地从城市流向内陆。用这种方式,农村收入增加,生活质量得到提高。虽然这确实发生了(至少在某种程度上),但是其仍遭受着进一步的环境恶化和经济的混乱。
>
> (Lapping *et al.*, 1989)

在欧洲,制造业也是自上而下的农村开发的基石。例如,在爱尔兰,产业发展局(IDA)成立于1949年,并实施了一个现场建成的战略,提前建好厂房,促进爱尔兰西部农村制造业的发展。1972年至1981年间,大约一半的先进工厂占地面积在位于爱尔兰西部的11个农村郡,特别是在高威(Galway)和香农机场(Shannon Airport)呈现增长极(Robinson,1990)。结果,20世纪60年代到70年代期间,爱尔兰西部制造业的就业人数的增长率大约在45%,大大高于爱尔兰其他地区(图10.1)。

148   英国威尔士农村开发委员会(DBRW)(成立于1976年。替换的前身成立于1957年),高地与岛屿开发委员会(HIDB)(成立于1965),也采取了相似的战略。两家国家控制的机构,分别负责促进威尔士和苏格兰周边农村地区的经济开发。这两个机构,购买了土地并建好了先进的工厂单位,吸引制造业投资,像爱尔兰和田纳西河流域那样,大部分经济增长集中在增长极,如威尔士的纽敦(Newtown)和苏格兰的因弗内斯(Inverness)与威廉姆堡(Fort William)。同时,该区域的其他地区,继续经历着经济下降和人口外迁问题。在某种程度上,英国威尔士农村开发委员会和高地与岛屿开发委员会,试图以提供补助金,支持旅游、渔业以及手工艺品产业等小规模农村企业,从而补偿这种影响,但这些活动基本上维系在自上而下的干预范式中,并未刺激起自下而上的主动性(Robinson,1990)。

在农村开发中,自上而下的国家干预战略,取得显著成功,包括创造数百万新工作岗位,代替因农业现代化所失去的那部分工作;在一些地区,放缓了从农村地

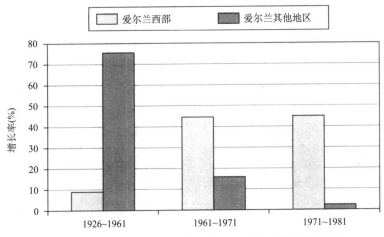

图 10.1　1926～1981 年爱尔兰制造业就业人数的增长率

资料来源：Robinson，1990。

区外迁的逆流；通信和公用基础设施的改善；以及相对繁荣带给那些有选择的增长极城镇 。然而，自上而下的农村开发，也受到两个重要理由的批判。

第一，自上而下的农村开发往往要依赖外部投资。它很少在本地农村经济中寻求自然增长，而且，由于外部投资者希望取得他们投资的回报，因此新的工厂和其他新雇主，往往靠出口地方性产品而非保留在地方经济内创造利润。了解广域经济趋势的公司决策，可能会伤害到农村地区，如果发现其他地方有更合适的条件，作为曾经是通过开发机构招致来的公司可能随后关闭他们的分厂。

第二，自上而下战略的性质也会造成民主赤字（指政府的政治治理与民意相差巨大，即高层管理者所构建的上层建筑得不到民众的支持——译者注）。尽管有些项目，如田纳西流域管理局项目，要包括草根群众的参与，但更普遍的是，认为地方人士投入有限。这可能意味着，引入的开发项目和创造的岗位不是那些当地人想要的。它也能产生腐败风险，或农村开发资金转用于"浮夸工程"（专栏 10.1）。因此，用于经济开发的欧盟结构基金在 20 世纪 80 年代得到了重组，随后担忧的是这些基金，实际会资助那些错误的活动家（Smith，1998）。

---

**专栏 10.1　日本的农村开发**

　　日本农村开发政策的主要问题之一是,日益增多的城市化人口与农村基层组织失去联系。为防范这个问题,20 世纪 80 年代后期,日本政府给每个镇和村议会合计 1 亿日元(约为 50 万英镑或 80 万美元),用于创造性的项目,以振兴日本农村的家乡精神。这在本质上是自上而下的农村开发战略,并导致许多昂贵的虚夸项目。在淡路岛的津名,市长花钱购买一块重 63 千克(139 磅)的铸金——在当时,这是世界上最大块的纯金——作为旅游吸引物在该镇展示。另一个镇花钱制作了钞票金字塔;其他城镇建了主题公园和为居民的付费假日。该战略于 2001 年做了修改,并提出了用 6 000 亿日元支持村庄恢复项目,用以促进城乡居民交流项目。

---

149

# 三、自下而上的农村再生

　　农村开发移向自下而上的方法不仅涉及农村开发管理方式的变化,而且涉及通过开发措施促进活动类型的变化。与国家主导的自上而下的战略管理相比,自下而上的农村开发由地方社区本身主导。鼓励社区评估它们面临的问题,找出适应的解决方案,设计和实现再生项目。它们往往用项目划拨的公共资金,作为竞争部分,并通过合作伙伴工作,频繁地将不同来源的资源拼凑起来(第十一章)。这样,国家角色就从农村开发的提供者,转为农村再生的促进者(Edwards,1998;Moseley,2003)。

　　同样,农村开发的形式和重点也发生了变化。在大多数情况下,不再强调吸引外部投资,而是提高和利用当地内生资源——也称为内生式开发(Ray,1997)。在许多情况下,项目的直接焦点可能不是经济发展,而是社区开发,旨在建设再生自身经济的社区能力。社区发展被看作是农村发展的必要组成部分,而不是使社区不依赖政府而承担起再生的责任,也为了使经济发展不引起农村地区内部的社会极化(Edwards,1998;Lapping *et al*.,1989;Moseley,2003)。

　　值得重视的是,自下而上的方式,得到了农村开发专业人士,以及寻求重构国家的新自由主义政治家的支持。对于前者,自下而上的方式意味着,地方社区的授权与地方需求和地方环境一致的再生战略的发展。对于后者,自下而上的方式意味着,农村开发的责任从国家转移到公民,与从活动领域的"国家退出"这样的大尺度是一致的。这样国家就可以减少对农村发展的支出。

## (一) 欧盟农村开发与内生式发展

农村开发最广泛的计划,由欧洲联盟用其构造基金运作。如专栏 10.2 所示,欧盟支持的农村开发,是通过两种不同的机制贯彻的。第一,很多农村地区有资格得到欧盟区域政策项目下的援助(图 10.2)。这些包括目标 1 下获资助的"最不获

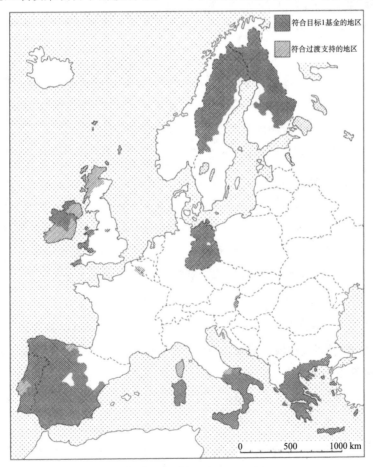

图 10.2　获得欧盟结构基金目标 1 资助的区域(2000~2006 年)

资料来源:根据欧盟委员会的信息制作。

赞"的地区,如南意大利、西爱尔兰、英国的康沃尔郡和威尔士西部,以及斯堪的纳维亚农村的大部分;目标 2 下资助的转换区域,如法国、意大利和英国农村的大部分地区(此外,还有些不再有资格获得充分援助的转型支持区域,如苏格兰和爱尔兰农村的部分地区)。两个目标下,能提供给城镇区域和农村区域的资金,约占目标 2 覆盖人口的 29%。

150

---

**专栏 10.2　农村与区域开发的欧盟计划**

**区域开发**

结构基金提供的三个区域开发目标项目:

• 目标项目 1:发展欧盟最差条件地区。获取资格为,区域的国内生产总值须低于欧盟平均水平的 75%,或人口密度少于每平方千米 8 人(主要为斯堪的纳维亚半岛)。2000～2006 年间,有资格获得目标项目 1 资助的地区,包括欧盟人口的 22%,并将获得总基金超过 1 350 亿欧元援助。

• 目标项目 2:振兴面临结构性困难的地区,包括工业、农村、城市和依赖渔业的地区。获取资格为农村地区的人口密度必须低于每平方千米 100 人,或农业劳动力比例至少是欧盟平均水平的两倍,失业率高于欧盟平均水平,或人口下降。2000～2006 年间,有资格获得目标项目 2 资助的地区,包括欧盟人口的 18%,并获得总基金 200 亿欧元。

• 目标项目 3:支持教育、培训和就业。目标项目 3 不受地域限制,除目标项目 1 的区域不包括在内。

2000 年前,结构基金的一个特定目标是(目标项目 5b),支持重构农村区域。对 2000～2006 年间的资助而言,这点主要吸收进了新的目标项目 2。

**农村开发**

LEADER + ( Liaison entre actions de développement de l'économie rurale)经济发展行动与农村经济联络中心是四个社区倡议中的一个(其他是区域(INTERREG)、平等(EQUAL)和城市(URBAN))。LEADER 专指支持农村开发。它的三个行动包括,支持自下而上的领土开发、支持跨区域和跨国合作,及所有农村地区的网络化。

最初成立于 1991 年,LEADER 现在是第三届实体(LEADER＋),并可在任何农村地区下设地方行动团体。从 2000～2006 年欧洲农业保证与指导基金(EAGGF)中,总计可用 21.05 亿欧元,预期可有其他公共和私人来源的 29.41 亿欧元的匹配资金。

更多信息见 europa. eu. int/comm/regional_policy/index_en. htm(目标项目 1 和目标项目 2)以及 europa. eu. int/comm/agriculture/rur/leaderplus/index_en. htm(LEADER＋)。

第二,农村开发也得到 LEADER 团体创议的支持。这已列入农业总局的职权范围。现在,在其第三届实体内,LEADER 计划,通过欧盟 25 个成员国内的 938 个地方行动团体实施。然而区域政策方案仍然保留着自上而下的开发部分(如财政支持的交通基础设施),但 LEADER 牢牢扎根于自下而上的方式中。超过 86% 的计划支出,是针对以自下而上的方式为基础的一个试点性质的区域整合发展战略(欧盟,2003)。LEADER 计划的指导原则(和更广泛的欧盟农村政策),由欧洲农村发展大会参会者拟定的科克宣言(Cork Declaration)发布。大会 1996 年在爱尔兰举行(专栏 10.3)。宣言提供了明确的自下而上农村再生的哲理声明。

**专栏 10.3　科克宣言**

支持经济和社会活动多样化必须重视提供个人自我维持的框架,以及以社区为基础的创新框架:包括投资、技术援助、经营服务、适当基础设施、教育、培训、信息技术整合的进步、强化小城镇的角色。这角色是农村地区的整体部分和主要开发因素,并可促进农村社区生存和村庄更新的发展……政策应促进农村发展,这种发展可维持欧洲农村的景观质量和环境舒适(自然资源、生物多样性和文化认同)。所以,今天这一代人对它们的利用不损害未来子孙后代的选择……鉴于欧盟农村地区的多样性,农村开发政策必须遵循从属的原则。在所有有关层面(地方、区域、国家和欧洲)之间,必须如集中化那样,尽可能以伙伴关系和合作关系为基础。重点必须参与自下而上的方式,驾驭农村社区的创造性和团结。农村开发必须在连贯的欧洲框架内,由地方和社区所驱动。

摘自科克宣言:活的乡村,由欧洲农村发展大会发布,1996 年 11 月。

　　雷(Ray,2000)把 LEADER 计划描述为内生式农村开发的"实验室"。每个 LEADER 团体计划,都要寻找可帮助地方社会经济的生存性,也可以为其他参与地区展示功能服务的创新理念。通过草根的实验,寻找农村发展中的创新,雷认为,LEADER 计划概述了内生式开发的核心原则——社区驱动、地域性的重点是发展,即通过稳定价格和利用地方资源——自然和人,在地方范围内使保留的利益最大化。地方 LEADER 团体实际下达与此视点的一致性,受到了实证研究的质疑。例如,在德国,LEADER 被描述为保守力量,节制更为激进的农村发展观念(Bruckmeier,2000)。而斯多里(Storey,1999)则提出,需关注爱尔兰地方参与 LEADER 计划的程度。同样,一般而言,由 LEADER 支持的项目类型,说明了农村发展确实有了质的转化,因许多计划把重点放在能力建设和稳定产品价格上(表10.1)(同样适用于由欧盟区域发展计划资助的项目,Ward and McNicholas,1998)。如专栏 10.4 所说明的那样,很多项目都有强有力的环境部分。这样不仅有助于内生式发展,而且也促进可持续发展(Moseley,1995)。

表 10.1　LEADER I 组的主要内容

|  | 组数 |
| --- | --- |
| 促进农村旅游 | 71 |
| 培训与人员开发 | 40 |
| 农业产品的附加值 | 38 |
| 支持小企业和手工业 | 34 |
| 开发更平衡的业务责任 | 34 |

　　资料来源:Moseley,1995。

---

**专栏 10.4　由 LEADER 支持的项目案例**

　　意大利,加尔法尼亚纳(Garfagnana):引进绿色林业工程技术,该技术以利用内生资源和自然材料为基础,帮助振兴地方林业合作社。1995~1999 年之间区域林业合作社创造了大约 120 个新工作岗位。

　　爱尔兰，沃特福德(Waterford)：用人工湿地作为净化从农家庭院出来污水的一个方法。潟湖被种植植被和放养鱼，计划作为一个旅游景点又可以帮助减少污染。

　　法国，莱斯康姆巴利(Les Combrailles)：利用默纳特地区(Pays de Menat)空置的房地产，为附近就业增长区开发新居民住宅，有助于限制新开发需求，改造空置和废弃建筑。

　　英国，卡马森郡(Carmarthenshire)：利用地方人员投入，通过信息板和历史与传奇土地主题的文献，促进旅游。

### （二）食物旅游和农场主市场

　　内生式农村开发的共同主题是，对现有农村景观、环境和产品进行增值。这可能包括用农村地方性的"重新包装"来吸引游客，或许要重点强调地方传统和遗产，这将在第十二章详细讨论。这可能要以新的方式谈及农业，寻求不通过农业现代化，而是通过重视传统食品和农场主以及地方生产者的直接销售，并促进经济发展。正如贝希埃尔(Bessière，1998)观察到的那样，区域食物和烹饪已成为农村旅游的重要元素。农村地区市场本身对游客来说，通过它们的特色食物产品，凭借分类，如法国以原始管理称号(d'origine contrôlée)系统，定义它们自己，营销措施也得到农村开发资金的支持。此外，地方食物生产地点，如农场、牛奶场、奶酪生产商、葡萄园和酿酒厂，都作为旅游景点营销，创造着第二收入来源(图 10.3)。

　　农夫市场是内生式农村开发的日益普遍的组成部分。它们在三个方面可帮助再生。它们不仅可促进食品旅游，也有助于支持以小规模为基础的食品加工，而且可以通过批发商和零售商流动，增加农场主的收入。法国每周有 6 000 个这种市场模型，美国现在大约有 3 000 个农夫市场，而英国市场的数量从 1997 年在巴斯(Bath)的第一家，到 2000 年的 200 家，再到 2002 年的 450 家，有了快速扩张。美国消费者每年在农夫市场花费 10 亿美元。而在英国，2001 至 2002 年度，消费者在农夫市场消费达 1.66 亿英镑(Holloway and Kneafsey，2000；NFU，2002)。正如霍洛韦和尼福塞(Holloway and Kneafsey，2000)描述的那样，市场对地方主义、质量、可靠性和社区性的想法有吸引力，因此同时可以读作具有挑战超市和全球农

**图 10.3　宣传造访威尔士西部地方食品生产商的游客广告**

资料来源：伍兹私人收藏。

业食品公司优势地位的替代空间，且具象征农村田园生活概念的保守的或怀旧的空间。

154　　　然而，对农夫市场的明显成功，必须加上三个警告。第一，霍洛韦和尼福塞在英格兰斯特拉特福德(Stratford)农场主市场的案例研究中表明，市场摊位每月都有明显的换位程度。第二,农夫市场比其他市场更喜欢可靠产品。霍洛韦和尼福塞(Holloway and Kneafsey,2000)记录到,在斯特拉特福德市场,最常见的购买是蔬菜、鸡蛋、苹果汁、奶酪以及蜂蜜。对很多更萧条的农村地区居统治地位的活畜农场主来说,农夫市场提供的机会较少。第三,与上述相关,农夫市场的分布,存在明显的空间集中。美国的市场大部分位于或靠近大都市地区(图 10.4),如纽约联合广场绿色市场的城市市场(图 10.5)。在这个市场,邻近农村地区的生产商向城市居民出售。与此形成对比的是,蒙大拿(Montana)州和佐治亚(Georgia)州的大多数农村,1998 年各有七个农夫市场。怀俄明(Wyoming)州有六个农夫市场。同样,英国农夫市场的增长,主要在英格兰南部,而不是在威尔士、苏格兰和英格兰北部更边缘的农村地区。因此,农场主市场提供的例证说明,在自下而上的农村再生内,观念的转变是重要的。内生式开发也意味着,要为当地问题寻找适当的解决途径,并认识到,同样的战略并不是在每个地方都起作用。

## 四、小城镇再生

在农村开发中,小城镇的再生是独特而重要的挑战。小城镇是农村经济的重要节点。它们在农村地区服务中心起到历史作用。农村就业从以土地为基础的活动,向工业和服务业部门工作的转移,已使小城镇成为农村劳动力就业的主要场所(第五章)。它们也吸收了大量不成比例的人口增长,以及新的住房开发,而且是乡村社会投资的场所(包括教育和医疗等公共服务,也包括对艺术和文化设施与节事活动的支持)(Edwards,2003)。然而,因为制造业工厂和其他传统雇主的关闭,许多小城镇也经历了相当多的经济问题,而且,很多小城镇也没有周边农村社区那样繁荣。面对城外的商业中心或附近的大城镇与城市,商店及服务也已经失去(第七章)。这样,小城镇本身或许就需要再生,但也要认识到"涓滴"效应的影响。小城镇的再生可能会促进更广泛农村区域的经济。

在 2000 年,英国政府的英格兰农村白皮书政策文件,清晰地表达了这种论题,156并以整整一章的篇幅,描述了小城镇,或市场的再生。文件宣称市场城镇在帮助农村社区振兴和贫困地区再生中发挥着关键作用(MAFF/DETR,2000)。帮助小城镇成为经济发展的焦点,满足人们服务需要的中心的提案,最终会由乡村机构市

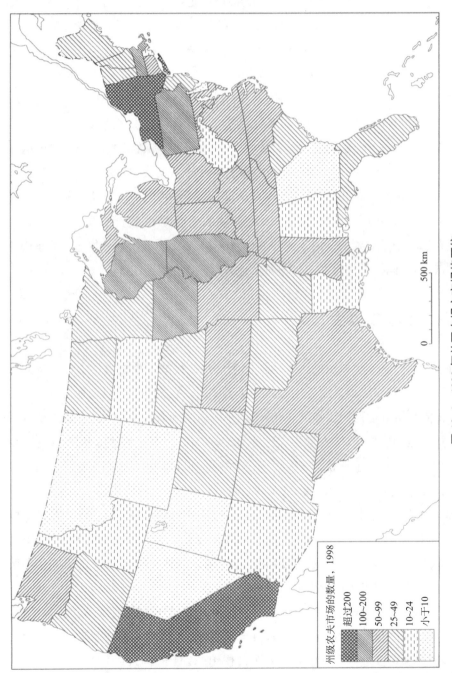

图 10. 4  1998 年美国农场主市场的区位

资料来源:Price and Harris,2000。

州级农夫市场的数量，1998

超过200

100~200

50~99

25~49

10~24

小于10

0          500 km

**图 10.5　纽约市联合广场绿色市场**

资料来源:伍兹私人收藏。

场城镇健康检查的创举,把自下而上的方式贯彻下去,同时也会邀请小城镇评估它们自身的状况,并同意再生的行动计划(Edwards,2003)。

　　成功的小城镇再生战略,倾向于依靠实现地方资源和外部援助的适当组合。在澳大利亚小城镇再生手册中,凯尼恩和布莱克(Kenyon and Black,2001)认为,成功的项目会共同分享很多关键养分,包括时机、社区规划过程的利用、热情的地方领导、对城镇和它未来的积极信念、地方企业家身份、当地人筹集资金资源的意愿、外部资源的精巧利用、积极支持新理念和重视地方青年的新社区网络(专栏10.5)(Herbert-Cheshire,2003)。凯尼恩和布莱克讨论的许多澳大利亚案例,都包含了直接经济投资和创造就业的因素,但是,小城镇建筑环境常见的简单翻新和装修,也被认为是再生计划同等的要点。在 1979 年和 1989 年之间,美国的国家主要街道项目,曾支持了超过 200 个小城镇的再生,包括 650 多个的门面装修和 600个修复项目(Lapping,1989)。在计划实施的三个方面,通过雇用的项目经理人操

作的创新，每个参与城镇与利益相关者一起工作，包括商人、银行、市民团体、地方
政府、媒体和居民等。这些工作有：第一，市中心地区的多样化，如将闲置楼的上层
转为居民住宅和办公室，并招募新店。第二，主要街道的物理修复，特别是具有历
史的建筑物，与新建筑一起采用设计政策。第三，促进小城镇中心成为购物、工作
和生活场所，即活动可以多种多样，从颁发带有特殊城中心标识的购物袋，到发布
城中心商业或赞助特殊节事的指导，如工艺品展集市、农场主市场，以及路边销售
(Lapping，1989)。

<sup>157</sup>

---

**专栏 10.5　　小城镇再生——塔斯马尼亚的德罗莲**

　　德罗莲(Deloraine)是一座小城镇，居民为 2 100 人，位于澳大利亚塔斯马
尼亚岛(Tasmania)西北部。像许多小城镇一样，它的经济遭受到农业衰退的
影响。同时，1990 年公路旁开设的企业有 12 家关闭。该镇也经历了当地居民
和移入居民之间的冲突。移入居民追求的是不同的生活方式。这座小镇的再
生，包括多个方面，如形成商业中心，支持当地企业发展和培训；土地填埋和回
收站点建造；社区美化和公园项目；赞助吸引游客到小镇来的公路标志；建立塔
斯马尼亚工艺集市，吸引了 30 000 游客；社区"丝绸工艺"项目，编绘了一幅 57
平方米的当地图案悬挂，形成旅游点。这些项目吸引了适当的外部资金，已经
开始和引导地方社区。凯尼恩和布莱克(Kenyon and Black，2001)认识到了信
仰与期望的强烈意识，地方政府领导的存在，以及对德罗莲再生的主要元素是
对年轻人的高度重视。1997 年，小城镇被命名为"澳大利亚年度社区"以铭记
其成就。

　　更多见彼得凯尼恩和阿伦布莱克(Peter Kenyon and Alan Black，2001)编
的"小城镇再生：概述和案例研究"(Small Town Renewal：Overview and Case
Studies)(澳大利亚巴顿)以及"农村产业研究和开发公司报告"(Report for the
Rural Industries Research and Development Corporation)。上述文章可见于
http://www. rirdc. gov. au/fullreports/hcc. html。

## 五、农村开发的界限

自下而上的内生式开发,已成为处理农村经济问题的流行途径,但并非没有问题。在爱尔兰西部农村开发的研究中,麦克多纳(McDonagh,2001)也指出了自下而上开发的挫折,包括在协调和代表地方人们多样利益中的困难,以及对推动新措施不必代表更广泛社区利益的核心群体的担心。对社区积极参与的不同部门的义务和权利,以及程度问题,已由很多其他评论者提出(Edwards,2000,2003;Storey,1999)。这将在下一章进一步讨论。

有些现象表明,农村发展的责任从政府转到地方社区,正在形成再生的不均衡地理。有些社区比其他社区更有能力启动项目,或竞争到政府资金(Edwards,2000;Jones and Little,2000)。此外,还有一些农村社区一旦传统经济活动已经减少或者消失时,几乎不可能再生。正如赫伯特切希尔(Herbert-Cheshire,2000,2003)在澳大利亚乡村城镇观察到的那样,再生战略不仅唤起了小镇试图遵循着想象再生的蓝图,却不能从中获益,但也表明,不能成功的责任在于地方社区本身。这从逻辑到理性迈出的一小步,证明了从某些不经济的地区撤出国家发展援助的正当性。这一看法由澳大利亚经济学家戈登·福斯(Gordon Forth)传播。2000年,随着许多这类城镇都将不断进入衰颓,其人口不仅会变得更少,而且会更为贫穷,并处于日益的窘境(Gearing and Beh,2000)。与此同时,尽管评论激起了猛烈的反应,在最不利的地区从农村发展国家责任中,政府的完全撤退并不会有太多来自近年农村开发政策轨迹中的分歧。

## 六、结语

在过去的二十五年,农村发展的新范式,出现在农村开发和再生之中。内生式开发取代了以前强调的自上而下、国家主导、大规模基础设施项目和工业化。内生式开发方式以地方开发为基础。根据地方社区的优先性和偏好,新的方式寻求增强地方资源,提高他们的附加值,即地方的自然和人文资源,使农村地区再生。这样,它一直强烈主张农村社区的授权形式,走向更可持续的经济发展。然而,自下而上或内生式发展，对所有农村弊病而言，农村开发不是一个灵丹妙药。并不是所有的农村地区都能通过它们内生式资源的强化同等地自我再生。对外部资金和支持而言，并不是所有的农村社区也同样具备成功地进行竞争。因此，事实上，农村开发范式的转变可以被认为有助于不均匀农村开发的一个新地理学的产生。

159

---

**进一步阅读**

　　与欧洲案例研究一起，农村开发理论和实践的概述，由马尔科姆·莫斯利(Malcolm Moseley)著的《农村开发：原理与实践》(赛格出版社，2003)(*Rural Development: Principles and Practice.* Sage, 2003)所提供。更多有关欧盟 LEADER 计划的情况，见 2000 年 4 月起的《乡村社会学》主题刊，包括意大利、西班牙、法国、德国和英国 LEADER 的研究论文。英国农场主市场的进一步素材，可在刘易斯·霍洛韦和莫亚·尼福塞(Lewis Holloway and Moya Kneafsey)的著作中找到，"阅读农场主市场空间：英国案例研究"，载《乡村社会学杂志》(Reading the Spaces of the Farmers' Market: A Case Study from the United Kingdom. *Sociologia Ruralis*, 2000, 40)。比尔·爱德华兹(Bill Edwards)、马克·古德温(Mark Goodwin)和迈克尔·伍兹(Michael Woods)从英国角度，对小城镇再生问题进行了讨论，其文章"小城镇的公民、社区和参与：再生伙伴关系案例研究"(Citizenship, Community and Participation in Small Towns: A Case Study of Regeneration Partnerships)，载 R. 伊姆里和 M. 拉科(R. Imrie and M. Raco)编的《城市复兴：新劳动力，社区和城市政策》(政治出版社，2003)(*Urban Renaissance: NewLabour, Community and Urban Policy.* Policy Press, 2003)；一个澳大利亚人的视角由琳达·赫伯特-切希尔(Lynda Herbert-Cheshire)撰写的"转换中的政策：澳大利亚乡村城镇的权力和行动"，载《乡村社会学杂志》(Translating Policy: Power and Action in Australia's Country Towns. *Sociologia Ruralis*, 2003, 43)。

**网站**

关于区域发展和农村开发的欧洲联盟计划的信息，可在欧盟的网站上找到。关于目标 1 和目标 2 的细节在网站 http：//europa. eu. int/comm/regional_policy/index_en. htm 上；关于 LEADER＋的细节，载于 http：//europa. eu. int/comm/agriculture/rur/leaderplus/index_en. htm。网络资源也可查到英国和美国的农夫市场（http：//www. farmersmarkets. net）（http：//www. localharvest.com/farmers-markets），以及国家主要街道计划（http：//www. mainst. org）。

# 第十一章　农村治理

## 一、引言

　　农村地区的管理结构各国不同，取决于国家宪政框架，即居主导地位的是政治意识形态和历史先例。例如，美国和法国，在社区层面有相当强的政府制度，乡村层面也享有采纳反映地方情况和意见的自治权与权威。相比之下，在新西兰和英国，地方政府有更少的自治和更少的责任，但在其行动和政策上却更强地受国家层面的中央政府指导。这些差别对农村社会学者来说是很重要的，因为他们需告知在哪个层面决定，考察政策制定和反应农村变化，也要确定对重构做出反应的程度。反应是农村内部形成的，或是外部带来的。

　　然而，尽管行政结构不同，但近十几年，在很多国家，农村地方政府自身都在经受着显著变化。这些变化的性质和时机将随着国家情况而有不同。但广义而言，农村政府已从 20 世纪早期的家长制统治时代，转换到 20 世纪中叶主张的中央集权时代，再到 21 世纪之交的治理新时代。这种转变既反映了乡村的重构，也是乡村重构的一部分，并对农村政策的制定和实施、农村社会、经济和环境的调控，以及乡村内的权力分布，都具有重要的意义。本章要对这些主题进行探讨，首先简洁细述这种转换，之后重点叙述农村治理的新结构、特征和由此引发的问题。

## 二、从家长制到治理

　　从历史上看，农村社会内部的权力分布已经由资源控制，尤其是土地控制所决定。在一个基于初级生产的经济上，土地所有权是经济财富的关键，也带来了工人和佃户。这些工人和佃户，在许多情况下为就业和居住而依赖于土地所有主。反过来,财富能够使土地所有者购买其他例如运输那样的稀缺资源,并允许他们有时间参与公共服务和治理。按照流行的话语土地和财富也得到非正式制定农村领导规则的地位。并且通过政治活动和赞助的发生,地位、时间和财富都允许进入(访问)专属的俱乐部、私人聚会以及社交网络(Woods,1997)。

在欧洲,土地所有权构造是封建主义的遗产。在 20 世纪初期农村社会,拥有大部分土地以及形成领导阶层的家庭主要是封建贵族的后裔,再加上为了获得地位和带来权力所购买土地的一些产业资本家。相比之下,北美、澳大利亚和新西兰农村的欧洲人定居点应该是一个更为平等的努力。然而,开发了矿山和建立最大的农场与牧场的企业家在这里也迅速成为主宰者。马特森(Mattson,1997)观察到,在开拓边疆地区:

> 地方领导的一个显著特点是基于财富和地位随意取得的影响。因为相比沿海城镇文盲率高,基于他们有魅力的领导能力和经济影响,男人们获得突出的位置。因此,大的土地所有主、地方商人和土地投机者成为地方法官。

然而,家长式制度意味着不仅仅是有关经济精英权力的集中。在家长式制度下精英通过他们自己私人渠道负责执行政府的许多传统功能。这是土地所有者和企业主开发了地方基础设施和引导经济发展的。他们提供住房和就业,以及更多的慈善捐赠的学校和医院,并支持当地的慈善机构。因此,包括地方政府在内,政府的作用是有限的。

到了 20 世纪中叶,家长式制度的维持变得更加困难。欧洲的贵族精英开始在数量和财富方面都有所减少,并开始退出他们在地方政治领导的角色(Woods,1997)。他们同时还坚持家长式制度的文化元素,并且团体转向大型农场主用以提供领导关系以及担任乡绅的角色(Newby,1978)。然而,无论是新农业精英还是已经在农村小城镇形成的商人和专业人士占主导地位的精英,有资源去提供具有家长式制度特征的私人治理方式。相反,他们通过他们主导的办公室、地方政府机构行使他们的权力(专栏 11.1)。

**专栏 11.1　英格兰萨默塞特郡的正在变化的农村权力构造**

在 1906 年,英格兰西南部萨默塞特(Somerset)郡议会有 67 名成员,包括 26 名土地所有者和至少 8 个农场主。其中的 22 个是郡市府参事(市议员),15 个是主要的土地所有者。同时这很大程度上是贵族的、拥有土地的精英主导地位是最典型的英格兰农村,并依靠于权力的三个来源:资源的控制,尤其是土地;建立在亲属关系、狩猎和乡村家庭聚会上的专用网络的赞助和影响;安置于作为农村人口的较高级别的绅士阶级的一个"乡绅的话语",因此可以作为农村社会的自然领袖。

然而,第一次世界大战后,精英的权力,被遗产税削弱,并且土地出售的衰退,导致贵族家庭退出领导位置,甚至都离开了村郡。他们的位置被新的精英占据。新的精英是些小农场主、商人和农村社区领袖,如邮政局长、牧师和医生,得到孕生的农业社区和有机社区话语的支持,分别将农场主和可见社区特点置于农村政府适当的领导地位。到 1935 年,74 个郡议员中有 12 名小农场主,至少 15 名议员有商业背景。由重要土地所有者组成的团体已减小,仅剩 17 名。农场主控制着该郡的教区议会和农村地区议会,而商人支配着郡城镇和自治议会。

20 世纪最后的 25 年,萨默塞特郡再次经历了重大的社会和经济结构重构。最显著的是,大量中产阶级人口的迁入,带着几乎少许识别的有机社区的想象,由他们理解田园风光上的一个非常不同的地方话语。这样,新中产阶级居民,并未感觉到被现有精英所代表,并开始在地方政府中为他们自己竞争。1995 年,萨默塞特郡议会 57 名成员中,仅有两名是拥有大量土地的乡绅,4 名算农场主,9 人是教师或前教师,10 人受其他地方公共部门雇佣。但是,年长的精英,在包括地方官员和地方卫生部门以及国家公园委员会的地方政府中,继续在指定的位置上拥有一个更大的存在。这样,20 世纪初始,萨默塞特郡地方权力结构,已从单一的、封闭的和单独的精英主导,转变为最终与迷你精英竞争的碎片化结构。

更多内容见迈克尔·伍兹(Michael Woods)著"权力的话语和乡村性:20 世纪萨默塞特郡的地方政治",载《政治地理学杂志》(Discourse of Power and Rurality: Local Politics in Somerset in the 20th Century. *Political Geography*, 1997, 16)。

国家最显著的是塑造地方政府,从而扩大其在农村地区的活动。然而,新的集权时代特征具有一个根本性矛盾的特征。一方面,选举地方政府的扩张,是继家长式统治精英主义之后,表现出的农村社会民主化。例如,1974 年奥利韦拉·巴普蒂斯塔(Oliveira Baptista,1995)指出,随着萨拉查(Salazar)独裁统治的结束,葡萄牙引进了民主地方政府,给了市民们反对地区管理中那些控制区内经济的人的机会,并帮助创建了重视农村衰退的基础。在一些国家,如英国、法国和美国,这种明显的民主化,不仅仅包括了地方政府,也包括了遴选出代表不同机构的农场主代表参与负责制定农业政策。

　　然而,另一方面,在集权时代,也包含着前所未有的集中化程度。这反映出,国 163家干预农村地区支持资本主义经济活动的需要。如以前各章节详细所述(第四、九、十章),这包括了保护农业市场和价格的行动;补贴农业投资和现代化吸收风险;通过国有化企业,确保稳定的能源和资源供给;通过土地利用开发,控制保护农业用地;通过管理农村休闲利用,促进休闲消费;通过投资农村开发,调控人口流动。为颁布这些目标,创立了新的国家机构——如农业干预董事会、国家公园和森林服务部门、保护机构、国有公用公司和农村开发机构——并肩与民选地方政府在农村空间内运作,但通常没有地方人员的民主参与。

　　集权时代本身,因农村内外空间的压力组合,会带来封闭。在第一层面,农村政府的重构,是由经济与意识形态因素驱动更广泛的政府重构过程的一部分。这些有不断变化的资本主义生产的要求,关系到政府福利供给不断增长的成本。公众反对高税率、国有企业的低效率,公共部门工会的权力。以及 20 世纪 80 年代新右翼政府的选举致力于一种"小政府"的意识形态,授权个人、积极的公民表现和商业知识的约定。在第二层面,农村地区社会与经济重构过程,削弱了中央集权结构的元素,并造成了改革的基本原理。这已经通过 5 个主要变化推动向前发展(Woods and Goodwin,2003):

　　• 缩减农村政府中的国家活动,如取消对农业和运输等部门的管制,国有部门和公司的私有化,以及让私营和志愿部门组织参与地方政府职能。

　　• 将责任从国家转移到积极公民,通过地方层面的合作伙伴关系来参与社区实践。

　　• 农村政策传递更大的协调性,如政府部门和机构的合并,并形成政府不同层级和部门之间的合作伙伴关系。

- 尤其是替代某些农村机构,支持农村和城市地区的区域机构活动。
- 选举地方政府的改革,如地方议会权力、财政和地域的改变。

164　　　总的来说,这些变化被认为是从农村政府向农村治理的转型(专栏 11.2)。

---

**专栏 11.2　主要术语**

　　**治理:**新的统治方式,不仅要通过主权国家的机构,而且还要通过一系列相互联系的制度、机构、伙伴关系和积极运作来实施。公共部门、私人部门和志愿部门之间创新措施的界限会变得模糊。从事治理的行动者和组织,会表现出不同程度的稳定性和长期性,采取多样的形式,在一个范围内的规模上下操作,并与民族国家的治理一致。

---

# 三、农村治理的特征

　　治理的概念,最早由上世纪 80 年代城市研究人员利用。他们观察到,当选地方政府的权威性,如何在城市政策制定和贯彻中,与私人部门日益增多的参与进行妥协,以及非当选机构对经济发展的责任怎样建立(Jessop, 1995;Rhodes, 1996;Stoker, 2000)。此时,这种新地方治理体系含蓄地被视为一个内在的城市现象。然而,几乎未被注意到,相同的过程也在农村地区出现。到 20 世纪 90 年代中期,农村治理的景象出现了,不仅包括建立的政府机构,也有大量的合作伙伴关系、社区自主性、政府间组织、商业论坛和共筹资金的安排,如欧洲 LEADER 的行动团体(第十章)和美国的流域管理合作伙伴。正如古德温所观察的那样:

　　　　这种现象表明,在相互依存的复杂网络中,这些纠缠在一起复杂层次日益治理的农村地区,对农村政策的形成和服务来说,在从地方到欧洲的各个层面,都受到欢迎的机制。在所有层面,官方政策声明都强调伙伴关系和网络的作用,并超出了政府的正式结构。

(Goodwin, 1998)

　　然而,从支配到治理的转变,意味着不仅是制度框架的变化。它还包括治理方式、修辞与话语的变化。政府不再被认为具有统治上的垄断权,相反却是存在着政府与其他部门职责的混乱。政府也不再定位为公共产品的提供者,而是作为促进社区能治理自身的角色。同样,人们认为,治理的合法性,来自公民和利益相关者,在治理活动中直接参与,而不是来自传统政府的选举授权(专栏 11.3)。

---

**专栏 11.3 治理的五点主张**

1. 治理指的是,一套复杂的制度,参与人来自政府但也超越政府。

2. 治理确指,解决社会和经济问题的界限与责任是模糊的。

3. 治理确指,权力依靠集体行动中制度之间的关系。

4. 治理是关于行动者自主的自我治理网络。

5. 治理承认有能力完成不依赖于政府权力去控制或使用其权威的事情。它认为政府能够使用新的工具来引导和指导。

摘自格里·斯托(Gerry Stoker,1996)的"理论治理:五个命题请愿书"(Governance as Theory: Five Propositions Mimeo),引自马克·古德温(Mark Goodwin)的"农村地区治理:一些新兴的研究问题和议程",载《农村研究杂志》(The Governance of Rural Areas: Some Emerging Research Issues and Agendas. *Journal of Rural Studies*,1996,14)。

---

结合这些观念,农村治理产生的证据,可分辨出两个围绕主要的相关部分:合 <sup>165</sup>作伙伴的运作与社区参与及积极的公民。

## (一) 合作伙伴

合作伙伴运作是治理理念的核心,可体现在很多方面。合作伙伴关系的运行可能意味着,各种组织召开联络会议,或参与协商论坛,或进行联合资助的新创措施,或一起在某个具体项目上工作。最具体的层面是伙伴组织。爱德华兹等人(Edwards *et al*.,2000)定义为:"由两个或更多伙伴组成的正式或半正式实体,有明确的财务和行政结构,与其共同伙伴又明显不同,并建立联合其共同伙伴的资源取得具体目标的行为能力。"所有这些类型的安排,在农村地区迅速扩散。这样,正如爱德华兹等人所述:

对该组织在英格兰或威尔士的任何小城镇或农村地区的细密考察,

很可能揭示 LEADER 团体,地方 21 世纪议程团队,训练伙伴关系,社区

企业或开发项目,公民论坛,和农村发展计划,以及大量集中在市场营销、
维持产品物价、可持续发展、运输或旅游——都构成了伙伴关系的某种形
式。一系列的组织,往往横跨公共、私人和志愿者部门。

(Edwards *et al.* , 2000)

伙伴关系的三种类型,特别在农村治理中,获得了声望。首先,是以协调农村
地区各政府机构实行的政策和创新的战略伙伴关系,如在不同尺度或不同部门实
行的伙伴关系。在某些情况下,战略伙伴关系也包括其他利益相关者团体,如农场
主联盟、商业联合会和志愿者部门代表。美国国家农村开发伙伴关系(NRDP)是
战略伙伴关系的一流例子。成立于 1990 年的 NRDP 网络连接超过 40 家联邦机
构和国家组织,目的是甄别项目的重复和成为农村服务的突破口。在政策制定过
程中,建立机构之间的合作与协调、传播信息、代表农村利益。它在两个层面与国
家伙伴关系一起运作。全国农村发展委员会,得到 36 个州农村发展委员会支持。
它们自己即是州级机构的伙伴关系,也是私人和非营利部门相关者的伙伴关系
(Radin,1996)。

166          其次,还有转让的伙伴关系,形成于地方层面,管理特定政策或计划的实施。
地方政府是主要伙伴,但其他伙伴或许包括合适的筹资机构、商会、地方开发或企
业机构、民间和居民协会及代表社区特定部分的团体,如年轻人。转让的伙伴,通
常与农村开发项目的实施相关。事实上,伙伴关系的作用已为许多农村发展计划
所需要。例如,韦斯特霍姆等人(Westholm *et al.*,1999),调查了欧洲地方农村开
发伙伴关系,其中许多是欧盟农村开发创新项目的产物(第十章)。他们揭示出,伙
伴关系原理的广泛实施,但伙伴关系组织的形式和结构的明显变化,则产生于成员
各州不同的政治环境和公民社会传统。此外,韦斯特霍姆等人同时说明,欧盟在促
进欧洲伙伴关系作用上始终是推动力量的,同时伙伴关系也就日益成了国内农村
开发项目的特征(专栏 11.4)。因此,爱德华兹等人(Edwards *et al.* , 2000)记录了
与英国农村再生一起提交的许多合作的运作。在邻近的三个郡从 1993 年少于 20
个增加到 1999 年多于 140 个(图 11.1)

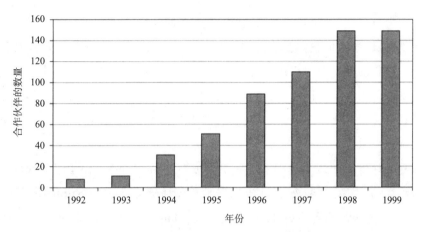

图 11.1　1992～1999 年英格兰锡尔迪金郡、波伊斯郡和什罗普郡的农村再生伙伴关系实施数量

资料来源：Edwards *et al*.，2000。

---

**专栏 11.4　农村的挑战**

　　农村的挑战，由英国农村发展委员会倡导，从 1994 年至 1997 年的四个年度资金中，择优竞争资助了 24 个地方项目的再生计划。竞争有两个阶段，从 16 个郡中，选出一个郡有资格继续竞争参选每年项目中的一个项目，其中六个项目每年得到资助。正如琼斯和利特尔（Jones and Little，2000）记述的，1994～1997 年度中，资助 18 个项目，资助价值从在萨默塞特郡，为农村青年提供移动信息、休闲和训练设施的 150 万英镑起始，到在诺福克的商业公园和生态科技中心的 1 300 万英镑。竞争规则规定，所有申请均须由伙伴关系提交，包括公共、私人和社区部门伙伴。伙伴关系工作的力量，也是用于评估申请标准的一部分，由信贷给出报价，包括私人部门投资的最高比例，并包含范围广泛的合伙人。项目指导说明，农村挑战的目的是，刺激的组织通常不包含在加入地方伙伴关系内的农村再生。投标必须咨询了广泛的利益，以及私人、公共和志愿者部门的主要合作伙伴，如地方雇主、警察、学校、学院、卫生权威机构。投标中直接利益方包含在合伙人中并遵守投标（Jones and Little，2000）。

> 然而，琼斯和利特尔说明，伙伴关系建立的过程并不简单。农村私人部门的规模有限，高度依赖小型企业，这意味着，吸收私人部门合伙人往往是困难的，而且，特别是私营部门的资金。社区团体也经常发现，它们的参与因资源缺乏而妥协。因此，项目中大部分伙伴关系由公共部门机构所支配，包括地方郡和区议会。在少数情况下，仅以使投标符合项目标准的名义，与一些伙伴编造假的伙伴关系。
>
> 更多详情见欧文·琼斯和乔·利特尔（Owain Jones and Jo Little）的"农村的挑战：伙伴关系和新农村治理"，载《农村研究杂志》（Rural Challenge：Partnership and New Rural Governance. *Journal of Rural Studies*，2000，16）。

167　　在环境管理计划实施中，采用转移的伙伴关系也日益增多。所有利益相关者的参与，包括政府机构、环境团体、资源用户和地方社区，在治理环境问题中，创建各自责任和构建共识，被视为重要一步。在美国农村的很多地区，综合生态系统和流域管理已建起了合作伙伴关系，尤其在美国西部（Swanson，2001），以及遍布澳大利亚的土地关照计划（Lockie，1999b；Sobels *et al.*，2001）。

最后，在治理过程中，与伙伴关系协商，已成为一系列尺度上约定社区的机制操作，正如以下讨论的那样。

### （二）社区参与和积极公民

如前章讨论的那样，治理的中心原则，是促进社区参与，这已成为与社区一起从事农村开发携手前行的事。事实上，在这两种情况下，直接加入可看作地方人员的授权，以及政府把责任传递给公民自己。这在伙伴关系组织中，是这样做到的：一、吸收社区团体，如居民协会、市民社团和村庄环境适宜社团；二、进行调查，实施评估，直接与当地居民进行公共会议。

168　　爱德华兹（Edwards，1998）追踪了20世纪80年代早期起，英国农村治理中逐渐采纳的社区参与。然而，直到20世纪90年代，地方社区的直接参与，才在1995/6年度的英国农村白皮书（Edwards，1998；Murdoch，1998）以及1998年澳大利亚昆士兰的建设性农村未来大会（Herbert Cheshire，2000）等里程碑性的文献和事件中,定位为农村政策的核心原则。这样,从 20 世纪 80 年代初开始,社区参与成为标准的实践,不仅在农村开发和再生计划中(Aigner,2001；Edwards,1998；Lapping,1989),而且也贯彻在一系列农村治理的其他领域,如教育(Ribchester and Edwards,1999),预防犯罪(Yarwood and Edwards,1995),公众进入乡村(Parker,1999)以及住房与无家可归(Cloke,2000)等。

然而,在农村社区日益碎片化时期,融入社区远非那么简单(第七章)。在某些情况下,地方议会是作为社区代表融入的,但是社区参与更广义的实践,可能会解读为对选出的地方政府的包容性是含蓄的批判。相反,鼓励伙伴关系吸引广泛的社区团体以代表更广阔的跨区人口,因为有些项目要求合伙人要包括代表特别的群体,如年轻人。

因而,有效的社区融入,要依靠社区成员的积极参与。因而,促进社区融入又与发扬积极的公民义务密切相关——讲述个人寻求他们自己解决问题途径的权利,以及有责任主动参与这样做(Herbert Cheshire,2000；Parker,2000；Woods 2002b)。在适度层面,积极的公民权可能简单意味着,在地方选举中投票或填写社区调查,但也意味着,动员某些个人成为社区领导者。后者明确表达就是,通过领导能力培训计划项目,如昆士兰和美国 W. K. 凯洛格(W. K. Kellogg)农村基金会那样的"培养农村领导人"计划项目(专栏 11.5)。

---

**专栏 11.5　佛蒙特州的领导力培训**

佛蒙特州在美国东北部。社区环境伙伴关系(EPIC)是再生倡议,发端于美国东北部佛蒙特,由佛蒙特大学教职员建立和管理。该创举意在开发战略中,帮助社区的可持续农村发展。其工作包括领导力培训计划,以及为期 10 周的系列晚间会议和周末聚会。在研讨会中,参与者学习处理地方棘手问题的实践(如垃圾填埋场选址),如何接触资源,如何做电视采访,如何撰写新闻稿,并说服记者撰写他们的工作(Richardson,2000)。课程参与者由农村社区现在的领导人提名,期望他们返回社区并发挥他们自己的领导作用。

更多详情见琼·理查德森(Jean Richardson)著的《社区伙伴关系:重新编制美国农村结构》(艾兰出版社,2000)(*Partnerships in Communities: Reweaving the Fabric of Rural America*. Island Press, 2000)。

## 四、农村治理提出的问题

农村治理的新体系，是仍然演化的现象。然而，研究人员已开始提出，对农村社会权力分配的作用与结果的很多担心。在这里没有余地详细讨论所有的问题，但六个主要问题可能是明显的。

第一，人们关心的是农村治理结构的排他性。表面上，伙伴关系和社区参与所使用的语言是包容的，但它们可能把权力集中在已建组织的小集团和个体。社区很多边缘部分可能会发现自己是被排除的，即使他们是所期望的创新焦点。例如，克洛克等人(Cloke et al.，2000)描述了以解决农村城镇无家可归者为目标的伙伴关系组织，以及如何将无家可归者排斥在外。农村治理的日常文化也可以是排斥性的。利特尔和琼斯(Little and Jones, 2000)强调农村治理内竞争和私人部门的参与，再生项目内支持创新类型的决定，如乡村挑战，都反映和强化了特定的男性工作的实践和价值。

第二，新治理结构的合法性和说明责任已受到质疑。然而，选出的政府机构，要经过选举对市民做出说明，并从他们的民主授权中得到合法性，如伙伴关系从相关组织的宽广胸襟获得合法性，并只对他们的合伙人组织和资助者做出说明(Edwards et al.，2000)。此外，传统的、选举出的地方政府机构必须继续找到维持他们合法性的新途径。韦尔奇(Welch, 2002)通过澳大利亚和新西兰农村地方政府的案例研究，证实对这些相关机构而言，主要关心的是合法性，并且在某种程度上，合法性现在源于伙伴关系和其他社区团体地方议会的参与。

第三，伙伴关系的言论，常常被不同合伙人的不平等资源所削弱。除了时间和想法，社区部门的合伙人通常没有贡献。同时发现，农村地区私人部门的投入是困难的(Edwards et al.，2000；Jones and little，2000；Welch，2002)。因此，公共部门的合伙人往往居于主导地位。社区投入也按达到合伙人的共识所需和集体责任负责的原则而有所减轻(Edwards et al.，2000；Westholm et al.，1999)。

第四，伙伴关系与特别项目或筹资竞争相关的其他创举，也许只有很短的寿命。获得更长寿命的伙伴关系，在简单确保它们安全的基础上，通常要花费相当多的时间和精力。这样，农村治理的制度框架是很不稳定的(Edwards et al.，2000，

2001)。

第五,农村治理的新地区和规模,可随新伙伴关系的建立产生。而且,在一些地方,也随选出的地方政府重构产生。合作的问题,会出现在重叠机构和高于不同定义地区起作用的伙伴关系之间,而且,治理机构对地方人员的说明责任,变得进一步模糊(Edwards *et al.*,2001;Welch,2002)。

第六,当政府将其责任分散给社区时,一般政府提供的概念也已被剥夺。社区内某些设施的提供或经济开发资金的可获得性,可能取决于社区适当的组织伙伴关系和竞争资源的能力。因此,有观点认为,在伙伴关系富裕和伙伴关系贫困的社区之间,可以有力断言农村治理正在造成地理上的不平衡(Edwards *et al.*,2000,2001)。

## 五、结语

过去一个世纪,贯穿农村地区的治理结构,已有显著变化,这反映了乡村重构的后果也广泛反映了政府重构的模式。20世纪初始,本质上的家长式体系,通过国家制度,逐渐由更集权、更综合的地方政府结构取代,并在过去二十年间依次得到修改。在农村治理新体系中,责任和权力都分散到更广泛的政府内外的行动者网络中。这种转变已对农村地区的权力结构造成影响,并在不同时间,受到不同精英的支持。事实上,尽管民选地方政府的民主框架和治理中的包容性言辞,对某些声音的支持,但所有的治理方式都含蓄地超过其他声音,并产生出与有价值资源分布一致的权力集中。因此,土地所有者就形成了家长式下的欧洲农村精英阶层。同时,他们与农村治理新结构一起是提供资金和管理者的机构。他们在伙伴关系委员会中享受不成比例的影响。特别是,农村治理体系提高了对权力和责任说明的关注。但很多社区和志愿者部门合伙人,与公共部门合伙人一样,在平等参与中都遇到了困难,并缺乏强有力的农村私营部门,致使一些评论者认为,治理不过是不同名称的老式政府的延续(Edwards *et al.*,2001)。然而,如果在治理下,权力没有转换的话,其当然具有责任。与强调自下而上内生式发展结合的工作(第十章),新的农村治理的原则说明塑造农村地区未来的责任已从政府转移到社区本身。对许多社区而言,这种转变已在逐步授权,但是,正如赫伯特·切希尔

(Herbert Cheshire,2000)所论,社区应为改善它们自己环境的失败而担负责任,因
为它们被视为缺乏企业家技能或不愿自我改变。

171

---

**进一步阅读**

　　《农村研究杂志》专题版于 1998 年(14 卷,1 期)发行。这是个很好的起
点,有许多关于解决农村治理问题的论文,包括马克·古德温(Mark Goodwin)
的论文"农村地区的治理:一些出现的研究题目与议程"(The Governance of
Rural Areas: Some Emerging Research Issues and Agendas)和比尔·爱德华
兹(Bill Edwards)的论文"记述社区行动的话语:威尔士农村实践的展望"
(Charting the Discourse of Community Action: Perspectives from Practice in
Rural Wales)。杂志中的论文重点讨论了英国,但观点分别来自澳大利亚、新
西兰和美国,可参考林达·赫伯特·切希尔(Lynda Herbert Cheshire)的"澳大
利亚农村社区发展的当代战略:政府视角",载《农村研究杂志》(Contemporary
Strategies for Rural Community Development in Australia: A Governmentality
Perspective. *Journal of Rural Studies*, 2000,16);理查德·韦尔奇(Richard
Welch)著的"在新的治理环境中农村地方政府的合法性",载《农村研究杂志》
(Legitimacy of Rural Local Government in the New Governance
Environment. *Journal of Runal Studies*, 2002, 18);以及贝里尔·雷丁等人
(Beryl Radin *et al.*)著的《美国农村新的治理》(堪萨斯大学出版社,1996)
(*New Governance for Rural America*. University of Kansas Press, 1996)。

---

# 第十二章　销售乡村

## 一、引言

乡村重构最重要的因素之一，已从以生产为基础的经济，转变为以消费为基础的经济（第五章）。以消费为基础的农村经济的范围是广泛的，并且包括许多不同的活动。从金融服务业到零售业，最明显可见的部分是旅游业。很难找到对乡村旅游及其对农村经济贡献的准确统计数据，特别是在比较层面。然而，农村旅游的重要性，可以用少量的快照事实和数据来说明：

- 2001 年，在英国全部过夜国内旅游中，23%在乡村或村庄。
- 1999 年，爱尔兰高尔韦的乡村旅游部门，接待了 65.9 万名游客。邻近的克莱尔郡接待了 31 万名游客。高尔韦乡村旅游经营者的收入，为 1 亿 100 万爱尔兰英镑。克莱尔的收入为 1 亿 2 200 万爱尔兰英镑。
- 1994 年，8.1 万名游客去了亚利桑那州科奇斯郡，花费接近 100 万美元。
- 2002 年，超过 20 万过夜游客，到访了西班牙的安达卢西亚。1999 至 2002 年，该地区的农村旅游公司数量增加了 50%。
- 在新西兰，有大约 1.5～1.8 万人从事与农村旅游相关的工作。

在这些数据提供了具体农村地区有价值的旅游贡献概况的同时，还应注意到在不同地区之间，农村旅游的类型和重要性也有很大的不同。有些地区，如北美的国家公园、欧洲的阿尔卑斯山、英国湖区和苏格兰高地，都有一个很长的旅游历史，可以追溯到 19 世纪。在其他地区或更传统的农业地区，旅游业的显著规模相对来说是近期发展的。此外，在城乡接合部地带的休闲场所从事一日旅游的活动类型，与那些在美国北部边远地区、新西兰、澳大利亚从事冒险项目的游客所从事的活动类型是非常不同的。

173    农村旅游的增长,即反映了所有类型旅游的一般扩张,也反映了从传统海滨假日度假地向更大范围的旅游体验的转变,沃姆斯利(Walmsley,2003)认为这与生活方式引领和休闲导向社会的兴起是一致的。这些社会潮流已造成了农村地区试图去响应的机会。在许多地区,旅游已被提升为内生式农村发展战略的一部分(第十章)。沃姆斯利(Walmsley)观察到,对衰落的农村社区而言,旅游已被看作是一剂灵丹妙药。旅游业也被提高到农场多样化的一部分(第四章)。肖和威廉姆斯(Shaw and Williams,2002)估计,1990年,英国有20%的农场以某种形式从事旅游业,现在这个数字可能更高。1986至1991年间,纽约州近三分之二的农场旅游经营者扩大了他们的业务(Hilchey,1993)。同时,东英格兰旅游局地区六家农场住宿市场营销合作社,每年总收入160万英镑的。

因此,农村旅游,包括范围广泛的活动。巴特勒(Butler,1998)区分了传统活动(如驾驶、步行、参观历史遗迹、野餐、观光与钓鱼)和新活动(如摩托雪橇、山地自行车、越野车和耐力运动)。然而,也许在那些旅游活动之间,还有更有用的分类,即在农村地区的活动,但在性质上却并非农村的,以及那些积极从事农村景观、环境、文化或传统的活动。前者可能包括主题公园和配套的度假中心,如度假乐园,也可能包括许多以“活动为基础”的假期和线路。同时,后者的范畴各种各样,包括山区行走、农场假日、传统的手工艺景点,以及更多具体的东西以刺激为基础的,并通过冒险旅游挑战自然的形式。连接这两组的是农村中心性到旅游者凝视(Urry,2002)。顺便谈论下“旅游者凝视”,厄里(Urry)的重点是把旅游看作是看、体验、理解的过程,并表现与日常和时间常态不同的场所。因而,旅游者凝视,具有变革性影响。游客注视着满足他们预想和期盼的农村场所,他们就改变了农村地区;而且,农村地区自己是包装好的整体,在市场出售,即使在某些情况下,外在有

174  些改变,游客凝视的预期,都是为指导和开发它。

## 二、农村的商品化

探讨旅游者凝视体验的内在性是重要的。这表明,讲述农村已从生产型经济转移到消费型经济,可采取进一步的步骤。这说明农村经济已从开发自然环境转向开发乡村的美学诉求。因此导致农村环境不同方面的相对价值也已改变。对生

产潜力来说,农村土地的价值日益减少。而更多的是,农村给旅游业和其他审美消费形式提供了机会,如电影布景。换句话说,乡村已成为商品(专栏12.1),通过旅游、迁入者的房地产投资、农村的工艺和产品市场营销的消费活动进行买与卖,并利用农村印象出售其他产品。

---

**专栏 12.1　主要术语**

　**商品:**为交换目的而生产的物体(即买和卖)。

　**商品化:**物体可出售的价值(其交换价值)超过其使用价值。换言之,因文化或美学理由,物体的价值高于其使用价值。当物体商品化时,它和其使用价值剥离,并对其需求的讨论剥离。

---

克洛克(Cloke,1992)证实,乡村商品化由多种因素造成,不仅包括农业和林业的经济衰退,也有旅游业的显著增长,还包括品牌、标志和符号社会的兴起。这些成为我们理解世界的基本途径,以及公司从其资产中获取价值最大化的压力。因此,一块农村土地,可以同时用于生产价值和它的交换价值(见下节,水电站、水库和森林旅游景点的市场营销)。因此,就像克洛克描述的那样,商品化是农村地区资本主义经济的重要组成部分,已发生在许多不同方面,包括:

> 作为排他性生活之地的乡村;具有可以买卖环境的乡村社区;可以殖民的农村生活方式;可以手工制作的可包装和出售的农村文化图标;有一系列新的潜在价值的农村景观,从"付账—进入"的国家公园到主题公园扩张的场地。农村生产从新的商品化食品延伸到潜在的产业工厂的产出,或实际的污染外部性,驱使它们离开城市地区。

(Cloke,1992)

和所有商品一样,乡村用设计好的方式包装和销售,以吸引最大量的潜在客户。在农村环境中,具有最大交换价值的景观、环境、传统和习俗,是那些最符合农村田园生活理念的东西。因此,农村地区的市场营销,常常意味着重新包装和重新展现农村地区的特征,强调与农村田园生活相关的特点(第一章)。

通过威尔士和西南英格兰农村旅游景点的宣传材料研究,克洛克(Cloke, 1993)确定了五个重复出现的主题。第一,作为背景的农村景观通常指的是,与农业无关的景点,如威尔士的奥克伍德(Oakwood)主题公园。它位于美丽的彭布鲁克郡乡下，面积八十英亩。第二，通过动植物关系强调自然，形成游客体验的一部分，如在"银河和北德文猛禽中心"承诺，"有趣的，手把手耕作体验。挤牛奶！喂奶瓶和抱抱小动物！"第三，历史强烈表现出乡村社会建设的重要组成部分。第四，家庭也是如此。第五，促进了农村工艺产品和乡村"特色餐饮"的供应。"在几乎所有情况下，小册子中所述的乡村商品化都会给人留下这样的印象，即某些工艺物品和茶点品类在某种程度上是乡村体验总包装的一部分。"

类似的主题由霍普金斯（Hopkins，1998）在一次由加拿大安大略省南部的乡村旅游景点宣传材料所构建的象征性乡村的验证中得到确认。自然再一次时常得到强调，如对具体动物的提及，以及家庭、社区与历史主题的舒适性价值。霍普金斯注意到，这些信息是通过多种渠道，以公开宣传材料进行的传播。既有文字材料，也有可视材料。这些材料包括景点的标志，大部分以某种形式象征性表现了自然或环境，如以下这个表示家庭露营地的标志：

> 另一种森林动物——这一次目光炯炯，微笑的"泰迪"熊——则描绘成直立站在篝火旁，烤着困在棍子末端的热狗。"天真""孩童""营养""自然驯化"的神话描写，再一次把神话象征化了……还有，隐藏在篝火旁的其他神话是："浪漫""社交""夏日时光""时间永恒"和"荒野"。这是视觉上简单的标志，却有效地捕捉到了自然的喜悦或许是在隐蔽林地露营的原始乐趣。

（Hopkins，1998）

本章的其余部分，是围绕一系列案例研究编写的。这些案例说明了乡村商品化的五个突出因素：农村生产场所作为旅游景点的市场营销；农村文化遗产的重新包装；虚构的农村景观的促销；通过冒险旅游，农村成为极限体验的地方；利用农村作为一个品牌，向城市消费者出售货物或产品。

## 三、作为旅游景点的农村生产场所

从以生产为基础的经济，到以消费为基础的经济转变，已不仅发生在整个乡村层面，也发生在个体企业的经营活动中。很多农场已经扩展了旅游经营，为了使他们的收入来源多样化而远离依赖农业的收入。最通常的做法是，尝试农场住宿，含床和早餐的房间,自炊式小别墅和露营地。农场商店、天然小径、骑马设施和钓鱼湖泊。但是,在所有情况中,农场都力图保持较原始运行的农业企业。然而,进一步的抽象层级也已实现。很多农场改造成农场公园,以反映民众喜欢的耕作业田园风光的景象,替代那些从事农耕的景观和实践(图 12.1)。例如,英格兰的威尔特郡(Wiltshire)农场主贾尔斯(Giles)的景点,在其宣传单上,就被描述为一个安全环境。在那里,家庭在放松自己的同时,还可学习过去和现在的耕作方法。人们可以在很多围起来的小牧场和其占地内,拥抱、豢养、瓶饲或手喂各种动物。

图 12.1　英格兰"农场公园"景点的宣传单

资料来源:伍兹私人收藏。

农场公园以同样的方式,在农村田园牧歌中,具有净化耕作景象的重要性。森 176
林也已商品化,因为它们的景观在农村常用话语中具有较高价值。直到最近,商业企业为木材生产,森林得到种植和管理,公共进入林地受到严格限制。然而,森林管理者日益意识到,森林不仅具有收获木材的使用价值,还有通过休闲活动利用的交换价值。例如,在英国,林业企业——这家半商业性机构,肩负着管理英国国有林地的责任——积极促进着林地作为旅游景点资产的发展，并已建成了一些设施，如游客中心、野餐场所、路标步道、艺术装置和山地自行车道。

　　重要的是，森林企业促进了共同的主题，即森林与自然、景观、宁静和荒野的结合，形成教育的一部分，让公众从中了解自然保护、森林管理和木材交易等知识。这种教育议程，也是加拿大温哥华市北部边缘西摩示范林的突出特征。这里原为大温哥华水上地区流域土地的封闭部分。1987年，为向公众提供教育和休闲机会（宣传传单），森林开放。森林景点包括1.6千米长的综合资源管理小路（图12.2），带有解释宣传板和标牌，提供了很好的森林管理周期的传单。

**图 12.2　温哥华西摩示范林的说明公告板**

资料来源：伍兹私人收藏。

## 四、农村遗产的商品化

　　以上案例,通过强调自然、环境和景观主题,将农村变为商品,都是农村田园牧歌社会结构中的核心要素。农村田园牧歌的进一步特点是怀旧和意识,即与城市相比,乡村较少被现代化改变和损坏。正是这种信念,大家都企盼找寻有商品性的农村遗产地点吸引游客。随着传统经济基础的瓦解,这些具有历史纪念性的地点,已用作再生战略,其中最著名的例子是,加拿大温哥华岛的彻梅纳斯(Chemainus)。当镇上锯木厂 1983 年关闭时,共失去了 654 份工作。他们还尝试了各种再生计划,如绘制五幅描绘当地历史场景的壁画项目。对这个项目的反响出乎意料,刺激起更多创建“壁画节”的倡议。1992 年,他们完成了 32 幅壁画和 6 尊雕塑。所有描绘都表现了该地农业和拓荒遗产(图 12.3)。这些壁画都成了重要的旅游景点。每年带来的游客超过 25 万人(Barnes and Hayter,1992),并且其他城镇也复制了这一创举,如塔斯马尼亚的谢菲尔德(Walmsley,2003)。

**图 12.3　温哥华岛彻梅纳斯壁画描绘的农村遗产**

资料来源:伍兹私人收藏。

178     彻梅纳斯壁画必然包含着表现过去的远距离消费。然而,为了给游客直接体验过去的机会,其他冒险活动也已试图重建历史上的农村。威尔逊(Wilson,1992)讨论了阿巴拉契亚南部的四个例子,其中一个是美国农村地区最贫困的地区。威尔逊认为,这是个危机地理最好的例证,因为它的古老山脉和河谷,在过去的六十年中,见证了独特的和孤立的区域文化,与无情的现代发展项目的碰撞。四个景点中,有两个——多莱坞(Dollywood)和美国文化遗产——明显是商业企业。在那里,农村遗产是打包售给游客的一部分。多莱坞在田纳西州的皮金福奇,是一个主题公园,归乡村歌手多莉·帕顿(Dolly Parton)所有,主题也围绕着多莉·帕顿。宣传材料上写道:"邀请游客在这里体验美国唯一的地方,大烟雾山脉的传统和骄傲。那里有旧时的手工艺品、美丽的风景、食物和友好的伙计,以及多莉的乐观音乐类型!"(多莱坞手册)如威尔逊所述,大山的遗产包括有代表性的材料,如建筑物、织机、农具、班卓琴、玉米芯烟斗、洗衣板和圣经,以及象征性绘在 T 恤上的图案、礼品店出售的杯子和海报。除了这些物质材料,威尔逊认为,多莱坞也将健康的、简单的、农村家庭的理念商品化:

> 人们曾经像这样生活:简单的丛林生活,但却是健康的。事实上,多莉并不以这种方式生活,但这无关紧要。正是这种人造物令人着迷……多莱坞使人确信,我们与那些可能或不可能留下的大山文化有关系。这让人充满讽刺。

(Wilson,1992)

179     道德议程在多莱坞农村遗产的表现并不明确,但在美国文化遗产中则是明确的。北卡罗来纳州夏洛特附近,即有一处现已关闭的基督教不动产开发。美国文化遗产利用传统来指导和证明对现在的道德视野,这在景点的景观中有物质的表现。然而,威尔逊评论道,每隔几个词,不用引用语符号描述美国遗产是很难的。如一辆蒸汽列车,一家具有原木屋的老农场,一条有乔治亚建筑的主街购物街。在大多数建筑里面,包围我们的是空调、香水、音乐。这包括美国农田,在宣传材料中,描述为"19 世纪乡村生活一瞥"。但是,却把维多利亚时代的农舍、谷仓、宠物园、骑乘的马匹和马车、风车、乡村车间和乡村教堂这些立体式收藏的含混时空具体化了。

    相反,田纳西州诺里斯(Norris)的阿巴拉契亚博物馆,则将自己作为"世界拓荒生活的最真实和完整副本"推销。露天景点包含，二十多个真实的小木屋和其他建筑物，从不同地方搬来，但却人为地安排和陈列在博物馆里，以传达出居住其中的样子，以及生存奋斗高于一切的真实性（博物馆小册子）（图12.4）。和多莱坞一样，展台的材料表明，还有更深层次的信息。在博物馆创始人的陈述中，清楚地表明"在世界上阿巴拉契亚南部山区民间递减的真正血统是最敬佩的人"（博物馆小册子）。然而，威尔逊指出了描写的选择性：

> 这些故事意味着，将游客带回到以前的日子：那些战胜荒野和野蛮的年代。我看了，但找不到随后几年损失的文献：土地侵蚀、水库淹没、贫困和所有现代生活取代的损失。20世纪中叶，这些地方发生了什么，没有迹象，也没有它们消失的任何踪迹。也没有早于白人文化的任何意识。所以，我们只剩下惊异，不知道怎样把我们现在与这些工具和建筑物联系起来。

（Wilson，1992）

图 12.4　阿巴拉契亚博物馆内山间小屋内部再现

资料来源：伍兹私人收藏。

最后的景点,凯兹山凹(Cades Cove)也许是最具真实性的地点。它曾经是人们居住过的社区,但随着 1934 年大烟山国家公园的创建,人口被外迁(专栏 13.1)。大部分建筑被清除,但有些被留下来,作为以前生活方式的表现。现在,孤零零地矗立着,如同循环旅游车的车站、观光的空小屋和谷仓、学校、教堂、铁匠铺和磨坊(图 12.5)。这些结构不带家具设备,没有附属物或解说牌。对威尔逊来说,额外材料的缺乏,使凯兹山凹比其他景点更真实,但这一结论是开放的,允许争辩。空建筑景点,理应由国家公园服务处妥善地维护。凯兹山凹的建筑,几乎未讲述在那里生活的人,以及他们做出的活动和他们所面临的艰辛。相反,建筑物是中立的容器,游客可以倾泻。他们自己对历史上山区生活的田园化领悟,而没有相反叙事的挑战。

**图 12.5　大烟山凯兹山凹以前社区的遗留物**

资料来源:伍兹私人收藏。

　　威尔逊讨论过的这些景点,不仅仅是作为农村遗产的代表营销,更具体地说,是阿巴拉契亚农村的山地文化遗产。空间参照很重要,因为它将农村遗产地及其相关商品定位为全球化和同质化背景下区域独特性的象征(第三章)。将农村遗产用作地方同一性表述,可以在任何地方看到。在瑞典中部的达拉那(Darlana)地区,许多村庄都有保留的遗产场地,通常重点考察废弃的农场。克朗(Crang, 1999)通过这些场所证实,从过去的农村生活的真实情况中提取的东西,与从阿巴拉契亚历史公园取来的东西一样,都是达拉那农村文化基础的表现,应予以珍惜,反过来,这也被看作是瑞典的偶像文化。

## 五、虚构的农村景观

农村文化遗产的怀旧理念为建设旅游者凝视乡村,提供了一个框架,但旅游者凝视也会通过电影、电视节目和文学作品,了解虚构表达的农村生活和景观。事实上,利用农村场地,作为电影拍摄地点本身就是商品化的形式,会为土地所有者提供额外的收入来源。1999年,大约400家英国农场提供了平静的、传统的和壮观的电影拍摄地光盘数据库,并在夏纳电影节上推出。除了场地费用,用作成功电影和电视节目场景的农村地方,也可期望提高旅游业,如同圣徒旅行去参拜代表真实生活的地方。例如,莫迪尤(Mordue, 1999)讨论了戈斯兰(Goathland)一处案例,一个在英国北约克郡有450居民的村庄,自1991年以来,一直是流行的英国电视剧《心跳》(*Heartbeat*)的拍摄地。这个节目的结果是,来戈斯兰的游客人数,从每年大约20万,增加到每年超过120万。连续剧描述了,20世纪60年代一名乡村警察在虚构的艾丹斯菲尔德(Aidensfield)村的生活。因此,虽然许多游客到戈斯兰,可能是被节目的景观所吸引,但也有人是为寻找节目中那种浪漫、简单、慢节奏的农村生活。

农村地区的旅游者凝视,提供了虚构故事的场景。它们通常会模糊真实和虚构景观之间的区别,而且时间久了,就会对真正的地方自然环境带来变革性影响。例如,在戈斯兰,为《心跳》布置的电影元素,已永久保留在村庄景观里,最明显的是村子商店的正面成了游客的焦点,把他们与寻找的虚构地方连接起来。更深刻的事例,发生在加拿大爱德华王子岛的卡文迪什(Cavendish),这是为L. M. 蒙哥马利(L. M. Montgomery)写的,儿童流行小说《绿山墙的安妮》设置的背景。小说出版于1908年,讲述了一个孤儿,被一个农夫和他的妻子收养,以及她喜欢的农村童年故事。因此，与《心跳》和戈斯兰一样，游客来卡文迪什的部分原因是，寻找过去的浪漫化农村。就像斯夸尔（Squire,1992）观察到的那样，蒙哥马利着意唤起的形象，有助于创生加拿大乡村牧歌原型（专栏 12.2）。

---

**专栏 12.2   绿山墙的安妮**

　　一株硕大的樱桃树，长在外面，离房子是那么近，以至树枝敲打到房子，枝叶稠密，开满鲜花，几致看不到叶子。房子两边，是一个大果园，一为苹果树，一为樱桃树，也开着繁盛的花……花园下面，是紫花的丁香树，迷人的香气，弥漫在空中，随着清晨微风飘到窗边。

　　花园下面，是一片绿色的田野，繁盛的三叶草，蔓延到山谷。山谷中小溪流淌，生长着许多白桦树，在下层灌丛中轻快生长，蕨类、苔藓和森林中通常的东西，暗示着种种愉快的契机。

---

　　虽然在小说中，卡文迪什已被确认为是埃文利（Avonlea）社区的模型，虚构景观的某些方面是想象的或经过修改的。这样卡文迪什的真实地理和埃文利的虚构地理，就不完全一致。面对两者之间的分离，文学游客来到卡文迪什，选择优先化虚拟记述，重要的是，加拿大公园管理机构，在对爱德华王子岛国家公园绿山墙景点的管理中，就是这样做的。就像斯夸尔记述的：

　　　　加拿大公园管理局，在绿山墙的说明政策中承认历史真实性，有时须与文学的准确性妥协。景点的再现是小说的详情引导的，除非证实这些来源的不确定性信息，那么景点上存在的实际农场的信息，或可与 19 世纪农场建筑比较。

（Squire,1992）

　　因此，斯夸尔认为，虽然蒙哥马利把爱德华王子岛的元素，编制在她的小说之中，但旅游业颠倒了这个过程，通过大量旅游景点，赋予了虚构的事实以掩盖真实的身份。

## 六、农村冒险的具体体验

　　农村环境正日益成为游客体验地方，即寻求超出度假者传统习俗的探险体验。

这不仅包括传统的户外追求，如划独木舟、徒步旅行、滑雪等，也包括一系列新的冒险旅游体验，如喷气式快艇、蹦极跳、滑板滑雪和皮划艇。这些活动要求游客以不同的形式融入乡村环境之中，它上述各节讲述的传统观光活动不同。就像克洛克和珀金斯(Cloke and Perkins, 1998)认为的那样，冒险旅游超出旅游凝视的比喻，是以存在、行动、触摸和看到为基础的具体化体验。

冒险旅游，在许多农村地区，已成为一项重要的娱乐和经济的活动，包括很多农村地区，如落基山脉、不列颠哥伦比亚省、新英格兰、加利福尼亚州，以及也许是最著名的是新西兰南岛。估计数据，每年大约有 15～20 万游客，到新西兰驾驶喷气快艇；5～10 万人玩蹦极跳、攀岩、山地自行车和漂流(Cloke and Perkins, 1998; Swarbrooke *et al.*, 2003)。很多活动中心在岛内的皇后镇，该镇从 20 世纪 50 年代以来，就是冬季运动胜地，但随着冒险旅游的快速发展，也见证了它的经济和人口的迅速扩张(Cater and Smith, 2003)。正如克洛克和帕金斯(Cloke and Perkins)的观察所示，自然环境和冒险机会，带来了皇后镇的商品化。冒险和刺激蕴藏在风景秀丽的自然景观特点之中。游客体验也激起了社会空间化的场所神话。投射到个体旅游活动上，在幽深的农村自然环境中，冒险体验的位置在两个方面是重要的。第一，冒险体验承诺把游客带出"屡受打击的小路"，带入只有冒险方式才可访问的地方：

> 把滑雪、漂流、山地车和未受风景破坏的划皮艇、美味食物和鹬鸵(Kiwi)式殷勤招待结合起来。欣赏该国闻名的景点，之后直奔那条失修小路，偶遇只有当地人才知道的奥特亚罗瓦(Aotearoa)。

> (Cloke and Perkins, 1998)

第二，冒险旅游，展现的是具体体验，包括克服自然挑战。这种冒险包含对未知领域的探索；体验过去探险者遇到危险和亢奋的紧张；去不可旅行的地方旅行；观看令人战栗不敢观看的东西；一般而言，一点点的冒险精神、个人的勇敢、技术的专长，对抗自然障碍的锻炼，并赢得胜利。

在这些方面，探险旅游也有助于农村地方的商品化，但这是通过再现一种不同但同样具有历史意义的农村社会建构来实现的。这种社会建构不是田园牧歌的，而是荒野和冒险之地。

## 七、市场营销手段的农村

所有前述的例子，都涉及以农村为消费活动的商业化，因为这已在农村空间发生。然而，作为商品，乡村性具有流动性，能够与在城市环境中买卖的其他商品相关联。此外，其他商品的价值，得到了提高，因为这些商品是和对乡村性想象的质量相联系的。这种明显的例子，是在溢价食品和工艺品营销中，对农村品牌和符号的利用。例如，欣里希斯（Hinrichs, 1996）就讨论过，作为一个独特农村地方的佛蒙特州的建设，允许给产品贴上"佛蒙特州制造"的标签，以表明其拥有特定的质量标准，并明确地表示其与土地的积极方面有联系。佛蒙特州更普遍的促销强化了传统和地方。

然而，营销与农村相关的产品，不一定需要产品来自农村。它们只需表明，与中产阶级农村文化的城市氛围相符的生活方式。正如思里夫特（Thrift, 1989）所指出的，"乡村和遗产已相遇，并与消费文化混同。农村和遗产售出产品，反过来，这些产品也强化了对这些传统的保存。"这方面，最显著的例子是服装，包括上蜡的巴伯夹克和戈尔特斯（Barbour and Gore-tex）户外服装，以及汽车，特别是四轮驱动车和运动用车。农村意象常常用来表示特殊的强壮男子，与农村打交道的男子汉气概，意味着对自然和荒野的征服。例如，20 世纪 90 年代后期，一则路虎车广告，展示了一张轿车，斜停在山坡上，后面伸展着人烟稀少的沼泽景观和线状标语："星期天，所有这些都是你的。"广告明确定位，此车是城市居民打开周末消费农村田园牧歌的钥匙。

184

## 八、结语

乡村的商品化是农村地区正在发展的经济重构的一部分。传统的，以生产为基础的经济活动已有所下降，所以农村环境和景观的使用价值已开始被交换价值超越。包装好符合社会大众对乡村性的解释，农村就是有很多买家的商品。这些不仅包括游客，也包括迁入者、迁来的企业、电影制作公司、寻求冒险者、游憩者、农村美味食品和工艺品消费者，以及身穿戈尔特斯服装、驾驶 SUV 车，装有乡村风格厨房的城市居民。

　　然而,商品化的过程改变了农村地区,并产生了冲突。为将乡村作为商品营销,农村的表征是固定的,掩饰了农村社会和空间的活力与多样性。此外,选择的市场营销印象与消费者已有的期望相符,而所使用的表述,通常凭借农村田园牧歌的怀旧思想以及参考电影、电视或文学作品,这就会归于神话,而非有关地区的日常生活体验。这样,就会在表达特殊地方的方式上对商品化的后果产生冲突。大规模旅游会造成社会、经济和环境问题,如交通堵塞、步道损坏、房产价格上涨、过度依赖季节性就业。商店与服务的调整,面向的是游客而非居民需求。当地居民也会感到,他们正在失去地方认同以及更传统经济部门的控制。如农业会发现,它们的利益受到了旅游业或其他消费活动的限制。一旦农村景观美学诉求的评价,高于它的生产潜力价值,景观的视觉外观保护会改变景观视觉的农业现代化实践的经济权重,如灌丛的清除。农村冲突将在第十四章进一步探讨,同时下一章将介绍检验乡村保护的问题。

## 进一步阅读

　　乡村商品化的概念,在苏・格利皮斯(Sue Glyptis)编辑的《休闲和环境》(贝尔黑文出版社,1993)(*Leisure and the Environment.* Belhaven, 1993)一书中,保罗・克洛克(Paul Cloke)做了最全面的介绍。遗憾的是,这是一本未被广泛接触的书。本章所引用的许多论文,都给出了简短的描述。这一章所讨论的案例研究,可在最初出版的书籍和论文中找到。更多有关阿巴拉契亚农村遗产的陈述,见亚历山大・威尔逊(Alexander Wilson)的《自然的文化:从迪斯尼到埃克森瓦尔迪兹的北美景观》(布莱克韦尔出版社,1992)(*The Culture of Nature: North American Landscape from Disney to the Exxon Valdez.* Blackwell, 1992);更多有关北部约克郡穆尔斯的诱人的电视旅游,见汤姆・莫杜(Tom Mordue)的"心跳的乡村:冲突的价值观,相同观点",载《环境与规划A杂志》(Heartbeat Country: Conflicting Values, Coinciding Visions. *Environment and Planning A*, 1999, 31);为了解更多绿山墙安妮和爱德华王子岛,见希拉・斯夸尔(Sheelagh Squire)撰写的章节"观察方法,存在方式:文学、地点和旅游在 L. M. 蒙哥马利著的爱德华王子岛"(Ways of Seeing, Ways of Being: Literature, Place and Tourism)，载 P. 辛普森-豪斯利和 G. 诺克利夫 (P. Simpson-Housley and G. Norcliffe)编的《几英亩的雪：加拿大的文学和艺术形象》(邓登出版社,1992)(*A Few Acres of Snow: Literary and Artistic Image of Canada*. Dundurn Press, 1992)。新西兰的冒险旅游,保罗·克洛克和哈维·霍普金斯(Paul Cloke and Harvey Perkins)在"开裂的峡谷和令人敬畏的四人赛：新西兰的冒险旅游",载《环境与规划 D：社会与空间杂志》(Cracking the Canyon with the Awesome Foursome: Representations of Adventure Tourism in New Zealand. *Environment and Planning D: Society and Space*, 1998, 16)一文中做了进一步讨论,以及卡尔·凯特和路易斯·史密斯(Carl Cater and Louise Smith)的"新的国家视野：农村旅游中的冒险者"(New Country Visions: Adventarous Bodies in Rural Tourism),载 P. 克洛克编的《乡村视野》(皮尔逊出版社,2003)(*Country Visions*. Pearson, 2003)。

## 网站

本章提到的很多旅游景点,都有它们自己的网站。网站也传达了它们对乡村性的特殊表达。这些网址包括：

农场主贾尔斯农场公园(Farmer Giles Working Farm Park)http://www.farmergiles.co.uk;

光线农场(Rays Farm)http://www.virtual-shropshire.co.uk/raysfarm;

昂伯斯莱德儿童农场(Umberslade Children's Farm)http://www.umbersladefarm.co.uk;

西摩示范森林(Seymour Demonstration Forest)http://www.gvrd.bc.ca/LSCR;

彻梅纳斯的壁画(Chemainus murals)http://www.chemainus.com;

多莱坞(Dollywood)http://www.dollywood.com；

阿拉巴契亚博物馆(Museum of Appalachia)http://www.museumofap-palachia.com；

大烟山凯兹山凹(Cades Cove)http://www.cadescove.net/auto_tour.htm；

绿山墙公园(Green Gables Park)http://www.annesociety.org/anne；

新西兰皇后镇(Queenstown, New Zealand)http://www.queenstown-nz.co.nz

# 第十三章　保护乡村

## 一、引言

在过去的 150 年,保护农村环境始终是对社会各界人士和各国政府的重要挑战。早在 19 世纪中期,包括拉尔夫·沃尔多·爱默生和亨利·梭罗(Ralph Waldo Emerson and Henry Thoreau)在内的美国作家,就已提倡保护北美壮丽的自然荒野免受居民点、耕作以及开发的影响。同样,在英国,罗曼蒂克运动作家,如威廉·华兹沃斯(Willlian Wordsworth)、约翰·拉斯金(John Ruskin)和威廉·莫里斯等人(William Morris),推动了欣赏乡村美学价值,最终导致了 1895 年国民信托的形成,即为了大众利益的博爱,要求保护有价值的景观和历史遗迹,因而,通过私人慈善机构,创立了农村保护实践活动。与此同时,国家在农村环境保护中的作用,有 1872 年建立的黄石公园——第一家国家公园。美国林业服务局,建于 1909 年,第一任首脑吉福特·平肖(Gifford Pinchot)的拓荒性工作,开发了实用的保护模式。这种模式把环境保护与经济资源管理结合起来。

早期乡村保护拥护者的动机,往往是被田园或荒野景观的美学价值所激发。其通常靠的是宗教信仰或对这种景观的民族认同和文化重要性的了解认识(Bunce,1994;Green,1996)。平肖不同意这种看法,他强调保护农村经济的物质利益,通过对生物资源开发的控制和管理,寻求农业、林业和渔业持续的最大化产量。最近,环境运动的兴起,有助于农村政策的进一步绿化,需根据对农村环境破坏的科学分析(第八章);有时还需结合根源于深层生态学的伦理学的动机(Green,1996)。这些保护农村环境的不同理由,导致了环境倡议的不同目标。与环保举措相关联的审美动机,旨在维护农村景观相对不变的状态。相反,以物质收益为基础的功利主义动机,也支持保护项目,但意味着管理工作有变化并且避免过度开发。同时,这两种途径,本质上遵循的是自然和文化的现代主义划分(第三章)。这意味着在农村空间更广泛开发的同时,自然是能够保护的（无论靠设计具体的保护景观,还是靠管理资源开发）。最近的环境主义浪潮,要求在所有政策领域,优先考虑环境影响。这从根本上挑战了农村政策。例如,造成一种偏见,反对曾被视作农村发展主要因素的新道路建设。

保护乡村的不同动机也反映出在不同时间和不同地方,对农村环境不同威胁的重要性。对早期保护主义者运动来说,威胁来自工业化和城市蔓延的扩张。然而,正如第八章详述的那样,在过去的一个世纪里,农村的环境变化由更广泛的因素造成,包括农村地区的内在发展,以及现代农业实践的影响。

这样,保护乡村环境的努力,由许多不同的战略组成的农村环境,意在强调不同的问题,遵循不同的原理。本章讨论了四个这样的方面。第一,农村地区保护区的指定。保护区内的土地利用和管理是严格控制的。第二,利用土地利用规划政策,规范乡村更普遍的开发。第三,发展农业环境规划,减少现代农业的不利影响,通过农业耕作鼓励保护。第四,本章从对景观的关注,转移到动物身上,考察始于对稀有品种家畜的保护,重新引入本地灭绝的野生动植物。

## 二、保护地区

保护区背后的原则是,存在着特殊的农村景观或农村环境地点,具有审美、文化或科学价值,有理由要求具体的保护,远离有害的人类活动。保护区的划定,因而要寻求保护农村环境最有价值的自然特色,同时,允许广大乡村的发展。最著名的保护区类型是国家公园,但事实上,这些也只是指定的一个层面。按世界自然保护联盟（也称为国际自然保护联盟,IUCN)的分类,保护区范围,从管理非常严格,为科学研究服务,很少有人涉足的科学保护区,到可以持续利用,开发资源的资源管理保护区(表 13.1)。与管理和保护的层次变化一样,保护区的规模也有不同,从小范围自然保护区,到覆盖几千平方千米的国家公园,其允许一定程度的人类活动。最严格的保护区是,无人居住,受到严格进入限制的,但其他类型的保护区,尤其在世界自然保护联盟保护景观分类中,评为五星级的保护区,有人居住,但必须平衡当地人口与自然保护的利益。

表 13. 1　世界自然保护联盟(IUCN)的保护区分类

| 类型 | | 说明 |
|---|---|---|
| 1 | 严格的自然保护区和荒野保护区 | 受到非常严格管理的科学或原野保护地区 |
| 2 | 国家公园 | 大体上无人居住,受生态系统保护和休闲管理地区 |
| 3 | 自然纪念馆 | 为保护特别特征管理的地区 |
| 4 | 栖息地/物种管理区 | 通过管理干预的保护地区 |
| 5 | 受保护的景观或海洋景观地区 | 旨在平衡人类和大自然 |
| 6 | 资源管理保护区 | 为自然生态系统的持续利用管理的地区 |

　　　资料来源:世界自然保护联盟网站 http://www.iucn.org。

## (一) 国家公园

世界上第一个国家公园是 1872 年建立的,即怀俄明州的黄石国家公园。公园的划定是听从了一家议会游说团体数十年的游说。该团体的动机与其说是出于环境方面的考虑,不如说是因为坚信美国需要证明它拥有与欧洲媲美的自然奇观,而且这些地方,应该是人民的财产,而非个人获利的地方(Runte,1997；Sellars,1997)。1864 年,担心加利福尼亚优胜美地山谷的优美景观,可能会被私人企业家滥用,亚伯拉罕·林肯总统放弃了这片区域的所有权,并将此地区的责任,交给了加利福尼亚州政府,从而建起了国家公园的原型(后来,优胜美地在 1890 年划定为完整的国家公园)。在黄石公园,正是发现了一系列非凡的喷泉、瀑布、峡谷,以及早年已消失的文明的残留物。标记这个地方,正是表示出美国对保护其文化遗产的信念(Runte,1997)。正是此后不久,国家公园才成为欣赏荒野保护的地方,并且黄石公园呈现的事实提供了意外保护大片荒野的榜样。

事实上,黄石的另外两个先例也是偶然的——包括广阔的领土(立法者并不确定,所有的黄石宝藏全部被发现)和美国联邦政府的所有权 (当时怀俄明州尚未设州政府)。尽管这些源起是偶然的,黄石依然成了未来国家公园的模式:出色的自然或文化现象将受到重视,覆盖广阔的领土,完全的公有,无人居住,由政府代表国家管理,并避免商业开发。同时,美国更多国家公园的划定,是缓慢发生的,但这个理念却很快蔓延到大英帝国的领土。接着在澳大利亚(1879)，加拿大(1885)和新西兰(1887)，也纷纷建起了国家公园。其都是黄石公园模式。

　　然而，这个模式传回到欧洲并不容易，因为那里几乎没有留下广阔而无人居住的乡村，但担忧的地方是在 20 世纪早期来自城市化的发展对农村景观的威胁。20世纪中叶，当建起国家公园时，在两种妥协方法中采纳了一种。像爱尔兰、意大利、瑞士这样的国家，真实地保留了黄石模式的原则(世界自然保护联盟分类水平 II)。国家公园是公有的、无人居住的和严格管理的，但国家公园限于划定了的相对较小区域的土地。相比之下，英国和德国的国家公园则划定了较大的领土，但其中包括私有土地和居住区，并提供的是大大低于环境保护的等级(在世界自然保护联盟 IUCN 分类中，仅为水平 V)。法国新创的是混合的办法，即符合世界自然保护联盟二级标准的核心国家公园，边缘区周围有人居住，更类似于英国模式。结果，虽然世界各地都使用国家公园这个词语，但它在国与国之间的含义还有很大的差异 (表 13.2)。

　　通过对美国和英国国家公园体系的详细考察，可以说明这些差异。到 2003 [189] 年，美国划定了 56 家国家公园，其中很多在后来升级之前，只是最初得到的较低保护地位的国家遗址。国家公园体系的扩张，分为四个阶段。第一，遵循黄石公园和优胜美地先例，将西部各州相对荒野的地区，持续划定为公园，包括大峡谷(1919)，红杉巨木(1890)和落基山(1915)，还有像阿肯色州温泉那样的较小场地(1921)，旨在保护温泉和南达科他的风洞(1903)。第二，从东部各州到西部的旅行者受到鼓舞，为东部国家公园的创立开展宣传活动，最著名的是大烟山国家公园(专栏13.1)。在已有人定居的美国东部，建立此类国家公园，证明更加复杂，如土地购买谈判和社区再安置困难。相对很少的国家公园，划定在密西西比河以东地区(图13.1)。第三，1980 年阿拉斯加土地法案，促进了七个新的国家公园在该州创建，并扩大和重新命名了麦金利山国家公园(最初建于 1917 年；Runte，1997)。阿拉斯加国家公园，包含着广大风景地区和科学重要性地区，所覆盖的面积超过英国。第四，自 1990 年起，美国划定了少量新公园，包括加州的死亡谷和约书亚树(两者均因 1994 年的沙漠保护法案而设立)，科罗拉多州的黑峡谷(1999)，俄亥俄州的凯霍加谷(2000)，科罗拉多州的大沙丘(2000)和南卡罗来纳州的沼泽(2003)。

表 13.2　八个国家的国家公园的比较（2003 年）

| | 公园数量 | 首次建立 | 最新成立 | 最大公园的面积（平方千米） | 最小公园的面积（平方千米） | 平均面积（平方千米） | 人口 | 土地所有 | 管理/治理 |
|---|---|---|---|---|---|---|---|---|---|
| 美国 | 56 | 黄石 1872 年 | 康加里 2003 年 | 北极之门 34 287 | 热泉 22 | 3 917 | 无人居住 | 公有 | 国家公园管理局 |
| 加拿大 | 42 | 班夫 1885 年 | 西米利克 1999 年① | 伍德布法罗 44 840 | 圣劳伦斯 8.7 | 5 344 | 大多数公园无人居住，有一些小城镇和游牧人口 | 共有 | 加拿大公园—政府机构 |
| 英国 | 13 | 皮克山区 1951 年 | 凯恩戈姆斯 2003 年② | 凯恩戈姆斯 3 800 | 湿地公园 303 | 1 407 | 是居住区，人口范围 2 200～43 000 | 大部分私有（约 75%） | 指定国家公园当局 |
| 爱尔兰 | 6 | 基拉尼 1932 年 | 巴利克罗伊 1998 年 | 威克洛山 159 | 巴伦风景区 16.7 | 99 | 无人居住 | 共有 | 杜查斯—国家遗产局 |
| 法国 | 7 | 拉瓦诺 1963 年 | 瓜德罗普 1989 年 | 赛文旅馆（赛文山脉）（核心）913；共计 3 214 | 克罗斯群岛 37（总面积） | 核心 530；共计 3 068 | 核心地区无人居住；外围有人居住 | 混合 | 指定的行政委员会 |
| 德国 | 13 | 贝里舍尔沃尔德 1970 年 | 汉尼克 1997 年 | 石勒苏益格—荷斯坦 4 440 | 亚斯蒙德半岛 30 | 731 | 有限的地方人口 | 混合 | 地方政府负责 |
| 澳大利亚 | 516③ | 罗亚尔（新南威尔士）1879 年 | 在 2002～2004 年间，在西澳大利亚建立了 30 个新的国家公园 | 卡卡杜（北方领地）13 000 | 棕榈树（昆士兰）0.12 | 500 | 无人居住 | 共有 | 州机构负责 |
| 新西兰 | 14 | 加利利 1887 年 | 雷奇欧拉 2001 年 | 弗兰德兰 12 570 | 亚伯·塔斯曼 225 | 2 204 | 无人居住 | 共有 | 环境保护部门 |

①海湾岛屿国家公园 2003 年拟建。②南部丘陵和新森林国家公园 2003 年拟建。③不包括 2003 年拟建的新公园。

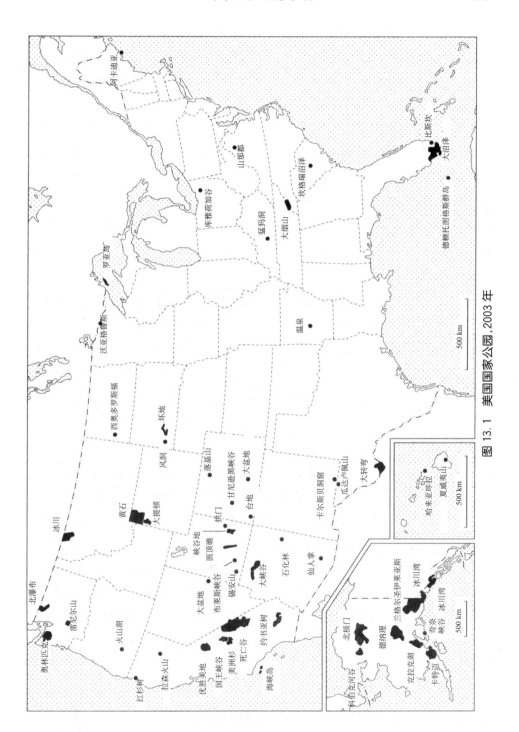

图 13.1 美国国家公园,2003 年

与当代关心的问题和保护活动相一致，国家公园服务局采用的管理战略也取得了发展。例如，20世纪20年代，作为食肉动物控制战略的一部分，公园服务局消灭了黄石国家公园的灰狼，却在1995年又重新引进了灰狼(Sellars,1997)。保护和休闲之间需要平衡，也是挑战。国家公园的公共利用，从一开始就确定为基本原则的一部分。优胜美地国家公园与黄石公园开展大众旅游之前的数十年，就已如此。露营地、游客中心和步行小径的提供，是国家公园服务局工作的重要组成部分，但对休闲需求则开始了与保护利益的冲突，特别是阒无人迹的公园，如阿拉斯加国家公园。同样，当商业性价值的土地，从国家公园历史性地被排除时，建立阿拉斯加的大型公园，就不得不与商业利益产生激烈争夺。商业利益探明这里具有潜在的石油开采和采矿价值，针对公园道路和管道的铺设，以及入园狩猎和商业捕鱼，冲突一直在持续。

192　　英国国家公园的建立基础，是在第二次世界大战期间，由两份政府报告所提供。第一份为斯科特的报告(Scott,1942)，即关于农村地区土地利用的报告。报告确认有必要从城市和工业发展中，保护有价值的农村景观。第二份为英国与威尔士国家公园的道尔(Dower,1945)报告。报告提出了建立国家公园的框架。接着1949年国家公园和进入乡村法案颁布的，最终促成第一批公园的划定，即高峰区和湖泊区，分别于1951年4月和5月。在1951年到1957年间，又进一步建成了8家国家公园，主要在英格兰和威尔士的西部与北部高地，但几个是靠近主要城市中心（尤其是峰区，在约克谷和诺森伯兰郡(Northumberland)）(图13.2)。

斯科特和道尔的报告敏感觉察到，城市化和工业化是乡村的主要威胁。相应地，新的国家公园的主要功能是，严格控制土地利用开发。重要的是，耕种曾被认为是保护进程的组成部分。这样，国家公园内的具体农业活动就未予控制。正如麦克尤恩兄弟(MacEwen and MacEwen,1982)的观察，证明了这个体系的致命矛盾。现代的、富于生产力的农耕活动极大地改变了景观，破坏了野生动物的栖息地（第四章和第八章）。许多国家公园都爆发了冲突，特别是埃克斯穆尔(Exmoor)，把石南属植物高沼地转化成农用草地，导致了一场专门的调查(Lowe et al.,1986；Winter,1996)。同样，在国家公园内采矿、水电站、水库、军事训练和高速公路的建设，在理论上都是允许的。虽然道尔报告建议，只要有明确的证据表明，这些活动符合国家利益要求，而且没有找到可替代的开发点时，才能被允许(Wil-

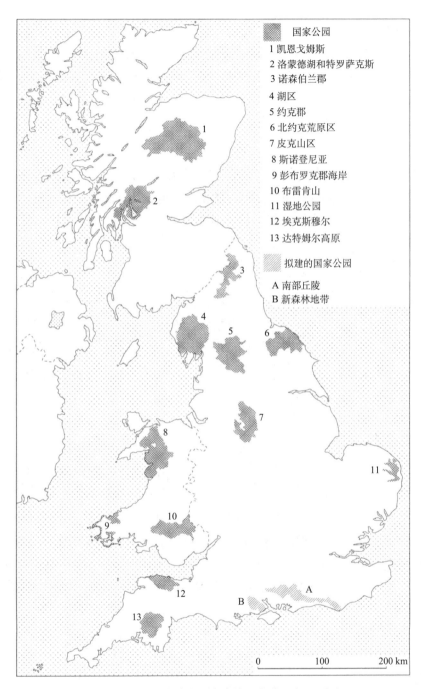

图 13.2　英国已建和提案中的国家公园(2003 年)

liams,1985)。实际上,国家公园当局未能阻止住在布雷肯比肯斯(Brecon Beacons)、诺森伯兰郡(Northumberland)和达特穆尔(Dartmoor)国家公园内的大规模军事训练,因此奥克汉普顿支线的路线安排须穿过达特穆尔(Dartmoor)国家公园的一部分,或在斯诺登尼亚(Snowdonia)国家公园的特劳斯瓦尼兹(Trawsfynydd)建核电站(专栏 13.1)。这些都被批评者记录下来,作为英国体系弱点的证据(MacEwen and MacEwen,1982)。

遵循美国模式,把长期居住和种植地区划为国家公园,无论是安置居民或征收国家公园内的土地为公有,在英国也是禁止的。英格兰和威尔士国家公园内的土地,有四分之三为私有,其中 40% 为农田。除了农耕以外,私人土地所有权的优势,塑造了国家公园休闲利用的性质。尽管它们已成为主要的旅游景点,但直到 2000 年的乡村和路权法案之前,大众进入划定的路权小路和慈善组织所有开放的土地上,如国家信托那样的国家组织,是受到限制的。尽管尊重私有财产,但土地所有者依然强烈反对许多国家公园的建立。20 世纪 50 年代期间,苏格兰土地所有者,阻止建立任何国家公园的提议。同时,20 世纪 60 年代,如愿以偿的土地所有者,反对在威尔士中部坎布里山国家公园提议,造成英格兰和威尔士划定国家公园的提议突然停止。直到 20 世纪 90 年代,才创建了更多的国家公园,包括湖区、苏格兰前两家国家公园的建立,以及英格兰南部建两个国家公园的提议才得到正式认可(图 13.2)。

194　美国与英国国家公园遵循的模式是不同的,但也有横跨两国及其他国家模式体系的问题。第一个是国家和地方利益之间的平衡。国家公园特有的概念意味着,景点管理应该高于地方利益,并且是国家的责任。因此,在美国、加拿大和新西兰,都是由国家政府机构承担,仅有少数是地方投入管理的国家公园。同时,虽然这些国家大部分公园都是无人居住的,但公园与附近社区,在公园内又有着特别的经济和文化利益,而且很多公园,都有些少数族裔人口。他们的福利和文化利益(特别是狩猎),可能与保护的优先性有冲突。在国家公园居住人口较多的国家,公园治理有更多的地方参与。德国的国家公园,通过正式的地方政府系统管理,而英国和法国的治理,则由选举出的地方政治家代表与国家政府任命人员,共同组成的独立董事会承担。然而,这并不能阻止地方居民对非民主国家公园当局的抗议,或对由任命的外来者藐视地方的经济利益与财产权的抗议。

　　第二个都有的问题是休闲的利用。由于农村旅游已成长起来(第十二章),国家公园已成为得以消费乡村的重要场所,特别是通过消费活动,寻求某种户外冒险或与自然的重新亲近。按惯例,这些活动包括野营、徒步旅行和驾车观光(根据1994年的一份调查,这是英国国家公园内主要的游客活动),但也日益增加了冒险旅游,如长距离徒步旅行、直升机旅行。大多数游览,都到相对容易抵达的城市中心,或已建成的有旅游历史的国家公园,但越来越多的是将偏远的公园,如阿拉斯加北极地区的德纳里峰(Denali)和盖茨(Gate)公园,作为旅行者目的地。还有最难接近的国家公园不受影响。如位于加拿大北极地区的伊娃维克(Ivvavik)国家公园,极为偏远,1995年只接待了170名游客。因而,娱乐休闲,也成了国家公园使命的主要部分,对邻近社区具有重大的经济意义。事实上,在过去20年间,在澳大利亚、英国和加拿大,新国家公园的建立,都受到了预期经济利益和保护的共同驱使。然而,由于道路、停车场和公共设施的建设,所造成的污染、侵蚀,旅游业也给国家公园的环境带来了压力。平衡休闲和保护的愿望,也引导着欧洲自然和国家公园联盟,推动着可持续旅游,鼓励如徒步、爬山、骑车、摄影、学校访问和自然野营等活动,同时阻止大型酒店、休闲公园、度假村、大团体参观、滑雪、机动船与越野车的利用。

195

---

**专栏 13.1　比较——大烟山和斯诺登尼亚国家公园**

　　美国与英国国家公园之间的差别,通过比较两个规模相似的公园,做进一步的探讨。两家分别位于北卡罗来纳州和田纳西州边界地带的大烟山国家公园(2 110平方千米)和威尔士西北部的斯诺登尼亚国家公园(2 142平方千米)。大烟山国家公园建于1934年,是由附近诺克斯维尔(Knoxville)的威利斯·P. 戴维斯(Willis P. Davis)女士发起宣传活动后建成的。她的灵感受西部各州国家公园启发。然而,大烟山("大"是由国家公园委员会添加的)已有人居住和耕种,并且有大规模的伐木业。创建公园意味着,从私人所有者手中购买土地,资金主有公共呼吁筹集,以及洛克菲勒家族捐赠的500万美元。有些所有者拒绝出售土地,一个不寻常的妥协,允许凯兹山凹(Cades Cove)(现在为一个旅游景点，第十二章）许多家庭可以在公园建成后，保持终生租赁。一般而言，居民都得到重新安置（具有讽刺意味的是，欧洲人聚落在19世纪30年代已得到早期安居的切罗基部落的授权）。

如今，大烟山的景观，由130种当地树种的森林，4 000种其他植物物种，以及野生生物包括黑熊、麋鹿和红狼居主导地位。这些均由国家公园服务局于1991年重新引入。这里已被认定是，国际生物圈保护区和世界遗产名录。该国家公园仅有一条主要道路穿过（作为国家公园部分修建），且大部分地方只有未铺设的道路或散步小径通行。然而，它却是美国游客最多的国家公园，每年游客超九百万，主要在6月至10月间。国家公园服务局运营的设施有，九个露营营地、五个骑马场、野餐地、自然小径、三个游客中心和一个瞭望塔，位于公园最高峰克灵格曼山顶（2 023米）。环境问题有水污染和动植物疾病，以及空气污染，由遥远的俄亥俄州克利夫兰（Cleveland），亚拉巴马州伯明翰（Birmingham）漂浮而至。在50年间，纽芬兰裂峡（Newfoundland Gap）瞭望点的平均能见度，从145千米（90英里）降到35千米（22英里）。硫酸盐和臭氧污染对植物的伤害也有记录。

斯诺登尼亚（Snowdonia）国家公园建于1951年10月，是英国第三家国家公园。公园覆盖着以高山地为主的景观，包括威尔士的第一和第三最高峰——斯诺登峰（Snowdon，1 084米）和卡德尔伊德里斯峰（Cader Idris，892米）。公园部分地方划为国际生物圈保护地和世界遗产名录。像所有英国国家公园那样，斯诺登尼亚有人居住，且大部分为私人所有。私有土地占斯诺登尼亚公园的69.9%，15.8%属于林业委员会，8.9%为国民信托慈善机构所有，威尔士乡村委员会占有1.7%，仅1.2%属国家公园管理局本身。人口26 267，大部分集中在城镇和村庄，包括多尔盖来和巴拉（Dolgellau and Bala）。定居点以外的开发受到严格限制。之前的布莱奈费斯廷约格（Blaenau Festiniog）镇的板岩排除开采外，但也完全被公园包围。

国家公园的建造遭到土地所有者和当地人的反对，迫使一个独立规划委员会对湖区（Lake District）和峰区（Peak District）提出强制性的建议，并且授权选举出的郡议会委员会履行职责。最终，1995年，国家公园管理局获得了独立地位,并很快由威尔士议会任命代表和成员,组成了混合的地方政府。当局大约可得到 500 万英镑预算,雇员 120 名。

农业土地利用占主导地位。近 45% 的国家公园建在空旷的野外,大部分是高沼地,公众最近才获得进入的权利。另外 31% 是封闭的农田(主要是放牧),15% 是森林。农业仍然对当地经济意义重大,但是,农业现代化,一直是公园面临的主要环境挑战,近年才通过农业环境计划,予以强调。一个更有争议的就业来源是特劳斯瓦尼兹核电站,它建在公园中心。1959～1965 年间,环境主义者认为,应将其视作控制了公园开发能力予以起诉。该核电站于 1993 年关闭,并接受退役。

斯诺登尼亚是英国游客游览人数第三名的国家公园,全年有游客大约 1 000 万人次。不到一半的游客,在国家公园内一日游和休闲。观光等传统活动成功与更冒险的户外活动结合起来。然而,这两种类型的活动,对公园环境造成了压力。特别是,交通拥堵与污染相关的问题,促成了 2003 年"拥堵费"的大讨论。游客开车或乘坐私人客车,进入国家公园要征收拥堵费,鼓励使用公共交通。

想要了解更多,见 http://www.great.smoky.mountains.national-park.comlinfo.htm 和 http://www.snowdonia-npa.gov.uk。

## (二) 其他保护区

国家公园只是代表已经指定为促进乡村保护地区母体的一小部分。例如,在英国,国家公园由出色的自然美景区、国家风景区、具有特别科学价值的地点,以及自然保护地点(表 13.3)组成,而澳大利亚的国家公园,仅由这个国家划定的 604 000 平方千米保护区中的大约 43% 组成。这些其他保护地区的目标,通常以三种方式之一不同于国家公园的保护地区。第一,一些划定要适合单一自然特性,或特定类型条件相符的国家公园。例如,美国国家公园服务局,要负责 70 处重点是特定的自然或文化遗产国家纪念碑、10 处国家海岸、4 处国家湖滨、6 条国家河流,9 条国家荒芜与风景河流,还要负责国家历史公园、国家战场、国家纪念馆、国家历史遗址。这些都要因历史与文化意义受到保护。国家休闲地、国家风景小径、国家风景大道,都具有很强的娱乐意义。第二,保护区或许认可风景或文化区的重要性,但比国家公园得到的保护或管理级别低。例如,英格兰和威尔士,著名的自然美景(AONB)地区,被正式认定为与国家公园同等重要,并采取了具体措施保护自然特征,但直到最近,并没有独立的管理组织,不具有与国家公园相同的保护和休闲功能(Green,1996;Winter,1996)。第三,在野生动植物与栖息地保护方面,某些保护区类型具有比国家公园更强的科学理性。例如,英国具有特别科学价值的地方(SSSI),对有价值栖息地的保护范围,从独特的野生动物聚居区到整体的生态系统,如林地或泥沼地。具有特别科学价值的地方,不但从规划系统开发获得特别保护,而且还要调整农业的利用。土地所有者在他们所从事的活动中受到限制。他们要告知保护机构,活动可能对保护地点的影响。然而,实际上,依靠土地所有者自愿的合作,意味着 SSSI 规则很难执行,并且在 1982 年至 1989 年间,SSSI 承受的损失大约在四分之一(Winter,1996)。在美国,通过国家保护区、野生动物避难所和荒野地区的划定,已为野生动物和敏感栖息地实行了额外保护区,其中很多与国家公园是重叠的。在理论上,这些地区有着很少的人类活动,如禁止使用任何机动方式或设备进入荒野地区(Runte,1979),但是,当美国政府行政机关在 2001 年,对批准在阿拉斯加野生动物保护区,开采石油的计划犹豫不决时,引起保护与经济利益之间冲突的威胁就产生了。

表 13.3　英国的保护地区(2002 年)

| 划定 | 数量 | 总面积(平方千米) | 说明 |
| --- | --- | --- | --- |
| 显著自然美景区(AONB) | 50 | 24 087 | 仅限英格兰、威尔士和北爱尔兰。需保护动植物群落与景观特征 |
| 国家风景名胜区 | 40 | 10 018 | 仅限苏格兰。相当于 AONB |
| 特殊科学价值场所(SSSI) | 6 578 | 22 863 | 科学上重要的地点,对某种活动有规定管理 |
| 国家自然保护区 | 396 | 2 405 | 保护和研究动植物群落,划定的场所。由国家保护机构管理 |
| 地方自然保护区 | 807 | 455 | 由地方机构或保护信托基金管理的自然保护场所。 |

　　资料来源:《惠特克年鉴》,2003。

## 三、土地利用规划与开发控制

　　保护区有助于保护最高价值的农村环境,但只覆盖了农村空间的一小部分。在保护区之外,日常乡村的特征、外表和环境均受到了土地利用变化与开发的威胁(第八章)。在许多国家都试图通过土地利用规划体系,规范农村土地利用和开发,应对这些威胁。土地利用规划,不仅是对开发的控制,也可用于积极鼓励经济发展,提供基础设施,但正是它的开发控制功能,通常是农村环境中最有效的(Cloke,1988；Hall,2002；Lapping et al.,1989)。但不同国家之间的规划体系形式与范围,以及在保护等级方面,也有显著变化。在西欧,农村地区的开发倾向,往往是在国家综合规划框架内,受到非常严格的控制和管理。相比之下,在美国和澳大利亚,保护区外的土地利用管理更为自由,而且现存这种开发控制,往往始于没有总体国家战略的地方层面。因此,本节对有高度管理规划体系的英国和对开发控制采取更为分散方式的美国进行比较。

198

### (一) 英格兰和威尔士的规划体系

　　英格兰和威尔士1947年的城乡规划法,引入了现代规划体系,这是农村保护主义者的胜利。他们发起运动,保护农村土地空间和环境免受城市与工业发展影响。正如霍尔(Hall,2002)的观察,1947年法案有效地国有化了英格兰和威尔士的土地开发权。这样的状况使得可以地方规划当局的形式,决定哪块土地能或不能开发。土地所有者在未取得规划当局的许可之前,无权开发他们的土地。这使政府能够控制何处可以建设,何处为保护地区。

　　该体系以自上而下的方式运作。在英格兰和威尔士规划法中,在国家层面形成解释的指导意见,由英格兰和威尔士规划部长发布。附加的指导意见可能依区域基础发布,由区域地方当局组成的区域规划会议起到同意英格兰的住房建设配额的作用。国家和地区政策预示着由郡议会产生一个地方的土地利用与开发框架要点的结构计划,并且区议会在整个社区的基础上指定特定的土地地块进行开发(Murdoch and Abram,2002；Murdoch and Marsden,1994,文献中白金汉郡的例子)。郡区议会合并成地方政府的独立层级(如威尔士),产生把结构计划和地方计划的目标结合起来的单独开发计划。国家公园机构，也对它们领域范围产生的具体计划负责。一旦达成一致，这些计划就会形成针对开发申请评估的法规。土地所有者或建筑商，想开发一块土地（或改变现存建筑），必须向地方规划部门（通常是区议会）提出申请，获得规划许可。只要土地在划定的开发类型区内，并且该申请能满足其他相关标准，就会获得批准。例如，申报的建筑材料或车辆进入的安全。

城乡空间分离，从一开始就是英国规划体系的基本原则（Murdoch and Lowe，2003）。围绕大都市地区绿色地带的形成，最明显地造成了城乡分离。绿色地带的强烈假定是反对任何开发。第一条围绕伦敦的绿色地带于 1947 年划定，后来扩大，形成了目前 80 千米（30 英里）宽的环带（Hall，2002）。随后在英国其他主要城市和大都市修建了更多的绿带。它们已证明能够有效满足最初目标，限制了城市扩张，保护了农业用地，并在靠近城市人口的地方提供了乡村休闲地（第六章）。然而，绿色地带也促进了逆城市化（第六章），因为也限制了郊区扩张的机会，鼓励人们从城市跳入乡村地区，远离了环带（Murdoch and Marsden，1994）。就是这样的压力，积累在邻近农村地区之上，以至 20 世纪 90 年代后期，布拉德福德（Bradford）、纽卡斯尔（Newcastle）和赫特福德郡（Hertfordshire）提出建议，允许在绿色地带进行新的房地产开发（第十四章）。此外，限制在绿色内开发会带来房价上涨结果，会有效地将它们变成排他的中产阶级飞地（Murdoch and Marsden，1994）。

199    广大农村地区的地方规划政策，也在实行农村和城市空间的分离。新的开发趋势向小城镇和大村庄集中。不同的规划当局采取不同的战略实现这一目标。最常见的是，建筑计划采用了重点聚落政策，即将可扩张的城镇和村庄一致对待，而其他聚落的开发则予严格限制（Cloke，1983；Cloke and Little，1990）。其他机构则实行集镇集中或在整个地区严格控制开发的政策（Cloke and Little，1990）。然而，在所有的案例中，地方计划在城镇和村庄周边吸引了开发外壳，而却普遍限制了建设，因而也限制了其他乡村地区的建设。

总的来说，英格兰和威尔士的规划体系，成功用理性与系统的方式，管理着农村土地的开发。一般而言，防止了任意的和不美观的建筑毁损农村景观，保护小村庄的农村特征，遏制城市增长，保护农业土地，以及保护环境敏感性地点。不过，也有许多批评的理由。第一,规划政策更关心的是建设的地点,而非建设什么。在开放的乡村,甚至低影响的建设都会在景观上留下烙印,利用天然材料也会禁止。同时,建设外表中新建筑通常不必与当地建筑风格或建筑材料一致。第二,农业基本上不在规划体系内。矗立在建设表面的农业建筑,也无须征得建筑许可。规划部门也无权管理农事活动,如会显著改变景观外貌的灌木篱墙的清除。第三,规划体系不能有效控制农村空间大型基础设施建设。新道路、电站、机场和类似项目的建议引起相当强烈的反对,往往要通过公众调查决定,但很少被否决。公众调查是昂贵的,且需耗费数年完成。因此,政府在 2002 年提出了新的议事程序,旨在加快大型项目规划过程,但农村竞选团队则认为,这将导致对乡村更少的保护。

第四,规划过程有益于中产阶级的利益。建筑计划和地方计划的产生,因此也要在理论上服从协商和民主责任制。然而,在这个过程中具有最大影响力的团体,是中产阶级。他们掌控了农村地区的地方政府,并最有能力调动资源游说规划者,并以恰当的技术语言表达看法。结果,开发在更为排他的、中产阶级的村落往往受到限制,反而集中在人口更为混杂的城镇和村庄。这种趋势成了自我再生产。当供应短缺时,就会迫使开发最受限制的村庄房地产价格上涨,限制了可在这些社区购房人的范围。默多克和马斯登(Murdoch and Marsden,1994)将这种现象描述为,中产阶级造成的空间。正如他们对伦敦西北部白金汉郡描述的那样:

> 结果是城市地区中令人欣喜的乡村延伸。米尔顿凯恩斯(Milton Keynes)以北,绿色地带和伦敦以南,保持艾尔斯伯里谷地(Aylesbury Vale)农村的斗争却并不容易。但该地的社会构成意味着,大批人通常会集聚起来而反对安排不受欢迎的开发。随着其地位的增长,该地区就对困在外部的居民更具吸引力。因此,对资源的竞争,特别是住房将继续加剧。这会使低收入者生活或迁入这样的地区越来越困难。因而,当地中产阶级的情况得到保证。

> (Murdoch and Marsden, 1994)

最后,规划系统这个自上而下的本质意味着,地方层面的规划政策,基本上是对更广泛趋势的响应。这将在下一章讨论。在 20 世纪 90 年代后期,当英格兰农村地方机构被要求做出建造可容纳 220 万新居民的计划时,就会更为明显,爆发更广泛的冲突。

### （二）北美的开发控制

在美国或加拿大，还没有控制开发的综合性国家框架。土地利用规划的责任，归于各州与各郡以及地方政府，而且不同机构和部门之间的权力划分，严重制约了规划体系的有效性。意图形成更完整的规划方法，已由建立一些城市的规划委员会做出，如纽约、卡尔加里、埃德蒙顿等（Hall，2002）。区域规划不仅只关心开发控制，而且很多规划都把保护农业用地或开放休闲用地土地措施包括在内。然而，这些规划往往只是建议性的，而非法定性的，并且它们自身并不能为农村空间提供保护。

尽管美国地方政府确实存在着规划委员会，但这些委员会普遍资金不足，缺乏施行权力。在美国，更重要的是，土地利用由分区过程管理，即平行而独立的规划过程。其通过独立的分区机构和强制依照与公共健康的相关法律实施（Hall，2002）。分区需依不同的利用类型，划定土地的不同地区，如住宅、工业、商业等。然而，利用区划保护开放的农业用地是有限的。仅有三个州——夏威夷、俄勒冈和威斯康星州——采用了州级的规划法。此法允许把土地划为排他性的农业用地（Lapping *et al.*，1989；Rome，2001）。此外，一些自治地区政府当局，已将农业土地划为大片的建筑地块，因而，减少开发的影响（Hall，2002）。但是，由于开发商常常最终能够找到自己的办法，划分制度在整体上是有效的。特别是，土地所有者知道开发他们土地的权力是受到美国宪法保护的（Hall，2002；Rome，2001）。

在缺乏与英国同等的城乡规划法及国有化开发权下，希望控制开发的美国政府机构，引入了购买农业土地开发权的方案。美国东北地区的很多州、郡和市，已采用了农地保护方案，合计保护了超过 73 万公顷（180 万英亩）的土地，成本约 20 多亿美元（Sokolow and Zurbrugg，2003）。面积最大的位于马里兰州、宾夕法尼亚州和佛蒙特州。尽管最大项目在财政上由马里兰州霍华德郡（Howard）管理，花费 1.93 亿美元获得开发权，但马萨诸塞州花费 1.359 亿美元，与马里兰州、宾夕法尼亚州、加利福尼亚州、佛蒙特州等地的其他重要的项目一起（表 13.4）。付给土地所有者的款项，以地役权为名，在土地价值与农业用地及其用于开发的土地价值之间，一般是不同的。尽管付款额度根据区位，会有很大差异，但平均价格大约每公顷 810 美元（每英亩 2 000 美元）。资金取自地方税收、债券发行以及联邦、州和地方政府的拨款。联邦资金是农地保护计划部分，于 1996 年实行，并于 1996 年到 2003 年间，使得保护的农地数量增长了三倍以上。2002 年，农场安全和农村投资法案项目，又多了 10 亿多美元的联邦资金。

表 13.4　美国 15 个州 46 个地役权项目的保护农地

| | 项目规模 | 公顷 | 已保护的农地（英亩） | 项目成本（百万美元） |
|---|---|---|---|---|
| 马里兰州 | 郡和地方 | 105 019 | 259 307 | ＞464.60① |
| 宾夕法尼亚州 | 郡和地方 | 60 286 | 148 861 | 394.00 |
| 佛蒙特州 | 全州 | 40 763 | 100 651 | 56.80 |
| 加利福尼亚州 | 郡和地方 | 34 189 | 84 418 | 102.40 |
| 特拉华州 | 全州 | 26 478 | 65 377 | 69.50 |
| 马萨诸塞州 | 全州 | 21 384 | 52 800 | 135.00 |
| 科罗拉多州 | 郡和地方 | 20 589 | 50 788 | 75.10 |
| 新泽西州 | 郡和地方 | 20 153 | 49 761 | 254.30 |
| 康涅狄格州 | 全州 | 11 684 | 28 850 | 84.20 |
| 华盛顿州 | 郡和地方 | 6 693 | 16 527 | 62.10 |
| 纽约州 | 郡和地方 | 3 669 | 9 060 | 68.30 |
| 弗吉尼亚州 | 地方 | 2 570 | 6 346 | 13.50 |
| 威斯康星州 | 地方 | 836 | 2 064 | 3.38 |
| 密歇根州 | 地方 | 752 | 1 856 | 6.00 |
| 北卡罗来纳州 | 郡 | 508 | 1 255 | 2.60 |

①未获得马里兰州两个项目的数据。

资料来源：Sokolow and Zurbrugg，2003。

　　在其他地方，税收激励已用于鼓励土地所有者保持土地的农业利用。这种方案已在美国各州和加拿大各省实施，尤其是加州和纽约州。为回报两州的土地所有者同意在特别时间里保持土地的农用，它们将得到税收返还（Beesley，1999；Hall，2002），在密歇根州（Michigan）、威斯康星州（Wisconsin）和阿尔伯塔省（Alberta），农场管理者享受着低税收（Beesley，1999）。农业分区的扩大也受到替代性刺激方法的驱动，包括农场主集体、自愿同意在确定的农业分区内，维持农业用地。回报的好处有享受税收延迟和免除小额税收法（Beesley，1999；Lapping *et al.*，1989）。虽然 20 世纪 70 年代，纽约州超过三分之一的农田在农业分区内，但与开发前景不太重要的地区相比，在直接发展压力的农村地区，证明这条道路缺乏效率（Lapping *et al.*，1989）。

202    在北美，控制农村土地开发的最后措施是政府机构购买土地，并使之成为公共利用。这是美国国家公园使用的模式，但在规模较小的郡和市政当局也同样利用，保护易受城市发展破坏的土地。例如，旧金山，在 20 世纪 60 年代和 70 年代中，事实上依照这种方法，在城市周围建设了绿色地带，但到了 20 世纪 70 年代，许多地方政府发现，房地产价格太高以致不能允许大规模获得未开发的土地（Roma，2001）。20 世纪 80 年代后期，私有和社区土地信托，也购买开放的土地，保护土地免于开发。900 多个土地信托管理着 810 000 多公顷（200 万英亩）的农田（Beesley，1999）。

总的来说，北美开发控制战略有效性的评估，有喜有忧。个别项目由于保护了土地免于开发，对当地产生了重要影响，但大多数未开发农村土地，仍未受到保护。多种方法的实施，所包含的成本和法律实施权力的缺乏，影响了综合和整体规划的产生，并削弱了可维持保护的程度。

## 四、农业环境规划

在 20 世纪大多数时间，乡村保护政策的主要目标是，保护农村环境免受城市开发风格影响。同时，采取最严格的景观保护形式，如北美、澳大利亚和新西兰的国家公园，也禁止土地的耕种。更普遍的是，农业被认为既不是问题的组成部分，甚至也不是保护的盟友。特别是作为其（农地）环境价值，与农业和环境保护土地的愿望一样。尤其是控制开发的政策，也受到推动。然而，自 20 世纪 50 年代起，人们普遍认识到，现代农业活动也在损害着农村环境（第七章），并且需要寻找农业环境计划，改变农业的做法。

农业环境规划涉及粗放型耕作。它们偶然与后生产主义转型减少农业生产的压力结合在一起（第四章）。20 世纪 80 年代，农业环境政策第一次引入到欧盟，作为努力改革共同农业政策的一部分。在美国,1985 年的农场安全法案之前,随之产生环保团体的游说。20 世纪 80 年代,普遍的环境意识浪潮期间,农业环境计划得以扩展,并强化了随后的农业政策改革(Potter,1998;Swanson,1993;Winter,1996)。

　　农业环境计划,针对着任何广泛的目标,包括减少化学品使用、污染控制、耕地转化为草地、治理水土流失、降低牲畜密度、鼓励有机耕作和维护及再植林地(专栏13.2)。有些计划特别适合重点实现这些目标中的一个,而其他计划则以在划分区内发展更为综合的方法为目标。例如,英国第一个引进的计划,包括划定了 28 个环境敏感地区(ESAs),总面积 16 889 平方千米。28 个区根据它们的环境特点和潜力挑选,推广传统耕作方法,防止环境进一步损害(Winter,1996)。环境敏感地区(ESAs)的农场主,有资格获得根据面积的补偿支付,为此须签订管理协议。典型内容包括:限制使用化肥和家畜密度、禁止除草剂和杀虫剂的使用、安装新的排水和围栏,以及承诺维持景观特征,如树篱、沟渠、森林、墙壁和谷仓。

---

**专栏 13.2　再造林地的乡村**

　　欧洲农村大部分地区的自然状态是林地,但几个世纪的耕作种植,清除了森林以发展农业以及后来的城市化。然而,近几十年,采用了很多创意,以在农田以外空地种植树木,提高原生林地覆盖。在英格兰,20 世纪早期,恢复种植工业用针叶林之前,林地覆盖率已从 1086 年的 15%,下滑到 1890 年的 4.8%。20 世纪 80 年代,实行了重新栽种阔叶林地政策。农场林地计划(后为农场林地奖励计划,FWPS)是欧盟实施农业环境项目的一部分,按每公顷最高额 195 英镑支付给农场主,再种植阔叶林。为酬谢长期参加阔叶树造林,保证为橡树和山毛榉支付 40 年款项,其他阔叶林支付 30 年,其他林地支付 20 年(Mather,1998)。1995 至 1996 年,农场林地奖励计划总计 360 万英镑拨款。林业委员会管理的林地大宗补助计划,进一步支付了 1 610 万英镑。

　　大规模项目,如 1991 年在英国中部前农村煤田区,兰开夏郡(Lancashire)和围绕布里斯托尔(Bristol)的类似计划,标明的大规模国家森林都促进了植树造林。国家森林项目,目标是在 500 平方千米面积的三分之一以上的土地上种

204

植3 000万棵树,由林业事业(林业委员会的商业机构)和林地信托(慈善业)的土地购买混合战略实施。这些社区林地的开发和政策刺激,包括FWPS的支持,鼓舞着大家在农田上自愿种植树(Cloke *et al.*,1996)。环境的改善以及国家森林那样的项目,也在为休闲和刺激旅游及经济再生创造着空间。

　　爱尔兰也拥有相似计划。爱尔兰也经历过大量历史性森林砍伐——通过种植人民千年森林计划,庆祝千禧年。所用项目基金由私人赞助。项目为每个爱尔兰家庭栽种一棵树,这些树分布在郡内16处地方。每个家庭都会得到详细记录着家庭树木位置的证书。他们可凭借坐标地图在林地浇灌树木(图13.3)。

　　英国国家森林和人类千禧年森林项目,都试图让地方人员参加到乡村植树造林中。然而,正如克洛克等人(Cloke *et al.*,1996)说明的那样,公众对森林的态度是混杂的,而且与深层文化相关。有些人认为,森林是有生命的。人类和野生生命可以同呼吸,和平相处,共同生存在静谧而幸福的地方。另一些人则把森林看成是恐惧的,被树木围困与压制的地方。同样,森林有多种外观。林地有不同的用途,相互之间可以替换。它们既可以是避难地,也可以是自由之地,还会看到,社区与成熟的林地和商业森林密切相关(Marsden *et al.*,2003)。

　　虽然对农场林地计划的成效有些怀疑(Mather,1998),但农业环境项目支付额、荒弃农地上的大型林业项目和自然生长林的联合,使英国林地覆盖率上升到2000年的8.4%。

　　更多关于国家森林和公众对林地的看法,请见保罗·克洛克、保罗·墨尔本、克里斯·托马斯(Paul Cloke,Paul Milbourne,Chris Thomas)著的"英国国家森林:对乡村自然—社会关系重新谈判计划的地方反应",载《英国地理学家协会学报》(The English National Forest: Local Reactions to Plans for Re-negotiated Nature-Society Relations in the Countryside. *Transactions of the Institute of British Geographers*,1996,21)。关于更多农村林业一般情况,见亚历山大·马瑟(Alexander Mather)在布莱恩·伊尔伯里(Brian Ilbery)编的《农村变化的地理学》中的一章(朗曼出版社,1998)(*The Geography of Rural*

*Change*. Longman，1998）。更多英国国家森林信息也能在 http：//www.
nationalforest. org 看到。爱尔兰人民千禧年森林的信息可参考 http：//www.
millenniumforests. com。

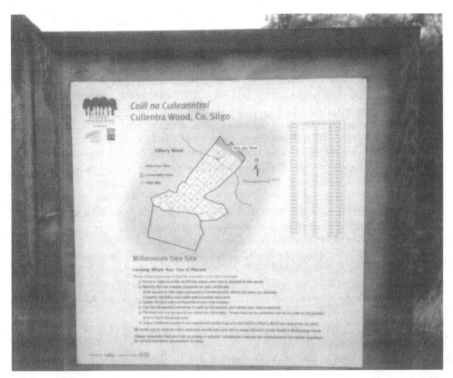

图 13. 3  爱尔兰斯莱戈郡卡伦特拉林地的人民千禧年林植树地图

资料来源：伍兹私人收藏。

当英国的 ESA 计划以广泛的保护问题为目标时，美国 1985 年农场法案颁布 205
保护储备材计划（CRP），首次重视单一的水土流失问题。按照该计划，农场主每公
顷大约支付 60 美元，保护易受侵蚀的土地（Potter，1998；Swanson，1993）。像许
多农业环境计划那样，CRP 的基本原则对生产控制关心与环境效益的关心同样
多，而批评者主张在 CRP 第一阶段期间，美国农业部（USDA）对前者比对后者更
热心，而且目标是项目计划针对可实现最大程度减少生产的土地，而非面临最强侵
蚀危险的土地（Potter，1998）。依然，直到 1992 年，总共 1 450 万公顷（11％的美

国农田)的土地注册为 CRP,而水土流失估计减少了 22%。每年 7 亿吨的目标已实现(Potter,1998)。此外,1991 年,CRP 的范围扩展了,从过滤带到河道、水源保护区和各州水质与保护地区。同时,两项平行方案,湿地储备项目和农业水质保护项目,也同时引进(Green, 1996)。

　　CRP 及其结果与欧盟农业环境项目的最新创意相符,即通过耕作利用财政刺激措施推动保护。相反,与此同时,美国采用了保护服从政策,CRP 采用否定法令的威胁。保护政策要求农场主,对他们的农场实施得到证明的保护计划,以证明他们的操作并未造成土壤侵蚀(Potter, 1998;Swanson, 1993)。直到 1995 年 1 月 1 日,农场主们仍未实施计划,将丧失了他们获得联邦补贴的资格,如商品支付、作物保险和灾害救助基金。有些州如艾奥瓦州,进一步采取了否定法令的方法,制定了严格的防止水土流失和水污染的法律,未能遵从的农场主将面临起诉的威胁(Simon, 2002)。

　　生产控制并非是农业环境方案唯一的附带利益。澳大利亚土地管理计划,将保护与促进公众参与在环境管理中结合起来。鼓励土地所有者和农场经营与其他社区活跃者合作,参与土地管理团体着重解决土地退化问题,原则是自助、合作和地方化行动(Lockie, 1999a,1999b)。与此同时,威尔士的环境保护计划(The Tir Cyman,威尔士的一个环境保护计划,以保护威尔士的景观,开始于 1992 年,截止于 1998 年——译者注)和它的后继者(Tir Gofal),将农业环境活动,定位为更广泛农村发展行动的一部分。通过在自己土地上,参与维护环境特征补偿协议的农场主。该方案旨在支持农村经济中传统农业形式的可持续性,并创造新的就业机会。总的来说,据预测 Tir Cymen 在三个试点地区,每年产生 29 天环境工作,延长农场临时工人的工作时间 (Banks and Marsden, 2000)。

　　农业环境方案,以农场主自愿参与为基础,因此规划的有效性取决于农场主对奖励刺激的评价,农业环境规划所保证的利益,以及诸如生产力的损失在内的相关成本和努力后所许诺的收益。尽管对有些早期规划的理解是合适的,但仍存在着很大的地理变化。现在的农业环境方案,仅有很少数农场实施。到 2000 年,估计大约仅 20% 的农田在欧盟农业环境方案内注册。在澳大利亚,30% 的农场参与了土地管理计划(Juntti and Potter,2002;Lockie,1999a)。参与更多的是年轻的农场主和更具企业家精神的农场主。农场主谈到参与的主要因素是多种多样的。然而,同时威尔逊和哈特(Wilson and Hart,2001)研究两个英国农业环境方案后发现,大约一半的参与者说,如果取消该方案的资金,他们将不会继续参与保护措施。他们的报告表明在参与的农场主中,态度已转向了更多的环境思考。这样,威尔逊和哈特反复讲述了以前研究的发现,建议农业环境团体参与者可划分为,根据环境的迫切性动机的"积极采纳者"和以财政刺激为主的"被动采纳者",以及几乎无变化要求的现有农场管理者。同时,非参与者可分为,即如果方案条件不同或可加入的"条件性非采纳者"和那些强烈反对参与的"顽固不采纳者"(Wilson and Hart,2001)。

关于农业环境计划在保护农村环境方面的有效性,也得出了不同的结论。具体的目标往往能够实现,但不一定具有更广泛的影响。温特(Winter,1996)指出,对"光环效应"的关心,要靠农场主加入与他们的某项活动相关的农业环境协议(例如,在蓬乱的草地上放牧),由刺激别处生产得到补偿。而洛基(Lockie,1999b)则论辩说,澳大利亚的土地管理计划,实际上促进了农业的集约化。更明确的是,对英国的研究表明,农业环境方案有助于蝴蝶、昆虫和鸟类数量的恢复。

## 五、动物和农村环境

保护农村环境的倡议,在很大程度上与当前景观和栖息地保护有关,防治进一步的退化,也与相对适度的工程相关,以扭转植物或野生动物数量下降,或恢复被忽视的景观特征。只有少数情况,采取行动以雄心勃勃的规模,重建过去的农村环境。这样的工程包括,农业耕种从一些国家公园和造林方案中退出,倡议还再次引入了当地曾有过的动物物种。动物对自然环境系统和乡村话语表述都非常重要。因此,野生生物在很多保护倡议中成为许多主要目标,行动集于按照科学知识的栖息地保护,并通过大众对高度认知的动植物群落脆弱性的同情,而支持对鸟类、蝴蝶和棕熊的保护。值得注意的是,直接关注牲畜对乡村重要性的人不多,以及在生产主义农业下,追求的是通过选择性育种,使得最高产量变种居主导地位,造成对牲畜均质化也不够重视(Yarwood and Evans,2000)。尽管保护牛、羊、猪等稀有品种的保护项目已启动,但这种方案,与野生生物保护相比,还是鲜为人知的(Evans and Yarwood,2000)。

更具争议的是重新引入动物物种的倡议。这些动物物种由于被认为与现代农业不兼容而被上一代有意识地消灭或减少数量。也许这种最雄心勃勃的计划是，美国大平原的"水牛共享"（Buffalo Commons）项目，即恢复本地野牛的数量。实际上这种野牛在19世纪就被根除了，部分是由于运动，部分是由于隐藏的贸易，但部分也是因为野牛的灭绝被看作是建立了商业性肉牛大牧场的先决条件（Manning，1997）。近几十年中，在平原上的水牛数量已有少量恢复，但"水牛共享"的看法是，水牛已返回到从蒙大拿州、北达科他州到得克萨斯州的广大地区。正如项目支持者弗兰克和黛博拉波珀（Frank and Deborah Popper）所展望的，倡议以预测大平原人口持续减少和农业下降的预测为基础，创造耕种农田恢复到无篱笆的草地共享机会。正如波珀兄弟（Popper and Popper，1999）所描述的，"水牛共享"的隐喻与详细的建议意义同样表达了以旅游、狩猎、水牛肉、皮革以及土生植物利用为基础的新型区域经济的概念（见 Manning，1997；Popper and Popper，1987）。然而，正如他们观察的那样，"水牛共享"项目已经拓宽了自己的生活。通过在该地区许多计划支持者的不同方式的再生产，而且也通过它的对手，包括担心产权失去和他们的商业活动边缘化的土地所有者和大农场主。

207      由于认为再次引进动物的方案是直接引进对农业有害的动物，因而遭到进一步的反对。土地所有者的反对受到指责，认为这阻滞了再引入河狸至苏格兰的计划。很多地区再引入大型食肉动物的计划，如狼，引发了强烈的反对。例如，布朗洛（Brownlow，2000）阐述了，将大灰狼再引入到纽约州阿迪朗达克（Adirondack）山脉的提案，与当地将狼视为害兽的文化产生冲突，不适合在人居的乡村，因为灰狼捕食家畜和更有价值的野生动物，如鹿。此外，该建议表明，以城市为基础的保护论者，试图把他们的意识形态价值观，强加给农村环境。这与第三章讨论的价值全球化的概念产生共鸣。日益全球化的环境意识形态，提高了保护标准与地方民间知识的自然与乡村性的冲突。

## 六、结语

自然环境保护已对管理农村空间方式产生重要影响。这种农村绿色政策，是对乡村重构相关的很多因素做出的响应。第一，人们逐渐意识到，现代农业、城市化以及物质的开发,对农村环境造成的破坏(第七章),加上广泛传播的环境主义,引起了公众对乡村保护的支持。第二,农业生产过剩,已成为主要政策问题(第四章),由保护利益提出的减少农业强度的理性,对决策者越来越有吸引力。第三,农村空间的经济重构已将乡村商品化卷入其中,消费空间比生产空间更重要(第十二章)。这样,具有美学价值的景观保护,比通过资源开发的环境退化更具经济意义。这些不同的迫切性已联合形成取得农村绿化政策的利益联盟。

　　然而,在乡村保护的范围内,有不同的方案和倡议,致力于很多具体的问题,适于不同的战略和方法解决。有些依靠自愿参与,其他则需法律的强制措施。有些需利用财政和其他积极激励手段鼓励保护,还有些则利用法令惩罚未遵守规则者。有些针对农场主、土地所有者和其他农村空间的传统利用者。其他一些则在农村土地利用方面寻求更根本的变化。甚至在环境保护团体内部,都有不同的目标和方法。尽管保护常常用于环境保护包罗广泛的词汇,但事实上,它仅意味着,接受适当的变化,而非更为迅速的保护目标。与此同时,保护和保存,都是以农村环境的现状为起点,因此与旨在重建过去环境的方案不同。

　　此外,任何保护农村环境的倡议,都可能遭到农场主、土地所有者、开发商、猎人、伐木公司、石油和矿物开采者,以及其他商业运营活动的反对。他们主张他们的经济利益、福利和权利都依靠有关的植物和动物。环境工程科学的、哲学的原理,可能会与地方的现状民间话语有竞争。抵抗也可能围绕着对相异的、以城市为基础的、环境价值的想象加在农村人的身上。这样,环境问题证明,已为农村冲突的发生奠定了丰富的基础。这在下一章将要讨论。

---

**进一步阅读**

　　保护农村环境措施的论述很多,其中包括保护景观和农业环境的方案,由布林·格林(Bryn Green)编写的《乡村保护》(斯彭出版社,1996)(*Countryside Conservation*. Spon, 1996)一书提供的英国观点占主导,以及迈克尔·温特(Michael Winter)编写的《农业、林业与环境政策》(劳特利奇出版社,1996)(*Rural Politics: Policies for Agriculture, Forestry and the Environment*. Routledge, 1996)。美国国家公园的情况,由艾尔弗雷德·润特(Alfred Runte)在《国家公园:美国经验》(内布拉斯加大学出版社,1997)(*National*

209

*Parks: The American Experience*. University of Nebraska Press,1997)的著作中有所讲述。亚当·罗梅(Adam Rome)在《乡村推土机》(剑桥大学出版社,2001)(*The Bulldozer in the Countryside*. Cambridge University Press,2001)一书中,讨论了企图限制城市扩张到美国乡村的历史。在开发控制战略与农田保护方案方面,也有许多投稿人给欧文弗洛森斯和马克拉平(Owen Furuseth and Mark Lapping)编写的《有争议的乡村:北美的城乡边缘》(*Contested Countryside: The Rural Urban Fringe in North America*, Ashgate,1999)。更多关于澳大利亚土地管理的项目,见斯图尔特·洛基与克莱夫·波特(Stewart Lockie and Clive Potter)的工作。同时克莱夫·波特(Clive Potter)的工作还探讨了欧洲农业环境政策的许多方面。推荐读物还包括洛基(Lockie)的"国家、农村环境与全球化:远距离行动全观澳大利亚土地管理项目",载《环境和规划 A 杂志》(The State, Rural Environments and Globalisation: Action at A Distance via the Australian Landcare Program. *Environment and Planning A*, 1999,31);波特(Potter)编写的"保存自然:农业环境政策的发展与变化"(Conserving Nature: Agri-Environmental Dolicy Development and Change),载伊尔伯里(Ilbery)编的《农村变化地理学》(朗曼出版社,1998)(*The Geography of Rural Change*. Addison Wesley Longman, 1998);以及莫里斯和波特(Morris and Potter)的"招募新的环保人士:英国农场主农业环境方案的选择",载《农村研究杂志》(Recruiting the New Conservationists: Farmers' Adoption of Agri-Environmental Schemes in the UK. *Journal of Rural Studies*, 1995,11)。

## 网站

国家公园的更多信息,可在许多国家的官方网站看到,包括英国议会的国家公园(http://www.cnp.org.uk),英国国家公园协会机构(http://www.anpa.gov.uk),加拿大公园(http://www.pc.gc.ca),爱尔兰国家遗产服务(http://www.duchas.ie/en/NaturalHeritage/NationalParks),新西兰保护部(http://www.doc.govt.nz)和美国国家公园服务局(http://www.nps.

gov）。此外优秀的非官方网站有美国国家公园（http：//www. usnational-parks. net）。英国环境、食物和农村事务部网站（http：//www. defra. gov. uk），提供英国规划政策和农业环境计划的细节，而美国农地信托网站（http：//www. farmland. org），提供美国农田保护规划和农业环境方案。更多关于澳大利亚土地管理方案，见澳大利亚土地管理（http：//www. landca-reaustralia. com. au）和国家土地管理方案（http：//www. landcare. gov. au）网站。

# 第十四章 农村冲突

## 一、引言

社会和经济重构已使得乡村空间变得比以前更为复杂。在过去,居于统治地位的农业和其他资源开采产业及相对稳定的农村社区,意味着作为一个均质化的空间支配话语可以代表农村。同时这样均质化的表征被认为是农村政策和农村生活组织的基础。例如,农村与农业强有力的一致性意味着,在农村政策中,农业利益有优先权(第九章)。农村生活主流围绕耕作业组织起来。然而,重构的过程已经突破了这种简单的表述(Mormont,1990)。现在,有许多不同的农村表现,绘制成相同自然空间地图,由乡村性的不同社会结构(第一章),以及不同的经济和意识形态利益表现出来。在有些情况下,农村空间的不同表现可以共存,但通常证明遵循农村空间管理的含义是不一致的。例如,在工作社区,其中由自然资源开采满足的就业需求和舒适的生活空间,其吸引力取决于有没有产业和景观的保护。这两种表现之间是有着内在矛盾的;或者,在牧地为表现农业生产一部分的地方和稀有植物与昆虫栖息地,必须要保护的场地。两块土地的外表之间,也存在着内在的矛盾。莫蒙特(Mormont,1990)将这种紧张局势描述为乡村性上的象征性战斗,其中,农村空间的不同开发、倡议和政策的合法性或适当性也爆发了大量冲突。

农村的冲突范围很广,从相对的地方事务争论,诸如农场噪声和气味、小路和街道照明,抗议新住宅建设、工业场址、道路、垃圾堆和发电站,到保护区划定和管理的争论。社会和经济重构初期,农村冲突最初出现在地方,直接冲击着日常生活。然而,在很多情况下,冲突不仅包括了地方行为者,还包括了个人、压力团体、紧邻农村的公司和机构。因此,就形成了称为升级的农村冲突。各类活动家也在从事着地方、区域和国家政策方面的活动,力图改变决策(见 Murdoch and

Marsden, 1995; Woods, 1998b, 1998c 的案例)。同时,农村活动家亦被动员起来,对国家政府改革农业政策倡议,引入新保护措施、调整公共服务、规范狩猎和促进公众进入乡村等,对农村社区、景观和文化的可能威胁做出反应(Woods, 2003a)。

这样,自 20 世纪 80 年代起,在许多国家,农村问题已从政治辩论的边缘走向 211 主流。当然,也一直存在着某种程度的针对农村政策的辩论。但正如第九章讨论的那样,其中大部分是传统地进入到相对封闭的、私人的政策网络。这类时常发生的农村抗议,倾向于关心私人财产利益、环境保护,或部门的具体争端。最显著的是关于农业政策等诸多问题(专栏 14.1)。过去二十年发生的变化是,这样的农村政策已被新的农村政策所替代,其中,农村空间的特定含义和管理,都是明确定义的问题(Woods, 2003a)。或者,如莫蒙特(Mormont)所说:

> 如果可以称为农村的问题是存在的,那么它已不再是有关农业的问题,或农村环境中生活条件的特别方面的问题,而是对农村空间特定功能的质疑,以及在农村空间内部鼓励这类开发。

(Mormont, 1987)

本章考察了农村冲突的三种类型。这三种类型是新农村政策的典型。第一关心的是,农村空间的开发与规划基本原则之间的冲突。这些基本原则提高了开发的需要,也与环境的影响和农村特征的丢失有关。第二是关于农村空间自然资源利用冲突的案例研究,以及农业与保护利益之间的平衡。第三方面的冲突是,试图禁止或管理猎杀野生动物对农村生活方式所觉察到的威胁。为捍卫或促进农村认同的特别表现,本章以讨论农村运动组成的团体所关心的一系列不同问题作为总结。

212

---

**专栏 14.1　农场主的抗议**

农场主的政治动员,在塑造农村政治和政策的历史轨迹上,起着重要作用。农场主联盟化在 19 世纪末和 20 世纪早期,帮助强化了农业在农村政策的核心地位。然而,即使农场联盟并入农业政策团体之中(第九章),在许多国家,农场主的抗议和示威仍在继续,即对政治家施加着更大的压力,以主流联盟表达农业利益的方式,表达着异见农场团体的不满。后一动机的背后是 20 世纪 70 年代美国农业运动的抗议(AAM)。小农场主的松散联盟,由美国农业运动在华盛顿 DC 组织了两次"拖拉机游行"抗议活动,以请求增加农业商品的价格支持,并采取行动解决农场债务。1978 年 1 月,第一次拖拉机游行,首都来了 3 000 名农场主,而 1979 年 2 月的第二次游行,40 千米(25 英里)长的拖拉机队伍则造成了交通拥堵(Stock,1996)。

在法国,20 世纪 50 年代以来,对主流农场联盟的不满也激起了好斗农场主的周期性抗议,通常直指贸易政策,以及欧盟共同农业政策中提议的改革(CAP),威胁到要削减农场收入。公路、铁路和港口设置路障,大规模群众示威,涂鸦和抢劫运送进口肉货车,都是法国农场主抗议活动的一部分,偶尔也有暴力行为(Naylor,1994)。这个传统由农民联盟(Confédération Paysanne)(专栏 3.3)最明显地承继下来,虽具改良性,但也有反全球化的编撰。

20 世纪 90 年代,农产品价格下降,传统农业政策团体瓦解,激起了英国、爱尔兰和澳大利亚农场主采用抗议策略。英国第一次抗议活动的目的是,针对爱尔兰的进口,并在 1997~1998 年冬天临时封锁了渡轮港口。由于经济衰退扩展到农业部门,随后有激进草根农场主行动团体协助的抗议,直接针对超市、食品加工厂、牛奶厂以及乳制品厂(Woods,2004a)。众所周知的是,2000 年 9 月,农场主与货运人封锁了炼油厂和油库。这是欧洲范围的一系列抗议燃油税的一部分。

更多关于美国、法国和英国农民的抗议活动,分别见凯瑟琳·麦克尼科尔斯托克(Catherine McNicol Stock)著的《农村的激进派》(康奈尔大学出版社,1996)(*Rural Radicals*. Cornell University Press, 1996);埃里克·内勒(Eric Naylor)著的"工会主义、农民的抗议和法国农业改革",载《农村研究杂志》(Unionism, Peasant Protest and the Reform of French Agriculture. *Journal of Rural Studies*, 1994, 10);以及迈克尔·伍兹(Michael Woods)著的"当代乡村的政治与抗议"(Politics and Protest in the Contemporary Countryside),载霍洛韦和尼福塞(Holloway and Kneafsey)编的《农村社会与文化地理学》(阿什盖特出版社,2004)(*Geographies of Rural Societies and Cultures*. Ashgate, 2004)。

## 二、乡村开发的竞争

建筑环境的发展已成为农村冲突常见的焦点，其理由有很多。建设项目给农村景观带来了显而易见的变化，而且会潜在影响到周边地区的许多人，同时，也给抗议呈现了清晰、明确的目标。建筑活动也对不同乡村性论述提出了一些重要论题。

例如，从政府官员和规划者角度，乡村大规模开发的区位，惯例上是要可接受 213 的和适当的。可利用的土地和人口相对稀疏的地点，是农村地区对大工程和有害工程有吸引力的，如电站、机场和垃圾站。这些建筑在人口密集的城市地区是不可接受的。同样，正是这种公认的智慧，农村空间就需要有连接主要城市的公路和铁路穿越；水库和大坝的建设是以资源利用为基础的农村经济的部分；住宅和工业发展是区域发展战略的必要部分。

对开发的支持，来自农村地方政府和农村企业。对它们来说，基础设施的发展是农村地区现代化的必要部分。因而，新的住房是迁入者住宿所需要的，同时也替换不够法定标准的现有住房；随着农业的衰退，需要产业工厂和旅游景点来创造就业机会；需要新的公路、铁路和机场来缓解边缘地区的经济劣势。

直到20世纪的最后几年，这些有利于发展的论调一直在农村政策中占据主导地位，自那时以来，它们一直受到反发展活动家的挑战。反对开发的抗议，往往动员起对环境冲击的担忧，如对敏感景观和栖息地的破坏；但它们也因担心农村空间的美学质量而动员起来，这表现了农村田园牧歌的理念（第一章）。因此，开发农村土地的建议，一直遭到反对。理由是，新的建筑会损坏景观的外形。噪声或光污染会扰乱乡村的宁静，违背小型聚落的农村特色，或引入被认为是城市，或至少是非农村的土地利用。

按照这些线索组织起来出现的冲突，时常与逆城市化结合，并且，这样就会存在一种诱惑去表现他们作为在当地人和迁入者之间的冲突。例如，斯班（Spain，1993）就对弗吉尼亚兰开斯特郡（Lancaster）开发的冲突做了辨识，把它看作是"来这里"和"在这里"之间的斗争。即在更看重环境质量和保护的迁入者，以及更适应带来经济收益增长的旧居民之间。在英格兰南部农村，类似的差异也有记录，地方政治家已发表了这样的看法（Woods，1998b）。

　　然而，仔细考察揭示，情况往往比当地人/新来者的二分法更为复杂。正如在西班牙观察到的那样，许多迁入者，比长期居民更能获得资源，而且更有能力做政治动员。但这通常是逆城市化阶级构成的反映。而纯粹按不同资源用语表示的冲突，可能比本地人/迁入者表达的冲突，更准确地描绘了阶级冲突。如果迁入者察觉到他们在农村地方的财务和情感投入受到威胁的话，迁入者的确有特殊的动员反对开发。但是，这种动机可能会与长期居民共同分享，因为他们已对房地产有了投资，或对地方有着强烈的情感依附。在迁入者和地方醒悟的社区内部，都存在着巨大的分歧。例如，迁入者团体以安全考虑为由，提议采用城市街道的路灯为街道照明，但反对的人则认为，没有人工照明，本就是农村社区的特色部分。因此，更有用的是考虑对待开发的态度。这种态度源于对乡村性不同的说法。这种不同的认识，可能会跨越阶级的类型、居住的长度、年龄等，以及有关开发的冲突，包括因多种不同原则的活动者形成的特殊联盟。

## 214　三、英国农村的住宅开发

　　农村空间开发冲突中包含着很多复杂性，这点可用英国农村地区新建住房开发过程的冲突实例来验证。在所有发达国家，新住房开发都备受争议，因为这意味着人口的增长会要求更多的基础设施，很容易被看作是城市化（第九章和第十三章）。如第十三章详论的那样，这样担忧的结果是英国农村新建住宅得到管理，规划过程决定了新建筑的数量和位置。民主选举的地方议会，制定出周期性计划，过程包括与利益相关者和公众协商（Murdoch and Abram，2002；Murdoch and Marsden，1994）。代表开发商和环境主义者的运动团体，寻求通过回答公共质询和决策者游说，影响这个过程的结果。但到了 20 世纪 90 年代，一致的认识是，在国家公园和绿地外围，一定程度的新宅建设是必要的，并且在对农村环境没有显著损害的情况下是允许的。

　　然而，20 世纪 90 年代中期，新规划的准备，引起了更大的争议。根据逆城市化趋势和社会行为变化的人口预测，据估计，1991 年至 2006 年间，英国多出的 440 万新家庭需要房产，一半要建在农村地区未开发的土地上。这些数据得到国家政府的认可，并在郡议会把数据编入地方建筑计划，引起公众注意之前，通过区域规划大会，在各郡之间分配。随后的多级冲突可用萨默塞特郡（Somerset）案例说明，1991 年和 2016 年间，该郡分配额是50 000座新房子（Woods，1998b）。

针对住房开发的冲突在三个层面展开。首先，郡议会开始的竞选活动对50 000所新房目标提出了挑战。活动参与者有当地人，也有迁入者、保护组织和环境主义者团体，重点都是强调要关注环境影响和农村特色的丧失。例如，保护英格兰农村协会地方分会主席（现在的保护英格兰农村运动 CPRE），告诉当地一家报纸说，"农村村庄的生活，在过去的几个世纪里缓慢演进，就要一下子消失了"（Woods，1998b）。这种表述典型地反映了迁入者和中产阶级关于乡村性的话语，但是该运动还得到了与当地工人阶级利益结盟的议员支持。当地人买不起住房时，他们反对为迁入者建房。

其次，关于中期住宅开发的辩论，重点在该郡的许多局部冲突，抗议者反对近期的房屋建设计划。在这些情况下，动员起的反对派认为围绕开发对农村景观视野、村庄特色和自然栖息地造成威胁。至少有一家当地报纸的记者，明确说出了他们的动机，即捍卫他们对农村田园牧歌生活的投入：

> 我们反对任何形式的建设。我们离开陶顿（Taunton，萨默塞特最大的城市）的财产，来到这里，为了美好的视野和隐私，那并不便宜呀。

> （Woods，1998b）

在萨默塞特郡内，提前建好展示的房子数量是有限的。那些准备公开发言的人认为需要发展，以便为当地居民创建住房，防止经济机会被国家的其他地区夺走，而仅仅是以"进步"的名义。然而，这些少数派，在他们这一边，确实带着计划体系的惯性。尽管群众运动的实际功效几乎没有，但在国家层面上没有重要政策变化的情况下，郡议会确实可以改变这些计划。因此，最后，萨默塞特运动与其他方面一起并入了由保护英格兰农村运动指挥的全国性运动。总体上，反对贯穿全英格兰农村的 220 万所新房目标，因为这勾勒出这些破坏了英国乡村的计划。只有这种国家规模的运动，取得任何成功，最后才能达成一个适度减少在农村地方新的建筑的分配数量。

## 四、农村资源冲突

农村资源冲突有着悠长的历史，但越来越放在强调自然保护与资源开发产业衰退的经济意义上，包括农业和林业。这意味着，恰当的资源利用，已重返为爆炸性的政治问题，把农村空间带入了不同诉求的冲突。与资源有关冲突的爆发点，包括农业土地和林业的管理。例如，在伐木公司和保护主义者之间，关于伐木作业对该区自然生态系统的影响，始终是加拿大英属哥伦比亚海岸的大熊雨林（Great Bear Rainforest）冲突的焦点。荒野委员会的运动团体，在商业林业和野生生物之间，就有一种选择。

然而，近年最引人注目的农村资源冲突之一是克拉马斯盆地（Klamath），该地位于北美西海岸，俄勒冈州南部和加州北部，是天然高地沙漠。克拉马斯河将其平分为二，并与湿地结合在一起。1905 年，垦务局开始着手一项雄心勃勃的计划，支持盆地农业，开垦湿地，建设水道网灌溉沙漠土地，工程包括：7 座水坝、45 个扬水泵站、近 300 千米（185 英里）的运河及绵延 830 千米（516 英里）的灌溉渠道（LaDuke，2002）。通常，依赖项目水的农场和牧场，几乎达 100 000 公顷，转移了河流年平均流量的大约 25%。该地区被誉为流域恢复和生物多样性保护典范，但是，在有限的水源供给的不同利用者之间，也存在根深蒂固的紧张关系，包括农场主和牧场主，土著克拉马斯部落和盆地野生动物（Doremus and Tarlock，2003）。

然而，2001 年夏天，一场严重干旱，急剧降低了上克拉马斯湖的水位，威胁到胭脂鱼和大马哈鱼的储量。在濒危物种法案条款下，项目经理关闭了灌溉系统的闸门，保持注入湖泊的水流量，却切断了灌溉用水量的 90%。一旦农作物收成不好，农场收入下降，一些农场将面临破产。作为回应，农场主、牧场主和支持者，发动了公民不服从运动，包括 7 月 4 日，抗议者挥舞着旗帜，试图未经授权重新打开闸门。

216          高于平均水平的融雪，有助于避免 2002 年危机重演，但在农场主和环境主义者之间，冲突仍在继续。令农场主怨愤的是，把他们的利益放在鱼类以下。在农业社区中，在想要售价高些的农场主和其他人之间也出现了紧张关系。这些人相信农业会进一步衰落，将会威胁到拖拉机经销商、肥料供应商和种子经销商的支持经济,从而会削弱整个农村社区。

## 五、狩猎和农村生活方式

第三章曾指出,全球化影响农村地区最重要的过程之一是,价值观的全球化。特别是,20世纪后期,见证了人类与自然互动价值观的传播和普及,引入了一套环境保护的新标准,以及提高动物权利的概念。这些价值观——建立在环境哲学、绿色意识形态、科学表述以及慈善自然的民间知识的混合之上——通常理解自然的构成部分是与传统农村民俗文化和知识有分歧。这样,冲突的发展就成了政府机构试图引入以新的、全球化的、与传统农村活动相关的环境价值观为基础的新法律和法规框架。例如,所有这些说明,在农事中高于动物福利的冲突,包括一排排围栏的使用和活体动物的运输(Buller and Morris,2003)。然而,造成最显著冲突的问题是狩猎。

对许多乡村性传统话语而言,狩猎是高度象征性活动。正是它代表着与自然紧密相连的农村生活方式。人类生存必要绞尽脑汁地违反自然,但最终又有能力施展他们的力量控制自然。然而,从动物权利的全球价值角度看,狩猎表现为残酷和野蛮的活动。后者在整体社会内部的地位,日益增长的影响已导致新法律和措施的采纳。管理或禁止狩猎,这在一些国家已实施,如法国、比利时,特别是最富争议的英国。

在英国,辩论的重点是用猎狗狩猎狐狸和鹿。这种典型的英国狩猎形式,是由有组织的团体采用的,带着特别训练的猎狗,追踪猎物的气味,后面跟着猎人,通常骑在马背上。打猎以及与打猎相关的仪式,至少自19世纪早期以来,就是农村文化的组成部分。在传统上,其既是维护精英权力结构成分(Woods,1997),也是社区活动的焦点(Cox et al.,1994;Cox and Winter,1997)。尽管狩猎仍是农村人口特殊重要活动的部分,但却在特定的地点内举行(Milbourne,2003a,2003b)。狩猎在英国乡村内的表现,已被迁入者、农业的衰退和社会态度的变化所淡化。

在英国,反对狩猎也有着悠久的历史,并由对动物权利的关心和阶级政治的结合而加强。从1945年起,多次试图立法,禁止用猎犬狩猎野生哺乳动物。20世纪80年代和90年代期间,其势头越来越猛。1997年,大选产生工党政府声明,承诺对狩猎进行自由投票，在下议院，觉悟的反对票是大多数。一项认为狩猎非法的法案快速提出，却违反议会程序。随后又进行了其他尝试，由支持狩猎游说团体动员起的反对力量，缓和了政府禁止狩猎的热情，并导致一系列的僵局和疏远。更多客观证据的需要，结果禁令可能影响农村经济和社会的独立委员会成立（伯恩斯调查）。而同时，2001 年 12 月，苏格兰新组成的议会，先于英国其他地区通过禁猎立法。

217　　　　鉴于反对狩猎的争论，主要是以动物权利为理由，支持狩猎的活动者则与乡村性一致性，提出他们的案例理由。于是，攻击狩猎就成了对农村的攻击。有三个因素支持这种想法。第一，狩猎代表着农村生活方式的核心。这种看法认为，禁止狩猎会付出工作成本，消除社区生活的焦点，增加社会排他性（Woods，1998c）。第二，禁令的科学和伦理基础，遭到主张表现自然农村的挑战，认为打猎是完全自然的，被捕杀的动物不会受到不必要的虐待。同时，对农场主来说，狩猎是必要的控制害兽的形式（Woods，2000）。禁止狩猎，因而会忽视农村社会的智慧。第三，以城市为中心的社会权利，会把城市价值观强加给乡村，会引起争议。因此，针对狩猎的冲突，会重塑农村与城市之间的冲突，其中，农村被描绘成失败者，捍卫公民自由和权利的地方。

把狩猎和乡村性联系起来，重现在支持狩猎运动者中所采用的策略。他们判断，单独狩猎问题，不足以吸引到足够的公众支持。运动者们组成了乡村联盟压力团体，将狩猎定位为人们关心的农村问题的一个领域。他们认为，农村生活方式，正经历着城市政府错误引导的攻击。这个消息传遍了抗议活动，包括伦敦的三次群众游行——农村集会（1997 年 7 月），乡村进军（1998 年 3 月），以及自由和生活进军（2002 年 9 月）。示威活动强调的宣传问题有，农业衰退、住房建设和关闭农村服务，但是保护狩猎仍是组织者以及大多数参与者的核心动机（Woods，2004a）。狩猎在游行者手举的标牌和公报上占主导，同时，许多口号都表现了农村—城市冲突的观点（图 14.1）。

乡村联盟的战略，代表着英国乡村已崛起为支持狩猎的一方。然而，重构乡村的现实更为复杂。即使在农村地区内部，也存在重要的少数，反对狩猎和乡村性话语，推动支持禁令。例如，狩猎被描绘成是对自然空间农村的侵犯，而且是冒犯农村空间其他使用者的行为，如步行者和野餐者（Woods，1998c，2000）。这样，针对

**图 14.1　2002 年狩猎与公民自由联合的伦敦自由与生活进军**

资料来源：伍兹私人收藏。

狩猎的冲突是与农村内部冲突一样的农村与城市社会之间的冲突。

218

## 六、结语

　　本章讨论的案例研究为近年显化的农村冲突问题类型做了直接说明。动员起的争论、参与的活动者，以及准确的乡村性意义与规则的争议方式，每个案例都依据的是具体的情况。然而，也有些共同的主题和规则，出现在不同的具体冲突中，反映出更广泛乡村性话语的影响。例如，对守卫农村免受城市干扰这个大伞主题下，英国乡村联盟，为连接起一系列问题而展现的潜力。然而，乡村联盟动员和保护的农村表现，却是以非常特别的语境为基础。它把农村与农业、私人土地所有权、同类的社区和传统活动，如狩猎联系起来。这是一个本身就具排外性的话语，并不被许多当代英国乡村居民所认同。因此，几乎无须惊异，这种话语的支持者将会发现，他们自身正处于众多的冲突之中，因为这种话语的假设，遭到重构的更复杂的农村世界的挑战。此外，还有其他运动团体，也寻求在农村冲突之间建立联系，但从截然不同的角度出发。例如，法国农民联盟，已在小农场主经济利益、环境问题和逆全球化之间建立了联系（Woods，2004）。与此同时，美国农村联盟，在可持续农业、环境保护、社会正义问题、土著和少数人权利以及社区发展之间建立相似的联系。这种类型的乡村性的进步政策，已由寻求遵循替代农村生活方式的团体所倡导，如低影响的住房建设，将在第二十一章所讨论的。

219　　　总的来说，这些各类农村运动团体与众多小规模、非正式抗议活动一起，重点在地方冲突，代表了围绕农村特性问题，个体的实质性政治动员。愈益增加的是，这些团体正在采取新社会运动形式（Woods，2003）。像所有社会运动那样，自然发生的农村运动是松散结构自治组织的集合，没有组织中心，没有明确的领导，甚至连贯的意识形态，仅仅由农村认同的中心性所联合。然而，甚至对何为乡村性的含义也存在着分歧，至少可识别的有三种立场（Woods，2003）：

- 活跃的乡村主义，包含在捍卫有历史、地方、自然和农业中心的农村生活方式中，具有自我定义的传统农村人口的流动性。

- 进取的自然主义，反对与单纯的、自然相连的、地方化的和自给自足的农村社会话语相冲突的活动和发展。

- 有为的自然主义，包含迁入移民和相似愿望的活动者的流动性。通过寻求推动可进一步实现想象中农村牧歌的创举，捍卫他们的财务和情感投入。

农村主义的每种立场，可能都会给运动者提供流动的动机，反对觉察到的外部威胁的动机。在某些情况下，联盟和同盟建立在代表不同立场的团体之间，例如，抗议反对新道路建设。但是，这些不同的农村主义立场，也会形成围绕农村开发内部冲突的分歧，提供了莫蒙特针对乡村性的象征性战争的反对面。

---

**进一步阅读**

更多农村政策和农村运动的形成，见马克·莫蒙特（Marc Mormont）所著"农村斗争的出现和它们的意识形态的影响"，载《国际和城市和区域研究杂志》（The Emergence of Rural Struggles and Their Ideological Effects. *International Journal of Urban and Regional Research*，1987，7），以及迈克尔·伍

220

兹(Michael Woods)著"解构农村抗议：新社会运动的出现"，载《农村研究杂志》(Deconstructing Rural Protest：The Emergence of a New Social Movement. *Journal of Rural Studies*，2003,19)——在农村政治化的不同阶段,两篇相隔 16 年发表的论文。许多期刊论文和书籍的章节,提供了英国狩猎方面有关争论的更多信息,包括由保尔·墨尔本(Paul Milbourne,2003a,2003b)的两篇论文："英格兰和威尔士农村狩猎的复杂性",载《农村社会学杂志》(The Complexities of Hunting in Rural England and Wales. *Sociologia Ruralis*，2003,43)；"狩猎的乡村性:狩猎国家英格兰和威尔士的自然、社会和文化",载《农村研究杂志》(Hunting Ruralities：Nature, Society and Culture in Hunt Countries of England and Wales. *Journal of Rural Studies*，2003,19)——这两份报告都是伯恩斯有关狩猎调查的研究。迈克尔·伍兹的"研究农村冲突:狩猎、地方政治和活动者网络",载《农村研究杂志》(Researching Rural Conflicts：Hunting, Local Politics and Actor-Networks. *Journal of Rural Studies*，1998,14),考察了英格兰南部部分地区试图禁止阶段性狩猎。而伍兹的文章"奇异的狐狸先生？在狩猎辩论中代表的动物"(Fantastic Mr. Fox? Representing Animals in the Hunting Debate),载斐洛和威尔伯特(Philo and Wilbert)编辑的著作《动物空间、野兽的空间》(劳特利奇出版社,2000)(*Animal Spaces, Beastly Places*. Routledge, 2000),分析了狩猎辩论中语言和形象描述的利用。更多有关英格兰农村住宅建设的政治的案例研究,见伍兹的论文"乡村性辩护？农村地方政府的再定位",载《农村研究杂志》(Advocating Rurality? The Repositioning of Rural Local Government. *Journal of Rural Studies*，1998, 14)。更多关于克拉马斯地区水管理的冲突,见多里默斯和塔洛克(Doremus and Tarlock,2003)的论著"克拉马斯盆地的鱼类、农场和文化的冲突",载《生态法季刊》(Fish, Farms, and the Clash of Cultures in the Klamath Basin. *Ecology Law Quarterly*，2003, 30)。

**网站**

　　大量网站载有本章讨论过的冲突的信息，其中许多都是运动团体任何一方的辩论。更多有关英国住房的建设，见保护英格兰乡村运动（http://www. cpre. org. uk）和住房建设者联合会网站（http://www. hbf. co. uk）。克拉马斯冲突见（http://www. klamathbasinincrisis. org），以及克拉马斯盆地联盟（http://www. klamathbasin. info）保护主义者的论辩。英国主要支持狩猎的组织是乡村联盟（http://www. countryside-alliance. org），同时主要的反狩猎团体，是反对残酷运动同盟（http://www. league. uk. com）。野生动物网站（http://hot. virtual-pc. com/wildnet/wildnet. shtml）倡导有监管狩猎的中间道路。政府和委员会报告调查了禁止带猎犬打猎对农村经济和社会的影响，附有研究和支持材料，也可在网站（http://www. huntinginquiry. gov. uk）看到。

# 第四部分

## 乡村重构的经验

# 第十五章 变化的农村生活方式

## 一、引言

本书前述几章,讨论了过去一个多世纪影响农村地区社会和经济变化的过程,以及社区、政府和其他决策者所做出的反应。不可避免地是,大部分讨论都集中在结构变化上,即制度和政策方面。本书的最后部分,将注意力转移到在乡村生活和工作的人员身上,以及乡村重构和他们的经验及其结果上。如第三章所述,霍加特和潘尼亚瓜(Hoggart and Paniagua,2001)认为,乡村重构涉及定性和定量的变化。通过考察农村生活方式变化的本质,聆听经历这些变化的人自己的叙述,就可以发现乡村重构的定性方面,补充之前各章很多描述中的定量证据。

现在农村人的生活方式,与一个世纪以前的生活方式形成了鲜明的对比。20世纪早期,农村的生活方式是以与世隔绝为特点的,缺少技术设备。强大的社会等级和道德框架的社区生活,对农业工作的深入参与,并与自然世界密切联系。比如,汉弗莱斯和霍普伍德(Humphriesand Hopwood,2000),把英格兰农村居民在20世纪20年代和30年代的记忆联系起来,其中显著的特征就是艰苦的工作和隔绝的特点:

> 在我很小的时候,就是星期六也在工作。夜晚在农场做所有下人的工作,工作比大多数其他男孩早得多。甚至作为一个五岁的小男孩,我也必须到地里干活,做当季的劳作。我记得,我父亲用叉子挖土豆,我母亲把它们捡起来,我在后面背着——同自己一样高的篮子——捡我们叫作"闲谈"的东西,就是喂猪的小土豆。

> (Humphries and Hopwood,2000)

我们是绝对孤立的。我们周围至少三到四英里都没有其他农场。最近的建筑是比格兰礼堂,距离我们大约一英里半。哦,因为没有无线收音机,也从未有过报纸,所以我们没有外界的任何消息。我们不得不步行两英里半去接人,在任何情况下,我们都无力招待人。我只是日复一日地生活,直到我丈夫回来告诉我外面的事。他告诉我谁死了,谁买了一家农场,谁在搬家,还有点花边新闻。

(Humphries and Hopwood,2000)

224　　　这种生活方式的情节,已浪漫化为农村牧歌生活神话的一部分(第一章)。然而,对过着这种生活的人来说,他们的生活是贫困的、不健康的且机会是有限的。农村社会的现代化解放了许多农村人。因此,乡村重构的故事是复杂的,不能表示为完全积极的或是消极的。这种混合的经验和情感,在近期的农村变化的叙述中也很明显。两个不同社区,详述了这两个农业社区变化的个人故事后,做了案例研究。20世纪80年代与90年代,农业自由化背景下的新西兰农业社区,以及在逆城市化和中产阶级化背景下,英格兰南部村庄的变化。每个案例中的故事,都传递了变化的深刻意义,与地方和农村认同深切连接结合的变化,不过它们还揭示了个体对变化的态度和他们所采取的反应中的偶然性。

## 二、新西兰农业重构中农场主的故事

随着新西兰政府在20世纪80年代中期实行改革,解除管制农业、取消补贴,迫使农场主在不受限制的自由市场中竞争。新西兰农业社区的任何农村产业,经历了经济重构中最尖锐和最严重的一幕(第九章)。正如莎拉·约翰森(Sarah Johnsen,2003)所观察的那样,大部分对农耕部门解除管制和随后重构的原因,已从以国家统计证据为基础的宏观经济角度进行了记述。与此形成对照的是,约翰森通过对南岛怀西莫(Waihemo)的案例研究,探讨了重构的农场家庭经验。她发现,农场主开始惯例反复讲述这样的话,即放松管制是好事,强化了新西兰农业。然而,当询问到他们自己的个人经验时,农场主通常会告知不同的故事,强调的是有关的痛苦及农场家庭不一样的应对挑战的能力。

对那些在新的经济环境中搏斗的农场主来说,所经历的重要痛苦包括,专注于耕作业方面的一种生活方式以及附着在一定农村空间的传统依恋的感觉:

传统把我们固着于此。是那样的熟悉。真的很难……以某种方式离开农业，确实走出我们舒适的地区。真的很难打破你所知道的东西，并开始未知的生活，尽管我不时希望我们可以做到。

（Johnsen，2003）

我记得有一年的价格特别糟糕。在经济基础上，生活几乎是不值得的……值得的生活是，你的羊群健康安详就是财富，但经济上给它们灌药、修毛却是不值得的。因为你花的钱不会有回报。当你为此支付了你的工资和投入的花费时。这简直是疯了。更会让人悲伤、沮丧的是，在一个地方照料了一年，最终还是以损失收场 。

（Johnsen，2003）

许多农场主经营的地方，都有自己的故事，都有如何经营劳苦工作建起农场的 225 故事。生计、生活方式、生活历史和区位交织在一起：

实际上，我们得到了贷款，一股脑购买了所有的闸门、牲畜和筒仓。所以我们做了很大的投资。我们没像很多其他的家庭那样，为儿子的继承做准备。我们所有的积蓄都花在农业上。结婚前我们就已买了务农的工具……在那个阶段，我们投入了太多，因为这是我们的。我们把我们的钱投入农业，改造了所有的栅栏和东西。而且，我猜姑娘们（我们的女儿）也与农场亲为一体。她们总和我们一起出来干活……我想是与农场建立了美好的感情。离开它……我想有一天我会不得不这样做。但我想这一定会很难的。

（Johnsen，2003）

农场的损失或无力挖掘农地的全部潜力，通常会产生失望、失败和愧疚感：

我个人一直很失望，因为我们没有能力经营农场以达到标准……你知道，一些农场，做得很好，很惹人爱。他们就像展品，不是吗？我想给我们的农场投入更多，超过以前的投入。当你发现给下一代留下更好的条件时，离开土地是让人欣慰的。看着一个可以充分发挥其潜力的地方，是多惬意呀。我们只是尚未做到这一点。

（Johnsen，2003）

官方话语传播了这种情绪，暗示出在撤销管制的农业体系中，好农场主昌盛了,而赖农场主还在踉跄挣扎。然而,约翰森发现,农场主他们自己,拒绝了这种简单的读物,相反却指出了对农场层面影响的多样性。确切地说,约翰森认为,农场主的经验和反应是按农场企业调整的,决定家庭和财产水平的因素有农场企业的债务水平、家庭劳动分工和家庭生命周期的阶段、财产的规模、土地质量,以及根据个体农场主的性别、知识和经验、价值观和态度、目标和地方意识,以及更广泛的背景,如当地的生物自然条件、当地经济的特点和地方农场文化。

## 三、英格兰南部社区变化的村民故事

柴尔德利(Childerley)村(化名),是英格兰南部许多村庄的典型。在 20 世纪90 年代早期,米彻尔·贝尔(Michael Bell)花了六个月时间,住在村里,做人种学研究。他观察到,村子没有任何特别突出的风景或值得注目的建筑,也没有很多新的住房建筑(Bell,1994)。正如第一章所讨论的,柴尔德利很小,而且历史足以让居民认为是农村,并且对很多居民来说,村庄的乡村性由可提供与过去生活方式相连的认知所强化。然而,贝尔还指出,柴尔德利像许多伦敦交通枢纽带边缘的社区那样,在过去的四十年中,经历了相当大的社会变革,一直有新的和富裕的移民迁入(第六章)。给贝尔讲述农村生活故事的村民,有着很强的村落变化的意识色彩:

这是无效的。本质已离开。现在一切都已保存起来,并予以清洗粉饰,但我的意思是,问题的核心已经不见了。建筑虽然保存了下来,但它的特色已经没了。

大的问题是,农村社区的精神已经消失,或至少是很大的衰弱。不再有共同的目的,共同的目标。而这正是需要保留的地方。我真的看不出这将通向何方。

(Bell,1994)

社区精神的丧失是村民故事的一个重要特征。它提供了一种手段来描述社会互动模式从教区内的内向型集体活动转变为更广阔、外向型和个人主义的生活方式。正如贝尔的报道,对许多老年居民来说,这种变化是带着遗憾的描述:

我更喜欢旧时的乡村生活。那是真正的友好,就像一个大家庭一样的生活。我们总是习惯出去拜访,也不需要电视。这些你可以去问问别

人。如果发生了什么事,比如有人生病,或其他什么事,每个人都会很快
知道。当我还是个小女孩时,总会自娱自乐。人们会读报,妇女们会缝
纫,我们会打牌。我们会听无线收音机。都是自给自足。每个人都彼此
认识。现在你的邻居不认识你。再也不一样了。

(Bell,1994)

甚至新迁入者也重复了失去社区的说法。一些人承认,社区互动的下降是不
同生活方式的结果。他们遵循的生活方式与传统农村生活方式不同:

我想,这与我们的特点有关……我猜想,有些人与他们的邻居交朋
友,正因为这是他们的邻居。我认为,我们之所以愿意只与他们交朋友,
是因为他们是与我们相似的人。

(Bell,1994)

然而,生活方式的变化,原因是村内已成惯例的经济和社会变化,尤其是农业
手工劳动的减少和家长式阶层结构的弱化。甚至旧时代的记忆,也强调生活的艰
难。一些年长的村民,如贝尔摘引的前庄园工人,带着怀旧情怀回顾了那个时代,
说,"那是更好的时期。"(Bell,1994)

## 四、被忽视的乡村地理学

约翰逊和贝尔摘引的个人故事是高度个人化的,并且由特殊的特点,以及与人
有关的环境和经历所形成。这些故事是身处其境的知识,由特定的个人地位和观
点构成(Hanson,1992)。在我们撰著的学术著作和文章中,也考察了农村研究人
员讲述的同样故事。我们从特殊的社会和教育背景入手探讨了农村,并带给我们
特殊的兴趣。偏爱和预想充满了我们的研究和分析。这并非巧合,在整个 20 世纪
的农村研究主流中,一群农村研究者主要是白人、中产阶级、中年男人,注意力几乎
完全集中在农村活动方面,也即是白人、中产阶级、中年男人的农村活动方面——
农耕、工业、资源开发、政策制定和规划。

1992 年,克里斯·菲罗(Chris Philo)在《农村研究杂志》(*Journal of Rural* 227
*Studies*)上的文章中对这点做了有说服力的论述。论文为"被忽视的乡村地理
学"。该文是菲罗受到所读的一本书名为《乡村的孩子》(*The Child in the*

Country)的启发。作者科林·沃德(Colin Ward)是环境作家(Ward,1990)。正如菲罗(Philo,1992)描述的那样,沃德调查了英国乡村儿童的状况和经历,深入探讨了那时缺乏农村学术研究的农村生活(第十七章)。对于菲罗来说,在沃德的著作中,他着重强调了农村研究对儿童的忽略,揭示出在主流农村研究中,对更广泛其他农村经验的忽视。这导致了对农村经验令人头痛的表述:

> 那里还存在着对英国农村人描述的危险(或者,至少在塑造和感觉地方性上,似乎是重要的方面),好像所有都是"平均先生"(Mr Averages),如工作的男人,赚得了足够生活用的钱,白种人或英国人,直接的且不晓得性别、身体能力和健康的头脑,缺乏任何其他宗教信仰或政治的党派。

(Philo,1992)。

作为回应,菲罗对乡村地理学者和有关研究者发出挑战,要认真对待农村空间的其他人:

> 为什么乡村地理学者不调查一下社会关系?如健康人和病患者之间,或有能力者和无能力者之间,而且,这样做是更为明确地调查地理学内含的"不同疾病"。生理的和心理的失能,在农村环境中拖延着吗?为什么乡村地理学者不考虑性的社会关系,相当于放荡者和同性恋者的"少数民族区的"的可能性,而城市地理学者描述的网络,在农村实际上是缺乏的,因为紧密交织的社区,对替代的性选择是不可饶恕的地方吗?为什么他们也不考虑众多另外的其他人:所有的吉卜赛人和旅行者,新时代的嬉皮士和替换生活方式的同伴,无家可归者和流浪汉。他们在真实的乡村空间和自己想象的空间,书写着复杂的地理学。

(Philo,1992)

20世纪90年代期间,这个挑战引发了一场研究浪潮,在试图认识和研究乡村多样性时,大部分采用了定性研究方法。正如邓肯和莱伊(Duncan and Ley,1993)引用墨尔本(Milbourne,1997a)的评论说,离开了描述出的特殊场所中心(Duncan and Ley,1993),并使农村发出多种声音(Cloke and Little,1997)。

228　　　以下各章,讨论了这些研究的部分内容,提供了深入观察乡村地理学以外的问题,如儿童、老人、移民工人、原住民、少数族裔、男女同性恋社区和旅行者等。毫无疑问,研究这种性质问题,有助于更全面、更敏锐、更综合地理解当代农村生活,但

是,它并未免于批评。例如,利特尔(Little,1999)提出,对其他和相同等术语问题,就缺乏理论方面讨论,认为:

> 很多研究都巧言地给团体或个体贴上"他者"标签,却几乎未认识到。在这样的分类中,权力关系和有关的越界过程,对他者化的某些特殊形式的基本情况并无了解,就不能也不该承担农村他者的研究。为什么特定的身份他者化呢?谁会收益或从这样的定位受益呢?谁又是那些相同者呢?
>
> (Little,1999)

要做到这一点,利特尔(Little)认为农村研究需要涉及更广泛的权力结构,如种族主义、父权制和恐同症。同样,利特尔批评了农村他者研究对团体和个体特性的静态处理,对表达特点的程度不确定,易受变化影响。因而,如果不加批评地定义他者化群体的分类经验,这仅仅是一种简单学术之旅形式,那么,对"被忽视的乡村地理学"就需要做进一步研究。

## 五、性别与农村

在传统主流农村研究中,绝大部分边缘化的"他者"群体,都是妇女。实际上,在传统的农村研究中,对妇女的关注,仅仅是少数对农场家庭的社会学研究。在研究中,女性预想的配角,尽管打理家务或照料孩子的职责,或辅助的经济活动。这种陈旧印象始终存在于许多媒体对农场女人的报道中——见莫里斯和埃文斯(Morris and Evans,2001)。正如沃特莫尔等人(Whatmore *et al*.,1994)的观察,将农场家庭作为有机体对待,通过访问表现出的是单个个体——农场主或户主,并往往是男性,直接造成学术论述对女性在农村生活中的忽视。

尽管在20世纪80年代,人文地理学和相关社会科学中,普及了男女平等主义理论,但在农村研究中的应用仍然有限。男女平等主义观点引入农场妇女(Gasson,1980,1992;Sachs,1983,1991;Whatmore,1990,1991),劳动市场(Little,1991),社区生活(Middleton,1986;Stebbing,1986),以及环境行动主义(Sachs,1994)等研究之中,但用弗里德兰(Friedland,1991)的话说,这些仍是短暂的文献。然而,这样的研究确实表明,农村变化的性别分析是必要的,正如沃特莫尔等人所指出：

> 乡村重构的利益争夺,反过来会重塑性别关系；在不同的地方,以不同的方式,对女人(男人)授权和不授权,因它们与其他社会权利关系消减的互动而复杂化,特别是阶级、种族和民族关系。

(Whatmore et al., 1994)

利特尔和奥斯汀(Little and Austin,1996)探讨了其中一个方面,通过对英格兰西南部东哈普特里村的案例研究,验证了农村田园牧歌的理想,如何影响到妇女的日常生活。特别是,他们把研究重点放在社区和家庭的农村田园牧歌上。村中女人强烈地表现出社区意识,特别是迁入者,但对维持社区活动仍放在对妇女的期望上,一位居民这样说：

> 许多组织工作,是妇女做的,但她们不单独做。男人们在村里踢足球。一周期间,是妇女在经营村子。

(Little and Austin,1996)

229　　同样,人们认为,乡村是一处环境更好的地方,而养育家庭也普遍是妇女的事,纵然她们还要照顾孩子,安排孩子交通等实际问题,特别是对全职女性来说。因此,如利特尔和奥斯汀所说,有较高比例的妇女还是全职妈妈。有些妇女意识到,她们在村里的生活和身份,就是她们做母亲的角色。出于同样的想法,人们也意识到,没有孩子的妇女,会感到被排除在社区活动之外：

> 没有孩子是苦涩面孤独的,一切活动都是通过孩子们组织的……孩子们在村里给了你合理的存在。

（引自 Little and Austin, 1996)

因此,利特尔和奥斯汀认为,乡村牧歌,强化了传统的性别关系和角色,如母亲身份和妇女在社区的中心地位。正如他们结论所说："农村生活方式的这些方面,得到了妇女高度重视,也表现为,在她们的传统角色外,做出选择的最小机会(例如,就业或家庭责任)。"

利特尔和奥斯汀的研究转换了研究重点。原来的工作重点是考虑农村社会性别差异的结构维度,现在重点是探讨性别身份和乡村性如何互动的结构。自20世纪90年代中期起,随着性别与农村研究的发展,这后一方面的研究变得更为重要。例如,最近的农村性别研究评述表明,不仅性别研究开始繁盛,而且农村本身也开始刺激起对性别的新看法,如与农村地方和文化相关的含义,就提供了性别身份与性别身份之间关系研究的新见解(Little and Panelli,2003)。对性别维度的评价在农村主题研究的多样范围内,越来越明显。这样,本书虽未有意设专门章节讨论性别,但却在简要导论之外,后面几章还将在青年生活方式、性取向、就业和另类的农村生活方式的章节中,讨论了性别问题。

# 六、结语

　　理解当代乡村的本质和活力,不仅需要结构变化和统计表达的知识,需要了解制度和政策响应的知识,也需要评估生活和工作在农村地区的人经历了怎样的乡村重构,以及农村生活方式自身又是如何变化的。本书最后一部分的各章,集中讨论了乡村重构的经验。各章关注的中心是农村生活的重要内容——农村住房和卫生质量、农村地区对犯罪的恐惧(第十六章);农村社区儿童、青年人和老年人的生活方式(第十七章);就业和工作环境(第十八章);贫困、剥夺和无家可归(第十九章);农村地区少数族裔和原住民社区的现状(第二十章);而且,也力图追踪农村主流之外的另类的生活方式(第二十一章)。为创立合理环境,这些章节论述了结构变化,引用了恰当的统计证据,也讨论了政策,给农村人留下了叙述自身经历的重要空间。

230

**进一步阅读**

　　新西兰农场主的两个案例研究,以及英国柴尔德利(Childerley)村的信息的更多内容,可分别见莎拉·约翰森(Sarah Johnsen)的"切尔得利的启示:新西兰农场主的经验及农业重构",载《乡村社会学杂志》(Contingency Revealed: New Zealand Farmers' Experiences of Agricultural Restructuring. *Sociologia Ruralis*,2003,43),米彻尔·贝尔(Michael Bell)的《切尔得利:乡村村庄的自然和道德》(芝加哥大学出版社,1994)(*Childerley: Nature and Morality in a Country Village*. University of Chicago Press,1994)。克里斯·菲罗(Chris Philo)的论文"被忽视的乡村地理学:评述",载《农村研究杂志》(Neglected Rural Geographies: A View. *Journal of Rural Studies*,1992,

8)，仍是农村社会学学生的基本读物。同时，扩大农村研究的讨论，接受"他者化"团体，可在保罗·克洛克和乔·利特尔(Paul Cloke and Jo Little)编写的《竞争的乡村文化》(劳特利奇出版社，1997)(*Contested Countryside Cultures*. Routledge, 1997)的各卷前言，以及由保罗·墨尔本(Paul Milbourne)所著《揭示农村"他者"：英国乡村表现、权利和身份》(平特出版社，1997)(*Revealing Rural Others：Representation, Power and Identity in the British Countryside*. Pinter, 1997)中找到。更多关于性别与农村，见乔·利特尔和共同作者最近的作品，如：利特尔著的《性别和乡村地理学》(普伦蒂斯霍尔出版社，2002)(*Gender and Rural Geography*. Prentice Hall, 2002)；利特尔和奥斯汀(Little and Austin)著的"妇女和农村牧歌"，载《农村研究杂志》(Women and the Rural Idyll. *Journal of Rural Studies*, 1996,12)；利特尔和帕内利(Little and Panelli)著的"乡村地理学中的性别研究"，载《性别、地方、文化杂志》(Gender Research in Rural Geography. *Gender, Place and Culture*, 2003, 10)。

# 第十六章 乡村生活:住房、健康与犯罪

## 一、引言

乡村生活会更好吗? 很显然,许多人这么认为。20 世纪 90 年代后期,英国民意调查发现,71％的受访者认为,农村地区的生活质量更好。66％的人认为,如果没有困难的话愿意在乡村生活(内阁办公室,2000)。同样,1989 年的调查表明,59％生活在城市中心的加拿大人,愿意住在更为农村的地方。85％的农场居民满意他们目前的地方(Bollman and Briggs,1992)。在喜爱农村生活的背后,是对城市和乡村陈旧印象的比较。重要的是,住房和卫生的相对质量及犯罪程度都是生活质量的稳定因素。典型的是,两张图画形成鲜明对照:一张是风景如画、住宅宽敞、愉快、卫生、无污染的环境的;一张是犯罪猖獗、不安全的街道、污染的、不卫生的、拥挤的、劣质或单调的城市住房的。通过对住房、卫生和健康保健及犯罪程度等实际情况探讨,本章评述了这张简图。

## 二、农村住宅

农村牧歌神话最重要的因素之一是玫瑰掩映着的小屋景象。然而,几乎没有农村居民居住在这样的家中。农村住宅的现实,比这刻板的印象复杂得多。琼斯和屯斯(Jones and Tonts,2003)摘录了澳大利亚住宅研究委员会早期研究中农村住房的 5 个特征。第一,小城镇的住宅标准,通常低于大定居点。第二,尽管土地价格通常较低,但农村地区的建设成本高于城市地区。第三,在农村地区,更容易得到便宜且老旧些的房宅,但可能比交通便利的城市质量更差,不易使用。第四,农村地区住宅的维护成本显著高于农村地区。第五,农村地区的出租房屋供应通

常有限。

232　　　与此同时，哈瑟斯和罗森博格（Halseth and Rosenberg，1995）警告，反对将农村住宅的性质一般化。特别是加拿大农村，他们认为，在流行住宅类型和农村住宅市场动态方面，存在着显著的地区差异。在他们把城市中心周边贴上"田园休闲农村"的地方，通常都以地块较小、空间开发较密为特征，很容易与更开阔地产的周围农村地区相区别。此外，他们的案例研究表明，在相同地区内，不同类型所有者的地产之间和不同地点之间的住宅，均存在着规模和设施上的显著差异。例如，在加拿大英属哥伦比亚卡尔特斯湖（Cultus Lake）地区，那些近期将季节性住宅改为永久性住宅者拥有的住宅，通常比永久居民的住宅小，房间较小，设施较少（表16.1）。

表 16.1　加拿大两个农村地区"永久居民"和"改建者"拥有住宅的特点

| | 里多湖(安大略) | | 卡尔特斯湖(英属哥伦比亚) | |
| --- | --- | --- | --- | --- |
| | 永住者(%) | 改建者(%) | 永住者(%) | 改建者(%) |
| 宅地规模 >10 000 平方英尺 | 75.8 | 80.5 | 75.7 | 5.0 |
| 房子大小 <1 500 平方英尺 | 39.0 | 48.4 | 45.9 | 81.8 |
| 单层住宅 | 39.5 | 62.6 | 57.8 | 62.2 |
| 三个房间或少于 | 2.4 | 10.5 | 10.5 | 22.2 |
| 七个房间或更多 | 40.0 | 30.3 | 31.6 | 8.9 |
| 两个或更多浴室 | 52.0 | 63.2 | 63.2 | 44.4 |

资料来源：Halseth and Rosenberg，1995。

琼斯和屯斯（Jones and Tonts，2003）对澳大利亚西部纳托林（Narrogin）的案例研究，阐述了塑造农村住宅动态之地方因素的重要性。纳托林是一座 4 500 人的小镇，位于珀斯东南 190 千米处。纳托林因铁路枢纽而得到开发，现在是一处地域服务和行政中心。当地住宅以所有者为主（64%），但也包括私人出租（22%）和公共出租（10%）的房屋。后者包括国有住宅机构建的房产、国有铁路公司 20 世纪 50 年代和 60 年代建的住房，以及新近所建住房。一些老旧公共住宅已卖给租户，所余大部分处于破败状态。纳托林的人口是高度流动的，包括以循环往复者为主的团体，年轻的公共部门员工，在升到更高级别职位前，他们曾在纳托林生活过两三年。正如琼斯和屯斯在报告中所说，"经常来访者"往往不会买房，而是依赖私人的出租房，造成因供给有限的需求拥堵，租金上涨，边缘化低收入当地居民，入住质量较差的房屋。同时，像许多小城镇那样，纳托林吸引了四周农村地区的就业、服务和人口，致使该镇的房产价值大幅增长。私人出租和业主自用房产市场，对低收入家庭的双重排斥，对土著诺嘎（Noongar）社区是特别的歧视。在过去四十年中，虽已逐步并入主流住宅供给中，但在很大程度上，仍集中在低质量的公共住宅中。琼斯和屯斯（Jones and Tonts，2003）指出，造成对四分之一英亩地块上传统三室独立居室的需求，增加了对更大居室选择，特别是出租住宅的需求。这样他们认为，现在在纳托林的人口和住宅类型特点之间，存在着失衡。

　　尽管哈瑟斯和罗森博格以及琼斯和屯斯撰写的论文根据案例研究，但他们对农村住房的复杂性所做的观察有着更广泛的意义。特别是，产生于这些研究的三个主要方面是对农村住房的任何理解的核心：住宅质量、支付能力和公租房的可得性。 <sup>233</sup>

## （一）农村住宅的质量

　　由不动产代理人推销给中产阶级移入者的房地产，面积大、维护质量好、价格昂贵，掩盖了很多农村居民住房的实际情况。他们的住房条件长期不佳。很多因素造成了农村地区的住房问题。第一，很多农村住宅比城市住宅老旧，且随时间推移，状态恶化。20 世纪中期，由于农村未经历城市地区那样大规模的贫民窟拆除计划，老旧的低标准房屋通常未拆除，而保留下来。第二，农村很多老旧住房，最初均与农业或其他地方主导产业的工作相联系。随着这些部门就业的下降，以及农村地区经历的人口减少，大量住房无人居住和失修。第三，许多相对偏僻和孤立的农村社区，限制了农村住宅与城市地区基础设施理所应当的联系机会，如主要水电和污水处理设施的联系。第四，老旧农村住宅具有美学和文化遗产价值，需对其外貌和整体采取保护措施。因此，在一些国家，如英国，规划条例给可改变老旧农村房产外表的拆除、扩展或改善工作带来了困难，特别是在国家公园和村落保护区内（第十三章）。

　　然而，总体上对农村住房质量，也做了些重要的改善。20 世纪 40 年代，英国农村九分之一的房屋是不宜居住的，三分之一是需要修复的。到了 20 世纪 80 年代，则认为不宜居住的比例，已降至大约二十分之一（Robinson，1992）。尽管有些评论者认为，不符合标准的房产数量，在 20 世纪 80 年代又有所增加（Rogers，1987）。同样，在美国农村，不符合标准的住房数量，从 20 世纪 70 年代超过 300 万套，减少到 1997 年的 180 万套（Furuseth，1997）。然而，美国不符合标准住房的定义是缺乏完整的抽水管道，或过于拥挤，每个房间超过 1.1 人。建筑的实际情况则未予考虑。如是，不符合标准住房的比例可能会更高。例如，20 世纪 90 年代对威尔士农村四个地区的研究发现，12.4％的家庭住房有结构性缺陷，如防潮、屋顶漏水、砌砖和灰泥疏松，以及门窗问题（Cloke *et al.*，1997）。

　　农村住宅条件也存在明显的地理变化。1990 年，美国超过四分之一的不符合标准农村住宅集中在阿拉斯加、亚利桑那和新墨西哥州。这几个州的农村贫困程度也高于平均水平（Furuseth，1998）。在下一级地方层面，克洛克等（Cloke *et al.*，1997）报道了威尔士农村，四个案例研究地区，无基本设施家庭的比例情况（表 16.2）。所有四个案例研究点所在区，均高于不符合标准住房平均水平。较差住宅条件在特殊社会群体和住宅类型中，也更为普遍。高龄者和低收入群体更可能住在不符合标准的住房中，并且出租房屋比自有住房质量更差。

表 16.2　威尔士农村家庭没有基本设施的四个地区

| 非家庭： | 贝兹考德（％） | 德弗尔斯布里奇（％） | 塔纳特河谷（％） | 泰菲山谷（％） | 全部（％） |
|---|---|---|---|---|---|
| 电力 | 0.0 | 1.8 | 3.2 | 0.8 | 1.4 |
| 燃气 | 68.0 | 99.1 | 97.6 | 98.0 | 90.7 |
| 自来水 | 3.2 | 16.4 | 10.8 | 3.9 | 8.6 |
| 市政排水 | 9.2 | 59.5 | 22.0 | 14.7 | 26.3 |
| 专用冲水马桶 | 2.0 | 3.1 | 2.1 | 1.2 | 2.1 |
| 洗涤槽和水龙头 | 0.4 | 0.9 | 1.7 | 1.2 | 1.0 |
| 自来热水 | 2.0 | 4.5 | 3.0 | 1.6 | 2.6 |
| 固定浴缸和淋浴 | 3.2 | 4.1 | 3.4 | 1.6 | 3.0 |
| 燃气或电力灶 | 1.6 | 1.4 | 3.4 | 2.3 | 2.2 |
| 中央取暖 | 27.6 | 26.2 | 30.7 | 13.7 | 24.4 |
| 家庭住房的结构性缺陷 | 6.8 | 19.6 | 12.1 | 12.0 | 12.4 |

　　资料来源：Cloke，1997。

菲琴(Fitchen,1991)观察到,地方权力机构通常不愿责备不符合标准的住宅,因为缺乏可负担的备选办法。负担能力和房屋质量是密切相关的难题。居住质量较差的住房是因为它便宜,而居民通常又无能力修缮房屋。然而,便宜、不符合标准的住房,对迁入的中产阶级买家想购买房子翻新也具有吸引力。因此,农村住房的质量经中产阶级化,可部分得到改善(第六章),但结果增加了房产价值,超过了当地低收入家庭的购买力,有能力支付的住宅的可获得性是令人恼怒的问题。

## (二)农村住宅的支付能力

20世纪后期,尽管存在着逆城市化趋势,但农村新住宅的建设速度,在农村地区通常比城市地区慢。结果是,增加了现有住宅库存压力、房价和租金上涨。在如此压力下的农村住宅市场,中产阶级迁入者自然比当地低工资就业居民更具竞争力,因而使可负担得起的住宅短缺,成了农村政策的关键问题之一。加拿大的报告表明,超过60%的农村家庭,住房支付能力是一个难题(Furuseth,1998)。同时,在美国,70%的农村贫困家庭,住房成本支付超过他们总收入的30%,而整个农村家庭则只有24%(Whitener,1997)。当满足住房成本的困难增加了人的不舒适和纷扰时,超过四分之一的美国农村家庭就可判定,有严重的住房难题。

英国也经历了农村房产价格最急速的增长。受城市向农村大规模迁移、严格规划对房屋建造的限制,以及抵押贷款的自由化等各种因素的影响,农村地区房产价格,从20世纪80年代开始指数级增长。1998至2003年期间,大多数农村地区平均住宅价格增长了至少70%,在周边地区增长幅度最大,如诺福克(Norfolk)的布罗德兰(Broadland)、林肯郡(Lincolnshire)的南荷兰(South Holland)和南什罗普郡(South Shropshire)(图16.1)。尽管在长期密集的居民移入地区,如艾尔斯伯里淡水河谷(Aylesbury Vale)和新森林(New Forest),增长的速度较慢,但这些地方的房产平均价格,2003年也达到了20万英镑。图16.1也表明,市场较低端的房产也出现了某些急剧的增长。五年中,农村地区公寓和小屋的平均价格增长了两倍多。这种膨胀速度与平均收入并不匹配,因此,加重了支付能力问题。在英格兰南部大部分地区,现在的平均房价至少为平均家庭年收入的4.5倍。超过8倍平均收入的高需求地方有,埃克斯穆尔(Exmoor)、南部德文郡(South Devon)、科茨沃尔德斯(Cotswolds)和苏塞克斯(Sussex)部分地区,以及湖区的部分地区。

对低收入的年轻人而言，负担能力差距尤为严重。威尔科克斯（Wilcox 2003）的研究将英格兰南部农村分为 11 个地区，首次购房价格超过 40 岁以下家庭平均年收入的 4.76 倍，比伦敦最贵部分地区还高。

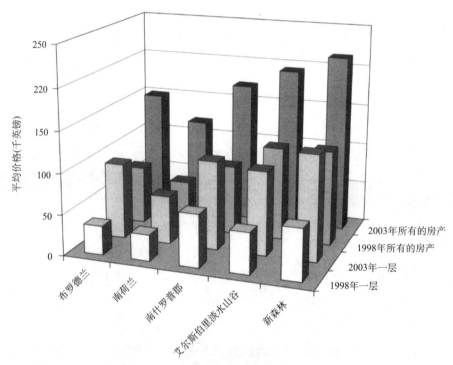

**图 16.1　英国五个农村地区的平均住宅价格**

资料来源：根据地政局的数据制作。

236　　　在美国，乡村房产价格一直在上涨，原因有：逆城市化造成的需求增长；更严格的土地利用法律法规带来的供给有限；开发商不愿建筑低成本住房。然而，菲琴（Fitchen,1991）指出，不断上涨的成本，对出租房产尤为重要，因而给低收入家庭的打击特别严重。她报告说，1989 年，纽约郡三分之二的福利收益人所支付租金超过他们每月住房津贴 100 多美元。作为更便宜的替代选择，更换流动住宅迅速扩大。在美国农村，20 世纪 80 年代，流动家庭的数量增长了 61%。因此到 1990年，流动家庭的比例占农村人口的 16.5%（Furuseth,1998）。主要在南部和西部的 17 个州，流动家庭超过农村住宅总量的五分之一。菲琴（Fitchen,1991）的观察进一步表明,流动家庭的成本也有明显增长,并包含了大量隐藏支付,如电力和煤油。因此,她引用了一位农村居民所讨论的住房支付力问题:

> 我的大儿子,是一名建筑工,做挖掘工作。现在,建筑新小屋和住宅有很多工作。都是他擅长的。但他必须搬走,他找不到他能负担得起的地方。城市人口的涌入,推高了住房价格,成为可怕的事。我们试图帮他购买流动房屋的土地,但即使这样,依然是天价。不久前你能得到的流动房用地为 200 或 300 美元,现在则涨到 1 000 美元,而这仅是为了流动房间的空间。

(Fitchen,1991)

在英国,提供可支付性住房倡议,包括规划条例,要求在新建筑中,建筑商要提供低成本住房,以及购房计划。该计划要求对收入较低家庭或关键岗位者提供购房帮助。然而,当这些战略反映了所有者自用的偏好时,许多低收入农村家庭仍在依赖租房。英国农村住宅支付问题则因不断减少的社会住房出租存量而日益紧张。

## (三) 农村社会住房

英国与许多其他国家一样,对低质量农村住房的跳涨做出了回应。20 世纪中期,农村住处与地方当局修筑的出租公房或社会住房广泛项目之间的联系减弱。尽管农村当局说,它们提供的委员会住房比城市当局更有节制。随之产生的特点常常是,各独立委员会的实际住宅,来自位于村庄四边的私人存量。该项目的确为低收入农村家庭提供合理的、可负担得起的住房。然而,在 20 世纪 80 年代和 20 世纪 90 年代期间,在保守党政府实行的购买权法案下,大约三分之一农村委员会租户,购买了他们的住房(Hoggart,1995)。各委员会不允许投资新建筑的收益,而且对地方政府财政有更广泛的限制。这意味着,以建造小型附加房屋取代销售库存。相反,社会住房供应的主要责任,转移到了独立的住房协会。住房协会也表达出,对农村地区新建住房水平和有效性的关心(Milbourne,1998)。这些因素综合起来,切实减少了英国农村地区社会租赁房屋的库存。1999 年,英国农村社会住房单位为 684 000(大约是总住房存量的 14%),而 1990 年时,则为 711 000 单位(Cloke *et al.*,2002)。因而,英国和其他地方(Jones and Tonts,2003)的社会住宅

的私有化,减轻了低收入农村居民的选择负担,并促成了农村无家可归者的增加,
237 对此第十九章做了讨论。

# 三、农村健康

　　农村牧歌神话的第二个因素是,农村生活比城市生活更健康。支持这种主张
的统计证据是混合的。英国和加拿大的数据表明,农村地区的死亡率较低,预期寿
命较长(内阁办公室,2000；Wilkins,2000)；但北美、英国和澳大利亚等其他证据
表明,农村地区事故率较高,慢性疾病更为流行(Gesler and Ricketts,1992；Gray
and Lawrence,2001；Senior et al. , 2000；Wilkins, 1992)。例如,在威尔士农村,
克洛克等人(Cloke et al. , 1997)发现,与威尔士整体人口的 17% 相比,44% 的居
民有严重的健康问题。澳大利亚、新西兰和北美,农村居民明显健康状况不佳。这
反映出很多因素,如农村人口相对年龄大(退休移民强化了这点),土著农村社区相
对较差的健康状况。不健康水平的地方多样性还表明,剥夺是一个重要因素
(Senior et al. , 2000)。不过,这些因素并未完全解释城乡差异,而且,有些影响也
必须归因于农村特有的健康和医疗保健问题,特别是医疗保健的提供,以及农村生
活方式的社会和经济条件。

## (一) 农村医疗保健的提供

　　卫生保健传递到农村地区,遇到过很多困难。最困难的是,农村地区相对隔
绝,人口密度稀疏。为农村地区提供医疗设施的费用更为高昂,医疗设施的利用和
占有程度,常常低于城市中心,并且专科门诊数量更为贫乏。即使在公共卫生服务
较全面的国家,如英国,农村地区健康服务的可获得性也是反复多变的。在英格
兰,三分之一的农村居民,居住在距最近医生诊所 2 千米外。超过一半居民住在距
最近医院 4 千米或更远的地方(第七章)。在较大的大陆国家,如澳大利亚、加拿大
和美国,这样的距离可成倍增加。美国提供农村健康的问题是,因专业化和成本效
益的压力关闭了农村医院而进一步加剧,而且,农村人口享有医疗保险的比例相对
较低。1996 年仅为 53.7%(Vistnes and Monheil,1997)。确实存在的医疗设施装
备较差,例如,新南威尔士州的乡村医院,有一半缺少治疗呼吸道和心脏病的诊断

设备(Lawrence，1990)。

　　招聘和留住训练有素的医疗专业人员是深层次问题。个人和职业因素的结合，通常会妨碍医生和其他医疗专家选择在农村地区定居。如专业化机会有限、有效设施缺乏、找到合适家庭住房和就业，以及成为小镇唯一开业医生的期望(Gordon *et al.*，1992)。结果，很多边缘农村地区缺乏医疗专业人士。例如，在澳大利亚新南威尔士，医生比例在州西部医生与人口比为 1∶1 500，而在大城市则为 1∶30(Lawrence，1990)。

238

## (二) 健康和农村生活方式：压力和药物

　　乡村通常与平和、宁静联系在一起，但是对许多人来说，隔绝、一致化的压力、无力逃脱或隐藏在紧密相织的社区，缺乏多样的娱乐和经济结构的世系相传，特别是农业。乡村生活也是紧张的体验。2001 年一份英国农民调查发现经营农场的人，40%在持续的压力之下(农业银行，2001)。格雷和劳伦斯(Gray and Lawrence，2001)的结论是婚姻破裂、健康不佳、失眠、侵犯及暴力行为，即是与澳大利亚农业重构有关的紧张压力所致。此外，报告显示，2001 年在英国口蹄疫期间，所提出的处理农村压力问题的倡议，带来了农场主自杀事件的增加。很多这种反应，如自杀，均可在有关农村人口的其他研究中看到。例如，在澳大利亚全国农村健康联盟看到，农村地区 15 到 24 岁之间的男性中，自杀率是城市地区的两倍(Gray and Lawrence，2001)。农村地区的普遍心理健康是一个重要问题。部分原因是在提供适当支持方面所面临的挑战；部分原因是提高较小农村社区蒙受心理健康问题清晰度(Philo and Parr，2003)。

　　高压力程度与高度药物滥用相关。同时，农村社区的酗酒问题，早已得到确认。在过去的十年中，有关药物滥用也得到了广泛宣传。英国 1998 年的一项调查显示农村学校 14 和 15 岁的孩子，超过四分之一试用过非法毒品——比例高于城市区(学校健康教育单位，1998)。同样，对苏格兰附近农村和城市社区的研究发现，这两个地方 14 和 15 岁的孩童中，十分之四曾非法吸食毒品。到目前为止，吸食大麻最为常见(表 16.3)(Forsyth and Barnard，1999)。然而，研究还发现，在农村地区的学校之间，药物吸食程度的多变性更为重要。这种多变不能用因权利剥夺解释。相反，福赛斯和巴纳德(Forsyth and Barnard，1999)认为，在农村地区尝试毒品受两个因素影响:一、特定药品的可获得性;二、当地的亚文化。这样的发现与《卫报》援引的一位年轻的农村吸毒者的经验相一致:

> 什么是我们该做的?你不能去酒吧,因为你的父母可能会去。你不能从商店买酒喝,因为你在这里长大。柜台后面的人,知道你的年龄。没有青年俱乐部,限制去酒吧。小孩子的父母不喜欢我们在儿童游戏区玩耍。所以我们去村外娱乐场地玩石子……击罐。神奇的蘑菇和 LSD(半人工致幻剂,麦角酸二乙基酰胺——译者注)是我们主要吸食的药品,把它带进村庄时,偶尔需要点速度。
>
> (《卫报》援引农村青年,1998 年 3 月 11 日)

表 16.3　苏格兰邻近农村和城市地区 14 至 15 岁儿童使用药物比例的报告

|  | 珀斯-金罗斯(农村) | 邓迪(都市) | 所有的学校 |
|---|---|---|---|
| 任何药物 | 43.0 | 44.7 | 43.9 |
| 大麻 | 42.4 | 43.0 | 42.7 |
| 安非他命(兴奋剂) | 11.0 | 13.1 | 12.1 |
| 裸头草碱(迷幻药) | 9.8 | 7.3 | 8.5 |
| 麦角酸酰二乙胺(迷幻药,摇头丸,LSD) | 5.4 | 9.6 | 7.5 |
| 羟基安定(安定药) | 5.9 | 5.9 | 5.9 |
| 迷幻药 | 3.3 | 5.4 | 4.4 |
| 可卡因 | 2.6 | 3.3 | 2.8 |
| 海洛因 | 2.6 | 1.4 | 2.0 |

资料来源:Forsyth and Barnard,1999。

农村药物滥用并不限于年轻人。在西弗吉尼亚州,健康当局表达了对奥施康定(OxyContin)滥用程度的担忧,即处方止痛药。所有年龄段的农村居民都知道的"乡巴佬海洛因"(Borger,2001)。这种程度的成瘾,在某些农村城镇,80%的犯罪被认为与奥施康定有关。科克林等(Cocklin *et al*.,1999)描述了新西兰北部地区的不同情景,在这里人们广泛食用大麻。他们引用了当地警察的观察,

> 吸食大麻是整个社区的普遍问题。几代人都有所经历,我们锁定年

轻人和老年人,而一旦把大麻视为年轻人的药物,并且一切如此。你穿过
整个辖区都能得到它。这会误导说,对毛利人而言,这是小事一桩,对白
种人来就不一样了,这是整个社区的问题。

(Cocklin et al.,1999)

对科克林等人而言,把大麻描述为遮掩手段,但在北部地区,吸食大麻也与该
地为大麻主产区相联系。正如科克林等人报告的那样,新西兰警察在北部地区抓
住的吸食者,约占所有大麻种植人的四分之一。然而,尽管有社会后果,但很多居
民认为种植大麻可带来收入,改善生活条件,并可帮助国家经济最落后地区免于萧
条(Cocklin <i>et al.</i>,1999)。

## 四、犯罪和农村社区

农村田园牧歌神话的第三个因素与乡村生活质量相关。乡村生活是安全的、
无犯罪的居住场所。有关统计证据比健康统计乐观。农村地区的受害程度,明显
低于城市地区。英国和加拿大的数据也是如此(表 16.4)。一般而言,财产犯罪的
受害者,农村居民可能仅为城内居民的一半。农村受盗窃贼所害,城市则受盗车贼
所害,尽管对人的暴力犯罪差别较小。总的来说,对苏格兰侵犯行为报告的分析表
明,农村地区的每项犯罪,都高于城市地区(Anderson,1999)。尽管有些农村地
区犯罪水平有增加的证据,特别是暴力犯罪和盗窃犯罪,但缩小了与城市地区的差
异。大部分地区这种长期的基本趋势,如麦卡拉(McCullagh,1999)对爱尔兰农村
的评论那样,是"从微不足道到更加微不足道"。

表 16.4　报告所称犯罪受害者的个人或家庭的百分比

| | 英格兰和威尔士(1995 年) | | | 加拿大(1987 年) | |
|---|---|---|---|---|---|
| | 农村 | 城市 | 市中心 | 农村 | 城市 |
| 车辆盗窃案 | 15.7 | 20.1 | 26.0 | 3.6 | 5.9 |
| 破坏他人财物 | 8.0 | 10.9 | 10.6 | 4.2 | 7.6 |
| 盗窃 | 3.9 | 6.3 | 10.3 | 3.2 | 6.4 |
| 个人犯罪 | 3.9 | 6.3 | 10.3 | 11.4 | 15.8 |

资料来源:内阁办公室,2000;Norris and Johal,1992。

240　　　安德森(Anderson,1999)观察到,尽管有些不同,农村地区犯罪的总体情况与城市地区犯罪情况没有明显区别。然而,评论者们普遍认为,农村侵犯罪有三种类型。第一,可称为"目无法纪行动"(这或许反映了农村长期的传统,Mingay,1989)。例如,奥奇霍(Okihoro,1997)描述了加拿大较小渔业社区的犯罪,重点放在偷猎、酿私酒和小贿赂。同样,亚伍德(Yarwood,2001)指出,美国的研究确定了农村犯罪与非法毒品生产、民兵组织活动和枪支犯罪的联系(Weisheit and Wells,1996),包括汽油和汽车偷窃(Meyer and Baker,1982)。英国也有偷窃牲畜问题的报告。

与农村犯罪有关的第二种类型,是人身暴力。有记录的这类农村犯罪比例,比城市地区高。这类犯罪有暴力骚乱、经常性酗酒、小镇之间的争斗(Gilling and Pierpoint,1999),以及未报道的家庭暴力(McCullagh,1999;Williams,1999)。

第三个普遍确定的农村犯罪的类型是社会骚乱。故意破坏是农村犯罪的主要组成部分。英国农场主在抱怨非法侵入农场、破坏农场财产的同时,也时常担心牲畜问题(Yarwood,2001)。社会骚乱很多被理解为犯罪,然而这自然就包括了那些被视为不恰当的行为(Cresswell,1996)。这也反映出年龄群体之间或阶级之间的紧张关系(Stenson and Watt,1999)。在亚伍德和加德纳(Yarwood and Gardner,2000)对英格兰伍斯特郡(Worcestershire)农村教区的案例研究中,对犯罪的实际经验和犯罪认识的结合做了说明。教区报告的犯罪,相对较低,并对该地区农村社区没有典型性(表16.5),但是即使不平衡,对犯罪认识也是宽泛的。超过一半的居民说,知道谁是教区中小偷和盗车贼的受害者,也知道具体罪行,意在维持农业社区农场主的影响,如非法侵入。这是对犯罪风险的扭曲看法,但一般而言,居民对犯罪却相当不关心。只对偷窃(约32%的居民关心),偷车贼(26%),从车中盗窃财产(23%),产生了相当程度的关注。与此形成对照,对反社会行为事件,如游荡的年轻人,则被很大比例居民认为是问题(表16.6)。有些居民时常把犯罪归罪到通常视为行为不当的人群头上。他们把这两种担忧并为一体:

我相信90%的盗窃是由该地散发传单工作的游民所为。

破坏他人财产的人给我们带来了大问题。12到15岁的孩子无所事事,因而他们寻找其他方式自娱。

(Yarwood and Gardner,2000)

表 16.5　英国教区的犯罪经历

|  | 教区受访的犯罪受害者(%) | 知道教区犯罪受害人的受访人(%) |
| --- | --- | --- |
| 盗窃 | 15 | 69 |
| 企图盗窃 | 7 | 47 |
| 财产损失 | 4 | 6 |
| 损坏车辆 | 7 | 9 |
| 车辆失窃 | 7 | 50 |
| 车辆中盗窃的财物 | 5 | 31 |
| 行凶抢劫 | 0.3 | 2 |
| 扒窃/抢包 | 1 | 5 |
| 侵扰牲畜 | 2 | 6 |
| 非法侵入 | 13 | 13 |
| 暴力 | 0.3 | 8 |
| 暴力威胁 | 3 | 3 |
| 口头谩骂 | 2 | 2 |
| 种族骚扰 | 0.3 | 1 |
| 性侵犯 | 0.3 | 2 |

资料来源:Yarwood and Gardner,2000。

表 16.6　一个英国教区居民视为问题的各种事件的百分比

|  | "问题"或"大问题"(%) | "不是问题"(%) |
| --- | --- | --- |
| 年轻人四处游荡 | 53 | 44 |
| 垃圾/乱丢杂物 | 39 | 55 |
| 交通 | 55 | 39 |
| 狗 | 65 | 31 |
| 毒品交易 | 7 | 69 |
| 醉汉 | 12 | 74 |
| 大声音乐/聚会 | 11 | 73 |
| 涂鸦 | 14 | 75 |
| 旅行者 | 47 | 46 |

资料来源:Yarwood and Gardner,2000。

241　　　　在有些地方,对不当行为的看法,已被重构的影响强化,造成了农村地区对犯罪的恐惧日增。随着城市问题和迁入者预期的输入,如托尼·马丁(Tony Martin)那样的明显案件增多。这是一位英国农场主,2000年因在偏远的诺福克(Norfolk)农场射杀了一名小偷而被捕入狱。这个担忧的表达包含在增加覆盖农村地区警力,以及发展替代安全策略等活动之中,如"邻里守望"计划(Yarwood and Edwards,1995),封闭社区(Phillips,2000)、闭路电视监视(Williams *et al*.,2000)、企业赞助的警员服务、移动警务站,以及雇用私人保安公司等(Yarwood
242 and Edwards,1995)。

## 五、结语

　　乡村生活并不是完全同质的体验。当有些居民——通常是富裕的人——至少有能力追求农村田园牧歌生活模式,享受田园牧歌生活方式。而很多农村人,生活质量遭受挫折,恶劣的住房、健康不佳,以及对犯罪和社会动乱的恐惧。在很多农村社区,高质量的可得性,支付得起的住房都是大问题。由于逆城市化推动了农村房产的需求,低收入家庭发现他们自身无力竞争,被迫入住廉价而不合标准的住所。在许多农村地区,不健康也普遍存在,因利用健康服务和设施问题,慢性疾病恶化比例在平均值之上。孤独、隔绝的压力和乡村重构,也带来疾病、酗酒和药物滥用。尽管乡村犯罪率比城市低,虽则非常少的一部分农村居民是犯罪的受害者,但更多的人生活在犯罪的恐惧之中,或不适当行为文化的威胁之中。此外,还经常有些同类的人,受这些不同问题的影响。低标准住房的居民,更有可能遭受病痛,在滥用毒品和犯罪之间有关联。有毒品问题的社区,很可能会有更高的犯罪率。这类聚落也往往住房简陋。生存在这种陷阱里的农村居民,往往不像菲罗(Philo,1992)传统农村研究所描述的"平均先生"(第十五章)。他们是社会中的脆弱者,被忽视的农村他者。这些群体的农村生活方式,将在接下来的几章给予更详细的考察。

**进一步阅读**

本章讨论的主题撰写的范围广泛,集中于一些著作与论文。为数不多的研究归为主题的是珍妮特·菲琴(Janet Fitchen)撰著的《濒危的空间、持久的空间:美国农村的变化、特性和生存》(西部观察出版社,1991)(*Endangered Spaces, Enduring Places: Change, Identity and Survival in Rural America*. Westview Press, 1991)。该论著包括纽约州农村住宅与健康的简短片段。罗伊·琼斯和马修·屯斯(Roy Jones and Matthew Tonts)著的"农村住房供给的转变和多样性:澳大利亚西部纳托林案例",载《澳大利亚地理学家杂志》(Transition and Diversity in Rural Housing Provision: The Case of Narrogin, Western Australia. *Australian Geographer*, 2003, 34)。该论文以良好实证为基础,讨论了农村住房问题,超过了澳大利亚的相关情况。更多罗列英国社会住房重构的论文,参见保罗·墨尔本(Paul Milbourne)著的"中央政府农村地区社会住房供给重构的地方反应",载《农村研究杂志》(Local Responses to Central State Restructuring of Social Housing Provision in Rural Areas. *Journal of Rural Studies*, 1998, 14)。农村医疗本身文献丰富,包括大量专业期刊。由威尔伯特·格斯勒和托马斯·里基茨(Wilbert Gesler and Thomas Ricketts)编的《北美农村医疗:医疗保健服务和送达地理学》(罗格斯大学出版社,1992)(*Health in Rural North America: The Geography of Health Care Service and Delivery*. Rutgers University Press, 1992),从地理学角度,提供了一些主要事物的概观。农村犯罪研究概述见理查德·亚伍德(Richard Yarwood)著的"英国乡村的犯罪和治安:一些当代地理研究议程",载《乡村社会学杂志》(Crime and Policing in the British Countryside: Some Agendas for Contemporary Geographical Research. *Sociologia Ruralis*, 2001, 41)。"犯罪的恐惧,文化威胁和乡村",由亚伍德和加德纳(Yarwood and Gardner)著,发表在《区域杂志》(Fear of Crime, Cultural Threat and the Countryside. *Area*, 2000, 32),是农村犯罪和文化威胁视角的一份很好的实证研究。

**网站**

　　住房援助委员会网站(http://www. ruralhome. org)登载了一系列有关美国农村住房的信息,而国家农村司法和犯罪预防中心的网站(http://www. virtual. clemson. edu/groups/ncrj)同样载有美国农村犯罪的信息。英国农村和城市地区的房价数据,可在土地登记网站(http://www. landreg. gov. uk)上找到。苏塞克斯(Sussex)犯罪和骚乱合伙网站(http://www. caddie. gov. uk)录有各区犯罪报告的综合地图,可供阅读者比较农村与城市地区的犯罪模式。更多农村医疗问题,见美国农村医疗政策分析中心网站(http://www. rupri. org/healthpolicy)和英国农村医疗研究机构网站(http://www. rural-health. ac. uk)。

# 第十七章　在农村长大和变老

## 一、引言

传统上主流农村研究始终主要侧重于由工作年龄人口经历的农村活动要素，如经济活动、就业、农场管理、财产所有权以及移民决策。农村社区研究同样集中于成年经济活动人口之间的社会相互作用。相对较少关注年龄段两端的农村居民——年轻人和老年人。不过，需论证的正是群体的生活方式，最明显地受到了农村环境的影响和塑造。本章从生命的三个关键点考察各群体的农村生活经历：儿童、进入成年的年轻人，以及老年人。探讨了他们对乡村性和农村社区的看法，以及他们农村经验的地理学。

## 二、农村的童年

乡村是儿童文学的常见场所。从小熊维尼和柳林风声，到燕子和鹦鹉及著名的五人帮，再到当代故事，如弗尔京森林的动物，儿童文学不仅描绘出一幅农村的田园牧歌，更让乡村成为田园诗般的童年场所。在这些故事中，乡村代表了充满趣味、冒险和自由的场所，而且安全有保障。如琼斯的观察所言，这些文学联合体形成了有力的文化话语，持续传达着流行的有关农村童年的看法（尽管霍顿（Horton，2003）认为，儿童文学增添了农村表述的多样性）。乡村是养大孩子的安全之地的观念，也是一般用来迁移到农村地区的理由，而且，安全在农村儿童成年后的讲述中，是反复出现的主题：

> 我认为，搬家是我们有意识的决定，搬到让我们知道的地方，更自由地移动。你知道可以交朋友，以及你所知道的一切，不用担心它们实际上

是不安全的。

（Valentine，1997a）

我认为，农村的环境很好。就交通及类似事情而言，农村相对宁静，安全。愉快的社区。所以，我认为这对儿童具有田园生活般的景致……而且你还可以看着小家伙们成长以及在溪中玩耍。

（Jone，2000）

245　孩子自己对农村生活的叙述，也反映了这些看法。在苏格兰北部的案例研究中，格伦迪宁等人（Glendinning *et al.*，2003）发现，超过 80% 的 11 岁到 16 岁的儿童认为，农村是可以让儿童成长的好地方。超过 80% 的 15 岁到 16 岁的儿童认为，"农村是可以让年轻人居住的安全地方。"他们引述了两个十几岁女孩的说法：

我认为农村是年轻孩子的好地方，它非常安全。

人们任何时候都不用锁门。

农村非常安全。你小时候，爸爸妈妈可以让你到街上，或者其他地方去，或者自己过马路。

你可以自己去公园，或者跟朋友一起，不用他们领你去，再接你回来。

（Glendinning *et al.*，2003）

很显然，在这种情况下，安全有许多不同的、类似的含义。包括交通和与城市空间有关的其他环境危险，以及犯罪威胁的安全。还有不良文化影响的安全，如瓦伦丁（Valentine）引用一位家长话所说，不必一定有阿迪达斯田径服，对他们没有压力，似乎也不必一定有最新的电子游戏。此外，农村是孩子安全之地的观念，在自主性程度上是地理学表达，即家长允许孩子去没有父母监督的地方，至少在村庄这个空间界限内（Jones，2000）。

因此，农村儿童地理学以包含多种矛盾的二元性为特征。一方面，农村是孩子们自由而独立的空间，但又是在成年人的规则框架之内。另一方面，农村又是具有依赖性的地方。在农村，孩子的出行通常要依赖父母，但是这种去学校的空间动态，却为互动形成认同建立了独立场所。这两方面可依次考察。

## （一）自由与管控的空间：

文学作品和大众想象的田园乡村童年，蕴含着在开放的农村空间任意漫游的自由。20世纪早期至中期,农村童年的自传经常有些回忆,描写出相当长距离的漫步和骑行。田间、林地和河流都是宽阔的游玩场地(Jones,1997;Valentine,1997a)。琼斯(Jones,2000)观察到,孩子们仍在农村自然景观中和建筑的某个部分里玩耍,尽管在较小的空间范围内:

> 有些孩子选择特定玩耍空间的自主权受到限制。例如,村头一端的溪流旁有条小路,在山谷很陡峭的地方有树木,在这儿会感觉像是一处幽僻、隐秘的空间。各帮派的孩子都到这来玩,称为兽窝。碰面的地点是活动的基地。孩子们在编绘的地图上做了标记……两个朋友……告诉我此兽窝你也可以进去,坐在那和其他任何人交谈……洞里的任何人。洞真的很狭窄,所以你能来到这个兽窝。村里另一帮孩子占据另一块地方,是一处废弃的农场院落,有两间谷仓,同样绘制在孩子们的地图上。

> (Jones,2000)

在寻找成人监督不到的空间方面,农村的孩子能熟练找到自然的和不言自明 246 的边界的通路,从花园的栅栏到禁止闯入私家房产的规则。这通常包括违反成年人规定的空间秩序。沃德(Ward,1990)哀叹,农村空间的过度秩序限制了孩子们的流动性,包括农田和林地扎篱,以及增加的住宅与工业用地。他认为农村孩子是"市政整治各处,砍掉每片草地……[以及]……把每块地作商业用的牺牲品。"(Ward,1990;Philo,1992)这样孩子们自己对他们区域的讲述,通常包括对抗成年人,既有受到保护的土地所有者,也有居民。他们把孩子们看作野在外面的讨厌鬼,或文化威胁:

> 噢,我七岁时,我和霍莉(Holly)一起闲逛,她差不多八岁。我们穿过莫顿皮克尼(Moreton Pinkney)的花园。我们跨过这座通往威斯特利山(Westly Hill)的桥。我们站在山顶,向山下小溪扔苹果。这个男人走出房子……他发脾气了,满脸通红得像西红柿一样,然后喊道:"现在从桥上下来。"地面好像都开始摇晃了。所以我们跑下来,他说:"如果我在这里再看见你们,我就报警。"

> (Matthews *et al.*,2000)

> 我……在绿地上。我和我的朋友们坐在那儿,那天是我生日。我们在草地上骑车……我们骑到草地大门,一位女士说:"你们不允许在这,别

在草地上骑车,你们会毁了草坪。"她也没买下这块土地呀。

(Matthews et al. , 2000)

　　孩子们的农村区域同样也被父母控制。父母规定哪些地方他们可以去。就像马修斯(Matthews)等人所述,"父母对美好生活的说明,很少超过村子的实际状况"。这样,允许农村独自去的实际距离远低于城市孩子。另外是对步行到另一聚落学校,以及晚上、周末和假日所用时间的规定(专栏 17.1)。

---

**专栏 17.1　农村儿童保育**

　　乡村对性别的传统话语,强调妇女在家庭的作用,以及抚养孩子、组织家庭的重要性。然而,越来越多的妇女在农村劳动力市场得到雇佣(第十八章),而且农村人口的重组碎片化,以扩大的家庭和邻里为基础的照看网络,创造了更正规照看孩子的需求。例如,英格兰西南部德文郡的研究发现,28%受访家长雇用了托儿所保姆或注册保育员(50%受访者是全职就业)。47%的家长利用游戏场或蹒跚学步群(Halliday and Little, 2001)。然而,农村地区正规托儿机构,没有城市地区分布广泛。

　　因此,英国和美国的研究发现,农村家长比城市家长更可能依赖非正规儿童照料,如家庭托管和邻居托管(Casper, 1996;Halliday and Little, 2001)。同样,农村家庭有准备到相当远的距离找家合适的托儿所(Halliday and Little, 2001)。用于儿童保育的类型,对儿童玩耍的背景会有影响。史密斯和贝克(Smith and Barker, 2001)的报告说,校外俱乐部是可以和其他孩子见面与玩耍的重要场所,也有农村社区任何地方提供不了的玩耍机会。有些情况,如明确从事农村环境的活动,如允许进入农田造访农场。因此,对某些孩子而言,通过这些有控制和有监督的活动,比他们自己无组织的游玩,更能经历这种田园般乡村的童年。

　　更多见乔伊斯·哈利戴和乔·利特尔(Joyce Halliday and Jo Little)著的"妇女中：探索农村育儿的现实",载《乡村社会学杂志》(Amongst Women：Exploring the Reality of Rural Childcare. Sociologia Ruralis, 2001,41);菲奥

娜·史密斯和约翰·贝克(Fiona Smith and John Barker)著的"商品化乡村：校外照料对儿童玩耍乡村景观的影响"，载《区域杂志》(Commodifying the Countryside：The Impact of Out-of-School Care on Rural Landscapes of Children's Play. *Area*，2001,33)。

## （二）依赖的空间

田园神话的乡村童年，表现了农村孩子的生活主要集中在他们生活的聚落。然而，农村学校的关闭、农村服务的衰落，以及家庭购物和休闲模式的改变（第七章），都影响到了农村孩子的社会空间。学校交的朋友可能生活在不同的城镇和村庄。再加上父母不愿意他们的孩子独自步行或者骑车去很远的地方。农村孩子想去见朋友、去购物、去青年俱乐部或去电影院等都得要求父母放行。在瑞典农村和城市地区的比较中，蒂尔伯格·马特森(Tillberg Mattson,2002)分析了孩子们的流动日记。分析显示城市孩子平均每天骑自行车或步行两千米，而农村孩子平均每天只有0.3千米。尽管农村孩子平均每天上学的路程是城市孩子的四倍，但却有两倍的休闲活动。超过一半的路途是农村孩子的休闲活动，三分之一的出行是拜访朋友。这些都要用父母的车。正如格伦迪宁等(Glendinning *et al.*,2003)记录的那样，依赖父母的通行限制了孩子的活动：

> 我确切感到我年少时落伍了，因为是这么困难。所有事都有很多安排。每一件你想做的小事，都会有人帮你一把。任何时候你都不能随意出入。你必须在某个时候回来，否则你会死的。

(Glendinning et al.,2003)

依赖父母的出行，反映出农村地区公共交通服务有限。那里的儿童和年轻人有能力独自使用公共交通。公共汽车和火车是社会交往的重要场合。沃德(Ward,1990)注意到，校车文化及这种社交形式和微小空间组织已得到发展，如公共汽车上的座位安排。农村青年到当地城镇去的愿望，一定程度也被视为在父母和邻居视线外寻找闲逛空间。事实上，邻近小镇就成了农村孩子教育和闲暇时活动的场所，以致蒂尔伯格·马特森对他们"在农村地区长大到什么程度"提出了质疑。

随着孩子们长大，独立活动压力的转移意味着通常对年轻人就有一种期待。

一旦他们达到学开车的合法年龄，年轻人就会得到一辆自己的车——可能是昂贵的车(Storey and Braunen，2000)。交通成本一般是乡村抚养孩子沉重资源的一笔开支，也促进农村社区的社会极化。例如，戴维斯和里奇(Davis and Ridge，1997)的报告表明，在英格兰萨默塞特郡所研究的低收入家庭中，近一半的孩子没有汽车。这就进一步限制了他们参与社会活动的能力。就如一位女孩所述的那样：

> 有时候你会糟糕地错过些事情……我的意思是，如果我想去某个不太好的地方，好像到晚上才能去……而一天又只有一趟公共汽车，我只有白天去，一直在那待到晚上。但这样的情况又不是最糟糕的，有时候可能还没有公交车。

$$(\text{Davis and Ridge，1997})。$$

加入俱乐部和社团的费用，以及支付课外活动的开支高得令人生畏。这样，低收入家庭孩子的农村童年经历各不相同。此外，这些差别在农村社区中比在城市地区更为明显可见，因为农村社会群体的空间隔离更小，而孩子更喜欢结交大范围社会背景的朋友。

## 三、农村社区中年轻的成年人

年轻成年人的农村生活经验，从更广泛的文化参照点看是丰富多彩的。与人们知道的城市年轻人的生活方式相比，农村地区的年轻人，通常表达出舒适性被剥夺了的感觉。例如，格伦迪宁(Glendinning *et al*.，2003)等人发现，在苏格兰北部农村，受访的 15 到 16 岁女孩中的 87%，15 到 16 岁男孩中的 75%的年轻人认为，"对于像我这样的年轻人，没什么事可做。"同时，67%的女孩和 53%的男孩感觉，商店出售的东西几乎没有多少是他们想要的。因而，随着年龄增长，年轻人对农村生活的满意度下降(图 17.1)。

除了缺乏商店和娱乐设施外，农村社区通常也缺少年轻人特别的娱乐设施。例如，在英格兰，只有一半的农村教区有青年人俱乐部，或为年轻人服务的其他正规部门(Countryside Agency，2001)。为年轻人的正规设施的缺乏，已被认为是农村地区低龄饮酒、药物滥用以及故意破坏等问题的促成因素(第十六章)。此外，随着年轻人在公共场所聚集，社区内的紧张会扩大，这被其他居民视为威胁。由于青

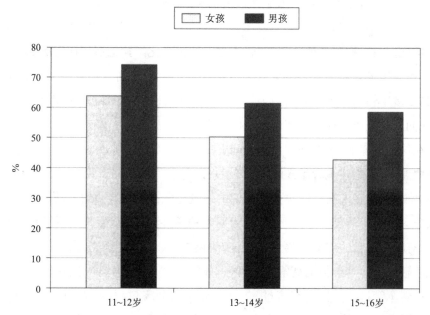

图 17.1　苏格兰北部农村年轻人认为农村社区"对像我这样的年轻人的生活是好地方"的百分比

资料来源：Glendinning *et al*.，2003。

年人对社会重构动态的争论，当地人和新移民之间的冲突，以及更具攻击性的行为也会爆发（Johnes，2002）。

　　因而，就像帕内利等人（Panelli *et al*.，2002）在亚历山德拉（Alexandra）的一 249 项案例研究所说明的那样。研究地点是新西兰一座 4 600 人的小镇。农村年轻人的生活方式，有他们自己的空间和政治动力。帕内利等人通过访谈，重点在 13 到 18 岁的青年群体，辨认了年轻人组建他们社团的组织方式，如滑板公园、高中、公园、肯塔基炸鸡店销路和主要街道。然而，这些场所被描述为边缘化的空间。年轻人集会的地方不是自己选择的，而是因为他们感到被排除在其他空间之外的，或没有像购物中心那样的设施：

　　　　镇图书馆狭小偏僻。图书馆的女士古怪地凝视着你，就像我们会偷书似的。我们被告知，在图书馆不许穿夹克衫，以防我们偷书。学校图书馆就这么冷酷。

（Panelli *et al*.，2002）

一些商店不喜欢十几岁青少年进入。他们认为,年轻人会偷东西。

(Panelli *et al.*,2002)

按他们的兴趣和本地关系,年轻人之间的边缘化经验也不一样。例如,有些人指出,镇上年轻人大部分有组织的活动为体育运动,很少有非体育的个体活动。此外,当很多年轻人感到,因为他们认识人,他们是社区的一部分,而其他人则报告说,他们正在经历着种族和其他理由的排斥。

250    在这种环境下,帕内利等人(Panelli *et al.*,2002)提出,镇上的年轻人经过一系列协商,积极组建了青年人政治议会,并说明了三种策略。第一,通过空间占有的微妙形式,年轻人在社区协商了他们的地盘。既有不言自明的活动,如与其他青年人分享主街道的公共空间,也有更为明晰的争斗,如小镇街道上玩滑板的地盘。第二,有时为地盘的规矩,也会上演直接的挑战。滑板地盘再次成为争夺的焦点。一双冰鞋可形容为滑板地盘争夺的目标,如同机动车(从道路中把它们排斥出)试图利用驾车穿过切断快餐销售(滑板从快餐车前面飞过,从而影响到快餐车的经营——译者注)。第三,受到边缘化时,年轻人通过活动,建立了他们自己的创造性参与意识,表现出力量感,如在废弃的小屋吸烟或放鞭炮。然而,这些活动的边缘性意味着,年轻人经常是暂时性的,导致他们吸引到成年人的关注。

## (一)农村的性行为

当年轻人发现和尝试自己的性行为时,农村社区的封闭性是尤为不可原谅的。传统农村话语再现并希望年轻人遵照对性别角色严格呆板的表现。这些表征是地理和历史共同建构的,均源于对农业劳动再生产的关心。因而,女性气质在家庭素养上建立起来,包括母性,但也要通过农村年轻妇女腼腆、娴静和健康再表征(Little,2002)。同时,男性也由农村概念,特别是由与农村相联的粗犷男子气概,已为榜样的牛仔或拓荒者形象所构建(Campbell and Bell,2000)。农村男子气概的表现,因而等同于农业工作(Liepins,2000c;Saugeres,2002),但是,这种外在形象则因其他形象的出现而下降,如强壮男子的饮酒文化(Campbell,2000)。

利特尔(Little,2002)认为,农村这些性别的构成,是塑造异性爱的假设。就像贝尔(Bell and Valentine,1995)所认为的,农村社会性别和性行为的表现,遵守着强烈的道德规范,即与简单生活、美的性行为合在一起的乡村性(教堂婚礼、一夫一

妻制、异性恋)。在农业经济中,这种道德规范的历史渊源也构成了农村社会内的
伙伴礼仪,使青年农场主找到农场主未来的妻子,就是对这种家庭农场持久核心宗
旨的关心。为了促进这一点,克服农场生活的孤立性,发达些的农村地区,在爱尔
兰西部的温泉镇(Lisdoonvarna)有一年一度的相亲节(图 17.2)。新西兰米德尔玛
奇(Middlemarch)也有相似的农场主球类运动(Little,2003)。

图 17.2　爱尔兰温泉镇农村农业社区一年一度的相亲节的地点

资料来源:伍兹私人收藏。

　　在农村社会传统支持的异性恋价值观中,对同性恋有强烈偏见。就像费洛斯
(Fellows,1996)所描述的美国中西部农村地区那样,将同性恋看作与农村生活无
关的不自然的城市现象(Bell,2000)。同样克雷莫(Kramer,1995)详细描述了北达
科他偏远乡村小镇麦诺特(Minot)(人口 34 000)男女同性恋的情况。克雷莫还详
细描述了同性恋男女采用的隐秘策略,表现自己的同性恋身份,会见自己的性伴
侣,如在性交易市场秘密验明身份。市场一般在高速公路休息区、公园和铁路高架
桥。利用这些地点有风险,对大部分男女同性恋居民而言,习惯的办法是定期去大

城市旅行。1979年，通过建立同性恋组织以及一家成人书店，试图在镇上给同性恋社团更为公共的场所。这个组织在公众的反对和恐吓中不到一年就解散了。书店存活的时间长久些，提供了解同性恋的报纸、电视和书籍。然而，更加广泛的群众对同性恋仍然知之甚少，如克莱默(Kramer)观察的那样：

> 我在麦诺特(Minot)接触到很多男人，对同性恋含义的印象是有误的，把男同性恋定义为女人气的，就同生活在大城市的异装癖那样(如地方媒体宣传节目中，包含的同性恋者骄傲展现自己的形象)，即鸡奸者或不道德者或异常者。然而，这些男人反而认为他们自己太正常了，不是男同性恋，或者认为自己的行为只是暂时的阶段，可归因于较高性本能或酒精效果。

(Kramer，1995)

252　　　克莱默注意到，农村同性恋的突出特征表现出同性恋活动和同性恋身份之间的区别。在反对同性恋主流认可时，确实形成了实验文化的一部分，即允许传统性习俗受到年轻人同性恋和异性恋行为的竞争。与明显的男女同性恋表现一样，这本身就是尝试时尚和混乱的异性恋活动。

### (二) 搬出去和留下来

尽管农村社区便利设施的缺乏和封闭性遭到批评，许多年轻人实际上还是想留在自己的家乡，但他们这样做的机会却有限。追求高等教育一般意味着，离开农村社区进入城市地区读大学，但农村地区大学毕业生的工作短缺却限制了离开大学返回家乡的机会。在高等教育提供了进入国家劳务市场途径的同时，那些留下的年轻人通常又被限制在地方性劳动力市场，特点是工资低、无保障、没奖金、对职业发展没有前途(Rugg and Jones，1999)。对农村地区的年轻人来说，找到合适、能负担起的住房也是困难的，形成了年轻人外迁的额外推动因素。

此外，尼劳尔(Ni Laoire，2001)，在爱尔兰农村的研究中认为，与决定迁移还是留下相联的，特别对年轻男人来说，分别有积极的和消极的意义。当外迁与英雄主义和自由相关时，耻辱就与留下的人相联系。与女人相比，尽管男人比女人更不太可能离开农村地区，但在农村地区留下低值化却修改了农村的男子汉特质，潜在地助长了沮丧、心理疾病和自杀风险等问题(Ni Laoire，2001)。哈杰斯和达威

(Hajesz and Dawe,1997)也记下了类似的看法,在纽芬兰和拉布拉多,认为离开的人是聪明的,留下的人是失败者,这就使得年轻人决定迁移。然而,尽管他们发现,三分之二或更多的年轻人相信,他们应该离开自己的农村家园,但哈杰斯和达威也发现,如果没有限制,也有很多年轻人愿意留下。很多离开的人保留着家乡的永久住宅,而且在以后的生活中时常回到农村家里生活。

## 四、农村老年居民

农村人口是老龄化人口。1980 年,美国 13％的非大都市郡的人口年龄在 65 岁以上,到 2001 年,这个比例增加到 20％(Laws and Harper, 1992；ERS, 2002)。这种相同的趋势在其他发达国家也很明显(第六章)。农村人口老龄化是很多单独但又并行过程的产物。第一,农村人口的家庭结构一直在改变。而农耕曾与大家庭相联,农场人口的下降以及农业现代化,对家庭劳动力的依赖减少,造成家庭平均规模变小,因而,剩下的老年人则倾向于农耕社区(Laws and Harper,1992)。第二,年轻人的外迁意味着在留下的农村人口中,老年人口在全国平均值占比过多。第三,在有些地区,退休迁入的人提高了农村老年人口的数量。这些过程也在地理上造成了农村老年人分布的不同,尤其是在某些老年人特别集中的乡村地区。这些地区包括村落很小,但农业较强的聚落;从偏远的和经济落后地区也有大量外迁;以及吸引退休人员目的地地区的外迁,特别是沿海地区(Laws and Harper,1992)。

劳斯和哈珀(Laws and Harper,1992)还讨论了健康、收入、获取服务等几乎所 253 有指标,都对农村老年人是不利的。然而,这种一般概括低估了农村老年人口的阶层化程度。对很多农村地区的老年人而言,贫穷是个主要问题,尤其是那些依靠很少养老金的老人。与整体农村居民相比,老年人可能生活在贫困之中。与生活在城市地区的老年人相比,农村地区的老年人更可能生活在贫困之中。然而,农村社区中,也有很多相对富裕的退休人员。他们推动了中产阶级化和阶层重组的过程(第六章)。此外,农村老年居民的可得资源明显塑造了他们的生活方式。如果有能力支付汽车、支付私人医疗保健、请家庭和园艺帮工,以及购物到家,生活在农村地区的老年居民还是相当安逸的。那些生活在有限资金中的老人发现,他们获取服务的能力，特别是参与社会活动的能力受到严重剥夺。然而大多数农村老年居民的经历是，随着年龄的增长，从独立状态变为依赖状态。

农村地区的特定物质环境，使得丧失独立性成为问题，但是，正如查默斯和约瑟夫（Chalmers and Joseph，1998）所讨论的那样，在新西兰的背景中，因乡村重构的影响增加了困难的结果。表现最突出的有两个方面。第一，在很多行动不便的老人和农村服务业之间存在合理化的紧张关系。甘特和史密斯（Gant and Smith，1991），在英格兰科茨沃尔德（Cotswolds）的研究中发现，独立的老年居民，每月地理移动量有相当大的差别。他们身体健康。而那些依赖家庭中的老人，有一人或多人患严重残疾。独立居民出行相当广泛，而且常常去附近城镇杂货店、药店、邮局和医院；依赖的家庭则在很大程度上仅限于他们自己的村庄，且偶尔去走访城里的便利设施。因而，村庄和小镇的商店、邮局、银行以及其他基础服务设施的供应日见减少（第七章）。这种不利情况进一步使这些农村老年居民独立性降低。由查默斯和约瑟夫（Chalmers and Joseph，1998）访谈的新西兰农村老年人非常愤怒。他们对公司和政府机构的合理化政策关闭了当地分支机构很不满：

> 我对新西兰银行很生气。它们搬家的时候弄丢了我们家的五张账单。当邮局关闭时，或马塔马塔（Matamata）郡议会从我们眼前消失时，我们很不高兴。

> 到了服务远离蒂劳（Tirau），就不再吸引居住在这里的老年人。

> (Chalmers and Joseph，1998)

第二，老年居民已发现，因社会重构，他们自己与社区的脱节已经发生。罗尔斯（Rowles，1983，1988）对阿拉巴契亚农村老年居民的研究认为，老年居民可以利用社会信用，当他们年长，独立性减少的时候，可以用在社区中的生活积累接受邻居的帮助。然而，对很多老年居民而言，他们建立了社会信用的社区已被大幅侵蚀。人口重构、村庄服务关闭、家庭碎片化、日流动量增加、朋友和伙伴不可避免的死亡，这些意味着，他们参加的社区网络现在有时已不存在。他们可能会发现，在社区中，他们认识的人几乎没有。他们可能会发现，很难理解农村生活的新模式。琼斯（Jones，1993）重述了威尔士中部农村老年居民讲述的故事，传递了的这种脱节的意识：

> 山谷的房屋闲置了很多年后，我很高兴再一次看见有人来生活。它

们中大部分住到由于人们离开去找工作而遗弃的地方。我喜欢再次看见窗户中透出的灯光,以及烟囱中冒出的炊烟。现在交通不成问题,人人都有车。但是,如果你没车,这里只有周五巴士。在人人有车之前,这里每天都有巴士。巴士随后减少到每周三次,然后每周一次。如果你去镇上,你没别的选择。过去每周一都有去便宜市场日的火车票,因而,很多人一起进城买卖。现在只有我和丹尼尔夫人在周五巴士上,因为别人都有自己的车。

（Jones,1993）

生活在农村地区的老人的经历,因而既有时间纬度也有空间纬度。依乡村性 254 以及与其他较大聚落的比较,对他们的生活方式以及生活约束的条件,已有一部分的描述和认识。但对社区中生活了一段时间的居民来说,也许他们所有人的生活,即当前农村生活的经验,也依据长期的农村变化和以前生活的记忆有了认识。

## 五、结语

生活在乡村的儿童、年轻人和老人的经历,都由乡村性条件塑造。获取服务、较差的公共交通和对他人的依赖是年轻人和老年人都要面对的问题。相比之下,被老年居民保持的农村社区价值观常常逆主潮流而行,而正是这些价值观,经常被年轻居民认为是沉闷和窒息的。年轻人和老年人都采取策略应对农村生活的压力,特别是乡村重构的压力。这样做,他们就创建了他们自己的农村区域,以及与工作年龄人口明显不同的经历。这些人通常是农村研究的主要焦点。

255

**进一步阅读**

近年出版了大量有关农村地区儿童和年轻人的书籍与论文。包括2002年《农村研究杂志》发表的系列论文,都是有关农村年轻人农村生活的专题(第18卷,第2期)。其他主要读物有格伦迪宁(Glendinning)和同僚们的论文"农村社区和福利:成长的良好地方?",载《社会学评论杂志》(Rural Communities and Well-Being: A Good Place to Grow Up? *The Sociological Review*, 2003,

51）；奎恩·琼斯（Qwain Jones）著的"融合地理学：纯洁、失序、童年和空间"（Melting Geography：Purity，Disorder，Childhood and Space），载莎拉·霍洛韦和吉尔·瓦伦丁（Sarah Holloway and Gill Valentine）编的《儿童地理学：玩耍、生活、学习》（劳特利奇出版社，2000）（*Children's Geographies：Playing，Living，Learning*. Routledge，2000）；修·马修斯等（Hugh Matthews *et al.*）编的"在乡村成长：儿童和农村田园牧歌"，载《农村研究杂志》（2000）（Growing Up in the Countryside：Children and the Rural Idyll. *Journal of Rural Studies*，2000，16）；鲁恩·帕内利（Ruth Panelli）等人著的"我们快乐我们自己：阅读与社区一起的年轻人政策"，载《农村社会学杂志》（2002）（We Make Our Own Fun：Reading the Polition of Youth with Community. *Sociologia Ruralis*，2002，42）；吉尔·瓦伦丁著的"一个安全成长的地方？儿童的抚养、安全概念和农村田园牧歌生活"，载《农村研究杂志》（A Safe Place to Grow Up？Parenting，Perceptions of Children's Safety and the Rural Idyll. *Journal of Rural Studies*，1997，13）；与乡村性别认同和性行为的有关问题，在乔·利特尔（Jo Little）的长篇巨著《性别和乡村地理学》中有讨论（普伦蒂斯霍尔出版社，2002）（*Gender and Rural Geography*. Prentice Hall，2002），在关于农村男子汉气概的《农村社会学杂志》主题专辑中也有讨论，载《农村社会学杂志》（*Sociologia Ruralis*，2000，65）。农村地区老年人研究论著出版的较少，但一份优秀的以实证经验为基础的讨论是关于新西兰蒂劳（Tirau）的老年居民的研究，载勒克斯·查默斯和艾伦·约瑟夫（Lex Chalmers and Alan Joseph）所著的"农村地方的变化和农村老年人：新西兰评注"，载《农村研究杂志》（Rural Change and the Elderly in Rural Places：Commentaries from New Zealand. *Journal of Rural Studies*，1998，14）。

**网站**

　　有许多网站可以给农村地区年轻人评述他们体验的机会,或与为年轻人提供支持的组织有联系。包括澳大利亚青年农村网络(http://www.yarn.gov.au)——在农村产业工作的年轻人团体;海伊连线(Heywire)网站(http://www.abc.net.au/heywire/default.htm)——长期经营以农村地区年轻人为主的澳大利亚广播节目;农村青年之声(http://www.ruralyouthvoice.org.uk)——西英格兰13至19岁年龄段的农村青年人;以及加拿大全国农村青年委员会(http://realm.net/rural)。关于美国农村地区的男女同性恋和双性恋青年的第一手资料,可在青年资源网站(http://www.youthresource.com/our_lives/rural.index.cfm)中找到。

# 第十八章 在乡村工作

## 一、引言

　　农村经济重构,不仅改变了农村人口在其中工作的经济部门,也改变了乡村工作本身的性质。由于在农业、林业、采矿业和其他传统农村产业的就业已衰落,而在服务行业的就业则有所增加,所以要对农村劳动力的要求重新定义。本章考察了过去一个多世纪农村就业的转变,以及乡村工作经历的变化。在讨论当代农村地区寻找工作经验之前,首先描述农村劳动力结构调整的途径,参与农村劳动力市场的性别动态变化,以及移民工人的经验,最后讨论了通勤与通勤者的意义与经验。

　　霍华德·纽比(Howard Newby,1997)在对英格兰东部农场劳动者的研究中,撰著《尊敬的工人》(*The Deferential Worker*)一书,概括描述了农村就业的传统模式。纽比描述了雇主与工人之间家长式和特殊关系的就业形式。大部分农场工人倾向是拥有一份生活的工作。许多人住紧凑的房子。很多人工作在他们出生的同一个社区或至少在邻近社区。工作本身是辛苦的、体力劳动的,主要在外面干活,风雨无阻。工作不需要任何正式资格或训练,但确实要有特殊的专门知识。技术不仅要能做好工作,而且要在农村社区中世代相传。按现代标准,这类技术并非是高技能的,但却是安全的和稳定的。在社会中,基本上是围绕农耕的,这是有价值的工作。

　　在20世纪,农业的现代化改变了农场劳动力的作用(第四章)。在英国,雇用的农场工人,数量从20世纪40年代的800 000人以上,急剧下降到20世纪90年代的300 000人以下(Clark,1991)。1931年,每个农场主雇用约3名农工(1∶3的比例——译者),但到了1987年,这一比例为1.1∶1。那些留下的农场工人,他们的工作性质也随机械化而变化,越来越成了技术性工作。建立了正规培训计划,通过支付高于平均工资的同等职位，较高的技能水平得到认可（Clark,1991）。此外，根据需要临时雇佣更多的农场工人，为不同的农场工作或为兼职或季节性工作。同时 1972 年至 1977 年间，农业企业的扩张，使得英格兰和威尔士支薪农场经理增加了 61%（Clark,1991）。

在农业以外，农村最大雇主以及服务业的增长造成农村工作性质极化。在一 <sup>257</sup> 定程度上，农村地区服务部门总部和高科技产业搬迁，以及公共部门的扩张增加了管理、专业和熟练技术的就业。然而，这样的工作通常从地区或国家劳动人口库招募人才，并与中产阶级移民相关，而非为现存本地人口提供就业。在另一个层面，旅游、餐饮、零售、呼叫中心和公共服务端投递都是增长领域。就业则与低技能、低报酬、无保险，而且通常是临时的或季节性工作相一致。到 2000 年，与美国整体工人的 36% 相比，美国农村工人大约 42% 受雇于技能要求较低的工作，但在过去 10 年间，农村地区低技能和高技能工作之间的巨大差距明显缩小。有分析认为，这一趋势反映了农村就业正在从制造业到服务业转变，但值得注意的是，稍微抵消了转向服务部门中的低技能工作（Gibbs and Kusmin,2003）。

当代农村劳动力的深层特点是集中在小企业就业。虽然存在着国家间的差异，但一般而言，约一半的雇员在农村地区工作，企业定员少于 20 人，而城市地区仅约三分之一的雇员在小企业（表 18.1）。斯堪的纳维亚的数据也表明，20 世纪 80 年代中期和 20 世纪 90 年代中期，集中于小企业的就业程度是增加的（Foss, 1997）。同样，农村地区往往比城市地区的自我就业水平高。另一有利因素是，农村地区居民还做多份兼职或低报酬工作，包括自我就业和支薪就业。

表 18.1　在不同规模企业中的员工比例

| | 每家企业雇用的人数 | | | | |
| --- | --- | --- | --- | --- | --- |
| | 1~9 | 10~19 | 20~49 | 50~99 | >100 |
| 挪威 | | | | | |
| 　占主导的农村 | 40 | 13 | 15 | 11 | 21 |
| 　占主导的城市 | 27 | 12 | 15 | 12 | 34 |
| 芬兰 | | | | | |
| 　占主导的农村 | 39 | 14 | 17 | 8 | 22 |

| | 每家企业雇用的人数 | | | | |
|---|---|---|---|---|---|
| | 1~9 | 10~19 | 20~49 | 50~99 | >100 |
| 占主导的城市 | 18 | 11 | 16 | 12 | 43 |
| 瑞士 | | | | | |
| 　占主导的农村 | 34 | 16 | 19 | 12 | 18 |
| 　占主导的城市 | 22 | 12 | 16 | 12 | 38 |
| 英国 | | | | | |
| 　占主导的农村 | 25 | 20 | 17 | 12 | 27 |
| 　占主导的城市 | 17 | 14 | 13 | 13 | 44 |

资料来源:Foss,1997。

## 二、在农村地区寻找工作

农村地区的就业机会由许多区域和地方因素形成,如经济结构、工业化历史和人口概况,以及它们在农村的现状。

因而,与城市地区相比,农村地区的就业和失业模式水平没有恒定模式。在许多国家,如英国、比利时和日本,农村地区的失业率远远低于城市地区,但在许多其他国家,如加拿大、意大利、新西兰,农村失业率高于城市中心地区(von Meyer,1997)。然而,在这两种情况下,农村地区的就业机会既受包括经济结构、工业化历史和人口状况在内的区域和地方因素的影响,也受其农村状况的影响。

在英格兰和威尔士展开研究的有三个地区,一个易于接近的萨福克郡(Suffolk)农村地区,一个不易接近的林肯郡(Lincolnshire)地区(Hodge et al.,2002;Monk et al.,1999),以及四个威尔士中部的偏远农村地区(Cloke et al.,1997)。研究已经分辨出许多对参加有酬就业的障碍。第一,农村社区和小规模企业传统上的紧密交织性质,意味着很多雇主基本上要通过非正式网络招聘。在威尔士中部调查的大约五分之一雇员,通过朋友推荐或个人直接查询找到工作,林肯郡记录的经验与之相似:

　　　林肯郡有非常多的传说。很多公司甚至不用为工作做广告。我甚至不曾记住他们的广告词，我只是到那里走了一趟，提交了申请表，并通话追问，就得到了一份工作。在那里，我最初只是通过通话得到那份工作的。

(Monk *et al*.，1999)

　　　嗯，我的意思是，你知道，事情总会有转机，不是吗？去酒吧吧，或有人说些什么。是的，那是我找到工作的唯一办法。

(Monk *et al*.，1999)

　　像这种非正式的招聘活动，会偏袒知道的当地居民而特别对迁入者找到空缺和申请工作造成困难。

　　第二，交通便利可以是一个主要障碍。在大多数农村社区，有限的就业机会要求人们到邻近城镇，或更广大的农村地区的地方寻找工作。特别是，对依赖公共交通的个人来说，这可能严重地限制了他们的选择。交通问题成了自我再生的问题，因为个人无能力购车就得不到工作，但没有工作，就没有车：

　　　我有两次面试，一次是［食品厂］，他们说，因为我的交通，公交车不够好。因为时间表，是唯一阻碍我上班的路。同样［另一家工厂］，他们说我可以有一个永久工作，如果我有可靠的运输工具，而不是巴士服务。

(Monk *et al*.，1999)

　　　所以我有点处于"第 22 条军规"的情景之中。我不能得到工作，直到我找到了工作，我买不了车，而在我买到车之前，我又不能得到工作。

(Monk *et al*.，1999)

　　第三，去劳动力市场的成本，限制了很多农村岗位所能支付的低工资。在林肯郡（Lincolnshire）、萨福克郡（Suffolk）和中威尔士（mid Wales）三个研究区，男性平均收入在全国平均收入的 77％ 和 84％ 之间（Cloke *et al*.，1997；Monk *et al*.，1999）。四分之一的林肯郡受访全职工人，拿回家的税后工资每周不到 150 英镑，而他们需要支付的交通费和住房成本，通常高于他们曾在城市地区的支付。在许多情况下，还有孩子的费用。例如，蒙克等人（Monk *et al*.，1999）报告的个案说明，工作只限于低技能、低报酬或接近自己居住地，因为从事更高技能、更高报酬的工作，距离较远，得到的额外收入会因交通成本而抵消。

　　第四，考虑到各种约束条件，很多农村工人发现，技能和资格与可获得的工作不匹配。这可能是超资格问题，例如，由于农村地区缺乏大学毕业生的机会，或因为以城市为基础形成的文字技能工作，在农村地区应用不明显，又不能转任到传统产业，如农耕业。那是些工作机会已减少的部门：

　　　　我想，实际上我能做的事，限制了我。因为我以前在田里、菜园里等地方干活。你知道，我想，我没有相关资质。实际上，你能做什么，或申请什么限制了你。我确实找了其他工作，但只能做园丁。

（Monk et al.，1999）

　　因此，即使不把农村地区的失业看为问题，那也限制了很多人的工作，这也使他们不能充分利用他们的技能或资质。在两个地区的就业史给出了两个模型。第一个是常有的短期，通常是临时的或季节性就业，夹杂着周期性失业。例如，卢克（Looker，1997）的报道，对加拿大农村地区很多年轻人的调查。他们拿失业保险金的人比城市地区高（表18.2）。第二个模型是同一工作中的长期就业，但不是通过工作选择，而是因为无人替代。在传统职业中，如农场工作，因捆绑式的住房条件，找到替代就业的能力受到进一步限制（Monk et al.，1999）。

表 18.2　加拿大都市与农村青年人的工作经验

| | 农村受访者（%） | 城市受访者（%） |
|---|---|---|
| 得到失业保险金 | 50 | 23 |
| 偏好季节性工作外加失业保险 | 18 | 5 |
| 访问政府计划 | 20 | 15 |
| 保持一份全职工作 | 68 | 74 |
| 辞职 | 32 | 46 |
| 开始自己事业 | 3 | 8 |

　　资料来源：Looker，1997。

## 三、性别和农村就业

农村就业最突出的变化之一是劳动力的性别平衡。尽管农村地区女性加入到劳动力中的比例低于城市地区,但在 20 世纪下半叶,农村妇女付酬工作的数量显著增加(Little,1997；von Meyer,1997)。在某种程度上,这反映了农业社区内部对性别和就业态度的变化。历史上,妇女充分参与农场工作,但是正如亨特和里尼·凯尔伯格(Hunter Riney-Kehrberg,2002)描述的那样,19 世纪晚期和 20 世纪早期,农业工作中出现的新性别角色结构,承认女性与男性一样,农场妇女与家庭角色相联系。这种性别角色未充分表达出妇女对农场经济的作用,也低估了妇女对农场经济运行的贡献。正如利特尔所观察的那样：

> 农场主的妻子们,几乎总肩负着大部分责任——即使不是全部——农场家庭的工作。可以看到,他们负责做饭、清洁、购物和照看孩子。所有家庭事务,不管她们在农场做了什么,这些家庭事务都是他们的责任,无论是平常,还是紧急情况。

(Little,2002)

农场的其他工作,如管理和体力工作。英格兰南部的研究发现,85％的农场妇女负责了解各种事,要跑腿干各种事。70％的妇女要做农场的体力活。65％的妇女负责记账和其他文书工作(Whatmore,1991)。研究中多达三分之一的妇女,经常从事农场的体力劳动。这与斯堪的纳维亚的证据相符。妇女通过参与耕作业所有方面的工作,用自己的权利树立了自己独立的农场主形象,日益挑战着性别的陈规(Silvasti,2003)。

通过参与农场内外的多种活动,妇女也站在适应农业重构战略的最前线。在农场,妇女常常负责开发新举措,如农场商店、带早餐的住宿、手工艺企业和教育活动(Gasson and Winter,1992；Little,2002)。当农业生产收入处于压力时,在农场外,由妇女在各种不同职业范围内,全职或兼职获得的收入为农场提供了重要的额外资金(Kelly and Shortall,2002)。在加拿大农业人口中,妇女参加的付酬就业在 20 世纪 70 年代早期就超过了全国平均值,现在超过了 60％(Dion and Welsh,1992)。在马尼托巴省的一项单独研究发现,1992 年,55％的农场主妻子,在农场之外就业(Stabler and Rounds,1997)。除财务收益,农场外就业也给了妇女一种身份和角色,独立于她们与农场的联系,而且也是对农场家庭的传统性别关系提出的(Kelly and Shortall,2002)。然而,如果农场妇女仍期望肩负家庭责任领导权的话,那么无论农场内外的就业,或许就只能增加农场妇女不得不做的工作量。

261　　同时，农村经济扩张部门中产生的许多新岗位已由妇女填满。例如，旅游业的女性就业，农村明显高于城市地区，而且，1990 年，英国、加拿大和德国超过一半的农村旅游岗位由妇女占据(Bontron Lasnier，1997)。总的来说，通常农村妇女担任的工作反映了职业的所有范围。从专业的位置，特别是教书和医疗到行政文字工作、制造加工生产线、清洁和照看儿童(Little, 1997)。在有些地区，为增加妇女的就业机会，农村开发机构实施了特殊的策略(Little, 1991)。但正如利特尔(Little，2002)指出的那样，大多数农村开发战略，对女性参与劳动市场的特别问题很少关注。这样，需求比供给造成了更大的农村地区妇女就业的增长。农村妇女的愿望就是打破陈规陋习，把自己树立为独立的收入者。尤其是迁入的职业妇女，一直试图维护一个职业生涯的存在。不过，妇女的就业，也是对家庭需要的反应，为支付农村高企的房地产价格，家庭需要双份的收入。

　　成本和约束条件，平衡了就业刺激，特别是家庭的责任。例如，利特尔(Little，1997)，引用对两个英国村庄妇女的访谈，她们感到她们在就业选择上受到限制，因为期望放在她们成为全职妈妈身上，或由于要寻找合适并负担得起的照料孩子的困难(第十七章)：

　　　　幼小儿童的性格倾向，取决于母亲的照料。在我有现在的工作[秘书]之前，我做过清洁工，并按学校时间要求，驾驶过运鱼车。

　　　　　　　　　　　　　　　　　　　　　　　　　　　　(Little，1997)

　　农村社区工作，比较适合学校日程安排，酬金较高。因此，在英格兰和加拿大的研究，分辨了农村妇女兼职工作的高比例(Little and Austin，1996；Leach，1999)。这样，农村地区妇女通常要经历相对较差的就业条件。时间对妇女就业的限制，也造成明显的不充分就业。1993 年，利特尔和奥斯汀(Little and Austin，1996)在英国农村社区，对超过一半的就业妇女做了调查。在工作中，她们未利用她们的资格或培训。

　　因而，农村妇女的工作生涯高度复杂，通常是正式和非正式，有偿和无偿活动的混合。在佛蒙特州，尼尔森(Nelson，1999)的一项农村研究发现，大部分男人和女人从事的创收活动，超出了他们的主要工作，而且大多数家庭要做某种形式的自我满足的工作，如汽车保养、种植蔬菜、饲养动物。然而，尼尔森指出，在男人和女人做这些工作以外之事的方法，也有显著的性别差异。男人更可能有一份正式的第二职业,更可能正式地自我雇用,更多地做自给自足的活动。重要的是,男人的这些活动通常发生在家庭以外,并需投入专门的时间,而女人补充的经济活动一般是临时性的,并是以家庭为基础的,如缝纫、编织、工艺制作、照顾婴儿和护理、家庭装修和种植蔬菜等细致工作。这些事通常与其他活动融合在一起,特别是家务活。而男人则把照料孩子看作是时间,是不做有经济价值的生产活动的时间。对女人而言,经常在照顾孩子时,做其他家务:

　　　　当他照顾孩子时,他不能做别的事……我可以做饭、洗衣服和打扫房子并在办公桌前工作以及照顾孩子,但是他不能。

(Nelson,1999)

　　尼尔森认为,补充活动的差异化方法,继续强化了农村家庭的男性特权,并且 262
低估了农村环境中女性工作的价值。

## 四、农村经济中的移民工人

　　农业的现代化可能减少了农耕中的劳动力,但是现实的农业类型,尤其是蔬菜和水果种植形式,尽管以季节性为基础,但仍然是完全劳动密集型的。然而,这些农场的劳动需求日益增长,还是由移民工人所填充的。正如第三章指出的那样,在发达国家的农村劳动力中来自发展中国家的移民工人的存在可以被视为全球化流动的一个维度。他们通过跨国网络雇主招聘低熟练、最低限度的收入并且通常是临时性工作。估计美国69%的全季节农场工人,是在国外出生,包括加利福尼亚州超过90%的季节性劳动力(Bruinsma,2003)。在欧洲,依赖移民工人虽不广泛,但仍需重视。霍加特和门多萨(Hoggart and Mendoza,1999)的报告陈述,1995年在西班牙的穆尔西亚、阿尔梅里亚和卡塞雷斯三省,非洲移民工人占农业劳动力的5%以上,32%的非洲移民工人从事农业。同样,在英国东安格利亚(East Anglia)农场,估计约有20 000名外国工人,包括立陶宛人、俄罗斯人、葡萄牙人、马其顿人、拉脱维亚人、波兰人、乌克兰人、保加利亚人和中国人。

　　自20世纪中叶以来,加利福尼亚的农业一直严重依赖墨西哥移民劳工。20世纪初期(第四章),加州的集约型、资本主义农业迅速发展。首先,从美国其他地区吸引了大规模移民。在约翰·斯坦贝克(John Steinbeck,1939)的著作《愤怒的葡萄》中,记录了对移民工人的剥削和贫困。然而,农场工人在为争取更好条件的斗争中,激进化、工会化与雇主产生了冲突,因此农场开始寻找温顺的、没有政治抱负的工人。业界开始招募海外移民劳工(Mitchell,1996)。1924 年至 1930 年间,估计每年有 58 000 墨西哥和西班牙裔工人来到圣华金河谷(San Joaquin Valley),很多在洛杉矶盆地雇用(东亚,包括中国、日本和菲律宾,短期招聘是重要理由)。正如米切尔(Mitchell,1996)描述的那样,移民工人的就业从一开始就由种族主义态度和实践所塑造。残酷的工作条件和低工资是理所当然的。而且,移民生活在贫困的种族分层的劳动营地。农村田园牧歌描写掩盖了剥削。而这种田园牧歌正是用来吸引移民,承诺他们的家庭可以在农村找到健康、充裕的生活。他们应该选择在乡村度过夏天,帮助收割庄稼(Mitchell, 1996)。不过,正如米切尔此后总结的那样,承诺的田园牧歌生活,是建立在经久的、始终如一的具体化和种族化之上的劳动。

263　　加州的农场工人 1975 年赢得了种植者联盟的认可,但到了 2002 年,本州 600 000农业工人中仅有 27 000 加入了联盟,但仍然还保留着剥削关系。四分之三的移民农场工人,年收入不到 10 000 美元。90％的人没有医疗保险(Campbell,2002)。提供住房仍然有限,很多移民被迫睡在十分拥挤的帐篷里、旅馆或外面。正如一名工人告诉《洛杉矶时报》的那样:当给我们一块睡觉的地方时,许多业主还在想别的主意。他们告诉你,这不是我的问题。他们不关心晚上发生了什么,只要你第二天黎明工作就行(Glionna,2002)。2002 年,部分问题得到重视。那时纳帕谷的葡萄园业主和当地居民,投票支持为本郡移民工人增加两倍数量的住房。同样,在 2002 年,农场工人开始了在美国传播的政治动员,支持工会组织化和更好的工作条件。

　　移民工人进入欧洲农业是更为近代的传统,并与更广泛的农村居民就业机会增长相联系。霍加特和门多萨(Hoggart and Mendoza,1999)从工人拒绝更好机会的季节性农业劳动力,如旅游业解释了非洲移民工人在西班牙的增长。因而,对于向往移向其他工作的非洲移民,农业提供了进入西班牙劳动市场的进入点。尽管很少有剥削,但移民工人在西班牙承担的就业,特点是非技术性工作、工资低廉、工作为下层的社会地位、短期就业,工作中几乎没有晋升机会 ( Hoggart and Mendoza,1999)。

移民工人就业已开始从农业扩散到农村经济其他领域。然而,农业移民工人可描述为解决了劳动力短缺。在其他行业,他们就可以替代现有劳动力。例如,塞尔比等人(Selby *et al.*,2001),讨论了北卡罗来纳州蟹屋墨西哥妇女的就业。为应对国外竞争压力,并意识到无力削减地方黑人为主的劳动力成本,而招募了墨西哥工人。在塞尔比等人(Selby *et al.*,2001)的妇女研究中,她们是雇来在小蟹屋内的剥蟹工剥取蟹肉。蟹产业反映的性别化,公司内所有蟹工都是妇女,包括十二名墨西哥人和三位上年纪的白人妇女。她们与业主有很深联系,未被移民工取代。签证规定意味着,墨西哥工人基本上与工作挂钩,而且工作环境合理。工资与生产力挂钩,理论上他们可以获得明显高过最低工资。然而,工作环境的空间和社会组织也清晰地展示出移民工人的此等地位。尽管塞尔比等(Selby *et al.*,2001)指出,墨西哥和白人妇女有很多共同之处,但他们也观察到,在她们之间几乎没有互动:

> 在主要房间,当三名白人妇女坐在桌边剔选蟹肉。她们总是坐在一起干活,有时唱赞美诗,有说有笑。在房间另一边,十二名西班牙裔妇女站在桌子周围,无语地工作着……随着时间推移,两组之间没有明显的接触。

(Selby *et al.*,2001)

因而,支撑这些墨西哥妇女的动力就是挣钱,把钱寄回家,为了她们孩子的教育或家庭的改善。她们的工作存在明显是临时的,与当地人、白人社区是分开的。

## 五、通勤

对大多数农村人而言,乡村重构已造成工作和居住地的错位。然而在非连续、连贯的社区内部,在一个农业占主导地位的经济中工作并居住是紧密结合在一起的。今天对大多数农村工人而言,在农村社区有限数量的就业机会意味着去他们家的定居点以外的通勤工作已经成为常态。美国非大都市郡的四分之三,在它们35％以上的主要定居点需对外通勤。在奥地利,主要农村地区的居民近30％是通勤者。在加拿大则超过15％,而在英国和德国主要的农村地区,大约10％的居民是通勤者(Schindegger and rajasits,1997)。可以断言,外部通勤比例的增加与聚落规模的减小有关(图 18.1),大体也与大城市中心有关。总之,通勤是不断增加的活动。加拿大重要农村地区通勤者的数量,在 1980 年和 1990 年间,增长超过 50%,而同一时期在英国,则在 25%左右(Schindegger and Krajasits,1997)。

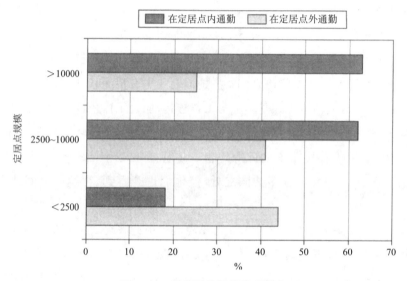

图 18.1 美国聚落规模的通勤率

资料来源:Fuguitt,1991。

这些整合数据,掩盖了农村地区内部的某些通勤动态。例如,对加拿大趋势的分析显示,超过 20%的通勤是在农村地区内或在不同的农村地区之间。从农村地区到城市中心的通勤构成了所有通勤的 11%,差不多近三倍于从城市地区到农村就业的移动(Green and Meyer,1997a)。一份威尔莫特(Wilmot)镇的独立研究显示,在安大略省肯基纳和滑铁卢的通勤区内,进一步展示了这种复杂性(Thomson and Mitchell,1998)。镇上大约一半家庭成员通勤地在滑铁卢、肯基纳或者剑桥。其余的家庭,大多数居民在家上班,少数在镇上其他地方工作。而迁入者的通勤率高于长期居民,汤姆森和米切尔(Thomson and Mitchell,1998)指出,近四分之一的新来家庭,配偶双方都在家工作。这样,他们的结论是,虽然通勤占主导地位,但一个不能忽视的事实是新居民正在乡村寻找或创建有报酬的工作。

265　　加拿大人的研究也挑战了通勤与中产阶级迁入者有关的概念。虽然总量上,专业和管理岗位雇佣的工人通勤者稍多于其他岗位,但农村居民的通勤,没有这些职业类型重要,也没有体力或低技能职业重要(Green and Meyer,1997b)。事实上,蒙克等人(Monk *et al*.,1999)指出,在英国,一些低技术工人为了就业,通勤经常是长距离,甚至是长时间的。正如他们引用一个男人所述,每天长距离通勤可能对健康和家庭关系都有不利影响:

> 你想想,从家到彼得伯勒(Peterborough)有多远呀。对,有50英里呀。我们要开车……但不得不早上4点就起床,梳洗好就5点,6点上班……每天要12小时……晚上8点才回家……和妻子要花费2小时……孩子们那时都睡了。我根本就见不着他们……就是这样,使得我生病……我用了3个月恢复。

(Monk *et al*.,1999)

通勤也对社区有不利影响。埃林顿(Errington,1997)研究了伯克郡(Berkshire)哈撒韦的一个村庄。在伦敦通勤带上,他发现在村庄外面工作的居民与在村里工作的人相比,很少可能利用村里的商店和设施,而更可能的是利用其他地方的设施(表18.3)。对多数居民在其他聚落工作的社区而言,这可能意味着,光顾程度低于服务和舒适性可以维持的水平迫使它们关闭。这反过来又减少了社区的就业机会,并有助于一些村庄成为专门的"宿舍"定居点。

表18.3　村内外调查工作小组成员制定的每年对伯克希尔村选择设施的访问比例

|  | 村内工作的居民(%) | 村外工作的居民(%) |
| --- | --- | --- |
| 银行 | 88 | 12 |
| 邮局 | 64 | 36 |
| 报刊经销商 | 58 | 42 |
| 面包师 | 63 | 37 |
| 药剂师 | 67 | 33 |
| 食品杂货商 | 64 | 36 |
| 服装店 | 66 | 34 |
| 酒吧 | 53 | 47 |
| 教堂 | 46 | 54 |
| 医生诊所 | 46 | 54 |

资料来源:Errington,1997。

266 　**六、结语**

　　经济重构重塑了农村劳动力市场。因依赖农业和其他以资源利用为基础的就业已下降，所以农村地区的职业机会范围已广泛扩展。农村劳动力的性质也有了变化，更多妇女的参与和外国移民工人的招聘，基本填补了农业和其他领域中的基础工作、非技能工作的劳动力短缺。然而，尽管有这些广泛的趋势，但对生活在农村地区的个人来说，寻找工作的体验仍然是困难的，受到了很多困难的阻碍，包括交通运输、照料儿童的方便，以及缺乏合适的、有技术的职业。这样，许多人受雇于不能完全利用他们自己技能、资格或培训的工作。这也意味着，许多农村居民获得的收入，潜在地低于他们理论上的收入，而且被陷在低工资就业之中，造成农村社会的贫穷和剥夺问题。这些将在下一章进一步讨论。

---

**进一步阅读**

　　与农村就业模式相关问题的广泛统计分析，如通勤以及欧洲和北美的案例，都收入雷·博尔曼和约翰·布莱登（Ray Bollman and John Bryden）编的《农村就业：国际视野》（CAB 国际出版社，1997）（*Rural Employment：An International Perspective. CAB International，1997*）。然而，这项工作强大的经济重心，几乎未揭示人们乡村工作的实际经验，更多的经验是由伊恩·霍奇（Ian Hodge）和他的同事们在"参与剩余农村劳动力市场的障碍"中做了研究，载《工作、就业和社会杂志》（2002）（Barriers to Participation in Residual Rural Labour Markets. *Work，Employment and Society*，2002，16）。关于性别和农村就业的更多信息，见乔·利特尔（Jo Little）所编的两章："就业的边缘性和妇女的自我认同"（Employment Marginality and Women's Self-Indentity），载克洛克和利特尔（Cloke and Little）编的《争论的乡村文化》（劳特利奇出版社，1997）（*Contested Countryside Cultures*，Routledge，1997），以及她撰写的《性别和乡村地理学》（普伦蒂斯学院出版社，2002）（*Gender and Rural Geography*，Prentice Hall，2002）一书的第 5 章。

唐·米切尔(Don Mitchell)撰著的《土地的休息：移民工人和加州景观》(明尼苏达大学出版社，1996)(*The Lie of the Land：Migrant Workers and the California Landscape*. University of Minnesota Press，1996)，讨论了加州农业移民工人的历史维度。有关当代经验的讨论，见基斯·霍加特和克里斯托巴尔·门多萨(Keith Hoggart and Cristobal Mendoza)的论文"西班牙农业中的非洲移民工人"，载《农村社会学杂志》(African Immigrant Workers in Spanish Agriculture. *Sociologia Ruralis*，1999，39)；以及艾米丽·塞尔比、黛博拉·狄克逊和霍莉·哈普克(Emily Selby，Deborah Dixon and Holly Hapke)著的"东卡罗来纳蟹肉加工厂的一名妇女地位"，载《性别、场所和文化杂志》(A Woman's Place in the Crab Processing Industry of Eastern Carolina. *Gender，Place and Culture*，2001，8)。

267

## 网站

美国移民农业工人的更多信息，以及改善他们条件的宣传活动，可以在农场工人网站（http://farmworkers.org）和农村联盟网站（http://www.ruralco.org）上查找。

# 第十九章　隐藏的农村生活方式：
# 贫穷和社会排斥

## 一、引言

前面三章重点强调了促成农村地区贫困和剥夺的许多过程与经验，即取得良好的质量、负担得起住房和债务。这些问题压在许多为支付财产的农村家庭身上（第十六章）；老年居民依靠的本地服务需要合理化的问题（第十七章）；以及在寻找合适的工作，导致失业和低工资就业盛行等问题（第十八章）。然而，这种农村贫困景象往往被隐藏。正如弗鲁斯（Furuseth，1998）观察的那样，"对工业化国家大多数住在城市和郊外社区的居民来说，农村一词描绘了一幅舒适的景象。小城镇美丽如画。富裕的农场主，以及其他中产阶级或相近似的居民生活在广阔乡村。"

农村贫穷的边缘化（或其相近的同义词，"剥夺"和"社会排斥"——专栏 19.1）有三个方面。第一，农村地区的贫穷体验是碎片化的。在统一的地域单元，贫困家庭一般不会聚集而居，但农村社区往往由收入和财富的广泛差异组成。如墨尔本（Milbourne）就曾指出：

> 与城市明显可见的贫困集中相对照，特别是在城市中心，但在小而分散的农村聚落中，生活在贫穷中的家庭一般倾向保持自然的隐蔽状态。实际上，在乡村很多地区，"富裕"和"贫困"家庭明显的分隔——郊区和城中心——往往是不存在的，因为农村穷人也常常与富裕的家庭紧密相邻。

（Milbourne，1997b）

---

**专栏 19.1　主要术语**

　　**贫困、剥夺和社会排斥:**这些语汇经常交换使用,但实际含义有微妙不同。贫困是与家庭或个人的经济地位与权力相关的绝对条件。家庭可以生活在贫困中,或官方定义(如在美国)或学术定义(如在英国)的贫穷线以下。剥夺是一个相对语汇,指的是某些社区、家庭或个人比其他人的资源少。剥夺通常用来指经济环境,但也可以与健康、教育、交通、享受服务相关。然而,在农村语境中剥夺一词的使用也受到了批评,因为许多农村居民并不接受农村家庭可以被剥夺(Woodward,1996)。近年来,社会排斥已在政策制定者和学者等人中普遍使用。与贫穷相比它用得更广泛,重点看家庭和个人边缘化与主流社会有多远。然而,不实行教育、培训和社会整合项目的补救,不探究贫穷的根本原因,而非仅是财富的再分配,社会排斥就该受到批评。在农村研究中,这些语汇恰当使用的辩论仍在继续。在本章,"贫穷"一词经常使用;当涉及相对劣势时,偶尔使用"剥夺"一词,而当指农村社会的边缘化时,使用"社会排斥"。

---

　　第二,是用"农村田园牧歌"的话语掩饰了农村贫穷的存在。农村田园生活的理想主义形象似乎不允许农村出现贫困,因此这种话语所传达的农村内外的观点都假定贫困不可能存在(Cloke,1997b;Woodward,1996)。此外,农村田园生活的话语会加剧农村贫困,因为它展示了农村生活的各个方面,包括隔离、住房短缺和缺乏产业,导致社会排斥。同样,在一个平和与宁静相结合的具有美学价值的自然景观方面,所有社会各阶层的农村居民的共享状况,也被一些人描绘为对物质贫困的补偿。这样有时农村家庭可能具有相同的物质贫困水平,与城市家庭所评估的贫穷体验来比并不那么严重:

　　　　因此,可以不考虑农村穷人生活的内容,而且,不太穷就不能使村落田园牧歌化的地理印象与贫穷观念相符合,所以任何贫穷的物质证据都将在文化上被遮蔽掉。

(Cloke and Goodwin et al.,1995)

　　第三,农村田园生活牧歌话语,也表达了一套道德价值,以歧视对农村地区贫穷的认可。在这套道德价值中,农村生活与韧性、毅力和自助相关。这些陷入贫穷的个人和家庭,可能不仅会被认为是对田园生活牧歌的冒犯,也会被认为是失败者和不值得救助的穷人。这样，即使家庭正在经历物质剥夺，可能也不愿承认他们的境遇，并成为农村贫困概念不存在的再现：

> 在这方面，以否认贫困的存在，穷人无意中与富裕阶层协力掩盖了他们的贫困。那些生活在农村田园牧歌内心的价值，在穷人中产生了对物质剥夺的容忍，因为农村田园牧歌生活的标志是优先的：家庭、工作伦理、好身体。而且，当物质剥夺成为经常性的地区标准时，就会被穷人自己所认可。羞辱就会迫使在最小可能的框架内保密和管理贫困。

(Fabes *et al.*，1983)

270　　　　在探讨农村地区剥夺认识的拖延不决的辩论，以及恰当术语的使用之后，伍德沃德(Woodward，1996)说，在研究农村生活方式中要考虑学术与民间认识之间的差异，还需要桥接生活在农村地区不同群体的态度及信念。本章有幸响应这一呼吁，讨论农村贫困的证据，农村人生活，以及剥夺的经历。首先是美国、加拿大和英国农村贫困的证据，然后讨论农村贫困的特定案例研究和叙述，再集中讨论农村地区无家可归者的特殊情况，并通过考虑农村贫穷问题的反应，得出结论。

## 二、农村贫穷的证据

农村贫穷的度量是出了名的问题。除了以上所讨论的乡村和贫困的文化观念外，在城市环境中开发的贫困指标没有顺利地转化成为农村现状所用。虽然农村和城市的贫困存在内在联系，但在强调的主要问题上，也存在着许多不同。例如，有限的可接近性、较高的人均服务成本、较弱的服务供应和住房提供等问题都是农村剥夺的主要问题，在城市地区就不那么重要(Furuseth，1998)。相反，乡村地区的过度拥挤、高犯罪和毁损的外部环境，一般没有城市的剥夺那么厉害。同样，正如第十八章中指出的，农村地区技术就业的不足，比实际的失业是更大的问题。后者是城市剥夺的重要指标。墨尔本(Milbourne，1997b)也观察到，农村贫穷一般以就业家庭、两夫妻家庭和老年人比例较高为特点，与大都市地区相比，单亲家庭发生率较低为特点。

进一步的问题出现在剥夺指标的空间尺度上。与城市地区相比，农村地区的地方政府部门，往往覆盖更广泛和更具多样性的地区，因此收集统计数据有调节余地。此外，如上所示，农村社区不同收入水平家庭，有更大的分散性，远比城市的邻里分散。这样就使较小地区范围的少数被剥夺家庭的存在被大多数家庭的富裕所掩盖。作为回应，已有人尝试开发更为敏感的空间指标，但这项工作的大部分仍处于初始阶段。

尽管有这些资格条件，但现有剥夺指标确实提供了证据表明，农村贫困比人们 271 想象的更加普遍。在美国，官方根据收入以及食物和家庭基本品的必须预算定义贫穷线。1997 年，与大城市人口的 13.2% 相比，计算的非大城市郡人口的 15.9% 生活在贫穷之中（Nord，1999）。同样，在加拿大，最低收入标准固定在家庭收入的 62% 左右，用于食物、服装和居住消费。1986 年农村家庭的 16% 通过了这个阈值（Reimer et al.，1992）。与城市中心比，这是个较低的比例，部分原因是农村地区内的差异。在农村聚落，少于 5 000 居民的家庭比例，包括农场，低于最低收入标准的，大致相当于超过 50 000 人口的城市，而且，赖默等（Reimer et al.，1992）也指出，生活成本的差异，意味着农村家庭比城市家庭更易达到了最低收入水平阈值。

在英国，没有同等的官方贫穷定义，但 20 世纪 90 年代的研究，使用了汤森德（Townsend）指标。该指标给出了贫困或贫困边缘家庭的定义，即收入低于国家收入补助资格 140%。使用这种方法的研究发现，在 12 个农村研究区中，贫穷或贫穷边缘的家庭为 23.4%，其他单独研究区的比例范围，从柴郡（Cheshire）的 12.8% 到诺森伯兰郡（Northumberland）的 39.2%（Cloke，1997b；Cloke et al.，1994；Milbourne，1997b）。两项可选指标，分别为可比较的家庭收入、平均收入和中等收入，进而启发对更高贫困水平的联想（Cloke，1997b）。

北美和英国的数据说明，乡村不同社会群体之间，不同农村地区之间，贫穷程度是有显著变化的。例如，在加拿大，与农村 13% 的未成婚人口相比，1986 年，28% 的农村家庭生活在最低收入标准以下（Reimer et al.，1992）。美国复制了这种倾向性，报告显示农村穷人的 61% 是两个成年人的家庭（Porter，1989）。1996 年，与 22% 比例的大城市地区相比，24% 的农村儿童生活在贫困之中（Dagata，1999）。波特（Porter，1989）也认为，与城市穷人相比，美国农村穷人是不成比例的白人和不成比例的老人。同样，克洛克等人（Cloke et al.，1994）在英格兰的研究表明，贫困程度对某些特殊社会群体更为普遍，特别是单身老人家庭，长期居民家庭和附近有亲戚的家庭,有社会住房的家庭,以及无车家庭(表 19.1)。这些发现表明了对逆城市化出现的阶层重组概念的支持(第六章)。与迁入者中的人相比,贫困在当地人中更为广泛,但也应该注意到,具有最广泛贫困的地区也吸引了大量低收入的迁入者。

表 19.1  英国 12 个农村地区 20% 或更多处于贫困或在贫困边缘家庭的社会群体

| | 在贫困边缘的比例(%) |
| --- | --- |
| 单身老年人家庭 | 41.8 |
| 双老年人家庭 | 27.4 |
| 无老年人的双人家庭 | 20.5 |
| 家庭居住不到 5 年 | 24.1 |
| 家庭居住 5—15 年 | 31.8 |
| 家庭居住超过 15 年 | 42.4 |
| 近亲生活在附近 | 60.0 |
| 完全拥有住房 | 34.1 |
| 有社会租房家庭 | 47.1 |
| 没有私人汽车的家庭 | 42.4 |

资料来源:Milbourne,1997b。

农村贫困的地理模式反映了这些地区群体的空间分布,并与地方的经济和社会结构的诸要素有关。1990 年,美国有 765 个非大城市郡,超过 20% 的人口生活在贫困线以下,大大少于 1960 年同一地位的 2 083 个郡。然而,在 535 个郡中,1960 年、1970 年、1980 年和 1990 年,每一年份贫困率都超过人口的 20%。如图19.1 所示,这些持续贫困郡大部分位于南部各州和阿巴拉契亚(Appalachia)地区,形成了美国农村贫困区域地理学。1990 年农村贫困人口近三分之一集中在这些郡。在持续的贫困郡中,平均 29% 的贫困人口生活在贫穷以下。失业率也明显高于这些郡的农村平均水平,而且这里的平均收入水平明显较低。这些地区贫穷的持续,由自然、社会和经济因素的结合引致。通常各郡特点有稀疏的聚落模式、主要产业的衰落、长期低工资经济体,以及能力高度低下,都影响着劳动市场的参与(Lapping *et al.*,1989)。

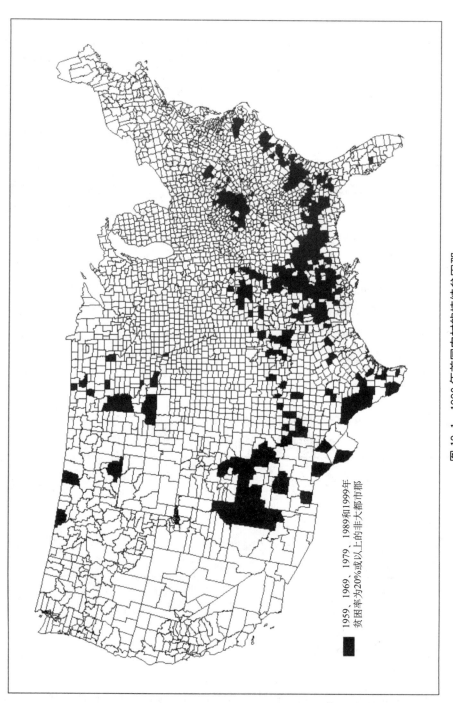

1959、1969、1979、1989和1999年
贫困率为20%或以上的非大都市郡

**图 19.1 1990 年美国农村的持续贫困郡**

资料来源:根据农村政策研究机构信息制成。

272　　　农村贫困最突出的特征之一是，工作贫困的存在。就业中的个人，通常在服务行业，而且收入低下，员工福利有限，如健康保险（Lapping *et al.*，1989）。波特（Porter，1989）发现，美国贫困农村几近三分之二的贫困家庭，至少有一名带薪工人，近四分之一家庭有两名，而对城市贫困家庭而言，相应数字分别为 51％和 16％。这样，解释农村贫困的主要因素是普遍的低工资经济，特别是结合农村家庭必需品的较高平均支出，如燃料和运输费。2002 年，美国四名 25 岁或稍大的农村工人中，就有一位每年挣不到 18 390 美元的加权贫困阈值。相比之下，城市工人是六分之一（ERS，2003a）。低工资收入者，特别集中在农业、制造业、零售业和服务业部门，共同构成了美国农村就业的 71％。事实上，2002 年，在非大都市郡，跨部门的平均周薪比大都市郡的低 20％（ERS，2003b）。

　　在英国也可以看到相似的情景。在边缘农村地区，平均收入差不多低于全国平均值的 25％（内阁办公室，2000）。威尔士农村，超过四分之一的家庭在 20 世纪 90 年代中期。两个成年人，第一次挣工资的人，总年薪不足 5 000 英镑，而且所在地点，恰在比例相当的地区内（Cloke *et al.*，1997）。此外，在英格兰和威尔士的案例研究表明，在农村地区三分之一至一半的家庭，两个成年人首次所得总年薪少于 8 000 英镑（表 19.2）。

表 19.2　1990 年代中期英格兰、威尔士八个案例研究区中两个成年人
第一次年薪总额不足 8 000 英镑的家庭

| 英格兰 | ％ | 威尔士 | ％ |
|---|---|---|---|
| 诺森伯兰郡 | 53.4 | 贝兹考德 | 43.6 |
| 北约克郡 | 50.5 | 德弗尔斯布里奇 | 41.1 |
| 德文郡 | 46.9 | 塔纳特河谷 | 37.0 |
| 什罗普郡 | 33.0 | 泰菲山谷 | 36.3 |

资料来源：Cloke *et al.*，1997。

274　　## 三、农村贫困的遭遇

　　农村贫困的个人遭遇受到他们地理背景的强力塑造。例如，在一般富裕的

农村社区,贫困家庭可能会经历"双重剥夺",因为他们不仅处于国家平均水平之外的贫困状况,而且当地对预期生活方式类型的"同辈压力"也是基于高于平均水平的收入水平。然而,至少在公开场合,个人在此位置通常不会承认他们的贫困。正如本章开始时讨论的,在英国乡村贫困的叙述中,否认农村剥夺是核心部分。伍德沃德(Woodward,1996)观察到,农村贫困常常被看作历史时代错误,以致人们责难管理乡村慈善的机构,它们的功能已经失效。这种认知的背后,则是与贫困相联系的肮脏,并假定必须要有明确的、实质的表述。这具有双重含义。忽视了隐藏在十分可敬、良好维护、财产外观背面的贫困,而在寻求农村贫困的案例中,人们可能指破败的村舍及类似的情况,生于其中的居民实际上可能不认为自己是贫困的。

　　正如克洛克等人(Cloke *et al.*,1997)和墨尔本(Milbourne,1997b)报告的那样,在英格兰和威尔士农村居民的描述中,期望对那一地区的贫困和剥夺的实际表述也要明确。这些通常指的是,低收入、有限的就业机会、环境条件,以及缺乏公共交通和服务:

　　　　(这里)缺乏地方就业,工资低,与农业政策有关的剥夺。

　　　　　　　　　　　　　　　　　　　　　　　　　　　(Milbourne,1997b)

　　　　就业难得,没有真正的工作。[我们需要]更高的收入和更好的就业。
　　　　(这里有)太多的临时工作——没有足够的真正的工作。

　　　　　　　　　　　　　　　　　　　　　　　　　　　(Milbourne,1997b)

　　　　(这里)缺乏负担得起的住宿、缺钱、缺工作选择。

　　　　　　　　　　　　　　　　　　　　　　　　　　　(Milbourne,1997b)

　　　　(我们需要)改善供水系统、改善电话线路、改善这个地区的河流污染……
　　改善警察服务。

　　　　　　　　　　　　　　　　　　　　　　　　　　(Cloke *et al.*,1997)

　　然而,这些说法反映出对农村贫困相当无条理、脱节的解决方式。它们没有揭示实际的物质剥夺,怎样影响到那些受影响者生活方式的选择和决定,以及个人如何遭遇多重形式的剥夺。这种农村地区贫困的更多证据非常普遍,也得到了更广泛的认可,如美国东部阿巴拉契亚和伸入纽约州北部的地区。此区域是持续贫困郡集中地区,虽然克洛克(Cloke,1997b)说明,阿巴拉契亚的很多人不愿意贴上"贫困"或"被剥夺"的羞辱性标签。菲琴(Fitchen，1991)主张，该地区的贫困典型地表明了三种类型的居住环境。她对这些地点的描述对农村贫困动态提供了一些指示。

275　　　第一，菲琴认为，开放的农村存在着长期的、代际的贫困。这些一般都分布在条件较差的农业地区，居住在那里的家庭在此地区的城镇和城市中都没有适合的就业机会。如菲琴所述，对这种家庭的社会排斥以经济地位为基础的，但由于空间隔绝和文化定型而强化了：

> 城市基础的大社区，社会分隔是口头阐释的，指的是外部世界。与此相应，贫困的农村孤立区，指的是大社区以贬损语汇相称的"贫困白人废物""棚屋人""似动物生活的人"。他们的社会生活几乎完全限于近邻，或限于一群相似境况的穷街坊中，靠地理的接近、亲属关系、婚姻、汽车交所连接，共承担着贫穷和耻辱。

(Fitchen，1991)

　　第二，贫困与低收入人群联系在一起，在小城镇和村庄里租房居住。相关城镇和村庄，往往在主要就业来源的边缘农村地区。缺乏工作机会促使向外迁徙，留下的剩余劳力，因而是便宜的劳力，住房就由无力支付较大城镇食宿费的租客所租用。不过，大多数房屋虽不符标准，但房租在租户预算范围内，很多租户依靠福利支付。许多村庄没有公共交通服务。这样，失业不仅被当地就业的缺乏所恶化，而且也被去其他地方工作的难度所恶化。

　　第三，菲琴对此地区不断增长的拖车公园和非正式拖车群的贫困做了定位。拖车食宿一直在增长，因为是相对能负担得起的住宅(第十六章)。尽管购买拖车的费用随着需求增长也上涨了，而且拖车的维护也要有很多重要的隐性成本，对低收入居民也是沉重的。拖车的家庭空间不足，而且很多支出项目价格昂贵。日益增长的拖车公园，是贫困场所的标志。在菲琴笔下，对许多农村贫困人口体验的累积剥夺做了说明，下面是一所拖车公园的描绘：

> 桑迪(Sandy)20岁。她住在一处小村庄的拖车公园，而且独自养活自己和一个孩子。福利部门希望她找份工作，而她自己却极力摆脱福利。她唯一能找到是一周30小时的工作，每小时4.05美元，在镇上一家超市。这使得她在贫穷线以下。即使可以继续得到食品券和医疗补助，她

也没有足够的收入。为了第二项兼职工作,桑迪面试了一家快餐餐厅,但是她发现不可能把两份工作衔接起来,因为直到每周的星期五,餐厅不会告诉她下周的时间安排。除此之外,她还不会有医疗福利。她决定不再找工作。最后,当她负担了太多的房租时,桑迪搬到一位朋友处。

(Fitchen,1991)

农村贫困累积的体验,不仅适用于个人,也适用于代际。例如,克洛克(Cloke, 276 1997b)就详细记述了堪萨斯一位小镇居民的故事,正如对新闻周刊讲的那样:

贫困从一代人传到另一代人,它只是穷人的遗产。为逃避嗜酒如命的继父,伊达·斯瓦利(Ida Swalley)15岁结婚。她没有市场需要的技能。现在43岁了,她与第四任丈夫分居,并住在每月200美元的城市贫民窟房东所有的肮脏公寓。斯瓦利(Swalley)和17岁的儿子,以及臭虫和老鼠等小动物,住在陋室之中。一面墙上的唯一装饰是个老旧苍蝇拍。堪萨斯的热把臭气吹到华氏100度,加重了斯瓦利的心脏问题。她说,当她的新男友出狱了,事情就可以好一些。她最美好的希望是,她的女儿,26岁的卡罗尔·苏(Carol Sue),和她两岁的孙女杰奎琳·露丝(Jacqueline Ruth)生活会更好。但这个梦想可能是虚幻的。女儿卡罗尔·苏·斯蒂文是一家疗养院的助手,每小时仅挣3.85美元。她的生活和她母亲一样,是各个小镇的浪漫故事,男人酗酒和暴力。卡罗尔·苏目前的男朋友,做了小杰奎琳·露丝的父亲,但蹒跚的小孩子没有姓父母的姓……如果我们最终得到孩子的某些监护权,我不希望她在法庭上用爸爸的姓。

(McCormick,1988)

农村贫穷的体验,由过度的重构过程形成,但每个失业或低收入的个体案例中,初始状况,都潜藏着多重不健康问题,犯罪、吸毒、酗酒、家庭解体和无家可归等相勾连的问题(专栏19.2)。许多贫困城市家庭都有这些经验,但农村地区的特殊性,影响了个人逃离贫困的能力,并预示对弱势者广泛的社会态度。

**专栏 19.2　农村地区的无家可归**

　　农村贫困的相对隐蔽性,在无家可归问题上尤为明显。不仅农村田园牧歌生活话语掩盖了无家可归(Cloke *et al*.,2001,2002),而且也因为农村的无家可归,文字上通常比城市的无家可归少见。与临时住所、旅社、废弃的建筑物或与朋友和家人的非自愿住所相比,农村的无家可归,并不就是在临时宿地、小旅馆、废旧建筑物、偶然住地,与朋友和家庭短暂一住的街头一睡。农村的无家可归人口,往往会比城市地区的更分散,而且在官方调查中,是系统低估了的(Cloke *et al*.,2001b;Lawrence,1995)。因而,农村无家可归问题的规模,对此负有责任的地方政府机构以及公众,就可以不承认。尽管官方数据有缺点,但统计证据仍然指明了,日益严重的农村无家可归问题。例如,1996 年,英格兰农村有近 16 000 户无家可归家庭注册,或全国合计的 14.4%(Cloke *et al*.,2002)。虽然这个数字低于全国平均值,并在 1992 年有所下降,但无家可归在内地农村地区,自 1992 年以来,增加了 12% 以上。超过四分之一的农村地方当局报告,无家可归的增加超过 25%。在美国,劳伦斯(Lawrence,1995)的报告推测,艾奥瓦州农村郡无家可归的比例,高达每 1 000 人中就有 70 人,高于纽约、洛杉矶和华盛顿每 1 000 人中大约 20 人的平均比例。

　　农村地区的无家可归,也可能有不同于城市地区的原因。住房因素有终止短期租赁、抵押欠租、降低租金、分摊住宿,及其他原因。农村比城市无家可归更为重要(Cloke *et al*.,2002)。克洛克等人(Cloke *et al*.,2002)收集的农村无家可归的个人数据,强调在成为无家可归的过程中,经常出现多项原因,如失业、关系破裂、家庭纠纷和疾病,但能负担得起的住房短缺,包括入住社会住房的困难。社会住房是倾斜弱势人群的常见因素,否则会使他们落入无家可归行列。他们还说明了,农村和城市无家可归的相互联系。农村地区的经济移民体验的是无家可归。城市和城镇的无家个体,搬到农村地区,被认为是更安全、更便宜和更舒适的环境。事实上,克洛克等人(Cloke *et al*.,2002)的报告说明,无家可归个体在城市和农村地区之间的周期性流动并不少见。

　　**更多情况见保罗·克洛克、保罗·墨尔本和丽贝卡·威多菲尔德(Paul Cloke,Paul Milbourne,Rebekah Widdowfield)著的《农村无家可归》(政治出**

版社，2002)(*Rural Homelessness*. Policy Press，2002)；保罗·克洛克、保罗·墨尔本和丽贝卡·威多菲尔德(Paul Cloke、Paul Milbourne and Rebekah Widdowfield)著的"无家可归和乡村性：探索英格兰农村地方空间的联系"，载《乡村社会学杂志》(Homelessness and Rurality：Exploring Connections in Local Spaces of Rural England. *Sociologia Ruralis*，2001，41)；以及马克·劳伦斯(Mark Lawrence)著的"农村无家可归：无地理学的地理学"，载《农村研究杂志》(Rural Homelessness：A Geography Without a Geography. *Journal of Rural Studies*，1995，11)。

## 四、结语

277

在农村地区贫困是普遍和持久的，然而，它的表现往往被农村田园牧歌生活的强大话语和传播所掩盖。农村贫困的隐蔽性可能会令解决这个问题的政策和措施感到困惑。一般而言，试图采取两种方式中的一种，重点说明农村贫穷。首先，缓解贫困可以是农村发展战略的目标(第十章)。然而，这种方法已被认为只有部分成功。经济发展举措会创造更多的就业岗位，但通常不能保证。新的岗位会到经历贫困的当地居民手里，如交通类就业障碍会被克服，工资将足以提高收入水平。这种变化会造成剥夺的非经济因素。其次，经历贫困或接近贫困的个体和家庭，会得到国家福利支出的支持。然而，福利支付常常又会不足以解救接收者的贫困，并且国家福利体系部分的实施项目，也不能调整适合农村贫困的特殊环境。此外，克洛克(Cloke)说明，20世纪80年代和90年代，与新右派意识形态一致的福利改革，通过取消许多家庭的安全网，加剧了农村贫困问题的解决。事实上，农村地区新的"工作福利"和"有福利的工作"项目已遭到批评，认为是无效的。因为农村贫困、农村经济与劳动市场的性质不同。

这样，处理农村贫困策略，日益重视自助与自愿行动。社区层面的互助形式，278 如施粥舍、食物银行和信用协会，以及非正式的网络和由被剥夺家庭本身组织的应对机制。此外，对农村贫困的历史响应仍然是一项选择，即居民迁移。加利福尼亚州公共官员，试图解决前农业工人中的失业问题，鼓励他们迁移到东部各州，如堪萨斯、艾奥瓦和内布拉斯加等州。那里的产业存在着低技术工作，如肉类包装。然而，与许多陷于多重剥夺的农村家庭境况比，移民本身也是一项昂贵过程。

---

**进一步阅读**

据英格兰和威尔士的证据，保罗·克洛克(Paul Cloke)在"贫穷国家：边缘化、贫困和乡村性"中，对农村贫困的特点、动态和相对忽视做了讨论。论著载克洛克和利特尔(Cloke and Little)编著的《有争议的乡村文化》(劳特利奇出版社，1997)(*Contested Countryside Cultures*. Routledge，1997)；保罗·墨尔本(Paul Milbourne)著的"藏在视觉以外：英国农村的贫困和边缘化"，载 P. 墨尔本(P. Milbourne)编的《揭示农村"他者"：英国乡村的表现，权力和认同》(品特出版社，1997)(*Revealing Rural Others：Representation, Power and Identity in British Countryside*. Pinter，1997)。在剥夺和农村田园牧歌生活话语之间领悟的不相容性，瑞秋·伍德沃德(Rachel Woodward)在她的论文"剥夺和农村：伸入矛盾话语调查"中做了详细讨论，载《农村研究杂志》(Deprivation and the Rural：An Investigation into Contradictory Discourses. *Journal of Rural Studies*，1996，12)。珍妮特·菲琴(Janet Fitchen)对纽约州农村社区的研究中有对农村贫困问题的详细讨论，重点阐明了多因素促成剥夺的途径，见《濒危的空间，忍耐的空间：美国农村的变化、认同和生存》(西部观察出版社，1991)(*Endangered Spaces, Enduring Places：Change, Identity and Survival in Rural America*. Westview Press，1991)。

---

**网址**

更多美国农村贫困的信息，可在农村贫困研究中心（http://www. rprconline. org）找到。英格兰乡村机构关注解决农村地区的社会排斥，详细情况在其网站上(http://www. countryside. gov. uk)。

# 第二十章 乡村性、国家认同与种族

## 一、引言

长期以来,在国家认同的组成中,乡村始终具有重要作用。城市可誉为文明的象征,并可提供赞美国家卓越才能力量的纪念性景观舞台,但把它们作为不同民族和思想的熔炉,在国家价值观和道德标准上可能会受到外国人的影响。肖特(Short,1991)指出,这种道德地理学,早在公元前 1 世纪就由罗马作家西塞罗(Cicero)提出,至今仍然清晰可见。相比之下,乡村则被描绘得天真、纯净。在这个空间,民族价值和民族认同得以适用。

然而,从表现作为国家纯洁地方的农村地区,到代表他们种族或人种纯洁的地方仅一步之遥。在发达国家,这意味着把乡村表现为白色空间。非白人种族背景的人或明或暗地被排除在外。历史上的社会和经济因素往往将非白人人口集中在城市中心,因此许多农村地区的非白人人口非常少,加剧了孤立和歧视的经历,这确实加剧了这种偏见。与此同时,所确定的非白人农村人口,特别是美国南方的黑人人口,以及北美、澳大利亚和新西兰的第一代国民,都已边缘化,并受到白人国家精英歧视。原住民的农村现状常常受到剥削的捉弄。

为了进一步探讨这些主题,本章从详细推导乡村性和国家认同之间的联系,以及作为白人空间的农村构建讨论开始。之后,本章其余部分调查非白人乡村性的经验,考察生活在农村地区或利用农村空间休闲的不同种族背景的人。本章还描述了美国南部黑人占多数的农村郡中,白人乡村模式的例外情况,但同时也指明,这类地区也经历了系统的集体排斥和边缘化。最后讲述的第二个例外是,北美、澳大利亚和新西兰土著民第一代国民的乡村性模式。再次观察这样的社区是怎样系统地从主流农村社会被排斥和边缘化的。

## 二、乡村性与国家认同

国家认同与乡村性的结合，包含景观和农村生活的思想。正如丹尼尔斯（Daniels，1993）指出的那样，景观是对国家总体的描绘，即视觉形态符合同一的结构，即道德秩序和审美和谐的原型。特别是，景观具有民族的偶像地位。因而，独特的农村景观作为国家认同的偶像符号受到崇拜——美国的大草原、澳大利亚的内陆、苏格兰的高地和英格兰起伏的丘陵与山谷。这样的景观可以带给人灵感使人舒适。丹尼尔斯（Daniels，1993）还评述道："景观的保护性偶像，在对外来侵略的文化抵抗中有其作用。"

与此同时，农村生活是在乡村生活的民族主义话语中建构的，比城市生活更纯洁、更高尚。例如，18世纪法国哲学家基恩·雅克·卢梭（Jean Jacques Rousseau）说过，"正是农村人造就了国家"（Lehning，1995），并且农民阶级常常被推举为国民性的好榜样。农村人不仅因为养育了国家而受到赞美，而且与城市居民相比，他们也被塑造成较少受外来思想和情感污染的人，而且由于更接近传统的生活方式，使人莫名地回顾起民族的起源。20世纪90年代，拉梅特（Ramet，1996）在一篇研究文章中，追踪了农村人口和塞尔维亚民族主义之间的联系。农村自称比城市更纯洁，要保留城市已玷污了的古老价值。这种农村生活的表现，清楚地以农耕社会的坚持为前提，不过重点则在与当代田园牧歌话语一体的传统和稳定和谐。

农村空间既是民族的腹地也是国家的边疆。后者的证明是美国、加拿大和澳大利亚民族认同的重要因素：

> 对新世界各国而言，民族的形成始终与征服荒野密切相关。遍布美国和澳大利亚的民族历史创造了森林和草原国家。荒野的变换在他们的民族认同上，具有特殊的地位。

（Short，1991）

因而，美国向西部荒野的扩张，不仅代表了离开欧洲的象征性进步，而且也为这个年轻的国家提供了空间。它通过对自然的征服证明了自己。在这个边疆论中，关键形象不是农民，而是开拓者，即可概括为勇敢、有决心和机智的民族性格的人。那些人的精神后代被称为当代美国农村的家庭农场主和牧场主。此外，正如

第十三章所讨论的，荒野还给这个年轻的国家，提供了重要的文化和自然意义的场所，可与欧洲其他国家匹敌的直接遗产，奠定了创建国家公园的理论基础。

　　将乡村表示为国家心脏地带，是以英格兰的事例为范本的。尽管自 1861 年以 281 来英格兰已是个重要的工业和城市国家。英格兰的意识形态正如霍金斯（Howkins，1986）的观察的那样，一个卓越的农村。最重要的是，大部分英国人的理想是农村。霍金斯（Howkins）追踪了这种乡村性的认同，到 19 世纪后期和 20 世纪早期及帝国扩张时期。殖民的过程由军官和少数绅士行政人员所引导。他们中的许多人在乡村庄园长大。

　　　　英国帝国主义的全球势力，深入异邦土地，伴随着对舒适家庭风景情感，对田园乡村茅草顶村舍和花园的补偿情绪。在大不列颠潜伏着小英格兰。

　　　　　　　　　　　　　　　　　　　　　　　　　　　　（Daniels，1993）

　　这种话语，因第一次世界大战，以及英格兰形象的再现，凝固在大众的想象中。如约翰·康斯特勃（John Constable）的肖像画海威因（*The Haywain*）所描绘的，正是军队为保卫农村而战斗（Daniels，1993；Howkins，1993）。然而，与此同时，战争及其后遗症就见证了迅速的城市化，威胁的恰是英国的缩影所再现的真正农村景观。受这种察觉到的威胁的鼓舞，英格兰农村的视觉就成了要反思的，矛盾地表现出永恒和持久、脆弱和危险。两次战争之间的首相斯坦利·鲍德温（Stanley Baldwin）的著名呼吁，在一场赞美农业乡村为英国民族认同中心的演讲中，做出了这些解释：

　　　　对我来说，英格兰是乡村。这个乡村是英格兰……英格兰听起来像是乡村铁匠铺铁砧上锤子的叮当声，就像在带露珠早晨的长脚秧鸡，磨刀石上镰刀来回磨砺的声音，小丘斜坡上一组犁地的马的景象。自英格兰成为一个国家以来，在英格兰看到的景象，在帝国灭亡后，每项工作都停止运行后很久。在英格兰看到的景象，是英格兰几个世纪的一个永恒景象。

　　　　　　　　　　　　　　　　　　　　　　　　　　　　（Paxman，1998）

　　然而，正如帕克斯曼（Paxman）观察的那样，鲍德温描述的农村场景，在他演讲的 1924 年，也是一个历史的时代错误。正如在其他国家那样，在英国国家认同的核心上再现的农村田园牧歌生活，也总是历史小说，而非现实。这种景致也是以特定的区域景观为基础的，即英格兰中央南部的南方乡村以平坦、秃山、起伏的丘陵点缀着林地的均质景观类型为特点（Brace，1999）。西部是旷野，北部是高地，东部是沼泽，一派边缘的农村景观，以及更为工业化的米德兰（Midlands）乡村，都非理想的英格兰景致。

282    以赞美农村人的纯洁性和较少接触外国影响的方式，在乡村与国家认同之间构建联系，将农村空间定位为国家历史价值的宝库。这种类型明确或含蓄地表述了农村与种族群体具有一致性。结果，民族种族的人而非占主导地位的民族种族，通常不在农村田园牧歌的话语表现中，而且在他们居住或农村空间利用上，经历了种族主义的歧视。本章的其余部分研究乡村性的非白人体验。首先探讨作为白人空间的农村构建和由生活在农村地区或为了休闲利用农村空间的不同种族背景人员所经历的排斥和种族歧视。

# 三、争夺白人空间的农村

农村田园牧歌生活与国家认同为把乡村作为"白人"空间的种族主义的建构提供了荒谬的合法性。移民的空间动态进一步强化了这一点。机场和主要海港附近，就存在着已形成的种族社区。所有喜欢城市作为最初目的地的新来者，得到了更高水平的制度支持。例如，1990年至1999年间，移入到美国的人中，仅5%直接到农村郡（Isserman，2000）。然而，即使定居和国内出生的少数民族人口，也倾向于空间上集中在城市地区。1991年，少数民族构成了英国人口的6.2%，但仅有1.6%的人口在农村地区；其他地方是类似模式。这样，在大部分欧洲、澳大利亚、新西兰、加拿大和美国北部地区，白人种族构式了农村人口的大多数。这种模式的主要例外是美国南部黑人和西班牙裔的各郡和原住民社区。这些将在本章后面讨论。

人口趋势和文化偏见的结合意味着，把乡村认定为白人空间的乡村变成了自我复制。种族主义的态度是逆城市化的弱小而影响大的因素（第六章），其中正在强化着白人意识。

在乡村，"种族"被视为"不合时宜"，反映了人的颜色的差异性。在白人印象中,有色人种被限制在城镇和城市,代表了城市相异的环境,而乡村性的白人景观,则与本土性和没有邪恶或危险联在一起。乡村的种族联系,自然会归为一种有色人种的缺席。

(Agyeman and Spooner,1997)

这种类型的排斥话语意味着,对很多有色人种来说,农村地区被视为有危险的地方,他们不受欢迎。这种恐惧和排斥地理学,已由英国黑人摄影师英格丽·波拉德(Ingrid Pollard)清楚地表达出来。他的田园插曲集,包含了农村景观的自画像。在一幅图像标题的解说词中,波拉德写道,"我想我喜欢湖区,我独自徜徉在湖边,一张黑人面孔在白人的海洋中。去乡下走访总是伴着不安、担心的感觉";在另一幅图的解说词上简单写着:"不属于我的感情。漫步在绿茵覆盖着的林间空地,身边带着棒球棒。"(Kinsman,1995)

种族和乡村性的这些表达,影响着生活在农村地区有色人种的日常生活体验。[283]尽管没有单一的、标准的体验,尽管许多有色人种受到欢迎并融入了农村社区,但阿吉曼和斯普纳(Agyeman and Spooner,1997)着重讲述了许多英格兰农村的报道发现,"因无知、盲目接受陈规、反对移民到来混在一起,诱发了大量种族暴力、骚扰、恩赐与偏执。"他们指出,制度性种族主义在农村地区是非常明显的。公共服务提供者和雇主,对平等机会只是口惠无实的。种族犯罪事件,如考虑到少数民族人口的规模,许多英格兰和威尔士农村地区报道的暴力袭击和种族虐待高于城市地区(图 20.1)。

有威胁和不友好环境的乡村意识,会阻止造访农村地区休闲娱乐的有色人种。英国的研究表明,社会群体中少数族裔成员最不可能参加农村休闲活动。正如阿吉曼和斯普纳(Agyeman and Spooner,1997)指出的那样,这部分是由于经济和时间因素,但也反映出恐惧的意识,马利克(Malik)记述如下:

这表现出对到乡村的凌辱或不受欢迎的预感,而并非以往造访时遇到的直接种族主义的经验,即完全阻止了很多去那里的人,并阻断了去那里的其他人的安全和放松的完整感觉。

(Malik,1992)

不过,英国农村种族主义基本上是隐蔽现象,由生活在农村相对数量较少的有[284]色人种遮掩,且有用来辩解种族主义情绪的手段。因而,有种族主义动机向农村地区移民,则掩饰为生活质量的移民。种族偏见解释为本地对各种背景移入者的反感(Agyeman and Spooner,1997)。已有挑战这些态度的行动,并鼓励更多的有色人种访问农村地区,如黑人环境网络工作,国家公园运行计划。有证据表明,这些尝试都得到了积极响应,尤其是在年轻黑人和亚裔英国人中,把到乡村的愉悦,看作他们的权利,就像其他公民一样。

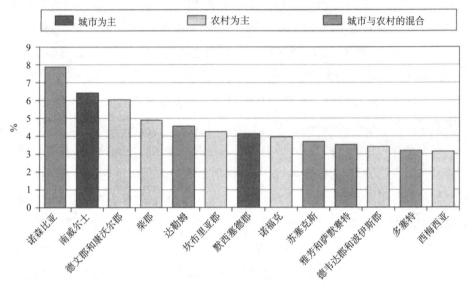

图 20.1　英格兰和威尔士种族犯罪发生率最高的警务区中受影响的
少数民族人口比例(1999～2000 年)

资料来源:根据观察者 2001 年 2 月 18 日的信息做成。

## 四、美国农村黑人的经历

将农村地区构建为白人空间的突出例外是,在美国南部 77 个非大都市郡,那里非洲裔美国人构成了人口的大多数。突出的是,这些郡位于密西西比河流域、亚拉巴马州、佐治亚州和南卡罗来纳州从前的棉花和烟草种植带。明显可见,其扎实地根植于特定的社会、经济和政治历史中。非洲裔美国人在这些地区的集中,反映了奴隶制的历史及其废除,但持续的社会、经济和地理边缘化,仍是这个地区根深蒂固的种族歧视和压迫的遗产。19世纪后期实施的所谓《种族歧视法》,立法隔离黑人与白人,并在南方很多州,实行了隔离的学校、医院、公园、交通、住房、餐馆和剧院。为黑人社区提供的标准设施,无不劣于白人社区的设施,隔离强化了南方非洲裔美国人农村的社会和地理的分隔(Snipp,1996)。此外,农村黑人社区,在经济上也处于不利地位,不仅教育程度低、机会有限,而且也受到就业歧视和小佃农活动的束缚。那些没有自己土地的解放奴隶,靠在白人土地上劳动,分得一点有限利润作为报酬。然而,交谷租种制度受到白人土地所有者的蛮横剥削,这样黑人农民常被告知,欠地主的钱,很少挣足能摆脱艰苦、对身体和精神有破坏的工作(Harris,1995)。

1920年至1950年间,外迁减少了南部州农村20％的非洲裔美国人口。然而,最近几十年,人口稳定,1990年大约15％的非洲裔美国人口,居住在南部农村(Snipp,1996)。从长远看,由于黑人中产阶级的出现,黑人从农村向城市的迁移加剧了非洲裔美国人口中的社会两极分化,在经济上依然被边缘化:

> 尽管他们坚持不懈,但农村黑人社区,在许多方面成了落后地区。有很多有关非洲裔美国人返回南方的研究。20世纪70年代和80年代,南方经济虽迅速发展,但这些发展没有复兴农村黑人社区。有充分的证据表明,在南方,经济发展高度不均衡、集中在城市地区,忽略了农村地区的非洲裔美国人。

> (Snipp,1996)

大多数黑人农村郡,都归类为持久性贫困郡(第十九章)。1989年,农村郡的黑人家庭是大多数,将近一半(47.8％)生活在贫困中(Cromartie,1999)。除了在经济上的边缘化,在很多南方农村,非洲裔美国农村人,历史上就因少数白人精英的坚持,被排除在政治权力的位置之外。而白人的位置原本就建立在隔离政策上的。仅在20世纪末期,当黑人开始在很多地方选举地方政治职务时,这种政治边缘化才开始受到严峻挑战。

在美国,黑人农场主所面临的始终是最野蛮的歧视。1920年,美国的黑人农场主超过925 000名,占所有美国农民的七分之一。到1982年,只有六十七分之一的农民场主是黑人。1992年,则不到19 000名黑人农场主仍在工作。实质上,黑人农业社区的消失,产生于两个因素的结合:一是,经济重构的压力;二是,制度性的种族主义。黑人经营的农场规模一直较小,因此,在20世纪的日益发展商业化和全球化农业产业中,不具备竞争优势(第四章)。然而,白人农场主则得到政府大力支持和补贴,适应竞争,但对黑人农场主的援助却有很多限制和条件。黑人农场主经历了从商业银行获得贷款的困难,因而,特别依赖美国农业部的贷款,更普遍被看作是最后贷款人。而美国农业部处理黑人农场主的申请,比白人农场主慢得多,并收取更高的利息率(Sheppard,1999)。南方很多地区,黑人农场主还面临着美国农业部地方官员相当大的种族主义、歧视和攻击。直到 1999 年前,法律诉讼证实,许多黑人农场主,指控制度性种族主义。美国农业部同意,给黑人农场主支付高达 3 亿美元的公民权利受侵犯的赔偿总额。

## 五、原住民的乡村性

农村作为白人空间规律的例外,由北美、澳大利亚和新西兰的原住民表现出来。欧洲人殖民之前,原住民基本上是农村社会;然而,在殖民过程中,原住民被赶出了自己的土地,并被迫进入主要分布于农村地区的保留地。同时,新的国家农村重塑——澳大利亚、新西兰、加拿大和美国等国——剥夺了原住民乡村空间的提法和含义,并强加了忽视原住民社区持续存在的新含义(专栏 20.1)。原住民群体的乡村地理因此是压迫和从属的地理学。正如斯尼普(Snipp,1996)谈及美国北美土著保留区所说:

> 在 19 世纪创建保留区的最初动机,是在各地区隔离和控制美洲印第安人,远离美国主流社会。期望最终用教育、基督教皈依,及设计的其他措施,文明化美国印第安人,保留区将不再需要。

(Snipp, 1996)

---

**专栏 20.1　加拿大北部农村的神话**

乡村性与国家认同的联系,及将原住民排除在意念中的地理区之外的推断,都在加拿大北部农村的描写中做了说明。希尔兹(Shields,1991)的描述再现了北部真正强大和自由的神话,是加拿大国家认同话语的核心内容,将该国的北部地区定位为国家精神中心,并与南部加拿大城市抗衡,那里居住着绝大多数人口。希尔兹观察到,对大多数讲英语的加拿大人而言,北部不仅仅是一个真实的地理区域，还是一个意念中的区域：边疆、荒野、空旷的空间，从加拿大南部来看是白人的、空旷的。希尔兹继续说："这是一张白纸，在上面可规划加拿大人的本质形象，并可定义为反城市存在的形象。"然而，把北部描写为空白空间否认了该地区因纽特人社区的存在与遗产。在某种程度上，因纽特人的存在是公认的、利用的表现形式，加强了因纽特人生活方式的矛盾观念，即艰难困苦，因此象征着加拿大国民性格的恢复力，且低于南方城市的文明。例如，希尔兹指出，在北方的电影中，清除圆顶小屋的屋顶，以便拍摄里面的生活。居民穿着厚厚的衣服在零度以下生活。以显示圆顶小屋的不舒服及居住环境的寒冷。

此外，北方作为一个资源丰富的腹地和一个需要保护的文化中心地之间的紧张关系，"为北方发展的家长式政策和因纽特人的'文明化'提供了基础，而北方居民几乎没有行使权力"。西北领地一带和育空领地的宪法地位，拒绝它们像南部省份的自治。这意味着，它们在很大程度上受控于南方的国家利益。20 世纪 80 年代以来，要求自治成了加拿大原住民权利运动的中心目标，最终在 1999 年成立了努纳武特（Nunavut）新领地。这在因纽特语中意味着我们的土地。因纽特人占 29 000 居民的 85%。他们占据了从西北地区到哈德逊湾北部和西部 200 万平方千米的领土。

更多见第四章，以及罗柏·希尔兹（Rob Shields）著的《边缘的地方》（劳特利奇出版社，1991）（*Places on the Margin*. Routledge, 1991）。

至少在 19 世纪就在保留区与自给自足的美洲土著的剥夺联系在一起。在保留地以外，禁止他们狩猎或拥有枪支，因而，越来越依赖由军方提供口粮。在 20 世纪期间，集中在农村的原住民主体人口，被外迁至城市中心稀释。1990 年，美国只有不到一半的原住民人口还生活在农村地区，主要在保留区内，但有些区域差异（Snipp，1996）。加州的美国土著人口主要在城市的同时，还有山地州和阿拉斯加州以农村为主，以及 27 个非大都市郡，构成了大多数（Brewer and Suchan, 2001; Snipp and Sandefur, 1988）。

在美国原住民从保留地向城市的迁移中，经济因素有着较大影响。在城市地区，美国原住民的劳动力参与明显高于农村地区，并且平均年收入也大约高出

20%～25%（Snipp and Sandefur，1988）。保留区的经济承载力，一直受到土地边际质量、对环境开发的文化态度、缺乏产业化和资本不足的限制。虽然许多保留区地下富含矿产和其他自然资源，但它们一直依赖外部资本投资开发。这样，产生的大部分财富并未在原住民社区。因此，美国原住民保留区通常是高度贫困的。1989 年，农村郡一半的美国原住民，大部分生活在贫穷线以下。1997 年，许多保留区，大部分劳动力记录在册为失业。这些保留区有夏延河苏鸥（Cheyenne River Sioux）保留区（南达科他州，80%的失业率），罗基博伊（Rocky Boy）保留区（蒙大拿州，77%的失业率），及雷德莱克奇皮瓦（Red Lake Chippewa）保留区（明尼苏达州，62%的失业率）（Cornell，2000）。

然而，康奈尔（Cornell，2000）也指出，在许多其他保留区，失业率相当低，表明在不同的农村地区、不同的美洲原住民团体中出现了极化。图 20.2 表示了 20 世纪 80 年代保留区贫困程度变化数据。保留区的相对富裕或剥夺，可反映出它们的地理隔离程度，因而也反映出它们开拓当地城市劳动力市场的能力，但它们也反映出各保留地利用了他们的主权地位开发市场（高度专门化的需求市场——译者注）活动的程度，如免税烟草制品的销售，最重要的是与赌博相关的旅游业（Snipp，1996）。

斯尼普（Snipp，1996）观察到，作为仅存的土地基础，美洲原住民保留区已成为原住民文化和社会生活的中心场所。一系列的条约和法律协议，允许部落群体在保留区的自治程度，并允许他们根据自己的传统管理土地。然而，原住民乡村性的主张，严格限制在他们自己的保留区领地内。1993 年澳大利亚原住民权利法案后，出现了更激进的过程（土地权利问题也出现在新西兰的政治议程上）。这使得原住民的原住民权利社区，能够向农村地区提出权利主张，从而能表明农村地区与传统法律和习俗主体之间的关系。认识权利要求，给了原住民权利社区有权参与领地的治理，因而要求在现实中，改变现存农村土地所有者和管理当局。除此之外还可以在采矿和勘探活动方面，通过谈判协议带来潜在的经济利益，并从对过去某些政府行为的补偿中获益（Davies，2003）。到 2001 年 6 月，一千多份原住民权利申请，遍及澳大利亚大部分农村地区，包括澳大利亚西部大部分土地。尽管承认过程缓慢意味着实际上只有少数获得解决。正如戴维斯（Davies）所评论的那样，该方案对澳大利亚农村和其中的原住民社区影响深远：

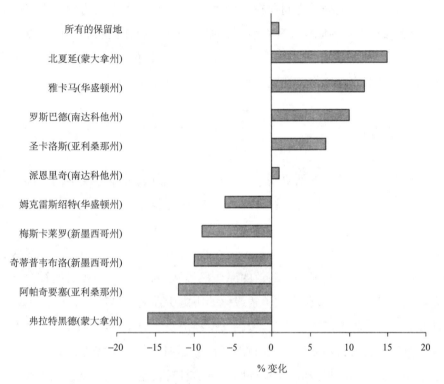

图 20.2　低于官方贫困线收入的选择性保留地成年人口的变化（1977～1989 年）

资料来源：Cornell,2000。

　　原住民权利的承认,为原住民打开了参与合作管理他们传统家园的
大门。争取权利的过程,要求对家园传统的所有权、原住民法律与治理机
制的基础日益明显。对承认原住民权利的法律限制,造成了保守观念,即
原住民权利的诉求对非原住民的财产权表现出一种威胁,并且利益也越
来越难以维持。

（Davies,2003）

　　不过,原住民权利的承认,却未在短期内将土地归还给原住民或完全授权给原 288
住民群体。少部分土地由代表原住民居民所保留并且在原住民土地公司下的托雷
斯海峡岛民（Torres Strait Islanders）组织已经提出了索赔,因为意识到没有显著
的额外利益。此外,正如戴维斯所说,在原住民权利诉求的地理学和澳大利亚原住

民实际生活地方的地理学之间存在着分离。虽然,原住民大约为内地人口的五分之一,但近四分之三的原住民现在生活在城市地区。原住民权利社区对领地的诉求,不是必须在他们诉求的土地上居住。这样,原住民的权利过程本身,并未表现出缩小澳大利亚农村原住民社区的社会与经济剥夺的框架。

289

# 六、结语

乡村性与国家认同的话语联系,已对不符合民族人种主体结构的种族人口造成了边缘化和排斥。在欧洲农村大部分地区,在北美、澳大利亚和新西兰的许多农村地区,人口主要是白人,这种话语的再现,强化了很多非白人居民和游客体验到的威胁和排斥。在非白人人口更长历史存在的地区,包括美国南部多数黑人农村社区,以及北美、澳大利亚和新西兰的原住民社区,对这些族群相对的社会和经济剥夺,已被压迫、经济、文化和政治边缘化的历史所强化。尽管近年做了一些努力,承认和纠正甚或弥补历史的不公,包括支持经济发展的策略,承认原住民权利诉求和建立更高程度的自治政府,但农村地区许多非白人的状况仍继续打上贫困和隔离的烙印。此外,乡村性和国家认同联结仍然具有收益,使农村地区成了民族主义和种族主义活动的场所。在它们最温和的形式中,也包括着通过寻求捍卫农村利益运动的民族象征的转让。例如,乡村联盟组织的保卫带猎犬狩猎的一系列伦敦游行,就利用了民族主义的肖像,如旗帜,并识别出英国价值和他们的农村生活方式受到威胁。更极端的例证包括,在 21 世纪之初,澳大利亚短命的、反移民的国家党,美国农村极端右翼的、种族主义的民兵组织的建立,都在农村地区获得选举支持的。民兵组织构成某种另类农村生活方式,将在下一章考虑。

---

**进一步阅读**

　　在乡村性和国家认同之间的联系已有许多作者做了广泛讨论。斯蒂芬·丹尼尔斯(Stephen Daniels)的著作《视觉的田野：英格兰和美国的景观意象与民族认同》(政治出版社,1993)(*Fields of Vision: Landscape Imagery and National Identity in England and the United States*. Polity Press, 1993),是

290

一部全面研究英格兰和美国景观与民族认同重要性的著作。而杰里米·帕克斯曼(Jeremy Paxman,1998)著作中的第八章,在英国民族认同中,是一部讨论乡村性作用的易懂读本。朱利安·阿吉曼和雷切尔·斯普纳(Julian Agyeman and Rachel Spooner)在克洛克和利特尔(Cloke and Little)编著的《竞争的乡村文化》(劳特利奇出版社,1997)(*Contested Countryside Cultures*. Routledge, 1997)一书中,在他们写的一章长文中,讨论了农村地区少数民族的经历,特别是,重点讨论了英国。马修·斯尼普(Matthew Snipp)的论著"理解美国农村的种族和民族",载《农村社会学杂志》(Understanding Race and Ethnicity in Rural America. *Rural Sociology*, 1996,61),展示了美国农村社会和种族研究的全面概述。在澳大利亚,原住民权利对土地诉求的过程,乔斯林·戴维斯(Jocelyn Davies)在"澳大利亚农村原住民权利和利益的当代地理学"中有详细考察,载《澳大利亚地理学家杂志》(Contemporary Geographies of Indigenous Rights and Interest in Rural Australia. *Australian Geographer*, 2003,34)。

## 网站

与本章讨论的许多主题有关的更多信息,可以在很多网站上找到,包括参与撰写问题的压力团体和政府机构网站。这些包括黑人环境网络(Black Environment Network, http://www. ben-network. org. uk)——为乡村休闲鼓励少数民族更多利用的英国组织;全国黑人农场主协会(http://www. blackfarmers. org)和黑人农场主与农学家协会(http://www. coax. net/people/lwf/bfaa. htm)。这两个都是代表美国黑人农场主利益的游说团;还有全国原住民权利法庭(http://www. nntt. gov. au),这是澳大利亚负责管理原住民权利诉求进程的机构。

# 第二十一章 另类的农村生活方式

## 一、引言

逃往乡村的想法,在乡村性话语中是重要的修辞概念。逃离城市的愿望,是中产阶级逆城市化的重要组成部分(第六章)。它普遍建立在逃离城市生活压力和强度,追求更慢节奏、更安宁环境的基础上。然而,正如瓦伦丁(Valentine,1997b)所说,"乡村地理学的重点是白人中产阶级的农村田园牧歌生活,由此掩盖了这个事实",即其他群体也将农村理想化为和平、安全的地方,同时,还试图建立它们自己远离城市的社区生活版本。通常这些其他群体追求的农村田园牧歌生活,不是某种生活方式的改变,而是要逃到乡村去,以找到可追求他们感觉禁绝城市地区带来的偏见和社会与经济压力的生活方式空间(从身体到心理)。然而,这种另类的农村生活方式愿望,并不总是中产阶级农村田园牧歌生活的补充。特别是,如果它们挑战传统财产权利或促进非传统性取向的理解,这样就会导致冲突的发生。本章探讨了另类的农村生活方式的三个例证——英国的新时代旅行者;以生态原理或性别特征为基础的实验性乌托邦社区;美国的民兵运动。

## 二、旅行者和乡村性

尽管在流行的表述中农村社区是稳定或是偏僻的地方,但农村流动人口的历史悠久。在欧洲,吉卜赛人始终在追求独特的生活方式和文化。这已成为几个世纪农村经验的一部分,通过像马匹交易集市那样的活动与主流农村文化交织相融。同样,克雷斯韦尔(Cresswell,2001)描述了美国流浪者的历史经验。流浪者在城市和农村都有,有时靠农业工作为生。随着中西部或沿西海岸而下的收获周期,有时在城市之间游荡时,穿过乡村空间。吉卜赛和流浪者的生活被浪漫化为开放乡村的具体自由。例如,《蟾蜍历险记》(*Toad's adventure*)和肯尼斯·格雷厄姆(Kenneth Grahame)编写的《柳林风声》(*Wind in the Willows*)中的吉卜赛马车。但是,这两类群体也遭到相当大的歧视和压迫,并且经常被描绘为是对定居农村生活的威胁,并对他们的迁移性和外人地位带有偏见(MacLaughlin,1999)。

作为另类的现代生活方式的新游牧文化的出现,受到了流动农村旅行者浪漫视野的启发,但同时遭到了其他农村居民的猜疑和敌意。在新游牧民中最突出的是英国的新时代旅行者。一个从 20 世纪 70 年代节庆巡回节事发展起来的反主流文化(McKay,1996)。拒绝现代、消费主义社会,旅行者文化形成了与浪漫农村主义的认同,并采纳了主要在农村地区实行的半游牧生活方式。到 20 世纪 80 年代后期,遍布英国的旅行者社区,估计有 8 000 人旅行和生活在大约 2 000 辆车中(McKay,1996)。在 20 世纪 80 年代后期和 20 世纪 90 年代,很多新时代旅行者群体抗议反对新道路建设,旅行者社区也从生态抗议者中获得了新成员。

旅行者清晰表述的乡村性话语,源自倚重农村田园牧歌生活的思想。通常所用的语言和意象与中产阶级迁入者有共鸣:

> 这种吸引力很浪漫。它是英国人的梦想,不是吗?——大多数英国人的幻想是:树林、田野。所有意向来自(托马斯·哈代)《德伯家的苔丝》(*Tess of the d'Urbervilles*)。

> (McKay,1996)

洛伊和肖(Lowe and Shaw,1993)摘引了一位旅行者的看法,甚至把这种生活方式看作与《弓箭手》(*The Archers*)中所描述的一样。一部长期播放的 BBC 广播情景喜剧,集中反映乡村村落的,曾给自己打上乡村习俗日常故事的烙印:

> 《弓箭手》……如此流行,表现出对旅行者的些许崇拜。这是我的肥皂剧习惯。里面的角色人物跟我们很像。

> (Lowe and Shaw,1993)

农村与自由的认同是这种话语的基础,但旅行者常常会发现,他们追求购买田园牧歌生活方式的自由,却受到土地所有者和当地居民敌意的损害。因此,他们对私有财产和农村社会的传统偏见原则提出了挑战:

> 我不觉得想要那样的生活是犯罪,想要生活在农村地区,而不是大城

市。也不可能是走出去,租间小屋或农舍或买幢农舍。除了那些出生在农村的人,英国农村是富人的。农村是给那些能买得起自己周末放松之地的人或退休到乡下的人。对我来说,如果我想生活在周围都是树木、山丘和树林的地方,唯一可能的方式是,除了睡在外面露营,就是买一辆汽车在外生活。

(Lowe and Shaw,1993)

这是显而易见的,羊就拥有这一切,我们却一无所有。望着窗外,你看的每块田地,都有羊在上面……实际上它们没养活自己,它们只是坐在田里说,"我是羊。这是羊的田野,因而在这里,什么都不允许。"你不能在这儿遛狗,你甚至不能进入羊场。对我来说,这是明显的,能看到地上有多少只羊,每平方英亩有多少只羊(原文如此),以及我们拥有多么少的土地。

(Lowe and Shaw, 1993)

293　　　旅行者与土地上的乡村利益之间的紧张关系,最明显地发展为通往史前巨石柱古石圈的公开冲突。从 20 世纪 70 年代早期起,每年盛夏的节日,旅行者都会在史前巨石阵聚集,国家偶像浸泡在神秘主义之中。在 20 世纪 80 年代,越来越多的人,出席这个夏日节,然而,也激起了当地地主和负责管理该景区遗产机构的反对,并采取法律行动阻止旅行者到史前巨石柱。仲夏,围绕巨石阵设立了一个禁区。几年中,在警察和企图到景点的旅行者之间形成了隔离区。1985 年,爆发了一场声名狼藉的小规模冲突,后来称之为"豆田之战"。西布利(Sibley,1997)说,这是人们对旅游者在乡村地区态度的转折点。

在实施立法控制和管理乡村流动方面,史前巨石阵的冲突因此是个重要因素,尤其在 1994 年刑事司法和公共秩序法案中(Sibley,1997)。正如哈夫克里(Halfacree,1996)所说,议会对该法案的辩论清楚表明了英国乡村中产阶级的焦虑。他们意识到旅行者对他们的农村田园生活构成了威胁。这些包括许多事件。旅行者扰乱了农村生活的宁静,一位议会成员说:

新时代的旅行者,表现出一些可怕的古怪举动。他们侵入宁静的乡村、毁坏了平静的村庄,横冲直撞,叫嚷喧哗持续两三天,表现出对这个地区的无视。

(Halfacree,1996)

他们也被描绘为视觉威胁或城市生活的不整洁方面（Halfacree，1996），扰乱了农村景观。他们被指控破坏了农村地方的空间与社会秩序，例如，因为拒绝遵守财产约定：

> 新时代旅行者表现出不希望建立自己定居或租住在授权的地方，而只是想不受约束地漫游在乡村。

（Halfacree，1996）

重要的是，新时代旅行者，明确表现出不同于吉卜赛人。安置他们在农村社区之外部分原因是感觉不能遵守既有的农村工作伦理：

> 真正的吉卜赛人与我们在一起已几个世纪了。我们已接受了他们——事实上他们是受欢迎的——在农村社区。他们经常帮助收获、做农场和家务的临时工作。但是今天，他们获得了寄生虫、嬉皮士和半途逃避者的称号——通常称为新时代旅行者——他们不工作，也不想工作，但他们相信，吉卜赛人明显有权在乡村随意流浪。他们可以做当地纳税人所做的同样的事情。

（Halfacree，1996）

## 三、另类的农村社区

虽然新时代的旅行者在乡村体现了半游牧的策略，但通过发展新形式的定居社区，也实现了另类的农村生活方式，尽管基于与传统农村社区概念截然不同的原则。其中有些社区已建成上述旅行者的反文化的分支。最有名的是威尔士西部的印第安人帐篷谷（Tipi Valley），在一处偏僻的农村山谷，大约二百名居民的社区，起居在五六十顶帐篷里。帐篷谷建于1976年，明显参照美洲土著文化。印第安人帐篷谷本身代表着生态友好的农村生活形式的实验。然而，正如麦凯（McKay，1996）观察的那样，由于有意建在边缘地区，远离大众文化中心——几乎离开任何文化——发展为真正老兵和理想主义者居住的中心地，并被自己的边缘类型、问题状况环绕（最初强调的）。帐篷谷也因不能自给自足而依赖政府救济和外部资源，而受到批评，并且，常常面临当地政府机构的驱逐，声称该社区是"未经授权从农业转移到居住的土地利用"（McKay，1996）。

294　　　　帐篷谷的开创者是乌托邦团体悠久传统的组成部分。开创者利用农村地区提供的与世隔绝、空间和孤立来建立社区，并寻求促进新的生活方式。例如，内容有各种宗教团体和社区与耕作业或环境管理的特殊形式一致。内容还包括以新创意设计建立一种社区，把受种族主义、唯能力论或同性症压抑的成员解放出来。瓦伦丁（Valentine，1997b）讨论了美国农村创立独立的女同性恋社区，并在 20 世纪 70 年代，独立的女同性恋发展为重要运动。尽管农村社会的共同协会一般都带着对同性恋的恐怖（第十七章），但农村的位置则由独立女同性恋者选择，因为潜在控制广阔地域空间，因此发展了社会和经济组织的激进形式：

　　　　　　我们把维护的女同性恋空间，视作积极抵抗的政治行动，并保护这片
土地免受男人的强奸及男人的化学品。通过我们家长式的协调，互相努
力工作，并试图和谐地互相工作和生活在一起，与自然在一起。

（Cheney，1985）

　　　　在独立社区中，人们都试图建立无等级、自给自足的同性恋女权主义社会。重新发掘旧技能，如取火和生产草药。社区用语言、音乐、文学和历史的表现，积极培育独特的妇女文化。这样，如瓦伦丁（Valentine，1997b）所述，"他们建成了非常政治化的农村田园牧歌生活视景。"

　　　　瓦伦丁还记述了社区内呈现的紧张关系和差异，围绕着土地管理、一夫一妻制与非一夫一妻制的实践，以及男童在社区中的存在等问题所产生的冲突。因此，瓦伦丁（Valentine，1997b）得出结论：女同性恋独立分子企图在乡村建立农村田园牧歌的生活方式已瓦解，因为，与传统白人中产阶级的农村社区相同，试图创建可造成边界和排他性的统一与共同的生活方式。

## 四、激进保守的乡村性

　　　　以上讨论的案例，都代表了在农村地区发展广泛进取的另类生活方式的尝试，而且，当新社区进取价值与传统农村社会保守主义相冲突时，已提及的冲突经常出现。然而，另类的农村社区也由更反动的右翼团体建立。对他们来说，乡村是有吸引力的。部分原因是，它是纯洁的农村空间和相对单一文化的社会组合（第二十章），而且，另一部分的原因是，孤立的位置提供超出实施监控状态的潜能。最突出

的这种群体就是美国的民兵运动。正如基梅尔和费伯(Kimmel and Ferber,2000)所指出的,民兵运动是准军事团体的松散集合。这个团体也不信任政府并且偏执地认为,全球政治由精英阴谋控制,并武装起自己进行抵抗。该团体的世界观是种族主义和反犹太主义的,建构在男子气概的特殊概念之上,并用基督教原教旨主义的解释通告天下。许多民兵队员也认为,通过行动使自己摆脱联邦政府的权威,例如,拒绝纳税。他们就会成为独立自主的个人。他们声称,因把他们自己看作是自然的公民,他们就有权做这件事。相反要求外来移民发誓效忠宪法和美国。通过纳税,接受社会保障卡和获得驾照、出生证明等,臣服联邦政府当局(Dyer,1998)。

民兵运动的大多数男性成员来自美国各地,通常是中产下层,如小农场主、店主、工匠和熟练工人。这些职业阶层对税收负担和缺乏政府经济援助愤愤不平,或在非白人族群的劳动力市场上受到竞争威胁(Kimmel and Ferber,2000)。但民兵社区还是向偏远农村地区发展,特别是在蒙大拿州和爱达荷州。基梅尔和费伯(Kimmel and Ferber)认为,民兵成员转到农村地区是因为:

> 他们要远离非白人和犹太人,聚集在相对偏远的地区寻找心灵相近、志趣相投的人。在那里,他们可以组织、训练、建立保护堡垒。许多群体寻求在农村社区建立庇护所。在那里,他们可以练习军事战术、囤积粮食和武器、磨练他们的生存技能,以及为准备善恶大决战的自给自足。如2000年问题(Y2K,千年虫)(计算机的2000年问题——译者注)、最后的种族战争或他们想象的任何灾难。

(Kimmel and Ferber,2000)

2000年问题(Y2K),一些民兵组织建成了契约社区,以准备非白人难民的到来。他们相信,随着计算机系统崩溃和福利金停止支付,非白人难民将离开城市前往美国农村。在预测的粮食供应战斗中,契约社区要武装起来,做好训练保护他们所有白人成员的资源(Kimmel and Ferber,2000)。

此外,极端主义组织已将农村地区当作招募场地。民兵运动的神话历史与美国农村生产者激进主义的深厚传统相联系。这种传统建立在地方主义和警惕主义意识形态基础上(Stock,1996)。这样它就将它自身定位在捍卫美国乡村的地位。

这种信息在遭受了农场危机、人口减少、服务业和基础设施损失、环境恶化、贫困和疾病的农村社区中,具有诱人的吸引力(Dyer,1998;Kimme and Ferberl,

2000；Stock，1996）。正如戴尔（Dyer，1998）的评论所说，拒绝纳税的独立主权思想发现，受到了努力维持生计的农村人的欢迎，而且他们明白政府支出偏向（非白人的）城市社区。因而，戴尔在民兵社区的话语中发现，这是对美国农村和美国政府之间关系的明确威胁：这种想法是，如果联邦政府不帮助美国乡村，那么，美国农村就会自治而不顾联邦当局。

## 五、结语

没人能独占农村田园牧歌生活的所有权。对有着不同意识形态、文化和哲学影响、各种不同背景的群体来说，乡村提供了逃避城市生活压力和需要的空间，提供了建构新的理想生活方式的空间。这样，农村地区这个主人，日益容纳着多样另类的生活方式和社区。这些生活方式和社区与农村生活和农村社区的传统理解并不一致。许多这样的社区参与者——不论他们是在固定的地方聚集而居，如帐篷谷，还是在孤立的女同性恋社区；不论是流动人口的松散网络，如新时代旅行者；或以特定意识形态立场和生活方式为基础的重点区域的群体，例如民兵运动——他们相信，开阔的乡村使他们有充分的自主权和隐居权，使他们不受干预地追求自己选择的生活方式。然而，这些另类农村生活方式的实践，往往与建立在农村社区的许多价值、原则和偏见不相容，造成两个群体之间的紧张关系。这样，与其说农村地区是逃避的地方，不如说是，在上演不同生活方式群体之间，权利斗争冲突的地方都在追求他们自己的农村田园牧歌生活。

---

**进一步阅读**

新时代旅行者竞争的农村生活方式，帐篷谷实验的另类社区，在乔治·麦凯（George McKay）编写的《美的愚蠢行动》一书中都有详细讨论（韦索出版社，1996）（*Senseless Acts of Beauty*. Verso，1996）。英国议员将旅行者描绘成对中产阶级农村田园生活的威胁。与此同时，基斯·哈夫克里（Keith Halfacree）在其"乡村以外的地方：旅行者与'农村田园生活'"一文中做了考察，载《两极杂志》（Out of Place in the Countryside：Travellers and the Rural Idyll. *Antipode*，1996，29）。更多关于美国农村独立女同性恋社区，见吉尔·

瓦伦丁(Gill Valentine)在克洛克和利特尔(Cloke and Little)编著的《竞争的乡村文化》中的一章(劳特利奇出版社,1997)(*Contested Countryside Culture*. Routledge，1997)。美国农村右翼极端分子民兵运动,在很多研究中都有详细讨论。乔尔·戴尔(Joel Dyer)的著作《愤怒的收获》(西部观察出版社,1998) (*Harvest of Rage*. Westview，1998);米迦勒·基梅尔和艾比·费伯(Michael Kimmel and Abby Ferber)的论著"白人男人就是这个民族:右翼民兵和恢复美国农村男子气概",载《农村社会学杂志》(2000)(White Men Are This Nation: Right-Wing Militias and the Restoration of Rural American Masculinity. *Rural Sociology*，2000,65);卡罗尔·麦克尼科尔·斯托克(Carol McNichol Stock)的著作《农村激进分子:美国谷仓正当的愤怒》提供了详细的历史背景(康奈尔大学出版社,1996)(*Rural Radicals:Righteous Rage in the American Grain*. Cornell University Press，1996)。

# 第五部分

## 结　　论

# 第二十二章　农村的再思考

## 一、差异化的乡村

世上有很多不同的乡村。乡村有不同的景观与自然环境;不同的历史、聚落模式和人口密度;或相对孤立或靠近城市中心;有不同的经济结构,耕作业、工业发展和经济变化经验类型;不同的移民和人口重组模式。即使是在独立的农村地区内,农村意味着什么,人们也会有非常不同的想法——有人说,农村人应该长在农村,他们应该沉浸在传统农村的民俗知识中,从事传统的农村活动,如狩猎。另一些人则主张,买下农村是他们的权利,购买财产或享受乡村娱乐,追求媒体经常报道的而深受影响的乡村生活理念。农村生活的经验和期望取决于个人的社会经济地位、性别、年龄、种族和性取向,以及其他个人特征。

这种多样性意味着,很难有一个唯一的、客观的农村定义,界定农村和城市空间,或区分开农村与城市的社会和经济。但这并不意味着,农村的概念对地理学者和社会科学者而言是价值较低的。在现代社会,"农村"仍是非常有影响的概念。人们和机构在社会上构建"乡村性"的不同方式对那些自称为农村地区的重构有着非常真实的影响。这在农村社会变迁中的个人回应与个人经验上有一个非常真实的影响。

乡村的多样性并不新鲜。上述的差异也有悠久的历史,尽管地理学家和社会科学家试图赋予乡村性严格定义,或那些政策制定者也在减少对农村管理的统一概念,如农业。仍然值得争辩的是,近几十年的经济和社会重构增加了乡村分异,而减少了农村和城市空间的分异。

## 二、过程、反应和经验

本书试图通过对重构的主要过程、社区和政府的反应，以及在农村空间生活、工作或消费经验的依次考察，分析当代乡村的重构。由于变化的速度和持续性以及20世纪和21世纪初所经历的变化的整体性和相互关联性，当代乡村重构的时代与农村世界早期的变化是不同的。这些特征反过来又体现了最近的农村变革是由两个影响农村和城市地区的主要转型过程推动的：现代化和全球化。

乡村重构的许多过程就包含着农村现代化的概念。例如，农耕方式的改变，即在农业现代化旗帜下的进步，意味着机械化、专业化、大规模农场和农业化学品的使用，以及其他使产出最大化的技术（第四章）。结果，农业从业人员数量直线下降，农村就业主要源的耕作业也就失去了它的地位，由此也造成了生产过剩和环境退化问题。其他产业和部门的现代化，也创造了农村经济其他领域新的就业机会，使工厂和办公室迁到农村地区（第五章）。以技术创新形式的现代化，改变了乡村日常生活的模式，特别是通过交通、食品保鲜和通信的发展。一方面，这样的发展提高了农村地区的生活质量，使农村地区成为更为理想的地方，并促进了逆城市化（第六章）；另一方面，技术的创新使人更具移动性，更少依赖地方性购买村庄零售商运来的新鲜食品，导致许多农村商店和服务的合理化与关闭（第七章）。

全球化与现代化密切相关。现代化的影响之一就是时间和空间的压缩。正如第三章所述，全球化有许多不同的内容，而且，对农村地区有三个特殊影响。第一，经济全球化意味着，粮食和其他农产品，以及其他传统农村产品，如木材，日益进入全球市场交易。农场主和农村生产者的经济环境，受到全球市场条件较强影响（第三章和第四章）。此外，这些市场往往由少数跨国公司和商品链集群支配。第二，全球化流动性增加了人流进出，不仅在区域和国家尺度，而且在国际尺度，也进入农村空间。有些农村地区已严重依赖外国人旅游（第十二章）；同时，在有些农村地区，大量房地产已被非本国国民购买，成为永久性的家或第二家。在经济规模的另一端，外国移民工人成了农业季节性集约型劳动力的关键部分，如果树栽培和葡萄种植（第十八章）。第三，价值观全球化也侵蚀了农村历史文化。传统农村社会的保守主义和一致性，已受到多元化和宽容价值观主张的挑战，特别是受到农村性别关系的改变,以及对性行为与种族态度的挑战(第十五、十七、二十章)。同样,保护主义和动物权利的全球性价值观的提高,超越了农村民间的自然话语。两者都支持采纳更为严格的措施,保护农村环境,也生成了农业实践、资源管理和狩猎的冲突(第十三章和第十四章)。

重构的结果要有政府、农村社区和与居民的反应。政府——包括国家、区域和地方政府以及其他负责管理农村经济、社会和环境的公共机构——在应对乡村重构方面不仅要从福利的角度来看,还要考虑支持资本主义积累,以及出于政府实际原因。通过解决地区不平等和避免不可控制的人口流动来维持秩序。因而政府采取的反应,包括鼓励远离生产主义的农业政策改革(第四章);在农业和其他商品方面调整世界贸易行为(第九章);投资农村开发项目(第十章);调整土地利用,为保护农村环境的开发及创新(第十三章)。政府对重构的反应,也包括改变管理农村空间的方式(第十一章),以及将新的行为者纳入决策过程之中(第九章)。然而,对乡村重构的反应不仅只在政府层面。在基层层面,农村社区和人本身也会通过各种基于地方自助和企业活动,通过风险投资开发乡村商品化(第十二章),以及通过政治动员捍卫处于威胁中的农村生活、文化和环境的各个方面(第十四章)。

乡村重构的过程和对重构的反应,从根本上改变了农村生活的体验。这是重要的,因为通过探索农村变化的经验,我们可以回答霍加特和潘尼亚瓜(Hoggart and Paniagua,2001)的挑战(而非仅仅反对改变)。重构要在各种生活层面做根本的再调整。变化的过程是有因果关系的,并具有定量和定性的表述。正如本书最后部分所示,有确凿的证据表明,农村生活的经验有质的变化,因为变化常常要经历诸多连锁过程的结果。而且,农村变化不会再有共同的经历,反倒有许多不同的、因情况而定的故事。

农村田园生活的神话,可能暗示着农村生活是安全的、和平的与繁荣的,但对很多农村居民来说,生活受到贫穷、住房简陋、健康不良、偏见和缺乏机会的限制或约束(第十六、十七、十八、十九、二十章)。在某些情况下,乡村重构的经历始终得到授权——目前在农村社区对种族与性行为的多样性,一般更为宽容,而且为农村妇女提供了更多就业机会。然而,在另一些情况中,乡村重构则混合着失业和缺乏适当技能的工作;服务业和工作场所也不易找到;支付住房的能力也不足等问题(第十六、十七、十八章)。

## 三、乡村性的再思考

追溯乡村重构过程及其后果，可能会让我们重新思考。我们作为学者和研究人员对待农村的方法。诚如第一章和贯穿全书各章所述，作为社会结构，农村概念在揭示乡村差异与冲突方面是非常有用的，但最近农村研究人员已开始超越农村的认知和表象，试图研究农村的运作与结构方式。

检验乡村性的表现，能使研究者摆脱将农村视作空间上固定的主体，同时，注重乡村性（或特别是农村存在的方式）嵌入社会活动中的方式。因而如传统以家庭为基础的农耕或可看作展现农村生活方式的特殊途径，如可能参与到传统农村体育活动，如狩猎和射击。把这些活动看作乡村性表现，可帮助我们认识，为什么意识到对这些活动的威胁会引发强烈的愤怒和政治动员（Woods，2003）。在更为集体的层面，利平斯（Liepins，2000a）的社区模型，正如第七章讨论的那样，使我们通过日常活动，集市、表演和社区事件的文字表达，思考乡村社区的表现。最后，乡村商品化的消费，不仅日益把游客的目光聚焦在想象中的农村田园牧歌生活上，而且也使他们通过冒险旅游的形式，积极参与农村活动（Cater and Smith，2003）。

与此同时，对农村结构的再检验，开始把农村想象为混合空间。农村是一组复杂的社会和自然实体的相互关系。有观点认为，乡村是由人类和非人类行为者的力量共同构建的（例如，想想乡村动物的场所，或想想不可预知的疾病，如疯牛病和口蹄疫或极端天气事件的影响）。再次，探讨农村的混合性，凸显乡村的多样性与活力。正如乔纳森·默多克（Jonathan Murdoch）所说，

> 乡村是混合的。这样说是为了强调乡村是网络，由多样方式把相异实体组合起来。也有人说，这些网络会造成稍有不同的乡村：农村的独有优点从乡村或乡下关系的外表是看不到的。因此，区域化的观点，仅在网络和流动的空间不受限的知识中被采纳；对网络和流动空间的重视将会打破轻易划定的和固定的农村空间观念，但会对农村过程产生不同的，有时是矛盾的理解。

（Murdoch and Lowe，2003）

重视混合性、网络和流动空间会与在农村研究中出现的其他发展产生共鸣。

首先,对自然和乡村性的相互关系已重新得到关注,涉及对自然文化的分析(Milbourne,2003c),人文与自然地理学者(及更广泛地与社会和自然科学家)的合作——后者是2003年英国启动的一项重大研究计划的目标。

其次,检验城市和农村的相互作用和城市—农村混合性的实例,有些新的尝试。例如,这可能包括,调查塑造农村空间的过程,如何通过城市空间起作用,以及如何找到政策问题的解决办法可能包含着农村和城市的行动。逆城市化清楚地包括离开城市地区的移民,也包括迁入农村地区的移民。同样,某些制造业类型的搬移,服务业部门在农村地区的就业,本质上与城市经济重构过程密切相连。此外,城市居民对农村空间的利用,特别是休闲,造成了城市和农村利益的重叠。有些农村研究已开始探讨它们的联系,例如,通过追踪食物链从生产到消费的各个组成部分,而且对这种性质的研究尚有更多的空间。

最后,人们越来越关注全球和地方层面在乡村重构中的相互作用,因此,也越来越关注发达国家以外的农村变化问题。本书有意将重点放在发达国家的农村地区——限于北美、欧洲、澳大利亚、新西兰和日本——并不考虑任何发展中国家的农村。尽管有上述所讨论的差异,但在大多数发达国家,农村地区仍存在许多共同的结构特征。第一,农村空间的农业生产和其他经济活动,几乎完全是商业目的,而非自给自足。第二,农村资源的商业开发在资本主义自由市场经济下运作。第三,几乎所有最偏远农村地区都提供了基本的基础设施,包括电力和供水。第四,政府承认在其领地内,普遍享有公共服务的原则。第五,整体人口要足够富裕,能支付农村景观、生活方式、手工制品和体验的商品化。第六,电影、电视、文学和音乐的共同消费,要传达出农村观念。

在发展中国家看不到这些普遍特征。然而,在发展中国家的有些地方,上述特点的确适用。因此,本书讨论的许多乡村重构特点,也能在发展中国家的某些特殊环境中看到。此外,在当代发达国家农村地区所面临的许多问题,已发展到世界范围。例如,全球农业贸易谈判的决议,将会对发达国家和发展中国家的农业社区产生重大影响(第九章)。同样,移民工人常常会形成沟通的桥梁,把他们工作的发达国家的农村经济体,与他们来自的发展中国家的农村地区连接起来(第十八章)。这些联系已得到在发达国家和发展中国家建立联系的竞选组织的承认,而且,对乡村地理学的主要挑战之一就是,更充分地参与发达国家和发展中国家农村经验的相互联系。

　　作为乡村地理学者，或者与乡村社会科学相关的学者，读者不应是这些事态发展的消极观察者，但可以做出自己的贡献。本书章节对当代乡村地理学一系列主题和主张做了必要的简介。按照进一步阅读的建议，读者可以找到更多感兴趣的相关主题，但不必去找明确的陈述，因为没有留下更多需要解释的内容。自从撰写这些书籍以来，仍在进行的重构过程可能改变了这种情况，抑或已采纳了新的政策。在一个农村环境做的观察，可能并不适用另一个农村。但总会有潜在的可能，对某个主题找到新的观点、观察或思考某个问题的角度。然而，充满希望的是，本书将会给予你激励，问自己一些关于当代乡村的问题，以及乡村正在变化的方式。章节末尾列出的网站可帮助你寻找最新的统计资料和数据，阅读第一手资料和媒体报道，发现相关政策，发现各种农村运动群体和机构的立场。拥有这些资源，你可以为本科生和研究生开展自己的研究项目，并为我们更广泛地理解多样的、动态的和复杂的 21 世纪乡村做一份贡献。

# 参 考 文 献

Agyeman, J. and Spooner, R. (1997) Ethnicity and the rural environment, in P. Cloke and J. Little (eds), *Contested Countryside Cultures*. London and New York: Routledge. pp. 197–217.

Aigner, S.M., Flora, C.B. and Herandez, J.M. (2001) The premise and promise of citizenship and civil society for renewing democracies and empowering sustainable communities, *Sociological Inquiry*, 71, 493–507.

Albrow, M. (1990) Introduction, in M. Albrow and E. King (eds), *Globalisation, Knowledge and Society*. London: Sage.

Anderson, S. (1999) Crime and social change in rural Scotland, in G. Dingwall and S.R. Moody (eds), *Crime and Conflict in the Countryside*. Cardiff, UK: University of Wales Press. pp. 45–59.

Arensberg, C.M. (1937) *The Irish Countryman*. New York, NY: Macmillan.

Arensberg, C.M. and Kimball, S.T. (1948) *Family and Community in Ireland*. London: Peter Smith.

Argent, N. (2002) From pillar to post? In search of the post-productivist countryside in Australia, *Australian Geographer*, 33, 97–114.

Banks, J. and Marsden, T. (2000) Integrating agri-environment policy, farming systems and rural development: Tir Cymen in Wales, *Sociologia Ruralis*, 40, 466–481.

Barnes, T. and Hayter, R. (1992) The little town that did: flexible accumulation and community response in Chemainus, British Columbia, *Regional Studies*, 26, 617–663.

Beesley, K.B. (1999) Agricultural land preservation in North America: a review and survey of expert opinion, in O.J. Furuseth and M.B. Lapping (eds), *Contested Countryside: The Rural Urban Fringe in North America*. Aldershot, UK and Brookfield, VT: Ashgate. pp. 57–92.

Beeson, E. and Strange, M. (2003) *Why Rural Matters 2003: The Continuing Need for Every State to Take Action on Rural Education*. Washington, DC: Rural Schools and Community Trust.

Bell, D. (2000) Farm boys and wild men: rurality, masculinity and homosexuality, *Rural Sociology*, 65, 547–561.

Bell, D. and Valentine, G. (1995) Queer country: rural lesbian and gay lives, *Journal of Rural Studies*, 11, 113–122.

Bell, M.M. (1994) *Childerley: Nature and Morality in a Country Village*. Chicago: University of Chicago Press.

Berry, B. (ed.) (1976) *Urbanisation and Counter-urbanisation*. Beverly Hills, CA: Sage.

Bessière, J. (1998) Local development and heritage: traditional food and cuisine as tourist attractions in rural areas, *Sociologia Ruralis*, 38, 21–34.

Biers, J.M. (2003) Bittersweet future, *The Times-Picayune*, 9 March, pp. F1–2.

Bollman, R.D. and Briggs, B. (1992) Rural and small town Canada: an overview, in R.D. Bollman (ed.), *Rural and Small Town Canada*. Toronto: Thompson Educational Publishing.

Bollman, R.D. and Bryden, J.M. (eds) (1997) *Rural Employment: An International Perspective*. Wallingford, UK: CAB International.

Bonnen, J.T. (1992) Why is there no coherent US rural policy?, *Policy Studies Journal*, 20, 190–201.

Bontron, J-C. and Lasnier, N. (1997) Tourism: a potential source of rural employment, in R.D. Bollman and J.M. Bryden (eds), *Rural Employment: An International Perspective*. Wallingford, UK: CAB International. pp. 427–446.

Borger, J. (2001) Hillbilly heroin: the painkiller abuse wrecking lives in West Virginia, *Guardian*, 25 June, p. 3.

Bourne, L. and Logan, M. (1976) Changing urbanization patterns at the margin: the examples of Australia and Canada, in B. Berry (ed.), *Urbanisation and Counterurbanisation*. Beverly Hills, CA: Sage. pp. 111–143.

Bové, J. and Dufour, F. (2001) *The World Is Not For Sale: Farmers against Junk Food*. London and New York: Verso.

Bowler, I. (1985) Some consequences of the industrialization of agriculture in the European Community, in M.J. Healey and B.W. Ilbery (eds), *The Industrialisation of the Countryside*. Norwich, UK: GeoBooks. pp. 75–98.

Boyle, P. and Halfacree, K. (1998) *Migration Into Rural Areas*. Chichester: Wiley.

Brace, C. (1999) Finding England everywhere: regional identity and the construction of national identity, 1890–1940, *Ecumene*, 6, 90–109.

Brewer, C.A. and Suchan, T.A. (2001) *Mapping Census 2000: The Geography of US Diversity*. Redlands, CA: ESRI Press.

Brittan, G.G. (2001) Wind, energy, landscape: reconciling nature and technology, *Philosophy and Geography*, 4, 169–184.

Browne, W.P. (2001a) *The Failure of National Rural Policy: Institutions and Interests*. Washington, DC: Georgetown University Press.

Browne, W.P. (2001b) Rural failure: the linkage between policy and lobbies, *Policy Studies Journal*, 29, 108–117.

Brownlow, A. (2000) A wolf in the garden: ideology and change in the Adirondack landscape, in C. Philo and C. Wilbert (eds), *Animal Spaces, Beastly Places*. London and New York: Routledge. pp. 141–158.

Bruckmeier, K. (2000) LEADER in Germany and the discourse of autonomous regional development, *Sociologia Ruralis*, 40, 219–227.

Bruinsma, J. (ed.) (2003) *World Agriculture: towards 2015/2030 – an FAO Perspective*. London: Earthscan.

Buller, H. and Morris, C. (2003) Farm animal welfare: a new repertoire of nature–society relations or modernism re-embedded?, *Sociologia Ruralis*, 43, 216–237.

Bunce, M. (1994) *The Countryside Ideal*. London: Routledge.

Bunce, M. (2003) Reproducing rural idylls, in P. Cloke (ed.), *Country Visions*. Harlow, UK: Pearson. pp. 14–30.

Butler, R. (1998) Rural recreation and tourism, in B. Ilbery (ed.), *The Geography of Rural Change*. Harlow, UK: Addison Wesley Longman. pp. 211–232.

Butler, R. and Clark, G. (1992) Tourism in rural areas: Canada and the United Kingdom, in I.R. Bowler, C.R. Bryant and M.D. Nellis (eds), *Contemporary Rural Systems in Transition, volume 2: Economy and Society*. Wallingford, UK: CAB International. pp. 166–183.

Buttel, F. and Newby, H. (eds) (1980) *The Rural Sociology of Advanced Societies: Critical Perspectives*. Montclair, NJ: Allanheld and London: Croom Held.

Cabinet Office (2000) *Sharing the Nation's Prosperity: Economic, Social and Environmental Conditions in the Countryside. A Report to the Prime Minister by the Cabinet Office*. London: Cabinet Office.

CACI (2000) *Who's Buying Online?* London: CACI.

Campagne, P., Carrère, G. and Valceschini, E. (1990) Three agricultural regions of France: three types of pluriactivity, *Journal of Rural Studies*, 4, 415–422.

Campbell, D. (2001) Greenhouse melts Alaska's tribal ways, *Guardian*, 16 July, p. 11.

Campbell, D. (2002) Farmworkers set out to harvest rights, *Guardian*, 17 August, p. 17.

Campbell, H. (2000) The glass phallus: pub(lic) masculinity and drinking in rural New Zealand, *Rural Sociology*, 65, pp. 562–581.

Campbell, H. and Bell, M.M. (2000) The question of rural masculinities, *Rural Sociology*, 65, 532–546.

Campbell, H. and Liepins, R. (2001) Naming organics: understanding organic standards in New Zealand as a discursive field, *Sociologia Ruralis*, 41, 21–39.

Carson, R. (1962) *Silent Spring*. Cambridge, MA: Riverside Press; (1963) London: Hamilton.

Casper, L.M. (1996) Who's Minding Our Preschoolers?, *Current Population Reports, Household Economic Studies P70–53*. Washington, DC: US Bureau of the Census.

Cater, C. and Smith, L. (2003) New country visions: adventurous bodies in rural tourism, in P. Cloke (ed.), *Country Visions*. Harlow, UK: Pearson. pp. 195–217.

Chalmers, A.I. and Joseph, A.E. (1998) Rural change and the elderly in rural places: commentaries from New Zealand, *Journal of Rural Studies*, 14, 155–166.

Champion, A. (ed.) (1989) *Counterurbanization*. London: Edward Arnold.

Cheney, J. (1985) *Lesbian Land*. Minneapolis, MN: Word Weavers.

Clark, G. (1979) Current research in rural geography, *Area*, 11, 51–52.

Clark, G. (1991) People working in farming: the changing nature of farmwork, in T. Champion and C. Watkins (eds), *People in the Countryside*. London: Paul Chapman. pp. 67–83.

Clark, M.A. (2000) *Teleworking in the Countryside*. Aldershot, UK: Ashgate.

Clemenson, H. (1992) Are single industry towns diversifying? An examination of fishing, forestry and mining towns, in R.D. Bollman (ed.), *Rural and Small Town Canada*. Toronto: Thompson Educational Publishing. pp. 151–166.

Cloke, P. (1977) An index of rurality for England and Wales, *Regional Studies*, 11, 31–46.

Cloke, P. (1983) *An Introduction to Rural Settlement Planning*. London and New York: Methuen.

Cloke, P. (ed.) (1988) *Policies and Plans for Rural People: An International Perspective*. London: Unwin Hyman.

Cloke, P. (1989a) Rural geography and political economy, in R. Peet and N. Thrift (eds), *New Models in Geography: The Political Economy Perspective, Volume 1*. London: Unwin Hyman. pp. 164–197.

Cloke, P. (1989b) State deregulation and New Zealand's agricultural sector, *Sociologia Ruralis*, 29, 34–48.

Cloke, P. (1992) The countryside: development, conservation and an increasingly marketable commodity, in P. Cloke (ed.), *Policy and Change in Thatcher's Britain*. Oxford, UK: Pergamon Press.

Cloke, P. (1993) The countryside as commodity: new rural spaces for leisure, in S. Glyptis (ed.), *Leisure and the Environment: Essays in Honour of Professor J.A. Patmore*. London: Belhaven Press. pp. 53–67.

Cloke, P. (1994) (En)culturing political economy: a life in the day of a 'rural geographer', in P. Cloke, M. Doel, D. Matless, M. Phillips and N. Thrift, *Writing the Rural*. London: Paul Chapman. pp. 149–190.

Cloke, P. (1997a) Country backwater to virtual village? Rural studies and 'the cultural turn', *Journal of Rural Studies*, 13, 367–375.

Cloke, P. (1997b) Poor country: marginalization, poverty and rurality, in P. Cloke and J. Little (eds), *Contested Countryside Cultures*. London and New York: Routledge. pp. 252–271.

Cloke, P. and Edwards, G. (1986) Rurality in England and Wales 1981: a replication of the 1971 index, *Journal of Rural Studies*, 20, 289–306.

Cloke, P. and Goodwin, M. (1992) Conceptualizing countryside change: from post-Fordism to rural structured coherence, *Transactions of the Institute of British Geographers*, 17, 321–336.

Cloke, P. and Le Heron, R. (1994) Agricultural deregulation: the case of New Zealand, in P. Lowe, T. Marsden and S. Whatmore (eds), *Regulating Agriculture*. London: David Fulton. pp. 104–126.

Cloke, P. and Little, J. (1990) *The Rural State?* Oxford, UK: Oxford University Press.

Cloke, P. and Little, J. (eds) (1997) *Contested Countryside Cultures*. London and New York: Routledge.

Cloke, P. and Milbourne, P. (1992) Deprivation and lifestyles in rural Wales: II Rurality and the cultural dimension, *Journal of Rural Studies*, 8, 359–371.

Cloke, P. and Perkins, H.C. (1998) 'Cracking the canyon with the awesome foursome': representations of adventure tourism in New Zealand, *Environment and Planning D: Society and Space*, 16, 185–218.

Cloke, P. and Thrift, N. (1987) Intra-class conflict in rural areas, *Journal of Rural Studies*, 3, 321–333.

Cloke, P., Goodwin, M. and Milbourne, P. (1997) *Rural Wales: Community and Marginalization*. Cardiff, UK: University of Wales Press.

Cloke, P., Goodwin, M., Milbourne, P. and Thomas, C. (1995) Deprivation, poverty and marginalisation in rural lifestyles in England and Wales, *Journal of Rural Studies*, 11, 351–366.

Cloke, P., Milbourne, P. and Thomas, C. (1994) *Lifestyles in Rural England*. London: Rural Development Commission.

Cloke, P., Milbourne, P. and Thomas, C. (1996) The English National Forest: local reactions to plans for renegotiated nature–society relations in the countryside, *Transactions of the Institute of British Geographers*, 21, 552–571.

Cloke, P., Milbourne, P. and Widdowfield, R. (2000) Partnership and policy networks in rural local governance: homelessness in Taunton, *Public Administration*, 78, 111–133.

Cloke, P., Milbourne, P. and Widdowfield, R. (2001a) Homelessness and rurality: exploring connections in local spaces of rural England, *Sociologia Ruralis*, 41, 438–453.

Cloke, P., Milbourne, P. and Widdowfield, R. (2001b) Making the homeless count? Enumerating rough sleepers and the distortion of homelessness, *Policy and Politics*, 29, 259–279.

Cloke, P., Milbourne, P. and Widdowfield, R. (2002) *Rural Homelessness: Issues, Experiences and Policy Responses*. Bristol, UK: Policy Press.

Cloke, P., Phillips, M. and Thrift, N. (1995) The new middle classes and the social constructs of rural living, in T. Butler and M. Savage (eds), *Social Change and the Middle Classes*. London: UCL Press. pp. 220–238.

Cloke, P., Phillips, M. and Thrift, N. (1998) Class, colonization and lifestyle strategies in Gower, in P. Boyle and K. Halfacree (eds), *Migration Into Rural Areas*. Chichester, UK: Wiley. pp. 166–185.

Clout, H.D. (1972) *Rural Geography: An Introductory Survey*. Oxford: Pergamon Press.

Cocklin, C., Walker, L. and Blunden, G. (1999) Cannabis highs and lows: sustaining and dislocating rural communities in Northland, New Zealand, *Journal of Rural Studies*, 15, 241–255.

Coppock, T. (1984) *Agriculture in Developed Countries*. London: Macmillan.

Cornell, S. (2000) Enhancing rural leadership and institutions, in Center for the Study of Rural America (eds), *Beyond Agriculture: New Policies* for Rural America. Kansas City: The Federal Reserve Bank of Kansas City. pp. 103–120.

Countryside Agency (2001) Rural Services in 2000. London: Countryside Agency.

Countryside Agency (2003) State of the Countryside 2003. London: Countryside Agency.

Cox, G. and Winter, M. (1997) The beleaguered 'other': hunt followers in the countryside, in P. Milbourne (ed.), Revealing Rural Others: Representation, Power and Identity in the British Countryside. London: Pinter. pp. 75–88.

Cox, G., Hallett, J. and Winter, M. (1994) Hunting the wild red deer: the social organisation and ritual of a 'rural' institution, Sociologia Ruralis, 34, 190–205.

Crang, M. (1999) Nation, region and homeland: history and tradition in Darlana, Sweden, Ecumene, 6, 447–470.

Cresswell, T. (1996) In Place/Out of Place: Geography, Ideology and Transgression. Minneapolis, MN: University of Minnesota Press.

Cresswell, T. (2001) The Tramp in America. London: Reaktion Books.

Cromartie, J.B. (1999) Minority counties are geographically clustered, Rural Conditions and Trends, 9, 14–19.

Cross, M. and Nutley, S. (1999) Insularity and accessibility: the small island communities of Western Ireland, Journal of Rural Studies, 15, 317–330.

Crump, J. (2003) Finding a place in the country: exurban and suburban development in Sonoma County, California, Environment and Behavior, 35, 187–202.

Dagata, E. (1999) The socioeconomic well-being of rural children lags behind that of urban children, Rural Conditions and Trends, 9, 85–90.

Daniels, S. (1993) Fields of Vision: Landscape Imagery and National Identity in England and the United States. Cambridge, UK: Polity Press.

Davies, J. (2003) Contemporary geographies of indigenous rights and interests in rural Australia, Australian Geographer, 34, 19–45.

Davis, J. and Ridge, T. (1997) Same Scenery, Different Lifestyle: Rural Children on a Low Income. London: The Children's Society.

Decker, P.R. (1998) Old Fences, New Neigbors. Tucson, AZ: University of Arizona Press.

DEFRA (Department for the Environment, Food and Rural Affairs) (2002) England Rural Development Plan. London: The Stationery Office.

DEFRA (2003) Agriculture in the United Kingdom 2002. London: The Stationery Office.

Dennis, N., Henriques, F.M. and Slaughter, C. (1957) Coal is our Life. London: Eyre and Spottiswoode.

Dion, M. and Welsh, S. (1992) Participation of women in the labour force: a comparison of farm women and all women in Canada, in R.D. Bollman (ed.), Rural and Small Town Canada. Toronto: Thompson Educational Publishing. pp. 225–244.

Diry, J-P. (2000) Campagnes d'Europe: des espaces en mutation. Documentation photographique no. 8018. Paris: La Documentation Française.

Dixon, D.P. and Hapke, H.M. (2003) Cultivating discourse: the social construction of agricultural legislation, Annals of the Association of American Geographers, 93, 142–164.

DoE/MAFF (Department of the Environment and the Ministry for Agriculture, Fisheries and Food) (1995) Rural England: The Rural White Paper. London: The Stationery Office.

Doremus, H. and Tarlock, A.D. (2003) Fish, farms, and the clash of cultures in the Klamath basin, Ecology Law Quarterly, 30, 279–350.

Dudley, K.M. (2000) Debt and Dispossession: Farm Loss in America's Heartland. Chicago: University of Chicago Press.

Duncan, J. and Ley, D. (eds) (1993) Writing Worlds. London: Routledge.

Dyer, J. (1998) Harvest of Rage. Boulder, CO: Westview Press.

Edwards, B. (1998) Charting the discourse of community action: perspectives from practice in rural Wales, Journal of Rural Studies, 14, 63–78.

Edwards, B., Goodwin, M. and Woods, M. (2003) Citizenship, community and participation in small towns: a case study of regeneration partnerships, in R. Imrie and M. Raco (eds), Urban Renaissance: New Labour, Community and Urban Policy. Bristol, UK: Policy Press. pp. 181–204.

Edwards, B., Goodwin, M., Pemberton, S. and Woods, M. (2000) Partnership Working in Rural Regeneration. Bristol, UK: Policy Press.

Edwards, B., Goodwin, M., Pemberton, S. and Woods, M. (2001) Partnership, power and scale in rural governance, Environment and Planning C: Government and Policy, 19, 289–310.

Errington, A. (1997) Rural employment issues in the periurban fringe, in R.D. Bollman and J.M. Bryden, Rural Employment: An International Perspective. Wallingford, UK: CAB International. pp. 205–224.

ERS (2002) Rural population and migration: rural elderly. USDA Economic Research Service, Briefing Room [Online]. Available at www.ers. usda.gov/Briefing/Population/elderly/

ERS (2003a) Rural labour and education: rural low-wage employment. USDA Economic Research Service, Briefing Room [Online]. Available at www.ers.usda.gov/Briefing/laborandeducation/lwemployment/

ERS (2003b) Rural labour and education: rural earnings. USDA Economic Research Service, Briefing Room [Online]. Available at www.ers.usda. gov/Briefing/laborandeducation/earnings/

Estall, R.C. (1983) The decentralization of manufacturing industry: recent American experience in perspective, *Geoforum*, 14, 133–147.

European Union (2003) *Europa: European Union Information On-line*, available at europa.eu.int

Evans, N. and Yarwood, R. (2000) The politicization of livestock: rare breeds and countryside conservation, *Sociologia Ruralis*, 40, 228–248.

Evans, N., Morris, C. and Winter, M. (2002) Conceptualizing agriculture: a critique of post-productivism as the new orthodoxy, *Progress in Human Geography*, 26, 313–332.

Fabes, R., Worsley, L. and Howard, M. (1983) *The Myth of the Rural Idyll*. Leicester, UK: Child Poverty Action Group.

Farley, G. (2003) The Wal-Martization of rural America and other things, *OzarksWatch, The Magazine of the Ozarks*, 2 (2), 12–13.

Fellows, W. (1996) *Farm Boys: Lives of Gay Men in the Rural Midwest*. Madison, WI: University of Wisconsin Press.

Fitchen, J.M. (1991) *Endangered Spaces, Enduring Places: Change, Identity and Survival in Rural America*. Boulder, CO: Westview Press.

Forsyth, A.J.M. and Barnard, M. (1999) Contrasting levels of adolescent drug use between adjacent urban and rural communities in Scotland, *Addiction*, 94, 1707–1718.

Foss, O. (1997) Establishment structure, job flows and rural employment, in R.D. Bollman and J.M. Bryden (eds), *Rural Employment: An International Perspective*. Wallingford, UK: CAB International. pp. 239–254.

Fothergill, S. and Gudgin, G. (1982) *Unequal Growth: Urban and Regional Employment Change in the UK*. London: Heinemann.

Fox, W.F. and Porca, S. (2000) Investing in rural infrastructure, in Center for the Study of Rural America (eds), *Beyond Agriculture: New Policies for Rural America*. Kansas City: The Federal Reserve Bank of Kansas City. pp. 63–90.

Frankenberg, R. (1957) *Village on the Border*. London: Cohen and West.

Frankenberg, R. (1966) *Communities in Britain*. Harmondsworth, UK: Penguin.

Friedland, W. (1991) Women and agriculture in the United States: a state of the art assessment, in W. Friedland, L. Busch, F. Buttel and A. Rudy (eds), *Towards a New Political Economy of Agriculture*. Boulder, CO: Westview. pp. 315–338.

Frouws, J. (1998) The contested redefinition of the countryside: an analysis of rural discourses in the Netherlands, *Sociologia Ruralis*, 38, 54–68.

Fuguitt, G.V. (1991) Commuting and the rural–urban hierarchy, *Journal of Rural Studies*, 7, 459–466.

Fuller, A.J. (1990) From part-time farming to pluri-activity: a decade of change in rural Europe, *Journal of Rural Studies*, 6, 361–373.

Fulton, J.A., Fuguitt, G. and Gibson, R.M. (1997) Recent changes in metropolitan to non-metropolitan migration streams, *Rural Sociology*, 62, 363–384.

Furuseth, O. (1998) Service provision and social deprivation, in B. Ilbery (ed.), *The Geography of Rural Change*. Harlow, UK: Longman. pp. 233–256.

Furuseth, O. and Lapping, M. (eds) (1999) *Contested Countryside: The Rural Urban Fringe in North America*. Aldershot, UK: Ashgate.

Gallent, N. and Tewdwr-Jones, M. (2000) *Rural Second Homes in Europe*. Aldershot, UK: Ashgate.

Gallent, N., Mace, A. and Tewdwr-Jones, M. (2003) Dispelling a myth? Second homes in rural Wales, *Area*, 35, 271–284.

Gant, R. and Smith, J. (1991) The elderly and disabled in rural areas: travel patterns in the north Cotswolds, in T. Champion and C. Watkins (eds), *People in the Countryside*. London: Paul Chapman. pp. 108–124.

Gasson, R. (1980) Roles of farm women in England, *Sociologia Ruralis*, 20, 165–180.

Gasson, R. (1992) Farmers' wives and their contribution to farm business, *Journal of Agricultural Economics*, 43, 74–87.

Gasson, R. and Winter, M. (1992) Gender relations and farm household pluriactivity, *Journal of Rural Studies*, 8, 573–584.

Gearing, A. and Beh, M. (2000) Let tiny towns die says expert, *Brisbane Courier Mail*, 5 July, p. 3.

Gesler, W.M. and Ricketts, T.C. (eds) (1992) *Health in Rural North America: The Geography of Health Care Services and Delivery*. New Brunswick, NJ: Rutgers University Press.

Gibbs, R. and Kusmin, L. (2003) Low-skill workers are a declining share of all rural workers, *Amber Waves*, June 2003 available online at www. ers.usda.gov/AmberWaves/June03/findings/Low skillWork.htm

Gilg, A. (1985) *An Introduction to Rural Geography*. London: Edward Arnold.

Gillette, J.M. (1913) *Constructive Rural Sociology*. New York, NY: Sturgis and Walton.

Gilling, D. and Pierpoint, H. (1999) Crime prevention in rural areas, in G. Dingwall and S.R. Moody (eds), *Crime and Conflict in the Countryside*. Cardiff, UK: University of Wales Press. pp. 114–129.

Gipe, P. (1995) *Wind Energy Comes of Age*. New York: Wiley.

Glendinning, A., Nuttall, M., Hendry, L., Kloep, M. and Wood, S. (2003) Rural communities and well-being: a good place to grow up?, *The Sociological Review*, 51, 129–156.

Glionna, J.M. (2002) Napa growers to build housing for harvesters, *Los Angeles Times*, 19 March, pp. B1 & B4.

Goffman, E. (1959) *The Presentation of Self in Everyday Life*. New York: Doubleday.

Goodman, D., Sorj, B. and Wilkinson, J. (1987) *From Farming to Biotechnology*. Oxford, UK and New York: Basil Blackwell.

Goodman, D. (2001) Ontology matters: the relational materiality of nature and agro-food studies, *Sociologia Ruralis*, 41, 182–200.

Goodwin, M. (1998) The governance of rural areas: some emerging research issues and agendas, *Journal of Rural Studies*, 14, 5–12.

Gordon, R.J., Meister, J.S. and Hughes, R.G. (1992) Accounting for shortages of rural physicians: push and pull factors, in W.M. Gesler and T.C. Ricketts (eds), *Health in Rural North America: The Geography of Health Care Services and Delivery*. New Brunswick, NJ: Rutgers University Press. pp. 153–178.

Gorelick, S. (2000) Facing the farm crisis, *The Ecologist*, 30 (4), 28–31.

Gould, A. and Keeble, D. (1984) New firms and rural industrialisation in East Anglia, *Regional Studies*, 18, 189–202.

Grant, W. (1983) The National Farmers Union: the classic case of incorporation?, in D. Marsh (ed.), *Pressure Politics*. London: Junction Books. pp. 129–143.

Grant, W. (2000) *Pressure Groups and British Politics*. Basingstoke, UK: Macmillan.

Gray, I. and Lawrence, G. (2001) *A Future for Regional Australia*. Cambridge, UK and Oakleigh, Australia: Cambridge University Press.

Green, B. (1996) *Countryside Conservation*. London: E & FN Spon.

Green, M.B. and Meyer, S.P. (1997a) An overview of commuting in Canada with special emphasis on rural commuting and employment, *Journal of Rural Studies*, 13, 163–175.

Green, M.B. and Meyer, S.P. (1997b) Occupational stratification of rural commuting, in R.D. Bollman and J.M. Bryden, *Rural Employment: An International Perspective*. Wallingford, UK: CAB International. pp. 225–238.

Gregory, D. (1994) Discourse, in R.J. Johnston, D. Gregory and D.M. Smith (eds), *The Dictionary of Human Geography*, Third Edition. Oxford, UK and Cambridge, MA: Blackwell. p. 136.

Hajesz, D. and Dawe, S.P. (1997) De-mythologizing rural youth exodus, in R.D. Bollman and J.M. Bryden (eds), *Rural Employment: An International Perspective*. Wallingford, UK: CAB International. pp. 114–135.

Halfacree, K. (1992) The Importance of Spatial Representations in Residential Migration to Rural England in the 1980s. Unpublished PhD thesis, Lancaster University.

Halfacree, K. (1993) Locality and social representation: space, discourse and alternative definitions of the rural, *Journal of Rural Studies*, 9, 23–37.

Halfacree, K. (1994) The importance of 'the rural' in the constitution of counterurbanization: evidence from England in the 1980s, *Sociologia Ruralis*, 34, 164–189.

Halfacree, K. (1995) Talking about rurality: social representations of the rural as expressed by residents of six English parishes, *Journal of Rural Studies*, 11, 1–20.

Halfacree, K. (1996) Out of place in the countryside: travellers and the 'rural idyll', *Antipode*, 29, 42–71.

Hall, A. and Mogyorody, V. (2001) Organic farmers in Ontario: an examination of the conventionalization argument, *Sociologia Ruralis*, 41, 399–422.

Hall, P. (2002) *Urban and Regional Planning*, 2nd edn. London and New York: Routledge.

Hall, R.J. (1987) Impact of pesticides on bird populations, in G.J. Marco, R.M. Hollingworth and W. Durham (eds), *Silent Spring Revisited*. Washington, DC: American Chemical Society. pp. 85–111.

Halliday, J. and Little, J. (2001) Amongst women: exploring the reality of rural childcare, *Sociologia Ruralis*, 41, 423–437.

Halseth, G. and Rosenberg, M. (1995) Complexity in the rural Canadian housing landscape, *The Canadian Geographer*, 39, 336–352.

Hanbury-Tenison, R. (1997) Life in the Countryside, *Geographical Magazine*, November, pp. 88–95 (sponsored feature).

Hannan, D.F. (1970) *Rural Exodus*. London: Chapman.

Hanson, S. (1992) Geography and feminism: worlds in collision?, *Annals of the Association of American Geographers*, 82, 569–586.

Harper, S. (1989) The British rural community: an overview of perspectives, *Journal of Rural Studies*, 5, 161–184.

Harper, S. (1991) People moving to the countryside, in T. Champion and C. Watkins (eds), *People in the Countryside*. London: Paul Chapman. pp. 22–37.

Harris, T. (1995) Sharecropping, in Davidson, C.N. and Wagner-Martin, L. (eds), *The Oxford Companion to Women's Writing in the United States*. New York: Oxford University Press.

Harrison, A. (2001) *Climate Change and Agriculture in NSW: The Challenge for Rural Communities*. Sydney, NSW: Nature Conservation Council of New South Wales.

Hart, J.F. (1975) *The Look of the Land*. Englewood Cliffs, CA: Prentice Hall.

Hart, J.F. (1998) *The Rural Landscape*. Baltimore, MD and London: Johns Hopkins University Press.

Harvey, G. (1998) *The Killing of the Countryside*. London: Vintage.

Heimlich, R.E. and Anderson, W.D. (2001) *Development at the Urban Fringe and Beyond*. ERS Agricultural Economic Report No. 803. Washington, DC: USDA Economic Research Service.

Held, D., McGrew, A., Goldblatt, D. and Perraton, J. (1999) *Global Transformations: Politics, Economics and Culture*. Cambridge, UK: Polity Press.

Henderson, G. (1998) *California and the Fictions of Capital*. New York: Oxford University Press.

Hendrickson, M. and Heffernan, W.D. (2002) Opening spaces through relocalization: locating potential resistance in the weaknesses of the global food system, *Sociologia Ruralis*, 42, 347–369.

Herbert-Cheshire, L. (2000) Contemporary strategies for rural community development in Australia: a governmentality perspective, *Journal of Rural Studies*, 16, 203–215.

Herbert-Cheshire, L. (2003) Translating policy: power and action in Australia's country towns, *Sociologia Ruralis*, 43, 454–473.

Hilchey, D. (1993) *Agritourism in New York State: Opportunities and Challenges in Farm-based Recreation and Hospitality*. Ithaca, NY: Department of Rural Sociology, Cornell University.

Hinrichs, C.C. (1996) Consuming images: making and marketing Vermont as a distinctive rural place, in E.M. DuPuis and P. Vandergeest (eds), *Creating the Countryside*. Philadelphia: Temple University Press. pp. 259–278.

Hodge, I. (1996) On penguins on icebergs: The Rural White Paper and the assumption of rural policy, *Journal of Rural Studies*, 12, 331–337.

Hodge, I., Dunn, J., Monk, S. and Fitzgerald, M. (2002) Barriers to participation in residual rural labour markets, *Work, Employment and Society*, 16, 457–476.

Hoggart, K. (1990) Let's do away with rural, *Journal of Rural Studies*, 6, 245–257.

Hoggart, K. (1995) The changing geography of council house sales in England and Wales, 1978–1990, *Tijdschrift voor Economische en Sociale Geografie*, 86, 137–149.

Hoggart, K. and Buller, H. (1995) Geographical differences in British property acquisitions in rural France, *Geographical Journal*, 161, 69–78.

Hoggart, K. and Mendoza, C. (1999) African immigrant workers in Spanish agriculture, *Sociologia Ruralis*, 39, 538–562.

Hoggart, K. and Paniagua, A. (2001) What rural restructuring?, *Journal of Rural Studies*, 17, 41–62.

Holloway, L. and Ilbery, B. (1997) Global warming and navy beans: decision making by farmers and food companies in the UK, *Journal of Rural Studies*, 13, 343–355.

Holloway, L. and Kneafsey, M. (2000) Reading the spaces of the farmer's market: a case study from the United Kingdom, *Sociologia Ruralis*, 40, 285–299.

Hopkins, J. (1998) Signs of the post-rural: marketing myths of a symbolic countryside, *Geografiska Annaler*, 80B, 65–81.

Horton, J. (2003) Different genres, different visions? The changing countryside in postwar British children's literature, in P. Cloke (ed.), *Country Visions*. Harlow, UK: Pearson. pp. 73–92.

Howkins, A. (1986) The discovery of rural England, in R. Colls and P. Dodd (eds), *Englishness: Politics and Culture, 1880–1920*. London: Croom Helm. pp. 62–88.

Hugo, G. (1994) The turnaround in Australia: some first observations from the 1991 Census, *Australian Geographer*, 25, 1–17.

Hugo, G. and Bell, M. (1998) The hypothesis of welfare-led migration to rural areas: the Australian case, in P. Boyle and K. Halfacree (eds), *Migration into Rural Areas*. Chichester, UK: Wiley.

Humphries, S. and Hopwood, B. (2000) *Green and Pleasant Land*. London: Channel 4 Books/ Macmillan.

Hunter, K. and Riney-Kehrberg, P. (2002) Rural daughters in Australia, New Zealand and the United States: an historical perspective, *Journal of Rural Studies*, 18, 135–144.

Huws, U., Korte, W.B. and Robinson, S. (1990) *Telework: Towards the Elusive Office*. Chichester, UK: Wiley.

Ilbery, B. (1985) *Agricultural Geography*. Oxford: Oxford University Press.

Ilbery, B. (1992) State-assisted farm diversification in the United Kingdom, in R. Bowler, C.R. Bryant and M.D. Nellis (eds), *Contemporary Rural Systems in Transition, Volume 1: Agriculture and Environment*. Wallingford, UK: CAB International. pp. 100–116.

Ilbery, B. and Bowler, I. (1998) From agricultural productivism to post-productivism, in B. Ilbery (ed.), *The Geography of Rural Change*. Harlow: Addison Wesley Longman. pp. 57–84.

INSEE (1993) *Les Agriculteurs*. Paris: INSEE.

INSEE (1995) *La Population de la France*. Paris: INSEE.

INSEE (1998) *Les Campagnes et leurs villes*. Paris: INSEE.

IPCC (Intergovernmental Panel on Climate Change) (2001) *Climate Change 2001: Impacts, Adaption and Vulnerability*. Contribution of Working Group II to the Third Assessment

Report of the Intergovernmental Panel on Climate Change. Cambridge, UK, and New York: Cambridge University Press.

Isserman, A.M. (2000) Creating new economic opportunities: the competitive advantages of rural America in the next century, in Center for the Study of Rural America (eds), *Beyond Agriculture: New Policies for Rural America*. Kansas City: The Federal Reserve Bank of Kansas City. pp. 123–142.

Jessop, B. (1995) The regulation approach, governance and post-Fordism: alternative perspectives on economic and political change?, *Economy and Society*, 24, 307–333.

Johnsen, S. (2003) Contingency revealed: New Zealand farmers' experiences of agricultural restructuring, *Sociologia Ruralis*, 43, 128–153.

Johnson, T.G. (2000) The rural economy in a new century, in Center for the Study of Rural America (eds), *Beyond Agriculture: New Policies for Rural America*. Kansas City: The Federal Reserve Bank of Kansas City. pp. 7–20.

Jones, G.E. (1973) *Rural Life*. London: Longman.

Jones, J. (2002) The cultural symbolism of disordered and deviant behaviour: young people's experiences in a Welsh rural market town, *Journal of Rural Studies*, 18, 213–218.

Jones, N. (1993) *Living in Rural Wales*. Llandysul, UK: Gomer.

Jones, O. (1995) Lay discourses of the rural: development and implications for rural studies, *Journal of Rural Studies*, 11, 35–49.

Jones, O. (1997) Little figures, big shadows: country childhood stories, in P. Cloke and J. Little (eds), *Contested Countryside Cultures*. London and New York: Routledge. pp. 158–179.

Jones, O. (2000) Melting geography: purity, disorder, childhood and space, in S.L. Holloway and G. Valentine (eds), *Children's Geographies: Playing, Living, Learning*. London and New York: Routledge. pp. 29–47.

Jones, O. and Little, J. (2000) Rural challenge(s): partnership and new rural governance, *Journal of Rural Studies*, 16, 171–183.

Jones, R. and Tonts, M. (2003) Transition and diversity in rural housing provision: the case of Narrogin, Western Australia, *Australian Geographer*, 34, 47–59.

Jones, R.E., Fly, J.M., Talley, J. and Cordell, H.K. (2003) Green migration into rural America: the new frontier of environmentalism?, *Society and Natural Resources*, 16, 221–238.

Juntti, M. and Potter, C. (2002) Interpreting and reinterpreting agri-environmental policy: communication, goals and knowledge in the implementation process, *Sociologia Ruralis*, 42, 215–232.

Kelly, R. and Shortall, S. (2002) 'Farmer's wives': women who are off-farm breadwinners and the implications for on-farm gender relations, *Journal of Sociology*, 38, 327–343.

Kennedy, J.C. (1997) At the crossroads: Newfoundland and Labrador communities in a changing international context, *Canadian Review of Sociology and Anthropology*, 34, 297–317.

Kenyon, P. and Black, A. (eds) (2001) *Small Town Renewal: Overview and Case studies*. Barton, Australia: Rural Industries Research and Development Corporation.

Kimmel, M. and Ferber, A.L. (2000) 'White men are this nation': right-wing militias and the restoration of rural American masculinity, *Rural Sociology*, 65, 582–604.

Kinsman, P. (1995) Landscape, race and national identity: the photography of Ingrid Pollard, *Area*, 27, 300–310.

Kneafsey, M., Ilbery, B. and Jenkins, T. (2001) Exploring the dimensions of culture economies in rural West Wales, *Sociologia Ruralis*, 41, 296–310.

Kontuly, T. (1998) Contrasting the counterurbanisation experience in European nations, in P. Boyle and K. Halfacree (eds), *Migration Into Rural Areas*. Chichester, UK: Wiley. pp. 61–78.

Kramer, J.L. (1995) Bachelor farmers and spinsters: gay and lesbian identities and communities in rural North Dakota, in D. Bell and G. Valentine (eds), *Mapping Desire: Geographies of Sexualities*. London and New York: Routledge. pp. 200–213.

LaDuke, W. (2002) Klamath water, Klamath life, *Earth Island Journal*, 17.

Lapping, M.B., Daniels, T.L. and Keller, J.W. (1989) *Rural Planning and Development in the United States*. New York: Guilford.

Lash, S. and Urry, J. (1987) *The End of Organized Capitalism*. Cambridge, UK: Polity Press.

Lawrence, G. (1990) Agricultural restructuring and rural social change in Australia, in T. Marsden, P. Lowe and S. Whatmore (eds), *Rural Restructuring, Global Processes and their Responses*. London: David Fulton. pp. 101–128.

Lawrence, M. (1995) Rural homelessness: a geography without a geography, *Journal of Rural Studies*, 11, 297–307.

Laws, G. and Harper, S. (1992) Rural ageing: perspectives from the US and UK, in I.R. Bowler, C.R. Bryant and M.D. Nellis (eds), *Contemporary Rural Systems in Transition: Volume 2, Economy and Society*. Wallingford, UK: CAB International. pp. 96–109.

Leach, B. (1999) Transforming rural livelihoods: gender, work and restructuring in three Ontario communities, in S. Neysmith (ed.), *Restructuring Caring Labour.* New York: Oxford University Press.

Le Heron, R. (1993) *Globalized Agriculture.* London: Pergamon Press.

Le Heron, R. and Roche, M. (1999) Rapid reregulation, agricultural restructuring and the reimaging of agriculture in New Zealand, *Rural Sociology*, 64, 203–218.

Lehning, J. (1995) *Peasant and French: Cultural Contact in Rural France during the Nineteenth Century.* Cambridge: Cambridge University Press.

Lewis, G. (1998) Rural migration and demographic change, in B. Ilbery (ed.), *The Geography of Rural Change.* Harlow: Addison Wesley Longman. pp. 131–160.

Lichfield, J. (1998) The death of the French countryside, *Independent on Sunday Review*, 8 March, 12–15.

Liepins, R. (2000a) New energies for an old idea: reworking approaches to 'community' in contemporary rural studies, *Journal of Rural Studies*, 16, 23–35.

Liepins, R. (2000b) Exploring rurality through 'community': discourses, practices and spaces shaping Australian and New Zealand rural 'communities', *Journal of Rural Studies*, 16, 325–341.

Liepins, R. (2000c) Making men: the construction and representation of agriculture-based masculinities in Australia and New Zealand, *Rural Sociology*, 65, 605–620.

Little, J. (1991) Women in the rural labour market: a policy evaluation, in T. Champion and C. Watkins (eds), *People in the Countryside.* London: Paul Chapman. pp. 96–107.

Little, J. (1997) Employment marginality and women's self-identity, in P. Cloke and J. Little (eds), *Contested Countryside Cultures.* London and New York: Routledge. pp. 138–157.

Little, J. (1999) Otherness, representation and the cultural construction of rurality, *Progress in Human Geography*, 23, 437–442.

Little, J. (2002) *Gender and Rural Geography.* Harlow, UK: Prentice Hall.

Little, J. (2003) Riding the rural love train: heterosexuality and the rural community, *Sociologia Ruralis*, 43, 401–417.

Little, J. and Austin, P. (1996) Women and the rural idyll, *Journal of Rural Studies*, 12, 101–111.

Little, J. and Jones, O. (2000) Masculinity, gender and rural policy, *Rural Sociology*, 65, 621–639.

Little, J. and Leyshon, M. (2003) Embodied rural geographies: developing research agendas, *Progress in Human Geography*, 27, 257–272.

Little, J. and Panelli, R. (2003) Gender research in rural geography, *Gender, Place and Culture*, 10, 281–289.

Littlejohn, J. (1964) *Westrigg: The Sociology of a Cheviot Parish.* London: Routledge and Kegan Paul.

Lloyds TSB Agriculture (2001) *Focus on Farming: Survey Results 2001.* London: Lloyds TSB.

Lockie, S. (1999a) The state, rural environments and globalisation: 'action at a distance' via the Australian Landcare program, *Environment and Planning A*, 31, 597–611.

Lockie, S. (1999b) Community movements and corporate images: Landcare in Australia, *Rural Sociology*, 64, 219–233.

Looker, E.D. (1997) Rural–urban differences in youth transition to adulthood, in R.D. Bollman and J.M. Bryden, *Rural Employment: An International Perspective.* Wallingford, UK: CAB International. pp. 85–98.

Lowe, P., Buller, H. and Ward, N. (2002) Setting the next agenda? British and French approaches to the second pillar of the Common Agricultural Policy, *Journal of Rural Studies*, 18, 1–17.

Lowe, P., Clark, J., Seymour, S. and Ward, N. (1997) *Moralizing the Environment: Countryside Change, Farming and Pollution.* London: UCL Press.

Lowe, P., Cox, G., MacEwen, M., O'Riordan, T. and Winter, M. (1986) *Countryside Conflicts: The Politics of Farming, Forestry and Conservation.* London: Gower.

Lowe, R. and Shaw, W. (1993) *Travellers: Voices of the New Age Nomads.* London: Fourth Estate.

MacEwen, A. and MacEwen, M. (1982) *National Parks: Conservation or Cosmetics?* London: Allen & Unwin.

MacLaughlin, J. (1999) Nation-building, social closure and anti-traveller racism in Ireland, *Sociology*, 33, 129–151.

Macnaghten, P. and Urry, J. (1998) *Contested Natures.* London and Thousand Oaks, CA: Sage.

MAFF/DETR (2000) *Our Countryside: the future. A fair deal for rural England.* London: The Stationery Office.

Malik, S. (1992) Colours of the countryside – a whiter shade of pale, *Ecos*, 13, 33–40.

Manning, R. (1997) *Grassland: The History, Biology, Politics and Promise of the American Prairie.* New York: Penguin Books.

Markusen, A. (1985) *Profit Cycles, Oligopoly and Regional Development.* Cambridge, MA: MIT Press.

Marsden, T., Milbourne, P., Kitchen, L. and Bishop, K. (2003) Communities in nature: the construction and understanding of forest natures, *Sociologia Ruralis*, 43, 238–256.

Marsden, T., Murdoch, J., Lowe, P., Munton, R. and Flynn, A. (1993) *Constructing the Countryside.* London: UCL Press.

Marsh, D. and Rhodes, R. (eds) (1992) *Policy Networks in British Governance*. Oxford, UK: Oxford University Press.

Marshall, R. (2000) Rural policy in a new century, in Center for the Study of Rural America (eds), *Beyond Agriculture: New Policies for Rural America*. Kansas City: The Federal Reserve Bank of Kansas City. pp. 25–46.

Martin, R.C. (1956) *TVA: The First Twenty Years*. Tuscaloosa, AL: University of Alabama Press and Knoxville, TN: University of Tennessee Press.

Massey, D. (1984) *Spatial Divisions of Labour*. London: Macmillan.

Massey, D. (1994) *Space, Place and Gender*. Cambridge, UK: Polity Press.

Mather, A. (1998) The changing role of forests, in B. Ilbery (ed.), *The Geography of Rural Change*. Harlow, UK: Longman. pp. 106–127.

Matless, D. (1994) Doing the English village, 1945–90: an essay in imaginative geography, in P. Cloke, M. Doel, D. Matless, M. Phillips and N. Thrift, *Writing the Rural*. London: Paul Chapman. pp. 7–88.

Matthews, H., Taylor, M., Sherwood, K., Tucker, F. and Limb, M. (2000) Growing up in the countryside: children and the rural idyll, *Journal of Rural Studies*, 16, 141–153.

Mattson, G.A. (1997) Redefining the American small town: community governance, *Journal of Rural Studies*, 13, 121–130.

McCormick, J. (1988) America's third world, *Newsweek*, 8 August, pp. 20–24.

McCullagh, C. (1999) Rural crime in the Republic of Ireland, in G. Dingwall and S.R. Moody (eds), *Crime and Conflict in the Countryside*. Cardiff, UK: University of Wales Press. pp. 29–44.

McDonagh, J. (2001) *Renegotiating Rural Development in Ireland*. Aldershot, UK: Ashgate.

McKay, G. (1996) *Senseless Acts of Beauty*. London and New York: Verso.

McManus, P. (2002) The potential and limits of progressive neopluralism: a comparative study of forest politics in Coastal British Columbia and South East New South Wales during the 1990s, *Environment and Planning A*, 34, 845–865.

Meyer, F. and Baker, R. (1982) Problems of developing crime policy for rural areas, in W. Browne and D. Hadwinger (eds), *Rural Policy Problems: Changing Dimensions*. Lexington, KY: Lexington Books. pp. 171–179.

Michelsen, J. (2001) Organic farming in a regulatory perspective: the Danish case, *Sociologia Ruralis*, 41, 62–84.

Middleton, A. (1986) Marking boundaries: men's space and women's space in a Yorkshire village, in T. Bradley, P. Lowe and S. Wright (eds), *Deprivation and Welfare in Rural Areas*. Norwich, UK: Geo Books.

Miele, M. and Murdoch, J. (2002) The practical aesthetics of traditional cuisines: slow food in Tuscany, *Sociologia Ruralis*, 42, 312–328.

Milbourne, P. (1997a) Introduction: challenging the rural: representation, power and identity in the British countryside, in P. Milbourne (ed.), *Revealing Rural 'Others': Representation, Power and Identity in the British Countryside*. London: Pinter. pp. 1–12.

Milbourne, P. (1997b) Hidden from view: poverty and marginalization in rural Britain, in P. Milbourne (ed.), *Revealing Rural 'Others': Representation, Power and Identity in the British Countryside*. London: Pinter. pp. 89–116.

Milbourne, P. (1998) Local responses to central state restructuring of social housing provision in rural areas, *Journal of Rural Studies*, 14, 167–184.

Milbourne, P. (2003a) The complexities of hunting in rural England and Wales, *Sociologia Ruralis*, 43, 289–308.

Milbourne, P. (2003b) Hunting ruralities: nature, society and culture in 'hunt countries' of England and Wales, *Journal of Rural Studies*, 19, 157–171.

Milbourne, P. (2003c) Nature-Society-Rurality: Making Critical Connections, *Sociologia Ruralis*, 43, 193–195.

Mingay, G. (ed.) (1989) *The Unquiet Countryside*. London: Routledge.

Mitchell, C.J.A. (2004) Making sense of counterurbanization, *Journal of Rural Studies*, 20, 15–34.

Mitchell, D. (1996) *The Lie of the Land: Migrant Workers and the California Landscape*. Minneapolis, MN: University of Minnesota Press.

Monk, S., Dunn, J., Fitzgerald, M. and Hodge, I. (1999) *Finding Work in Rural Areas*. York, UK: York Publishing Services.

Mordue, T. (1999) Heartbeat country: conflicting values, coinciding visions, *Environment and Planning A*, 31, 629–646.

Mormont, M. (1987) The emergence of rural struggles and their ideological effects, *International Journal of Urban and Regional Research*, 7, 559–575.

Mormont, M. (1990) Who is rural? Or, How to be rural: Towards a sociology of the rural, in T. Marsden, P. Lowe and S. Whatmore (eds), *Rural Restructuring: Global Processes and Their Responses*. London: David Fulton. pp. 21–44.

Morris, C. and Potter, C. (1995) Recruiting the new conservationists: farmers' adoption of agri-environmental schemes in the UK, *Journal of Rural Studies*, 11, 51–63.

Morris, C. and Evans, N. (2001) Cheesemakers are always women: gendered representations of farm life in the agricultural press, *Gender, Place and Culture*, 8, 375–390.

Morris, C. and Evans, N. (2004) Agricultural turns, geographical turns: retrospect and prospect, *Journal of Rural Studies*, 20, 95–111.

Moseley, M. (1995) Policy and practice: the environmental component of LEADER, *Journal of Environmental Planning and Management*, 38, 245–252.

Moseley, M. (2003) *Rural Development*. London: Sage.

Murdoch, J. (1997) The shifting territory of government: some insights from the Rural White Paper, *Area*, 29, 109–118.

Murdoch, J. (2003) Co-constructing the countryside: hybrid networks and the extensive self, in P. Cloke (ed.), *Country Visions*. London: Pearson. pp. 263–282.

Murdoch, J. and Abram, S. (2002) *Rationalities of Planning*. Aldershot: Ashgate.

Murdoch, J. and Lowe, P. (2003) The preservation paradox: modernism, environmentalism and the politics of spatial division, *Transactions of the Institute of British Geographers*, 28, 318–332.

Murdoch, J. and Marsden, T. (1994) *Reconstituting Rurality*. London: UCL Press.

Murdoch, J. and Marsden, T. (1995) The spatialization of politics: local and national actor-spaces in environmental conflict, *Transactions of the Institute of British Geographers*, 20, 368–380.

Nash, R. (1980) *Schooling in Rural Societies*. London and New York: Methuen.

Naylor, E.L. (1994) Unionism, peasant protest and the reform of French agriculture, *Journal of Rural Studies*, 10, 263–273.

NCES (National Center for Education Statistics) (1997) *Statistical Analysis Report: Characteristics of Small and Rural School Districts*. Washington, DC: NCES.

Nelson, M.K. (1999) Between paid and unpaid work: gender patterns in supplemental economic activities among white, rural families, *Gender and Society*, 13, 518–539.

Newby, H. (1977) *The Deferential Worker*. London: Allen Lane.

Newby, H., Bell, C., Rose, D. and Saunders, P. (1978) *Property, Paternalism and Power: Class and Control in Rural England*. London: Hutchinson.

NFU (National Farmers' Union) (2002) *Farmers' Markets: A Business Survey*. London: NFU.

Ni Laoire, C. (2001) A matter of life and death? Men, masculinities and staying 'behind' in rural Ireland, *Sociologia Ruralis*, 41, 220–236.

Nord, M. (1999) Rural poverty remains unobserved, *Rural Conditions and Trends*, 8, 18–21.

Norris, D.A. and Johal, K. (1992) Social indicators from the General Social Survey: some

urban–rural differences, in R.D. Bollman (ed.), *Rural and Small Town Canada*. Toronto: Thompson Educational Publishing. pp. 357–368.

North, D. (1998) Rural industrialization, in B. Ilbery (ed.), *The Geography of Rural Change*. Harlow: Addison Wesley Longman. pp. 161–188.

ODPM (2002) *A Review of Urban and Rural Area Definitions: Project Report*. London: Office of the Deputy Prime Minister.

O'Hagan, A. (2001) *The End of British Farming*. London: Profile Books.

Okihoro, N.P. (1997) *Mounties, Moose and Moonshine*. Toronto: University of Toronto Press.

Oliveira Baptista, F. (1995) Agriculture, rural society and the land question in Portugal, *Sociologia Ruralis*, 35, 309–325.

Pahl, R.E. (1968) The rural–urban continuum, in R.E. Pahl (ed.), *Readings in Urban Sociology*. Oxford, UK: Pergamon Press.

Panelli, R., Nairn, K. and McCormack, J. (2002) 'We make our own fun': reading the politics of youth with(in) community, *Sociologia Ruralis*, 42, 106–130.

Parker, G. (1999) Rights, symbolic violence and the micro-politics of the rural: the case of the Parish Paths Partnership Scheme, *Environment and Planning A*, 31, 1207–1222.

Parker, G. (2002) *Citizenships, Contingency and the Countryside: Rights, Culture, Land and the Environment*. London: Routledge.

Paxman, J. (1998) *The English: A Portrait of a People*. London: Michael Joseph.

Petersen, D. (2000) *Heartsblood: Hunting, Spirituality and Wildness in America*. Washington, DC: Island Press.

Phillips, D. and Williams, A. (1984) *Rural Britain: A Social Geography*. Oxford, UK: Blackwell.

Phillips, M. (1993) Rural gentrification and the process of class colonisation, *Journal of Rural Studies*, 9, 123–140.

Phillips, M. (2002) The production, symbolization and socialization of gentrification: impressions from two Berkshire villages, *Transactions of the Institute of British Geographers*, 27, 282–308.

Philo, C. (1992) Neglected rural geographies: a review, *Journal of Rural Studies*, 8, 193–207.

Philo, C. and Parr, H. (2003) Rural madness: a geographical reading and critique of the rural mental health literature, *Journal of Rural Studies*, 19, 259–281.

Pieterse, J. (1996) Globalisation as hybridization, in M. Featherstone, S. Lash, and R. Robertson (eds), *Global Modernities*. London: Sage. pp. 45–68.

Pirog, R., Van Pelt, T., Enshayan, K. and Cook, E. (2001) *Food, Fuel and Freeways: An Iowa Perspective on How Far Food Travels, Fuel*

*Usage and Greenhouse Gas Emissions.* Ames, IA: Leopold Center for Sustainable Agriculture.

Popper, D.E. and Popper, F. (1987) The Great Plains: from dust to dust, *Planning*, 53, 12–18.

Popper, D.E. and Popper, F. (1999) The Buffalo Commons: metaphor as method, *The Geographical Review*, 89, 491–510.

Porter, K. (1989) *Poverty in Rural America: A National Overview.* Washington, DC: Center on Budget and Policy Priorities.

Potter, C. (1998) Conserving nature: agri-environmental policy development and change, in B. Ilbery (ed.), *The Geography of Rural Change.* Harlow: Addison Wesley Longman. pp. 85–106.

Price, C.C. and Harris, J.M. (2000) *Increasing Food Recovery From Farmers' Markets: A Preliminary Analysis.* Report FANRR-4. Washington, DC: USDA Economic Research Service.

Radin, B., Agranoff, R., Bowman, A., Buntz, G., Ott, J.S., Romzek, B. and Wilson, R. (1996) *New Governance for Rural America.* Lawrence, KS: University of Kansas Press.

Ramet, S. (1996) Nationalism and the 'idiocy' of the countryside: the case of Serbia, *Ethnic and Racial Studies*, 19, 70–86.

Ray, C. (1997) Towards a theory of the dialectic of rural development, *Sociologia Ruralis*, 37, 345–362.

Ray, C. (2000) The EU LEADER programme: rural development laboratory, *Sociologia Ruralis*, 40, 163–171.

Rees, A.D. (1950) *Life in a Welsh Countryside.* Cardiff: University of Wales Press.

Reimer, B., Ricard, I. and Shaver, F.M. (1992) Rural deprivation: a preliminary analysis of census and tax family data, in R.D. Bollman (ed.), *Rural and Small Town Canada.* Toronto: Thompson Educational Publishing. pp. 319–336.

Reissman, L. (1964) *The Urban Process.* New York: Free Press.

Rhodes, R.A.W. (1996) The new governance: governing without government, *Political Studies*, 44, 652–667.

Ribchester, C. and Edwards, B. (1999) The centre and the local: policy and practice in rural education provision, *Journal of Rural Studies*, 15, 49–63.

Richardson, J. (2000) *Partnerships in Communities: Reweaving the Fabric of Rural America.* Washington, DC: Island Press.

Robinson, G. (1990) *Conflict and Change in the Countryside.* Chichester, UK: Wiley.

Robinson, G. (1992) The provision of rural housing: policies in the United Kingdom, in I.R. Bowler, C.R. Bryant and M.D. Nellis (eds), *Contemporary Rural Systems in Transition. Volume 2: Economy and Society.* Wallingford, UK: CAB International. pp. 110–126.

Rogers, A. (1987) Issues in English rural housing: an assessment and prospect, in D. MacGregor, D. Robertson and M. Shucksmith (eds), *Rural Housing in Scotland: Recent Research and Policy.* Aberdeen: Aberdeen University Press.

Rome, A. (2001) *The Bulldozer in the Countryside.* Cambridge, UK and New York: Cambridge University Press.

Rosenzweig, C. and Hillel, D. (1998) *Climate Change and the Global Harvest.* Oxford, UK and New York: Oxford University Press.

Rowles, G. (1983) Place and personal identity in old age: observations from Appalachia. *Journal of Environmental Psychology*, 3, 299–313.

Rowles, G. (1988) What's rural about rural aging? An Appalachian perspective, *Journal of Rural Studies*, 4, 115–124.

Rugg, J. and Jones, A. (1999) *Getting a Job, Finding a Home: Rural Youth Transitions.* Bristol, UK: Policy Press.

Runte, A. (1997) *National Parks: The American Experience.* Lincoln, NE: University of Nebraska Press.

Rural Policy Research Institute (2003) The rural in numbers, available at: www.rupri.org.

Sachs, C. (1983) *Invisible Farmers: Women's Work in Agricultural Production.* Totowa, NJ: Rhinehart Allenheld.

Sachs, C. (1991) Women's work and food: a comparative perspective, *Journal of Rural Studies*, 7, 49–56.

Sachs, C. (1994) Rural women's environmental activism in the USA, in S. Whatmore, T. Marsden and P. Lowe (eds), *Gender and Rurality.* London: David Fulton. pp. 117–135.

Saugeres, L. (2002) Of tractors and men: masculinity, technology and power in a French farming community, *Sociologia Ruralis*, 42, 143–159.

Saville, J. (1957) *Rural Depopulation in England and Wales, 1851–1951.* London: Routledge & Kegan Paul.

Schindegger, F. and Krajasits, C. (1997) Commuting: its importance for rural employment analysis, in R.D. Bollman and J.M. Bryden, *Rural Employment: An International Perspective.* Wallingford, UK: CAB International. pp. 164–176.

Schools Health Education Unit (1998) *Young People and Illegal Drugs in 1998.* Exeter, UK: Schools Health Education Unit.

Selby, E.F., Dixon, D.P. and Hapke, H.P. (2001) A woman's place in the crab processing industry of Eastern Carolina, *Gender, Place and Culture*, 8, 229–253.

Sellars, R.W. (1997) *Preserving Nature in the National Parks.* New Haven, CT: Yale University Press.

Senior, M., Williams, H. and Higgs, G. (2000) Urban–rural mortality differentials: controlling for material deprivation, *Social Science and Medicine,* 51, 289–305.

Serow, W. (1991) Recent trends and future prospects for urban–rural migration in Europe, *Sociologia Ruralis,* 31, 269–280.

Sharpe, T. (1946) *The Anatomy of a Village.* Harmondsworth, UK: Penguin.

Shaw, G. and Williams, A.M. (2002) *Critical Issues in Tourism: A Geographical Perspective.* Oxford, UK: Blackwell.

Sheppard, B.O. (1999) Black farmers and institutionalized racism, *The Black Business Journal,* available online at www.bbjonline.com

Shields, R. (1991) *Places on the Margin: Alternative Geographies of Modernity.* London: Routledge.

Short, J.R. (1991) *Imagined Country.* London: Routledge.

Sibley, D. (1997) Endangering the sacred: nomads, youth cultures and the English countryside, in P. Cloke and J. Little (eds), *Contested Countryside Cultures.* London and New York: Routledge. pp. 218–231.

Silvasti, T. (2003) Bending borders of gendered labour division on farms: the case of Finland, *Sociologia Ruralis,* 43, 154–166.

Simon, S. (2002) Iowa's tough stand against runoff is gaining support, *Los Angeles Times,* 19 March, p. A8.

Smith, A. (1998) The politics of economic development in a French rural area, in N. Walzer and B.D. Jacobs (eds), *Public– Private Partnership for Local Economic Development.* Westport, CT and London: Praeger. pp. 227–241.

Smith, F. and Barker, J. (2001) Commodifying the countryside: the impact of out-of-school care on rural landscapes of children's play, *Area,* 33, 169–176.

Smith, M.J. (1989) Changing policy agendas and policy communities: agricultural issues in the 1930s and 1980s, *Public Administration,* 67, 149–165.

Smith, M.J. (1992) The agricultural policy community: maintaining a closed relationship, in D. Marsh and R. Rhodes (eds), *Policy Networks in British Governance.* Oxford, UK: Oxford University Press. pp. 27–50.

Smith, M.J. (1993) *Pressure, Power and Policy.* Hemel Hempstead, UK: Harvester Wheatsheaf.

Snipp, C.M. (1996) Understanding race and ethnicity in rural America, *Rural Sociology,* 61, 125–142.

Snipp, C.M. and Sandefur, G.D. (1988) Earnings of American Indians and Alaskan Natives: the effects of residence and migration, *Social Forces,* 66, 994–1008.

Sobels, J., Curtis, A. and Lockie, S. (2001) The role of Landcare group networks in rural Australia: exploring the contribution of social capital, *Journal of Rural Studies,* 17, 265–276.

Sokolow, A.D. and Zurbrugg, A. (2003) *A National View of Agricultural Easement Programs: Profiles and Maps – Report 1.* Washington, DC: American Farmland Trust.

Sorokin, P. and Zimmerman, C. (1929) *Principles of Rural–Urban Sociology.* New York, NY: Henry Holt.

Soumagne, J. (1995) Deprise commerciale dans les zones rurales profondes et nouvelles polarisations, in R. Béteille and S. Montagné-Villette (eds), *Le 'Rural Profond' Français.* Paris: SEDES. pp. 31–44.

Spain, D. (1993) Been-heres versus come-heres: negotiating conflicting community identities. *Journal of the American Planning Association,* 59, 156–171.

Spencer, D. (1997) Counterurbanisation and rural depopulation revisited: landowners, planners and the rural development process, *Journal of Rural Studies,* 13, 75–92.

Squire, S.J. (1992) Ways of seeing, ways of being: literature, place and tourism in L.M. Montgomery's Prince Edward Island, in P. Simpson-Housley and G. Norcliffe (eds), *A Few Acres of Snow: Literary and Artistic Images of Canada.* Toronto: Dundurn Press. pp. 137–147.

Stabler, J. and Rounds, R.C. (1997) Commuting and rural employment on the Canadian Prairies, in R.D. Bollman and J.M. Bryden (eds), *Rural Employment: An International Perspective.* Wallingford, UK: CAB International. pp. 193–204.

Stacey, M. (1960) *Tradition and Change: a Study of Banbury.* Oxford: Oxford University Press.

Stebbing, S. (1984) Women's roles and rural society, in T. Bradley and P. Lowe (eds), *Locality and Rurality: Economy and Society in Rural Regions.* Norwich, UK: Geo Books.

Stenson, K. and Watt, P. (1999) Crime, risk and governance in a southern English village, in G. Dingwall and S.R. Moody (eds), *Crime and Conflict in the Countryside.* Cardiff, UK: University of Wales Press. pp. 76–93.

Stock, C.M. (1996) *Rural Radicals: Righteous Rage in the American Grain.* Ithaca, NY: Cornell University Press.

Stoker, G. (ed.) (2000) *The New Politics of British Local Governance.* London: Macmillan.

Storey, D. (1999) Issues of integration, participation and empowerment in rural development: the case of LEADER in the Republic of Ireland, *Journal of Rural Studies*, 15, 307–315.

Storey, P. and Brannen, J. (2000) *Young People and Transport in Rural Areas*. Leicester, UK: Youth Work Press/Joseph Rowntree Foundation.

Storper, M. and Walker, R. (1984) The spatial division of labour: labour and the location of industries, in L. Sawyers and W. Tabb (eds), *Sunbelt/Snowbelt: Urban Development and Regional Restructuring*. New York: Oxford University Press.

Strathern, M. (1981) *Kinship at the Core*. Cambridge: Cambridge University Press.

Sumner, D.A. (2003) Implications of the US Farm Bill of 2002 for agricultural trade and trade negotiations, *Australian Journal of Agricultural and Resource Economics*, 46, 99–122.

Swanson, L. (1993) Agro-environmentalism: the political economy of soil erosion in the USA, in S. Harper (ed.), *The Greening of Rural Policy*. London: Belhaven. pp. 99–118.

Swanson, L.E. (2001) Rural policy and direct local participation: democracy, inclusiveness, collective agency and locality-based policy, *Rural Sociology*, 66, 1–21.

Swarbrooke, J., Beard, C., Leckie, S. and Pomfret, G. (2003) *Adventure Tourism*. Oxford, UK and Boston, MA: Butterworth– Heinemann.

Thomson, M.L. and Mitchell, C.J.A. (1998) Residents of the urban field: a study of Wilmot township, Ontario, Canada, *Journal of Rural Studies*, 14, 185–202.

Thrift, N. (1987) Manufacturing rural geography, *Journal of Rural Studies*, 3, 77–81.

Thrift, N. (1989) Images of social change, in C. Hamnett, L. McDowell and P. Sarre (eds), *The Changing Social Structure*. London: Sage. pp. 12–42.

Tillberg Mattson, K. (2002) Children's (in)dependent mobility and parents' chauffeuring in the town and the countryside, *Tijdschrift voor Economische en Sociale Geografie*, 93, 443–453.

Tönnies, F. (1963) *Community and Society*. New York: Harper and Row.

Townsend, A. (1993) The urban–rural cycle in the Thatcher growth years, *Transactions of the Institute of British Geographers*, 18, 207–221.

Trant, M. and Brinkman, G. (1992) Products and competitiveness of rural Canada, in R.D. Bollman (ed.), *Rural and Small Town Canada*. Toronto: Thompson Educational Publishing. pp. 69–90.

Troughton, M., (1992) The restructuring of agriculture: the Canadian example, in I.R. Bowler, C.R. Bryant and M.D. Nellis (eds), *Contemporary Rural Systems in Transition, Volume 1:*

*Agriculture and Environment*. Wallingford, UK: CAB International. pp. 29–42.

Tyler, P., Moore, B. and Rhodes, J. (1988) Geographical variation in industrial costs, *Scottish Journal of Political Economy*, 35, 22–50.

Urry, J. (1995) A middle-class countryside?, in T. Butler and M. Savage (eds), *Social Change and the Middle Classes*. London: UCL Press. pp. 205–219.

Urry, J. (2002) *The Tourist Gaze*, 2nd edn. London, UK and Thousand Oaks, CA: Sage.

USDA (United States Department of Agriculture) (1997) *America's Private Land: A Geography of Hope*. Washington, DC: USDA.

USDA (United States Department of Agriculture) (2000) *Agriculture Factbook 2000*. Washington, DC: United States Department of Agriculture.

Valentine, G. (1997a) A safe place to grow up? Parenting, perceptions of children's safety and the rural idyll, *Journal of Rural Studies*, 13, 137–148.

Valentine, G. (1997b) Making space: lesbian separatist communities in the United States, in P. Cloke and J. Little (eds), *Contested Countryside Cultures*. London and New York: Routledge. pp. 109–122.

Vias, A.C. (2004) Bigger stores, more stores, or no stores: paths of retail restructuring in rural America, *Journal of Rural Studies*, 20, 303–318.

Vining, D. and Kontuly, T. (1978) Population dispersal from major metropolitan regions: an international comparison, *International Regional Science Review*, 3, 49–73.

Vining, D. and Strauss, A. (1977) A demonstration that the current deconcentration of population in the United States is a clean break with the past, *Environment and Planning A*, 9, 751–758.

Vistnes, J. and Monheil, A. (1997) *Health Insurance Strategies of the Civilian Non-Institutionalised Population*. Medical Experts Panel Survey Research Report. Rockville, MD: Agency for Health Care Policy Research.

Von Meyer, H. (1997) Rural employment in OECD countries: structure and dynamics of regional labour markets, in R.D. Bollman and J.M. Bryden, *Rural Employment: An International Perspective*. Wallingford, UK: CAB International. pp. 3–21.

Wald, M.L. (1999) Tribe in Utah fights for nuclear waste dump, *New York Times*, 18 April, p. 16.

Walker, G. (1999) Contesting the countryside and changing social composition in the greater Toronto area, in O.J. Furuseth and M.B. Lapping (eds), *Contested Countryside: The Rural Urban Fringe in North America*. Aldershot, UK and Brookfield, VT: Ashgate. pp. 33–56.

参 考 文 献

Walker, R.A. (2001) California's golden road to riches: natural resources and regional capitalism, 1848–1940, *Annals of the Association of American Geographers*, 91, 167–199.

Walley, J.Z. (2000) Blueprint for the destruction of rural America? Available at www. paragonpowerhouse.org/blueprint_for_the_destruction_of.htm

Walmsley, D.J. (2003) Rural tourism: a case of lifestyle-led opportunities, *Australian Geographer*, 34, 61–72.

Walmsley, D.J., Epps, W.R. and Duncan, C.J. (1995) *The New South Wales North Coast, 1986–1991: Who Moved Where, Why and With What Effect?* Canberra: Australian Government Publishing Service.

Ward, C. (1990) *The Child in the Country*, 2nd edn. London: Bedford Square Press.

Ward, N. and McNicholas, K. (1998) Reconfiguring rural development in the UK: Objective 5b and the new rural governance, *Journal of Rural Studies*, 14, 27–40.

Ward, N. and Seymour, S. (1992) Pesticides, pollution and sustainability, in R. Bowler, C.R. Bryant and M.D. Nellis (eds), *Contemporary Rural Systems in Transition, Volume 1: Agriculture and Environment*. Wallingford, UK: CAB International.

Watts, J. (2001) Rural Japan braced for new riches, *Guardian*, 27 September, p. 19.

Weekley, I. (1988) Rural depopulation and counter-urbanisation: a paradox, *Area*, 20, 127–134.

Weisheit, R. and Wells, L. (1996) Rural crime and justice: implications for theory and research, *Crime and Delinquency*, 42, 379–397.

Welch, R. (2002) Legitimacy of rural local government in the new governance environment, *Journal of Rural Studies*, 18, 443–459.

Westholm, E., Moseley, M. and Stenlås, N. (1999) *Local Partnerships and Rural Development in Europe*. Falun, Sweden: Darlana Research Institute.

Whatmore, S. (1990) *Farming Women: Gender, Work and Family Enterprise*. London: Macmillan.

Whatmore, S. (1991) Lifecycle or patriarchy? Gender divisions in family farming, *Journal of Rural Studies*, 7, 71–76.

Whatmore, S., Marsden, T. and Lowe, P. (1994) Feminist perspectives in rural studies, in S. Whatmore, T. Marsden and P. Lowe (eds), *Gender and Rurality*. London: David Fulton. pp. 1–30.

White, S.D., Guy, C.M. and Higgs, G. (1997) Changes in service provision in rural areas. Part 2: Changes in post office provision in Mid Wales: a GIS-based evaluation, *Journal of Rural Studies*, 13, 451–465.

Whitener, L. (1997) Rural housing conditions improve but affordability continues to be a problem, *Rural Conditions and Trends*, 8, 70–74.

Wilcox, S. (2003) *Can Work – Can't Buy*. York, UK: York Publishing Services.

Wilkins, R. (1992) Health of the rural population: selected indicators, in R.D. Bollman, (ed.), *Rural and Small Town Canada*. Toronto: Thompson Educational Publishing.

Williams, B. (1999) Rural victims of crime, in G. Dingwall and S.R. Moody (eds), *Crime and Conflict in the Countryside*. Cardiff, UK: University of Wales Press. pp. 160–183.

Williams, K., Johnstone, C. and Goodwin, M. (2000) CCTV surveillance in urban Britain: beyond the rhetoric of crime prevention, in J. Gold and G. Revill (eds), *Landscapes of Defence*. London: Prentice Hall. pp. 168–187.

Williams, M.V. (1985) National park policy 1942–1984, *Journal of Planning and Environmental Law*, 359–377.

Williams, R. (1973) *The Country and the City*. London: Chatto and Windus.

Williams, W.M. (1956) *The Sociology of an English Village: Gosforth*. London: Routledge and Kegan Paul.

Williams, W.M. (1963) *A West Country Village: Ashworthy*. London: Routledge and Kegan Paul.

Wilson, A. (1992) *The Culture of Nature: North American Landscape from Disney to the Exxon Valdez*. Cambridge, MA and Oxford, UK: Blackwell.

Wilson, B. (1981) *Beyond the Harvest: Canadian Grain at the Crossroads*. Saskatoon, Saskatchewan: Western Producer Prairie Books.

Wilson, G. (2001) From productivism to post-productivism ... and back again? Exploring the (un)changed natural and mental landscapes of European agriculture, *Transactions of the Institute of British Geographers*, 26, 77–102.

Wilson, G. and Hart, K. (2001) Farmer participation in agri-environmental schemes: towards conservation-oriented thinking?, *Sociologia Ruralis*, 41, 254–274.

Wilson, J. (1999) Green and pleasant land 'at risk' as meadows disappear, *Guardian*, 15 March, p. 4.

Winson, A. (1997) Does class consciousness exist in rural communities? The impact of restructuring and plant shutdowns in rural Canada, *Rural Sociology*, 62, 429–453.

Winter, M. (1996) *Rural Politics*. London and New York: Routledge.

Wirth, L. (1938) Urbanism as a way of life, *American Journal of Sociology*, 44, 1–24.

Woods, M. (1997) Discourses of power and rurality: local politics in Somerset in the 20th century, *Political Geography*, 16, 453–478.

Woods, M. (1998a) Mad cows and hounded deer: political representations of animals in the British countryside, *Environment and Planning A*, 30, 1219–1234.

Woods, M. (1998b) Advocating rurality? The repositioning of rural local government, *Journal of Rural Studies*, 14, 13–26.

Woods, M. (1998c) Researching rural conflicts: hunting, local politics and actor-networks, *Journal of Rural Studies*, 14, 321–340.

Woods, M. (2000) Fantastic Mr Fox? Representing animals in the hunting debate, in C. Philo and C. Wilbert (eds), *Animal Spaces, Beastly Places*. London: Routledge. pp. 182–202.

Woods, M. (2003a) Deconstructing rural protest: the emergence of a new social movement, *Journal of Rural Studies*, 19, 309–325.

Woods, M. (2003b) Conflicting environmental visions of the rural: windfarm development in Mid Wales, *Sociologia Ruralis*, 43, 271–288.

Woods, M. (2004a) Politics and protest in the contemporary countryside, in L. Holloway and M. Kneafsey (eds), *The Geographies of Rural Societies and Cultures*. Aldershot, UK: Ashgate.

Woods, M. (2004b) Political articulation: the modalities of new critical politics of rural citizenship, in P. Cloke, T. Marsden and P. Mooney (eds), *The Handbook of Rural Studies*. London and Thousand Oaks, CA: Sage.

Woods, M. and Goodwin, M. (2003) Applying the rural: governance and policy in rural areas, in P. Cloke (ed.), *Country Visions*. London: Pearson. pp. 245–262.

Woodward, R. (1996) 'Deprivation' and 'the rural': an investigation into contradictory discourses, *Journal of Rural Studies*, 12, 55–67.

Worster, D. (1979) *Dust Bowl: The Southern Plains in the 1930s*. New York: Oxford University Press.

Yarwood, R. (2001) Crime and policing in the British countryside: some agendas for contemporary geographical research, *Sociologia Ruralis*, 41, 201–219.

Yarwood, R. and Edwards, B. (1995) Voluntary action in rural areas: the case of Neighbourhood Watch, *Journal of Rural Studies*, 11, 447–461.

Yarwood, R. and Evans, N. (2000) Taking stock of farm animals and rurality, in C. Philo and C. Wilbert (eds), *Animal Spaces, Beastly Places*. London and New York: Routledge. pp. 98–114.

Yarwood, R. and Gardner, G. (2000) Fear of crime, cultural threat and the countryside, *Area*, 32, 403–412.

Young, M. and Willmott, P. (1957) *Family and Kinship in East London*. London: Routledge and Kegan Paul.

# 译　后　记

本书是迈克尔·伍兹(Michael Woods)于 2005 年在塞奇(Sage)出版社出版的 *Rural Geography*：*Processes*，*Responses and Experiences in Rural Restructuring* 一书的中文译本。此书是伍兹先生就西方农村社会变革，基于地理学视角所做的论述。该书就西方发达国家乡村社会重构的过程、各行为主体的反应及经验进行了论述。其五年后出版的 *Rural* 一书则偏重理论分析。两本书属姊妹篇，也可以说是有关乡村地理学研究的理论与实践相结合的佳作。而本书的翻译也是继 *Rural*(《农村》，商务印书馆，2019)翻译出版后，译者再次合作，呈现给读者的又一部译著。

作者伍兹是英国威尔士阿伯里斯特维斯大学(Aberystwyth University)地理与地球科学学院的教授。其主攻农村开发政策与治理，发表了众多乡村治理、乡村政策、乡村重构等方面的学术论文及书籍。作为国际地理学会乡村可持续发展委员会前主席，他目前依然精力充沛地活跃在第一线，也是英语圈乡村地理学界的权威之一。该书的翻译出版无疑为国内乡村地理学研究提供了有价值的参考。本书通过探讨英语圈国家诸多乡村地理学者的研究成果，提炼出乡村地理学研究所汲取的不同理论与方法，试图展望并把握当代乡村地理学研究视角的丰富性与广泛性，并预测未来乡村地理学探索的主题与方法。

本书分为五个部分，共二十二章。第一部分是乡村地理学的简介，包括第一章和第二章，主要介绍了乡村的界定与包含政治经济学、女性主义、后现代主义和后结构主义等在内的一些乡村研究的理论观点。第二部分叙述了乡村重构的过程，包含第三章到第八章，共六章。主要介绍了全球化、现代化背景下乡村地区发生的农业生产、乡村经济、社会与人口等的变化以及乡村服务重构引起的乡村社区的变化、乡村地区与环境的变化。第三部分说明了乡村重构的反应，包含第九章到第十四章,共六章。主要介绍了乡村政策与对重构的反应、乡村开发与再生、乡村治理、销售乡村、保护乡村与乡村冲突等与乡村重构有关的各方反应。第四部分探讨了乡村重构的经验,包括第十五章到第二十一章,共七章,主要介绍了乡村生活方式的变化、生活在乡村、在乡村长大变老、工作在乡村、乡村生活的贫穷和社会排斥、乡村性、国家认同与种族,以及包含同性恋等在内的另类乡村生活方式等因乡村重构所引发的一系列新的经验。第五部分是结论,仅有第二十二章"农村的再思考"这一章。在最后一章,作者对乡村地理学者提出了新的期望,即基于复杂的、混合的、动态的视角认识乡村地区;基于城乡相互作用与融合的视角认识乡村地区;基于不同尺度认识乡村地区,并从这些视角中,找出某个感兴趣的点进行深入的研究。

以上就是本书的简要梗概。

本书的写作是在西方发达国家的农村经过现代化洗礼后正在进行乡村空间重构的背景下完成的。从中可以看出,乡村研究的创新动力不仅包括社会、经济、政策的发展,还包括新概念与研究新方法的运用。在乡村研究中,应用实证主义传统优势,从政治经济学角度的分析受到了质疑。与当代现存的乡村研究相比,本书使用了大量不同领域的观点,如马克思政治经济学、女权主义、后结构主义、后现代主义、规制理论、行为者网络理论、政治生态学及其他相关理论。因此,在翻译此书的过程中,我们认为,急剧的全球化与现代化带来了西方发达国家的乡村重构,导致这些国家农村地区的农业生产、经济活动、生活方式等产生重构。

作为一部译著,在此请允许我们就本书翻译的经纬做简要陈述。2006 年本书译者之一的王鹏飞在日本筑波大学做日本学术振兴会研究员时购得此书。随后通过参加国际地理学会乡村可持续发展委员会的学术年会,实地走访了书中提到的西方诸多乡村,对西方乡村地区的变化与乡村各要素的重构有了深刻的印象。2011 年,伍兹先生的 *Rural* 一书出版。我初读 *Rural* 时,感觉与 *Rural Geography: Processes, Responses and Experiences in Rural Restructuring*(SAGE Knowledge, 2006)相比又有了新的突破。随后开始着手对 *Rural* 一书进行翻译,而搁置了对本书的翻译。当 *Rural* 一书的译本即将出版时,译者认为,应该将伍兹先生的 *Rural Geography* 一书也翻译出版,以便为国内乡村地理学研究者提供更多的参考借鉴。

在翻译 *Rural Geography* 一书时，我们依旧沿用翻译 *Rural* 一书时对一些主要名词的翻译，特别是对 Rural 与 Countryside 的翻译，并结合个人理解与英语圈的实际应用进行了统一。Rural 一词，具有农村或乡村之意，国内似乎更倾向于译成乡村。由于英语圈国家的城乡关系矛盾不是很突出，故英语圈国家的学者们对 Rural 的使用主要是指农村。在 Rural 地区，既有乡村要素又有城市要素，其中最主要的是城市居民在 Rural 地区的居住，从而导致原有社区结构发生变化。而 Countryside 一般指较偏远的农村地区。在 Countryside 地区，乡村要素较多，城市要素较少。原书中，Rural 一词与 Countryside 一词经常交叉出现，为保留原意，故译者将书中的 Rural 译为农村，而将 Countryside 译成乡村。同时 Rural Restructuring 和 Rural Geography 作为专用词汇，考虑到国内学科的惯常用法，便将其译为乡村重构和乡村地理学。当然这只是译者根据自身经验及尽量不改变原文词义的翻译初衷而对这些词语的理解，读者在阅读时可根据实际情况来判断。从翻译顺序来看，似乎应该先翻译 *Rural Geography* 一书，再翻译 *Rural* 一书，这样比较连贯。但 *Rural Geography* 一书，经验性的论述较多，而 *Rural* 一书则是基于经验，融合了更多的理论，这才导致翻译顺序的不同。建议两本书结合起来阅读，效果更佳。读者也能就英语圈国家有关乡村重构研究有更深层次的理解。

本书翻译的具体分工是，王鹏飞翻译了全书的第一稿，鲁奇做了校译。2008年王鹏飞基于译文以研究生为对象，在课堂上就欧美农业地理学、乡村地理学及乡村空间重构进行了讲解，随后针对一些学生难以理解之处又反复查证、修改，形成终稿。由于本书主要是以国外的相关文献和资料为主写成，有些内容可能不符合中国的习惯。但译者认为随着中国乡村转型发展不断深入，本书所涉及的一些内容已开始出现在中国乡村地区，说明中国乡村地区与发达国家乡村地区的差距正在缩小。

最后，本书翻译出版之时，得到国家自然科学基金（项目编号：41271188、41971213）和首都师范大学内涵发展地理学一流学科建设专项经费的大力支持，在此表示衷心地感谢。同时也要感谢佘之祥教授（中科院南京湖泊所）、刘彦随研究员（中科院地理资源所）所提出的宝贵意见，以及商务印书馆地理编辑室李娟主任、魏铼博士的鼎力支持。由于译者水平有限，有些内容在教学实践中还未充分得到应用，而翻译又是一个无止境的不断纠结与创新的过程。随着时间的推移，新的认知、新的理解、新的想法也在不断涌现，期待广大读者的反馈与批评指正，以便我们在今后的研究工作中加以改进，并为我国乡村地理学及乡村重构研究贡献微薄之力。

**译者**

2019 年 6 月

**于北京花园村**

**图书在版编目(CIP)数据**

乡村地理学：乡村重构的过程、反应和经验/(英)迈克尔·伍兹著；王鹏飞,鲁奇译. —北京：商务印书馆,2022
(当代地理科学译丛)
ISBN 978-7-100-20287-9

Ⅰ.①乡… Ⅱ.①迈…②王…③鲁… Ⅲ.①乡村地理—研究—世界—20世纪-21世纪 Ⅳ.①K915

中国版本图书馆CIP数据核字(2021)第173787号

**乡村地理学**
乡村重构的过程、反应和经验
〔英〕迈克尔·伍兹　著

王鹏飞　鲁奇　译

商 务 印 书 馆 出 版
(北京王府井大街36号　邮政编码100710)
商 务 印 书 馆 发 行
北京市白帆印务有限公司印刷
ISBN 978-7-100-20287-9
审图号：GS(2021)3596号

2022年7月第1版　　　开本710×1000 1/16
2022年7月北京第1次印刷　印张24¾

定价:112.00元